华信经管引进精品

管理信息系统精要

（第3版）

MIS Essentials, Third Edition

［美］ David M. Kroenke 著
王道平 等译

電子工業出版社
Publishing House of Electronics Industry
北京·BEIJING

内 容 简 介

本书精练地介绍了管理信息系统的基本理论和相关技术。全书共4部分12章，主要包括管理信息系统概论、信息技术、数据库处理、数据通信与云、企业与信息系统、社会媒体信息系统、商务智能系统、开发管理、信息系统管理和信息安全管理等内容。本书提供了与管理信息系统有关的学习指导、信息系统伦理学、实践案例和课后习题等，以供读者阅读和练习使用，便于读者理解和巩固所学知识。该书侧重于实用性和操作性，使读者可以学以致用。

本书可作为高等院校信息管理与信息系统、电子商务、工商管理、信息工程等专业本科生、研究生的教材和教学参考书，或作为商业培训机构的培训教材，也可作为我国各类组织的信息系统经理或者高层主管等了解信息系统在组织中的应用实践的参考书籍。

版权贸易合同登记号　图字：01-2013-9394

图书在版编目(CIP)数据

管理信息系统精要：第3版/(美)克伦克(Kroenke, D. M.)著；王道平等译. —北京：电子工业出版社，2015.10

(华信经管引进精品)

书名原文：MIS Essentials, Third Edition

ISBN 978-7-121-26940-0

I. ①管…　II. ①克…　②王…　III. ①管理信息系统　IV. ①C931.6

中国版本图书馆 CIP 数据核字(2015)第189070号

策划编辑：冯小贝

责任编辑：周宏敏

印　　刷：三河市华成印务有限公司

装　　订：三河市华成印务有限公司

出版发行：电子工业出版社

北京市海淀区万寿路173信箱　　邮编：100036

开　　本：787×1092　1/16　印张：23.5　字数：679千字

版　　次：2015年10月第1版(原著第3版)

印　　次：2015年10月第1次印刷

定　　价：69.00元

凡所购买电子工业出版社图书有缺损问题，请向购买书店调换。若书店售缺，请与本社发行部联系，联系及邮购电话：(010)88254888。

质量投诉请发邮件至 zlts@phei.com.cn，盗版侵权举报请发邮件至 dbqq@phei.com.cn。

服务热线：(010)88258888。

译 者 序

当今时代常被称为“信息爆炸的时代”，一个组织在运营过程中不断产生大量的信息，同时也处于浩如烟海的信息洪流中。管理大师彼得·德鲁克认为：“当前的信息革命实际上是人类历史上的第四次信息革命。”第一次信息革命是文字的发明，第二次信息革命是手抄书的发明，第三次信息革命是德国人古登堡的印刷机及同时期雕刻艺术的发明。每经过一次信息革命，人类的信息处理能力都得到了极大的提高，而且这种能力的增强是以几何级数的方式展开的。海量的信息已经成为组织的重要资源，为组织决策提供了可靠的依据，同时也给信息的处理带来了很大的困难。

管理信息系统就是为了适应现代化信息管理的需要，在管理科学、系统科学、信息科学和计算机科学等学科的基础上形成的一门学科。它研究管理系统中信息处理和决策的整个过程，并探讨计算机的实现方法。管理信息系统旨在通过规划、开发、管理和使用信息技术工具帮助人们完成信息处理和信息管理的任务。管理信息系统可促使组织向信息化方向发展，将管理工作统一化、规范化、现代化，使组织处于一个信息灵敏、管理科学、决策准确的良性循环之中，为组织带来更高的效益。

近年来，随着管理理念的日益创新和以计算机与通信技术为代表的信息技术的飞速发展，管理信息系统的应用和开发方法也在不断地更新和完善，促成了诸如虚拟企业、电子商务和电子政务等创新组织的出现与发展。管理信息系统已经成为组织实现科学决策和提升核心竞争力的制胜利器。为了深化管理类专业教学改革，培养高素质、创新型和复合型的管理人才，我们翻译了本书。

本书的作者是美国华盛顿大学的 David M. Kroenke 教授，他在科罗拉多州立大学、西雅图大学和华盛顿大学的信息系统和技术课程方面有着多年的教学经验，是管理信息系统领域公认的10位顶尖学者之一，被称为高级对象数据模型之父。在过去的几十年里，他曾在美国空军和波音计算机服务公司工作，是三家创始公司的委托人，也是 Microrim 公司产品营销和开发的副总裁，还是 Wall 数据公司数据库方案的技术主管。他先后给 IBM、微软、计算机科学公司和大量的中小型企业提供过咨询服务。他出版了一系列与管理信息系统相关的书籍，包括 *MIS Essentials*、*Using MIS*、*Experiencing MIS*、*Processes, Systems and Information* 等，均是信息管理领域的优秀著作。

本书论述了当代组织在信息技术管理方面的实践，对 MIS 的发展历程进行了细致的描述和回顾，对各种信息系统管理的风格和战略提供了全面和深刻的见解。本书特别适合作为我国高等院校信息管理与信息系统、电子商务、信息工程等专业的本科生和研究生相关课程以及工商管理硕士（MBA）、高级管理人员工商管理硕士（EMBA）等专业管理信息系统课程的教材与参考书，对于希望了解信息系统在组织中应用实践的企业管理人员来说，也是相当出色的参考资料。全书包括四部分内容，第一部分“MIS 与你”对管理信息系统进行了概述；第二部分“信息技术”对支撑管理信息系统的软硬件技术、数据库技术、通信与云技术进行了深入的介绍；第三部分“利用信息系统获取竞争优势”介绍了三类重要的信息系统，分别是“企业信息系统”、“社会媒体信息系统”和“商务智能系统”；第四部分“信息系统管理”阐述了管理信息系统的开发过程和方法、信息系统安全管理等内容。此外，还有两个扩展章节介绍了合作信息系统。

本书具有以下3个鲜明的特点：

(1)系统性。本书的理论涵盖了管理信息系统的核心内容，对管理信息系统的开发、支撑技术、维护和应用等内容做了系统的阐述，有助于读者全面深入学习管理信息系统的相关知识。

(2)实用性。本书注重管理信息系统在商业领域的实际应用，突出内容的实用性。通过案例及理论讲解将企业案例和系统知识结合在一起，不仅增加了可读性，而且保持了一定的深度。通过案例贯穿全文来介绍理论知识，能够使读者在学习管理信息系统理论的同时，联系实际，领悟市场环境下管理者和信息技术专家的思考方式与解决问题的方法，满足了对应用型人才培养的基本要求。

(3)前瞻性。管理信息系统作为相对新兴的学科，其学科内容被不断地充实和发展。本书除了讲解传统的理论，还介绍了近年来管理信息系统发展的热点，如云计算、数据仓库、社会媒体信息系统等。为读者了解管理信息系统的最新发展以及发展趋势提供了参考。

本书由北京科技大学王道平教授组织翻译，参与翻译、校对和图表制作的还有：肖扬、何海燕、张博卿、周丹云、李秀雅、李志隆、张大川、徐展、陈丽、杜海蕾等。在本书翻译过程中，电子工业出版社的同仁给与了很大的鼓励和支持，责任编辑也付出了辛勤的劳动和汗水，在此对他们表示衷心的感谢。

由于时间紧迫和学识所限，本书在翻译过程中难免会有不当或错误之处，敬请广大读者批评指正。

译　者

2015年8月于北京

为什么要出第 3 版?

作者在本书第 3 版中做出的修改反映了在企业和政府中信息系统领域的最新进展。本书第 1 ~6 章通过引入 GearUp 公司的案例开始。GearUp 公司是一个网络零售商,以较低的价格销售已停产的体育用品和上一年的过季产品。GearUp 公司希望通过使用信息系统来更好地实施公司的竞争战略。第 7 ~ 12 章通过引入 PRIDE 公司的案例开始。PEIDE 公司通过云技术和一系列移动通信设备与医护人员、保健俱乐部、保险公司和患者一起整合患者的康复训练数据,整个信息系统的功能包括患者康复训练数据的记录、整合、传递和评价。

GearUp 公司的案例来自一个真实的企业,PRIDE 公司的案例来自现实生活中的一个商机,但是这两个公司都不是真实存在的。在编写本书的过程中,为了给出读者学习所需的材料,必须将真实企业的案例进行简化和改编,因此这些案例在企业看来可能是不合理的。读者如果想寻找一个类似 GearUp 的公司,可以登录网站 www. Zuily. com 查阅相关信息。如果想寻找类似 PRIDE 的公司,可以登录网站 www. Endomondo. com 查阅相关信息。

第 3 版对每一章的内容都做了一定的修改,表 1 给出了修改的细节。改动较大的地方如下:第 2 章增加了业务流程的内容并介绍了信息系统如何提高流程质量。每一章中都增加了云技术相关的介绍。移动设备的应用是另一个贯穿全书的内容。本书的 12 章中有 11 章采用了新的章节结尾案例(即案例学习部分),有 4 章采用了新的课堂练习。大数据和分布式计算方面的内容是第 5 章和第 9 章的特色。第 8 章讨论了社交媒体信息系统以及该信息系统在企业中的作用,这是全新的一章,替换了第 2 版中第 8 章的内容。本书还重新编写了两个扩展章来介绍合作信息系统,第二个扩展章介绍了 Office 365 以及学生在使用、评价和选择合作信息系统时会遇到的问题。

表 1　第 3 版修改的内容

章	第 3 版修改的内容
1 ~6	GearUp 公司的案例
7 ~ 12	PRIDE 公司的案例
1	新增就业数据
1	章末 Amazon 公司的案例
2	修改了业务流程图,新增了流程质量的讨论
2	新增了“信息系统和企业流程的关系”的讨论
2	介绍了业务流程建模符号
2	修改了课堂练习
2	章末 Amazon 公司代理发货业务的案例
3	分析 GearUp 公司的竞争者
4	新增了 Windows 8 系统和手机操作系统的介绍
4	关于瘦客户端和胖客户端手机应用程序定制开发的内容
4	新增了两个学习指导案例
4	关于 Google Mobility、Microsoft Surface 和 Apple 的课堂练习
4	章末苹果公司的案例

续表

章　节	第3版修改的内容
5	介绍贯穿全书的 GearUp 公司的案例
5	介绍 NoSQL 数据库管理系统
5	章末 NoSQL 数据库管理系统的案例
6	新增了云技术相关的问题
6	简化了作为连接的讨论
6	新增了关于数据包侦听的安全指导
6	Microsoft 公司云服务的案例
7	介绍跨企业信息系统并归纳了企业层面的信息孤岛问题
7	新增了云数据库案例
8	介绍社会媒体的基本元素
8	新增案例讨论“社会媒体方面的政策对城市商会的重要性”
9	这一章的内容经过了重新的组织，新增了大数据、分布式计算和 MapReduce 的介绍和讨论
9	更新了课堂练习
9	新增案例讨论“基于第三方 cookies 的数据挖掘”
10	介绍贯穿全书的 PRIDE 公司的案例
10	新增了 PRIDE 公司成本估算案例
11	介绍贯穿全书的 PRIDE 公司的案例
11	更新课堂练习
11	新增案例讨论“iOS 手机应用的发展”
12	PEIDE 公司的测试 举例说明了安全系统的设计
12	介绍信息系统“安全威胁”模型
12	更新案例和合作练习
扩展章 1	介绍在企业中合作的目的：通知、决策、解决问题和管理
扩展章 2	第 1 节讨论学生合作的需求，第 5 节讨论评价各种协同工具

导 读

本书每章都包括两个案例，这两个案例讨论信息系统中存在的问题。两个案例中，有一个案例重点关注商业活动中的道德问题，另一案例重点关注相应章节知识的应用。作者设计的每一个案例都是用来促使读者思考，引导读者积极参与讨论的，这将帮助读者提高解决问题的能力，并逐步成为一个更好的职业经理人。

第 1 章
道德指引：信息伦理
学习指导：五要素职业

第 2 章
道德指引：以自我为中心与尊重他人想法
学习指导：理解观点和看法

第 3 章
道德指引：Yikes！Bikes
学习指导：个人竞争优势

第 4 章
道德指引：“因为钱放在那里……”
学习指导：保持同步

第 5 章
道德指引：没有人说我不可以
学习指导：不，谢谢，我要用电子表格

第 6 章
道德指引：你在课上说了我什么？
学习指导：指数型思考不可能，然而……

第 7 章
道德指引：为销售打电话
学习指导：俱乐部每月的特点

第 8 章
道德指引：是否要隐藏事实
学习指导：社会招聘

第 9 章
道德指引：现实世界里的数据挖掘
学习指导：语义安全

第 10 章
道德指引：评估伦理
学习指导：真实的评估过程

第 11 章
道德指引：使用公司的计算机
学习指导：外包是虚假的黄金吗

第 12 章
道德指引：元安全
学习指导：最后的忠告

学生学习辅助

通过本书的结构安排，可以从阅读本书的时间上获得最大化的收益。每一章包含了形式多样的学习帮助，有助于读者成功学习本课程，如下表所示。

资　源	描　述	收　益	举　例
目标导向式学习	每一章的学习目标和后续的章节标题都是一致的，关注每章的学习目标，这将提高你的学习效率	学习目标给出了每章的知识重点	第 2 章学习目标
学习指导案例	每一章都包括两个学习指导案例，介绍信息系统领域的最新进展。其中一个案例重点关注商业活动中的道德问题	引导读者积极参与讨论，这将帮助读者提高解决问题和应对商业活动中道德窘境的能力	第 3 章学习指导
体验 MIS 课堂练习	每一章都有一个练习，叫作“体验 MIS 课堂练习”。这一部分包括随堂练习、项目、问题和小组展示。一些练习可以当堂完成，其他的练习可能要贯穿好几节课以及课外活动。例如，本书第 1 章关于“网上约会”的课堂练习	这一部分练习帮助你将课堂所学的知识与实际生活联系起来	第 4 章体验 MIS 课堂练习 4
本章知识对你的启发（每章的末尾）	这一部分帮助读者回顾相应章节的内容	总结了相应章节的知识点，这些知识应用在了书中的企业、员工上，也会用在你身上	第 2 章“本章知识对你的启发”
小结	这一部分按照学习目标总结和回顾相应章节的内容	小结中的问题将帮助读者更好地理解全章知识	第 2 章小结
关键词和术语	列出每章的关键词和术语	总结每章的关键词和术语，以供考试前复习使用	第 8 章关键词和术语
知识运用	知识运用练习要求你运用相应章节的知识解决实际问题	锻炼读者的批判性思维并提醒读者学以致用	第 5 章知识运用
合作练习	围绕相应章节主题的小组练习	运用 Google Drive、Windows Live SkyDrive、Microsoft SharePoint 或者其他合作工具辅助小组回答问题	第 9 章合作练习 9
案例学习	每一章都以案例学习结尾。读者需要仔细分析实际企业在应用科学技术和信息系统中遇到的问题，并给出解决问题的方法	要求读者将所学知识运用到真实的情景中	第 9 章案例学习 9
MyMISLab	MyMISLab 包括 Microsoft Office 2010 软件中的仿真环境、SharePoint 合作工具、任务分配、学生评价以及课堂视频	通过有意义的实践活动和工具扩展课堂学习	www. mymislab. com
SharePoint Hosting	SharePoint 为你所在的大学提供了多种网站创建的模版，比如博客、项目网站、社区网站等。学生只需要浏览器就可以使用 SharePoint 了	SharePoint 是世界上最流行的合作软件，将帮助学生更好地完成合作练习	www. pearsonhighered. com/kroenke

关于作者

大卫·克伦克在科罗拉多州立大学、西雅图大学和华盛顿大学有着多年丰富的教学经验，他组织了十多个有信息系统和技术教学方面的大学教授参加的研讨会。在 1991 年，国际信息系统协会命名他为年度计算机教育家。在 2009 年，大卫被信息技术专业教育协会命名为年度教育家。

大卫曾在美国空军和波音计算机服务公司工作，他曾是三家创始公司的委托人，担任过 Microrim 公司产品营销和开发的副总裁和 Wall Data 公司数据库部门的技术主管。他是语义对象数据模型之父。大卫的咨询客户包括 IBM、Microsoft、计算机科学公司和大量的小型公司。近来，他重点研究在教学协作中如何使用信息系统。

他的 *Database Processing* 一书在 1977 年第一次出版，到现在已经有第 12 版了。他还出版了很多其他书籍，包括 2013 年出版的 *Database Concepts*（第 6 版）、2014 年出版的 *Using MIS*（第 6 版）、2014 年出版的 *Experiencing MIS*（第 4 版）、2012 年出版的 *SharePoint for Students*、2012 年出版的 *Office* 365 *in Business* 和 2013 年出版的 *Processes, Systems, and Information: An Information to MIS*。大卫居住在西雅图，他已经结婚，有 2 个孩子和 3 个孙子。大卫很喜欢木匠活，他的妻子也支持他进行园艺活动。

北京培生信息中心
北京市东城区北三环东路 36 号
北京环球贸易中心 D 座 1208 室
邮政编码：100013
电话：(8610) 57355171/57355169/57355176
传真：(8610) 58257961

Beijing Pearson Education
Information Centre
Suit 1208, Tower D, Beijing Global Trade Centre,
36 North Third Ring Road East,
Dongcheng District, Beijing, China 100013
TEL: (8610)57355171/57355169/57355176
FAX: (8610)58257961

尊敬的老师：

您好！

为了确保您及时有效地申请教辅资源，请您务必完整填写如下教辅申请表，加盖学院公章后将扫描件用电子邮件的形式发送给我们，我们将会在 2-3 个工作日内为您开通属于您个人的唯一账号以供您下载与教材配套的教师资源。

请填写所需教辅的开课信息：

采用教材			□中文版 □英文版 □双语版
作　　者		出版社	
版　　次		ISBN	
课程时间	始于　　年　　月　　日	学生人数	
	止于　　年　　月　　日	学生年级	□专科　□本科 1/2 年级 □研究生　□本科 3/4 年级

请填写您的个人信息：

学　　校			
院系/专业			
姓　　名		职　　称	□助教 □讲师 □副教授 □教授
通信地址/邮编			
手　　机		电　　话	
传　　真			
official email(必填) (eg:XXX@ruc.edu.cn)		email (eg:XXX@163.com)	
是否愿意接受我们定期的新书讯息通知：　□是　□否			

Publishing House of Electronics Industry
电子工业出版社：www.phei.com.cn
　　　　　　　　www.hxedu.com.cn
北京市万寿路 173 信箱高等教育分社（100036）
联系电话：010-88254555
E-mail：Te_service@phei.com.cn

系 / 院主任：________________（签字）

（系 / 院办公室章）

_____年_____月_____日

目　录

第一部分　MIS 与你

第二部分　信息技术

第三部分 利用信息系统获取竞争优势

第四部分 信息系统管理

第一部分

MIS 与你

信息系统的知识是你能否在商业上取得成功的关键因素。如果你的专业是会计、市场营销、管理或其他对信息技术要求较低的专业，你或许还没意识到这部分知识的重要性。本书的第一部分阐述了“管理信息系统课程对每一个职业经理人都很重要”的原因。接下来以一个案例导入本书的第一部分内容。

GearUp 是一个成立了 3 年的私有公司，在网上以较大折扣销售名牌体育器材和运动衣。GearUp 是一个私人销售俱乐部，客户在购买商品之前需要注册。

GearUp 公司每天都会通过邮件向客户推送当天的销售活动。每项活动往往持续 72 小时，GearUp 公司一般同时开展 3 项销售活动。客户可以在销售活动结束或者产品售罄之前购买产品。因为产品的销售总量有限，因此 GearUp 公司鼓励客户尽早购买中意的产品。

销售活动结束后，GearUp 公司根据订购量向供应商购买产品，将产品储存在印第安纳波利斯的库房中，然后重新打包商品并配送至客户。

GearUp 公司会与供应商谈判确定最大订购量和批发价格等。例如，GearUp 公司最多可以购买 5000 个足球，以 14 美元批发并以 22 美元的价格销售出去。另外，它们还会协商将产品从供应商配送至 GearUp 仓库的运输费用。

GearUp 公司与供应商谈好合同后，会要求供应商提供产品的预览图和描述来吸引计算机和移动设备前的客户。

Kelly Summers 是 GearUp 公司的 CEO。20 多岁时，她还是一名职业足球运动员，但是一次严重的膝伤导致她选择了退役。之后，Kelly Summers 开始在一家体育商店工作。3 年后，她选择了一份市场营销工作。2 年后，Kelly Summers 创办了 GearUp 公司。

Kelly Summers 将一些关键的员工带到了 GearUp 公司，包括公司的 IT 主管，主要负责公司网站正常运行的 Lucas Massey。其他关键人物还有公司的 CFO ，Emily Johnson；主管公司日常运行的 Drew Mills；主要买家 Addison Lee，他是 GearUp 公司的第一个买家。

“对于我们的客户而言，每天都是崭新的”，Kelly 如是说。“当你来到我们的网站，你会发现有很多排球、球网、最新款式的滑雪服还有高级高尔夫俱乐部。”

GearUp 公司创办后前 3 年的销售收入分别是 300 万美元、1100 万美元和 2600 万美元。当时美国限制了 GearUp 公司的销售。“我们当时还没有准备好进入国际市场。”

Emily Johnson 指出："目前公司最大的问题在于边际利润低。我们的销量正在增长，但是并没有得到预期的收益。公司收入利润率（利润对同期销售收入的比率）正在下降，虽然下降得并不多。我不知道为什么会出现这种情况，但我告诉 Kelly 公司必须解决这个问题。"

你即将学习的信息系统是 GearUp 成功的关键。

第 1 章　MIS 的重要性

"被炒了？你要炒我鱿鱼？"

"被炒鱿鱼听起来确实很残忍，但是，GearUp 公司不再需要你了。"

"但是 Kelly，我真的搞不懂。我工作很努力，我做了所有你要我去做的事情。"

"Jennifer，就是因为你做了我要求的每件事情。"

"我花费了很多时间。你怎么可以辞退我？"

"你的工作是找到办法使我们从现有的俱乐部会员身上得到更多的收入。"

"是的，而且我也这样做了。"

"不，你没有。你只是按照我告诉你的想法做了。但是我们不需要总是按照我的想法做事情的人。我们需要另外一种人，他能够看出我们的需要，有创新的想法，并把这些想法反馈给我和其他人。"

"你怎么可以期望我能够做到那些？我来这里才只有 4 个月而已！"

"这就叫团队合作。是的，你才刚开始学习我们的业务，但是我很确定高级员工都可以帮助你学习这些东西的"

"我不想打扰他们。"

"是的，你确实没有打扰他们。我问过 Jason 有关于你所做的工作的想法，结果他问道：'谁是 Jennifer？'"。

"但是，他只上夜班啊。"

"是的，他是夜班经理，但是我们平日的业务有 37% 是来自于下午 7 点以后，跟他聊聊对你会有帮助的。"

"我会跟他谈的！"

"Jennifer，你注意到刚才发生的事情没有？我给你一个想法，然后你说你会按照这个想法去做。这不是我想要的，我希望你能够自己找出解决的办法。"

"我工作真的很努力。我付出了很多时间，而且我完成了所有的报告。"

"有其他人看到你的表现吗？"

"我只告诉了你一部分我的工作，但是，我一直想等到我完全满意我的工作后再告诉你。"

"但这不是我们这里做事情的方式。我们挖掘出新的想法，然后跟其他人进行讨论。没有人有多么聪明。我们对新的想法发表意见、重新修改这些意见，只有这样我们的工作计划才会更好。我想我曾经告诉过你。"

"可能你确实告诉过我，但是我对这样的方式很不适应。"

"但是在我们这里，这是一个很关键的技能。"

"我真的觉得我可以胜任这份工作。"

"Jennifer，你在这里已经快 4 个月了，而且你有经济与管理专业的学位。几周前，我问你如何提高我们的营业额，你还记得你是怎么回答的吗？”

“记得，我不知道该怎么提高，我不想随便抛出一个没有效果的想法。”

“但是你怎么发现它有没有效果？”

“我不想浪费钱。”

“不，你不是这样想的。所以，当你在这个任务上还没有多大进展的时候，我让你上交一位顾客的生命周期图：我们如何将顾客吸引进门，如何在第一节课上就让他们注册成会员，如何继续卖给他们……”

“是的，我发给你生命周期图了。”

“Jennifer，这是毫无意义的。你的图在他们还没有成为顾客之前，就已经在 Neil 的账本上了。”

“我懂这个流程，但是我就是没法将它写下来。但是，我会重新做一次。”

“好了，我很欣赏你的态度，但是时间很紧张。我们没有实习生的职位。如果经济景气的话，我可以为你寻找一个位置，看看是否可以把你留下。但是，我们现在不能这样做了。”

“那我的推荐信怎么办？”

“我很乐意告诉其他人你很可靠，一周工作 40 ~45 个小时，而且你很诚实正直。”

“这些都很重要！”

“是的，这些是很重要。但是当今社会，只有这些已经不够了。”

学习目标

1. 管理信息系统是商学院最重要的课程
2. 信息系统的概念
3. 管理信息系统的概念
4. 信息系统和信息技术的区别
5. 你在信息系统安全中所起到的作用

本章可选扩展章节

扩展章 1：决策、解决问题和管理项目的合作信息系统

扩展章 2：学生项目合作信息系统

1.1 管理信息系统是商学院最重要的课程

在商学院里管理信息系统是最重要的课程。这句话在 2005 年的时候可能不准确，也许在 2025 年的时候也不准确。但是在 2013 年的时候很准确。

为什么？

最基本的原因在于**摩尔定律**（Moore's Law）。1965 年，作为英特尔公司创始人之一的 Gordon Moore 认为，由于电子芯片设计和制造技术的发展，“集成芯片上每平方英寸可容纳的晶体管数目，约每隔 18 个月便会增加 1 倍”。他的推论被广泛误解为“计算机的运算速度每 18 个月翻一番”，虽然不准确，但是基本上符合他的理论的主要思想。

由于摩尔定律，计算机的性价比已经从一套标准计算机设备价值 4000 美元降到了 1 美分，如图 1-1 所示。

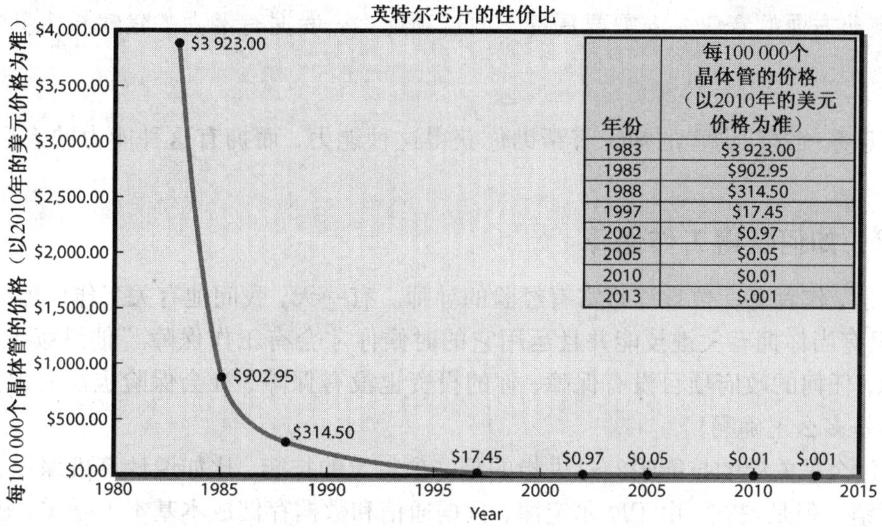

图 1-1　计算机的性价比逐年升高

以后作为商界的一个专业人士，你不用关心你的公司用 100 美元买的计算机到底有多快。这个不是重点，下面这句话才是重点：

由于摩尔定律，数据通信和数据存储成本基本上是零。

在进入下一段之前，请先回想一下上面的文字。当这些成本为零的时候会出现什么结果？下面就是这些结果：

- YouTube
- iPad
- Facebook
- Second Life
- Pandora
- Twitter
- LinkedIn
- HuLu

这些情况在 2005 年的时候不是很突出。事实上，2005 年时它们中的大多数都不存在。

1.1.1　Facebook 和 Twitter 是物有所值的商业应用

目前，社交网络非常盛行。我们可以在很多网站上发现 Facebook 的“喜欢”按钮和 Twitter 的“关注”按钮。问题是，这些应用是不是物有所值的？通过这些应用所创造的收入是否值得企业投入大量的时间和费用？需要认真审视这些问题的人，往往专注于市场销售，而不是技术领域。本书将在第 8 章更加深入地讨论这些问题。现在，想想那些最先发现 Facebook 和 Twitter 商业潜力的企业。他们的竞争优势是：比竞争对手更善于利用最新的科学技术。

但是，对网络科技的应用并没有结束。Facebook 和 Twitter 不是网络科技应用的终点。GearUp 和 PRIDE（将会在第 7 ~ 12 章介绍）正在引入一种新的数据处理技术：云处理技术，这是以前从未出现的科技与技术。通过这些实例，可以引出“管理信息系统是商学院当今最重要的一门课程”的第一个原因：

未来商业方面的专业人士需要具备下面这项能力：发掘有潜力的信息技术并将其应用于商业领域中。

管理信息系统这门课程的知识将帮助你获得这种能力，而拥有这种能力的人会有更好的工作保障。

1.1.2 如何获得工作保障

许多年前，作者有一位睿智且富有经验的导师。有一天，我问他有关工作保障的问题。他告诉我："只有当你拥有关键技能并且运用它的时候你才会有工作保障。"他继续说："我们公司没有保障，任何的政府项目没有保障，你的投资也没有保障，社会保险也没有保障。"不过，后来证实他是多么正确啊！

那么，什么是关键的技能呢？过去指的是一项特定的技能，比如说计算机编程、税务会计或者市场营销。但是现在，由于摩尔定律，数据通信和数据存储成本基本上是零，任何常规技术都可以外包给出价最低的投标人。如果是在美国、加拿大、澳大利亚、欧洲等国家，那个最低的投标人不太可能是你。大量的组织和专家在研究什么样的技能在人们职业生涯中是最关键的。思考下面的两个研究成果。兰特公司是一家坐落于加利福尼亚州圣莫尼卡的点子公司，它在过去的 60 年时间里提供了很多创新和突破性的想法，包括互联网最原始的设计。在 2004 年，兰特公司发布了在 21 世纪所需要的工作技能。①

科技的迅速发展和日益激烈的国际竞争使我们更加注重技能和劳动力的储备，特别是适应科技发展和需求的能力。组织特性一直在变化中……更看重非常规的认知能力。

无论你的专业是会计，市场营销，金融还是信息系统，你都需要掌握非常规的认知技能。

什么是非常规的认知技能？美国前任劳工部长 Robert Reich 列举出 4 个元素：②

- 抽象推理
- 合作
- 系统思维
- 实践能力

表 1-1 是一个例子。重新阅读一下本章开头的 GearUp 工作室的例子，你会发现 Jennifer 之所以丢了工作，正是因为她缺乏这些工作技能。

表 1-1　非常规认知的关键技能的举例

技　能	例　子	Jennifer 的问题
抽象推理	建立一个模型或者表现形式	无法建立客户生命周期图
系统思维	模拟出系统元素并展现出元素的输入和输出是如何影响其他元素的	不清楚供应商何时结算应付账款
合作	与他人一起想出新的想法和计划。提出和接受反馈	不愿意和其他人一起工作
实践能力	在现有资源允许的情况下，创建和测试有前提的替代品	对失败的恐惧阻碍了新想法的讨论

1.1.3 MIS 帮助你学习非常规技能

管理信息系统在商学院里是学习这 4 个主要技能最重要的课程，因为每个问题的解决都需要应用和实践这些技能。下面主要讲解如何运用这些技能。

---

① Lynn A. Kaoly and Constantijn W. A. Panis, The 21st century at work (Santa Monica, CA: RAND Corporation, 2004), p. xiv.

② Robert B. Reich, The work of Nations (New York: Alfred A. Knopf, 1991), p. 229.

1. 抽象推理

抽象推理(Abstract Reasoning)是指建立模型的能力。在每一章中你可能都会遇到一个或几个模型。比如说，在这一章的后面就会遇到信息系统的五要素模型。第2章将会讨论如何利用这个模型来衡量新的信息系统项目的范围，剩下的章节全都是建立在这个模型基础之上的。

这门课不只是运用导师或者书中已经设计出来的模型，也需要自己去建立模型。比如说在第5章，将会学习如何建立数据模型；在第10章，将会学习如何建立过程模型。

2. 系统思维

当你在杂货店里看到一瓶绿豆时，你能联想到美国的移民政策吗？当你看到机器在砍伐用来造纸的木头时，你能将木头屑和摩尔定律联系到一起吗？你知道为什么 YouTube 最大的受益人之一是 Cisco 系统吗？

要回答这些问题就需要用到**系统思维**(Systems Thinking)。系统思维是将系统的组成成分建模，然后将这些元素中的投入和产出联系起来组成一个合理的整体模型的能力。而且这个模型应该能够解释观察到的现象。

我们即将学习的这门课是关于信息系统的。这本书将讨论和解释系统，进而要求读者评价系统，比较系统间的差异，将不同的系统运用到不同的情况中。以上这些要求可以帮助你像专业人士那样运用系统思维解决问题。

3. 合作

合作(Collaboration)是两个或者更多的人一起工作以实现共同的目标、结果或者产品。扩展章1和2将会教你一些合作的技巧并给出几个协作信息系统的例子。本书的每一章都会布置一些小组练习，需要大家在课堂上或者课下合作完成。

下面的情况可能会使读者感到惊讶：有效合作的关键并不是如何把任务本身完成好。事实上，研究表明有效合作最重要的是要做到给予和接受反馈。当我们提出一个商业计划时，可能与销售副总裁所看重的项目是冲突的，这时候就会认识到有效的合作技能与你在邻居家的烧烤聚会上的合作是不一样的。那么，在面对副总裁反对的情况下如何提出自己的想法？同时又不会丢掉工作？这门课上，将会学到合作所需的技能和信息系统。更重要的是，我们将有很多机会来实践它。

注解：本书扩展章1和2详细介绍了合作信息系统，并将指导读者与同伴合作。

4. 实践能力

“我之前从来没有做过这项工作。”

“我不知道该怎么去做。”

“但是这样有用吗？”

“它对于营销来说是不是太怪异了？”

对失败的恐惧——这种恐惧限制了太多优秀的人才和好的想法。当商业情况比较稳定时，新的想法就像是同一歌剧中的不同章节，专业人士可以使他们限制在自己对于失败的恐惧中。

回想 GearUp 公司盈利不佳的问题。有没有办法通过社交网络来为整个公司减少一些不必要的支出？客户能否利用 Facebook 和 Twitter 分享自己的砍价心得？或者，Google + 是不是一个更好的选择？有没有人告诉你，怎样解决公司的亏损问题以及如何盈利？没有。正如 Reich 所说，21 世纪的专业人士需要学会如何实践。

成功的**实践**(Experimentation)不是为每一个进入脑海的想法浪费大量的金钱，它需要对每一个机会做出认真合理的分析，展望预期的产品、解决办法或者新技术的应用，然后再开发那些最有前景的应用，并且与你现在所拥有的资源相符的想法。

在这门课上，可能要用到一些你根本不了解的产品。这些产品可能是 Microsoft Excel 或者 Access，也有可能是 Blackboard 的一些从来没有用过的特性和功能。或者可能要和同学一起使用 Microsoft SharePoint、Google Docs。导师会讲解这些产品的每一个特性吗？最好希望不会。相反，应该希望导师留给你们自己去实践，去展望新的可能性，然后在时间允许的基础上再去实践这些可能性。

1.1.4 工作

第三个使管理信息系统这门课非常重要的因素就是就业问题。2012 年的大部分时间内，美国各行业、各年龄段人群的失业率平均为 8.3%。2011 年 11 月，华尔街日报称，24 岁以下美国青年的失业率达到了 16.7%。[①]大学毕业的学生往往可以比没有学位的人找到更好的工作，但现在对于拿到学位的人来说，失业率也非常高。Hope Yen 于 2012 年 4 月在美联社发表的文章中提到，有一半的大学生处在失业和待就业的状态中。[②] 但这不是对于所有的行业而言的。如果你在写作和欧洲历史专业上得到学士学位，可能工作很难找。但是，对于信息系统方面的工作，情况可就大不相同了。

Spemce 和 Hlatshwawyo 研究了 1990 年至 2008 年美国的就业状况。[③] 他们定义 *tradable job* 为工作地点不唯一的工作。*tradable job* 的提出对工作的分类很重要，因为这一类工作是可以外包至海外的。正如图 1-2 所示，各行业的工作中，计算机系统设计及其相关工作的需求比其他类工作的需求有着更快的增长。2000 年网络泡沫破灭后，与计算机系统有关的工作数量急剧减少。但是从 2003 年开始，计算机系统的相关行业不仅复苏，而且得到了迅速的发展。该行业的工作不仅包括计算机程序员和数据库管理员等技术岗位，还包括一些非技术岗位，比如：企业管理。另外，图 1-2 所示显示了 *tradable job* 在 1989 ~ 2009 年间职位数量的变化趋势，所以“不错的计算机相关工作都已外包到海外”的说法被否定了。Spemce 和 Hlatshwawyo 分析了美国劳动统计局提供的有关数据，进一步证实了这种说法是不对的。

注解：阅读本章的“学习指导”案例，进一步了解与管理信息系统相关的工作。

① Joe Light and Lauren Weber, "Generation Jobless", Wall Street Journal, November 7, 2011. http://online. wsj. com http://online. wsj. com/article/SB10001424052970103733504577022110945459408

② http://news. yahoo. com/1-2-graduates-jobless-underemployer-140300522. html

③ Michael Spence and Sandile Hlatshwayo. *The Evolving Structure of American Economy and the Employment Challenge.* Council on Foreign Relations, New York, NY, 2011.

1.1.5 总结

根据上面的论述，MIS 是商学院最重要课程的原因在于这门课程介绍的知识：

1. 为在商业活动中评估和应用新兴的信息系统技术做好准备。

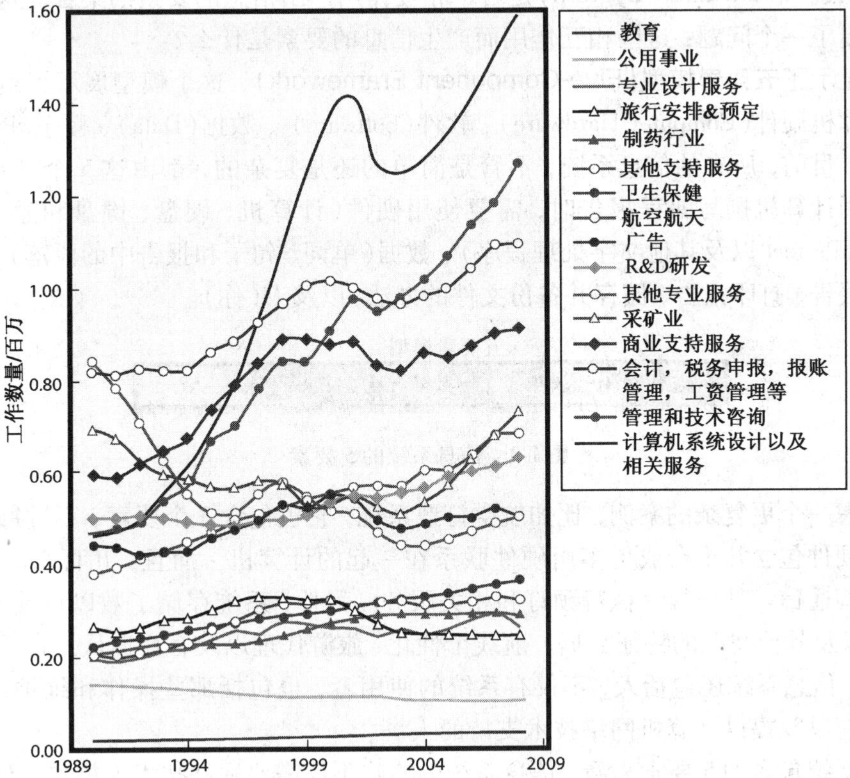

图 1-2 过去 20 年间工作就业的增长

来源：*Evolving and Structure of American Economy* and *the Employment Challenge* by Michael Spence and Sandile Hlatshwayo. Copyright © 2011 by the Council on Foreign Relations Press. 授权使用

2. 帮助学生学习抽象推理、系统思维、合作和实践，从而具有最根本的工作保障，即关键技能。

3. 帮助学生了解 IT 行业，这一行业有着很大的潜力。

最后，在你的职业生涯中，可能偶尔会涉及信息系统的道德问题。为了帮助你更好地应对这些挑战，本书每一章都会有一个“道德指引”。这些指南会引导你思考各种道德窘境，有助于你明确自己的价值观并正确处理未来可能会涉及的道德问题。

有了以上的介绍，我们就可以开始本书的学习之旅了。

注解：本书的“道德指引”讨论的是信息系统使用过程中涉及的道德问题。“道德指引”促使读者深度思考在不熟悉的环境下如何遵守和使用相关的道德规范来维护自己的利益。读者在阅读这些案例的同时应多与同伴讨论。本章的“道德指引”讨论了“信息使用和阅读权限”中涉及的道德问题。

1.2 信息系统的概念

系统(System)是由若干相互作用、为了达到某个目标的要素集合而成的。正如我们所猜想的，**信息系统(Information System)**是若干相互作用产出信息的要素的集合。这句话是正确的，但也提出了一个问题：这些相互作用而产生信息的要素是什么？

图 1-3 显示了**五要素模型(Five-Component Framework)**，这个模型展示了组成信息系统的要素：计算机硬件(Computer Hardware)、软件(Software)、数据(Data)、程序(Procedures)和人(People)。目前，所有的信息系统，不管是简单的还是复杂的，都由这 5 个基本要素组成。例如，在使用计算机撰写课程报告时，需要使用硬件(计算机、硬盘、键盘和显示器)、软件(Word、WordPerfect 以及其他文字处理程序)、数据(单词、句子和报告中的段落)、程序(运行程序、打开报告、打印报告、储存并备份文件的办法)以及人(你)。

图 1-3　信息系统的 5 要素

下面考虑一个更复杂的案例，比如航空订票系统，它也包含 5 个要素，不过每个要素都要复杂得多。硬件包含几十台或更多由硬件联系在一起的计算机。而且，几百个不同的程序在计算机间协调通信。其他程序执行预订和相关服务。另外，系统存储了数以百计的有关航线、客户、预订以及其他情况的特征数据。航线个性化、旅游代理以及客户遵从几百个不同的程序模式。最后，信息系统还包括人，不仅有系统的使用者，也包括那些操作和维护计算机的人、进行数据更新以及提供计算机网络技术支持的人。

从信息系统包含的 5 要素来看，信息系统的构建不仅需要硬件技术人员和软件程序员，还需要其他相关技术人员。本章的学习指导案例会深入讨论这一点。

需要注意这里定义的信息系统都包含了计算机。有些人说这种系统是**基于计算机的信息系统(Computer-Based Information System)**，然而有些信息系统不包含计算机，例如，挂在会议室墙外的用于安排时间的挂历。这样的系统在商业活动中已经使用了好几个世纪。尽管如此，本书还是集中研究基于计算机的信息系统，为简化起见，我们将使用信息系统作为基于计算机的信息系统的同义词。

1.3 管理信息系统的概念

目前，世界上已经有了成千上万的信息系统。这些信息系统并不都与企业相关。在本书中，我们讨论的是**管理信息系统(Management Information System, MIS)**。管理信息系统就是管理和使用信息系统，来帮助企业实现战略目标。这个定义包括三个关键因素——“管理和使用，信息系统，战略目标”。上一节讨论了信息系统，现在讨论信息系统的管理和使用以及信息系统如何帮助企业实现战略目标。

1.3.1 信息系统的管理与使用

MIS 定义中的下一个要点是信息系统的管理与使用。这里，我们将信息系统的管理定义为开发和维护。MIS 是开发出来的，因为信息系统不会像雨后春笋般突然出现，必须去构建它们。

读者可能会说："等等，我是做财务管理或会计管理的，不是做信息系统的，无需知道如何管理信息系统。"如果你这样说，那么你就像一头只会产羊毛的小羊羔。遍及你的职业生涯，无论选择哪个领域，都会用到信息系统。为了使信息系统满足需要，应该在系统发展中起到积极的作用。即使你不是一个程序设计员或数据库设计者，也不是信息系统专业人员，也应该在确定系统需求以及项目管理发展方面起到积极的作用。没有你的积极参与，要想使新的系统满足需求就只能靠好运气了。

作为商业活动的专业人士，应该是懂得商业需求的人。如果把社交网络应用到产品中，应该知道如何最好地得到客户反应。建立网络的技术人员，建立数据库的设计者，配置系统的 IT 人员，没有一个人了解你需要什么，也不了解使用的系统是否完备。只有你自己了解！

除了管理任务，你在使用信息系统方面还担当着更重要的角色。当然，需要学习如何使用系统去完成你的目标。同时你也有重要的辅助作用。例如，当使用信息系统时，有责任保护系统和数据的安全，也有责任备份数据。当系统出现故障时（大多数会出现故障），有责任根据需要采取一些措施，有责任帮助系统正确而快速地恢复。

1.3.2 实现商业目标

MIS 定义的最后一个要点是说信息系统的存在是为了帮助实现商业目标。首先，应该认识到这句话隐藏了一个重要事实，即商业活动本身不会做任何事情。商业活动中进行买卖、设计、生产、筹措资金、出售、做账和管理的主体是人。因此，信息系统是帮助在公司工作的人实现他们的目标。

创建一个信息系统不会纯粹出于开发的乐趣，也不会为了使公司现代化或者以便公司声称自己拥有一个存在于网络上的社交网络。它们的创建也不是因为信息系统部门认为需要创建，或者因为公司落在科技趋势的后面而创建它。

这个道理很浅显，读者可能会质疑为什么提起它。然而，每天都有一些公司由于错误的原因而开发信息系统。现在，某一个公司由于其他公司都有公司主页这个单一的原因而决定在 Facebook 上建立主页。这个公司并不问以下问题：

- 网站主页的目标是什么？
- 它能为我们做些什么？
- 公司应当为员工设置怎样的激励机制？
- 如何处理客户的投诉？
- 网站的收益足以弥补它的花费吗？

但是公司应该考虑这些问题！第 3 章将深入讨论信息系统和公司战略之间的关系，第 8 章将专门介绍社交网络和公司战略之间的关系。

再次说明，信息系统的开发和利用是为了实现公司的目标。读者应该意识到学习这门课程比买一台计算机、使用电子表格软件或者建立一个网页重要多了。

1.4 为什么区分信息技术和信息系统很重要？

信息技术与信息系统是两个相近词，但它们有区别。**信息技术(Information Technology，IT)**①是指用来生产信息的产品、方法、发明以及标准。如前面章节所述的一样，信息系统则是关于硬件、软件、数据、流程以及信息生产者的集合。

信息技术的发展推动信息系统的发展。随着信息技术的发展，计算机产业已经由打孔卡片时代发展到互联网时代，并且将继续推进计算机产业进入下一个时代甚至走得更远。

为什么要区别这两者？知道信息技术和信息系统的区别，可以帮助我们避免一个共同的错误：不能购买一个信息系统。

可以购买信息技术，可以购买或租赁硬件，可以获得程序和数据库的许可证，甚至可以获得预先设计的程序，但是最终还是要由员工们来使用这项新技术。

对于任何一个系统来说，随着员工对该系统的使用，将会有一个培训任务(或成本)，你将需要克服员工对变革的抵制并且需要管理他们。因此，可以买到信息技术，但是不能买到信息系统。

考虑一个简单的例子，假设你的组织决定开发一个 Facebook 的页面。Facebook 提供了硬件和程序、数据库结构和标准程序。然而，需要填写数据库里你负责的那一部分数据，必须把他们的标准程序和自己的程序衔接起来，为的是保证数据的一致性。例如，这些程序需要提供一种方式，定期地评阅网页内容，还需要一定的方式来消除不合适的内容。更进一步，需要培训你的员工如何掌握这些程序，并且要管理那些员工来确保他们的工作是正确的。

信息系统一旦存在，管理 Facebook 页面就非常简单了。较大而复杂的信息系统要求相当大的工作量，这种系统涉及很多甚至十几个部门和成千上万名员工。再次重申，可以买到信息技术，但是永也买不到信息系统。

1.5 你在信息系统安全中的角色

信息系统创造价值的同时也包含着一定的风险。比如，Amazon 拥有数百万用户的信用卡数据，其有责任保护好这些数据。如果 Amazon 的安全系统被破坏，那么用户的信用卡数据会被泄露，这将给 Amazon 带来严重的损失。不仅会损失很多业务，还会损失企业潜在的信用。因为信息系统的安全性十分重要，所以全书都很关注这一方面的问题。另外，本书第 12 章将重点讨论信息系统的安全问题。

然而，你在信息系统安全中的角色都是非常重要的，所以在第 12 章之前，就开始介绍信息系统安全方面的知识。与信息系统类似，安全系统也有 5 个组成要素，包括用户。因此，安全系统能否正常运行最终还是取决于用户的行为。如果用户不认真对待和遵从安全系统的操

① 你也许会遇到将 ICT(Information and Communication Technology，信息通信技术)当作 IT 同义词使用的情况。ICT 更强调通信硬件方面的技术。ICT 术语多用在学术中，IT 术语多用在工业中。

作步骤，那么安全系统的硬件、软件和数据便徒劳无功。我们首先介绍如何设置和使用一个强密码，这是计算机安全中最基本的一项内容。

几乎所有的安全系统都要用到用户名和密码。作为企业信息系统的用户，你将会学到如何创建一个强密码并保护好这个密码。这对你来说非常重要。在大学里就应当使用这类强密码。(根据纽约时报 2010 年一篇文章中提到的数据，20% 的人都在使用很容易被猜到的密码，比如：12345。请不要成为这 20% 的人之一。①)

1.5.1 强密码

那么，什么是强密码，如何创建强密码呢？Microsoft，一家有很多原因提高信息系统安全性的公司，将具有以下特征的密码定义为强密码(Strong Password)：

- 由 10 个或 10 个以上的字符组成，12 个字符更好
- 不包含你的用户名、真实姓名或公司名称
- 不包含完整的专业词典的词汇和语言
- 和早期使用过的密码不同
- 包含大写和小写字母、数字以及一些特殊字符(如 ~ ! @ ; # ¥ % ^& ; * ( ) _ + ; - = ; { } [ ] ; “ ; ‘ < ; > ; ? , 。? /)。

下面是几个好的密码：

- Qw37^T1bb?at
- 3B47qq5!7b

这种密码的问题是很难记住它们。最后，千万不要写下你的密码并把它放在工作岗位附近。

创建容易记忆的强密码的技巧之一，是将之基于句子中的单词的首字母。句子可能是一首歌的标题或某首诗的第一行，也许是基于你生活中的某些事实。例如，你可能写下一句话：“I was born in Rome, New York, before 1990.”使用这句话的首字母并且用字符“<”来替换单词 before，创建的密码将是：IwbiR, NY<1990。这就是一个可接受的密码，但如果不是所有的数字都放在末尾就更好了。因此，可以尝试这个句子：“I was born at 3:00 A. M. in Rome, New York.”这句话产生的密码是：Iwba3:00AMiR,NY，这就是一个容易记住的强密码。

1.5.2 密码成规

一旦创建了一个强密码，就需要用正确的方法保护它。正确使用密码规则是商业人士的标志之一。不用写下你的密码，不要同他人分享你的密码，也不要询问他人的密码。当然也不能把自己的密码给别人。

但是，如果需要他人的密码怎么办呢？设想一下，你需要请求其他人帮助你解决一个你计算机中的问题。你启动信息系统后，由于某种原因，你需要输入他人的密码。在这种情况下，告诉他你需要他的密码，然后离开座位，把键盘让给他，当他输入密码时转过脸。在公司工作

---

① Ashley Vance, "If Your Password Is 123456, Just Make It HackMe", *New York Times January*. 21,2010, p. A1. Available at www.nytimes.com/2010/01/21/technology/21password.html?hp.

的职员都严格遵守安全条例。当一个人输入密码时，另一个人离开，这是普遍接受的做法。

如果有人问你的密码，不要告诉他，而是站起来，走到那人的计算机前，自己输入密码。当你的密码正在用时，站在眼前，并确保在结束时输入指令退出你的账户。当你这么做时，没人会认为自己被冒犯，这只是一个职业人士的标志。

体验 MIS 课堂练习 1

信息系统和网上约会

“若我可以在网上用半个小时就搜索到我可能感兴趣的人，为什么我一定要去酒吧，并且承担在那里待两个小时都遇不到我感兴趣的人的风险？就算我在网上搜索不到感兴趣的人，也不过浪费了半个小时而已，至少我不需要吹干我的头发。”①

■lori Gottlieb,The Atlabtic,Frbrary 7,2006,
www. theatlantic. com/doc. 200602u/online-dating

一些网上约会服务是通过基于人际关系的算法为用户配对：

- Chemistry(*www. chemistry. com*)。用户的配对算法基于 Helen Fisher 博士所做出的个性测试。
- eHarmony(*www. eHarmony. com*)。用户的配对算法基于 Neil Clerk Warren 博士的“兼容配对系统”测试。
- PerfrctMatch(*www. PerfectMatch. com*)。用户的配对算法基于 Pepper Schwartz 博士开发的 Duet 系统。
- Plenty of Fish(*www. pof. com*)。用户的配对算法基于五种人格特质。

其他网站在一个特定群体或同一兴趣的人中为用户选择配对的人。

政治利益：

- Conservative Dates(*www. republicanperplemeet. com*)——“创造人脉关系，连接大家生活。”
- Liberal Heart(*www. liberalhearts. com*)——“联合那些爱自由、爱思考的民主党，环保者，热爱动物以及保护环境的人。”

共同的社会/经济利益：

- Good Genes(*www. goodgenes. com*)——“常春藤盟校的学生们和大学生们通过学位证书的匹配来寻找志同道合的朋友。”
- MillionaireMatch (*www. millionairematch. com*) ——“这是一个可以为成功添加一抹浪漫主义色彩的地方。”

---

① lori Gottlieb, in ”Logging On For Love” interview by Elizabeth Wasserman, The Atlantic, February 7,2006.

共同的活动兴趣：

- Golfmates(*www.golfmates.com*)——“第一个专门针对高尔夫球爱好者的网上聚会服务网站。”
- FarmersOnly(*www.farmersonly.com*)——“因为城市的人们不会加入这个活动。”
- Cowboycowgirl(*www.cowboycowgirl.com*)——“加入这个群体来一起分享你对乡村生活的热爱。”
- Single FireFighter(*www.singlefirefighters.com*)——“唯一一个不用拨打 911 电话就可以见到消防员的地方!”
- Asexual Pals(*www.asexualpals.com*)——“因为生活中有很多有意义的事情。”

课堂小组练习

1. 访问一个基于人际关系匹配算法的网上约会网站和一个以聚集共同兴趣的客户为目标的网上约会网站。

2. 总结这两个网站所采用的用户匹配方法。

3. 描述这两个网站的收入方式。

4. 通过以下几个方面来描述这些网站的需求：

   (1)硬件

   (2)软件

   (3)数据

   (4)运作流程

   (5)人力资源

5. 人们在社交网站上常常夸张事实，甚至说谎。在小组访问的网站中，怎样利用信息系统来减弱这种不良行为带来的影响?

6. 假定公司决定实施你在问题 5 中给出的方案，来减少社交网站上说谎带来的不良影响。说说 Reich 定义的 4 种非常规认知技能(即抽象推理、系统思维、合作和实践能力)是如何帮助你更好地为团队做出贡献的。

7. 以小组为单位，就问题 5 和问题 6 准备一个 3 分钟的阐述，就当作是在一次面试中回答这些问题。给小组的阐述列出一个提纲，以此展示自己拥有问题 6 中所说的 4 种非常规认知技能。

8. 在班级的其他同学面前，完成小组准备好的 3 分钟阐述。

本章知识对你的启发

对于 Jennifer 来说，学到这些知识已经晚了，至少对于她在 GearUp 公司的这份工作而言。但是，对于你来说并不晚，对于 Jennifer 的下一份工作来说也不晚。那么，从本章中我们学到了哪些内容呢?

首先，学习 Reich 的 4 个技巧：抽象思维、系统思维、实践以及合作。然后不断地练习这些技巧。这是商学院中传授这些技巧的最好课程，所以请投入其中认真学习。在你学习和完成作业的过程中，记得问自己这些任务是如何与这 4 种能力相联系的并且努力让自己熟练地运用这些技巧。

其次，未来属于能够创造性预见信息系统和科技新应用的商业人士，你需要了解到这一点。你没有必要主修信息系统专业(虽然这是一个有极好工作前景的专业)，但是你应当有将管理信息系统知识运用到你主修课程中的能力。管理、营销、会计、生产是如何利用摩尔定律所带来的利益的？

接下来，学习一个信息系统的组成部分并且理解每一个商业人士都需要在信息系统开发中起到积极的作用。开发这样的信息系统是为了满足你的需求并且需要你的参与。了解信息技术和信息系统的区别。最后，学习创建一个强密码并开始使用这类密码和适当的密码创建规则。

我们才刚刚开始这门课的学习，接下来的内容会让 Jennifer(在她下一份工作中)和你受益颇多。

道德指引

信息伦理

考虑下面的情形：

情形 A：假设你准备买一套房子，并知道至少有一家买主正在与你竞价。当你正在痛苦地抉择时，来到了当地一家星巴克咖啡店。在喝咖啡的时候，无意中听到旁边有人大声谈论，你立刻意识到他们是房地产代理商以及与你竞价的那对夫妻。你应该听下去吗？如果听到了，你会利用听到的信息从而在竞价时获得竞争优势吗？

情形 B：从不同的角度考虑同样的情形。假设并非偶然听到别人谈话，而是通过 Email 接收到同样的信息。比如说房产代理办公室的一位行政助理将你和其他客户搞混了，而错误地将其他客户的出价信息发送给你，你会读那封 Email 吗？如果已经读过了，会利用读到的信息从而在竞价时获得竞争优势吗？

情形 C：假设你销售计算机软件，在一个价格敏感的谈判过程中，客户突然误发给你一个内部邮件，你会读那封 Email 吗？你会使用此信息来调整谈判策略吗？如果那个客户发现你已经收到该 Email，然后问你："你读了那封 Email 吗？"该如何回答呢？

情形 D：假设一位朋友将包括其敏感的私人医疗数据通过 Email 误发给你，而且假设你读了 Email，并且非常尴尬地了解到一些与你无关的隐私。你的朋友问你："你读了那封 Email 了吗？"该如何回答呢？

情形 E：最后，假设你是一位网络管理员，你有权限浏览公司所有邮件的列表，同时你有能力避开任何人将你的 Email 地址插入公司的任何邮件列表。于是你将自己的 Email 地址插入公司的几个邮件列表。结果，你的邮箱开始收到无权查看的机密文件，其中有一封透露你最好的朋友所在的部门将取消并且该部门所有人员将被解聘。你会预先告知你的朋友吗？

问题讨论

1. 考虑情形 A 和情形 B 的问题。答案会有所不同吗？信息获取的媒介有什么不同吗？避免听到别人的对话要比避免读一封邮件容易吗？这样的区别重要吗？

2. 考虑情形 B 和情形 C 的问题。答案会有所不同吗？就情形 B 而言，信息为个人获利，就情形 C 而言，信息为个人和组织获利，这有区别吗？当问及你是否读了 Email 时，你如何回答？

3. 考虑情形 C 和情形 D 的问题。答案会有所不同吗？你会在一种情形中撒谎而另一种情形中不撒谎吗？为什么会或者为什么不会？

4. 考虑情形 E 中的问题。情形 A 到情形 D 与情形 E 的根本区别是什么？假设为情形 E 的行为辩护，你认为你的辩护有道理吗？

5. 就情形 A 到情形 D 而言，如果你获取了信息，但这并不违法，因为你是消极的信息接受者。即便在情形 E 下，你肯定违反了公司的员工管理制度，但你有可能并没有违法。所以，假设所有这些行为都是合法的，就下面的问题进行讨论：

(1)法律和道德有什么区别？请查一下字典，解释两者的区别。

(2)讨论一下商业的竞争性，以及在合法前提下，有利于实现目标的竞争性做法是可接受的。

(3)讨论一下违反道德的行为永远都是不当的。

6. 总结一下当你接收到非正当信息时你的正确做法。

学习指导

五要素职业

在过去的几年，甚至几十年中，学生们可以等到最后一个学期或者最后一学年才认真思考工作的事情。他们可以选择一个专业，参加必修的课程，然后准备毕业。他们始终认为招聘者会带着好工作到校园寻求合适的人选。不过现在就业现状已经不同于往年了。

在现如今的就业环境下，你需要在求职时主动出击并且有强烈的进取心。想象这样一个事实：你人生的三分之一是在工作中度过的。你可以为自己做的最棒的事情之一就是现在立刻认真规划自己的职业前景。你肯定不愿意在读了 4 年商学院课程后去做一名咖啡师，除非你计划开一家星巴克。

所以，从现在开始规划自己的职业生涯。你对管理信息系统相关的职业是否感兴趣呢？此刻，你也许对这些职业所知甚少，不过图 1-2 应该引起你的注意。正如图中所示，随着工作的深入，在一类外包网络工作中，你应当至少思考一下在信息系统以及相关服务的工作中是否有你适合的职位。

但是，这意味着什么呢？如果你去美国劳工统计局查找相关资料，就会发美国现在有 100 万电脑程序员和 60 万系统分析人员。你也许对程序员的工作还有些概念，但是你可能不太了解系统分析人员是做什么的。仔细分析图 1-4 信息系统的 5 个组成部分，然后，你会得到一些想法。程序员主要关注的是信息系统的软件部分，系统分析员关注的是整个信息系统，包括 5 个组成部分。因此，作为一个系统分析员，你需要与业务人员打交道，这样才能了解企业对信息系统的需求，然后在技术人员（以及其他相关人员）的帮助下完成系统的开发。你需要扮演一个文化转换者，将信息技术的文化转换为业务方面的文化，反之亦然。

对你来说幸运的是，许多有趣的工作并没有包含在美国劳工统计局的数据中。为什么说这是一种幸运呢？因为你可以运用在这门课程中所学的知识识别并得到这类有趣的工作，而其他的学生可能没想到，甚至都不知道这些工作。如果真是这样，你已经在求职中有了不小的竞争优势。

表 1-2　MIS 相关的 5 类职业

	硬件	软件	数据	流程	人
销售和市场	供应商(IBM，Cisco 等)	供应商(Microsoft，Oracle 等)	供应商(Acxiom，Google 等)	供应商(SAP，Info，Oracle)	招聘人员(Robert Half，Lucas Group)
维护	供应商内部管理信息系统	供应商内部管理信息系统	数据库管理与安全	供应商和内部客户维护	客户维护及培训
开发	计算机工程内部信息系统	应用软件的质量检测工程师	数据模型和数据库的设计者	业务流程管理以及流程再造	培训，内部信息系统招聘
管理	内部管理信息系统	内部管理信息系统	数据管理	项目管理	技术管理
咨询和培训	售前与售后服务，开发和项目管理，培训使用者和开发者				

上面的这张表以不同寻常的方式为你提供了思考信息系统相关职业一个框架。从表中可以清晰地看到，管理信息系统相关的工作中有技术职位，但是还有吸引人的、富有挑战的和回报颇丰的非技术职位。以专业软件的销售为例。假如你现在的工作室将企业级的软件推销给 Mayo 诊所，你将以数千万美元的价格把软件卖给非常聪明和有活力的专业人员。或者，假想你为 Mayo 诊所工作，作为此次推销的接收端。数千万的资金你将如何处置？你需要了解相关业务的情况，以及有足够的技巧问出专业的问题，并恰当地理解对方的回应。

为了更好地学习本案例，回答下面方框中的问题，虽然这并不计入你的最终成绩。

问题讨论

1. 文中短语“在一类外包网络工作中”是什么意思？如果你不确定这句话的意思，重新阅读关于图 1－2 的讨论。为什么这一短语对你来说很重要？

2. 仔细阅读表 1－2，选出和你兴趣以及能力最匹配的一类工作(即表中某行)，然后描述这类工作在信息系统五个组成部分上具体的工作。如果你对这些工作并不熟悉，可以登录 Google 网站搜索相应的名词。

3. 对于每一个你在问题 2 中描述过的工作，思考胜任该工作最需要的 3 种能力和技术是什么？

4. 对于每一个你在问题 2 中描述过的工作，思考一项你今年就能够实施的措施以提升自己的就业前景。

小结

使用本小结来检查你是否理解了本章介绍的思想和概念。

1. 管理信息系统是商学院里最重要的课程

定义摩尔定律并解释它的结论，为什么它对于当今的商业人士很重要。陈述商业人士应该怎样获取最新的信息技术。给出本书中对工作保障的定义和使用 Reich 列举的内容来解释这门课程是怎么帮助你获得工作保障的。总结出“管理信息系统是商学院里最重要的课程”的3个原因。

2. 信息系统的概念

列出信息系统的几个组成部分。这些相关的知识在专业人士(不仅仅是技术人员)建立信息系统的过程中起到了怎样的引导作用?

3. 管理信息系统的概念

指出MIS定义中的3个要点。为什么非技术人员也需要理解这3个要点?解释信息系统不断发展的原因。为什么说“商业活动本身不会做任何事情”,解释其原因。

4. 信息技术和信息系统的区别

定义信息技术。信息技术包含信息系统,还是信息系统包含信息技术?为什么说仅靠信息技术是无法构建起信息系统的?ICT是什么意思?和IT有什么区别?

5. 你在信息系统安全中的角色

总结信息系统安全对企业的重要性,比如Amazon。定义强密码。解释一种创造和记忆强密码的方法。什么情况下你才能告诉别人自己的密码?

本章知识对你的启发

为什么说“对Robert Reich列举出的4项非常规认知技能的掌握会帮助到你的职业生涯”?为什么每一个商业人士都需要学习信息系统的基础知识?

关键词和术语

抽象推理	五要素模型	摩尔定律
合作	信息系统	强密码
基于计算机的信息系统	信息技术	系统
实践	管理信息系统	系统思维

知识运用

1. 你是否同意“管理信息系统是商学院最重要的课程”这个观点?是不是会计更重要些呢?没有任何公司能离开会计。又或者,是不是管理最重要呢?毕竟,如果你可以管理好员工,那你还需要研究如何创新技术吗?只需要雇用那些有创新思维的人为你工作就可以了。

从另一角度来看,哪一因素对企业的影响超过了信息系统?对信息系统、信息技术知识掌握的熟练程度是未来就业和成功的关键因素,难道不是这样吗?

认真思考这些问题,写一篇论文解释你的观点。

2. 描述你学习本课程的3~5个目标。这些目标中不应包括任何与自己GPA成绩相关的内容。尽可能将目标描述得具体,并且从自身专业、兴趣以及职业规划的角度制定学习目标。

假设你将在这个季度或学期末评价自己是否达到这些学习目标，那么你将学习目标制定得越具体，学期末就越容易对自己的学习成果进行评价。

3. 根据五要素结构来评估一个信息系统的成本，可以从以下几个方面来计算：购买和维护硬件的成本、软件使用和维护的成本、设计和填充数据库的成本、设计程序和及时更新的成本、开发和使用系统的人力成本等。

(1) 在一个系统的使用期限内，很多专家认为花费在人力上的成本是最高的。你认为这个观点正确吗？说出原因。

(2) 假设有一个开发得很差并且不能满足既有需求的系统。这些业务需求没有消失，但是却无法被现有的系统满足。因此我们需要增加一些东西。当硬件和软件都没有很好地运转时，哪个因素应该来填补这个空白？对于一个开发得很差的系统来讲意味着什么？请同时考虑直接财务支出的成本和不确定的无形的人力成本。

(3) 作为一个未来的业务经理，你从问题(1)和问题(2)中得到了什么启示？这些启示对于需求分析和系统开发的其他方面有怎样的意义？最终谁来支付这样一个开发很差的系统的成本。这部分成本支出的增长会影响到哪些方面的财务预算？

4. 美国劳工部最新发布的文章中描述了现如今工作和教育方面的要求，以及许多工作和职业的展望。访问网站 www. bles. gov 并回答下面的问题：

(1) 找到系统分析员(system analyst)这一工作标题，描述这类人的工作内容。你对系统分析员的工作感兴趣吗？胜任这项工作需要学习哪些知识？预测系统分析员的平均工资和就业增长状况。解释你的答案。

(2) 点击页面底部的“相似职业(similar occupation)”链接。找到你感兴趣的职业，并描述该职业的工作内容、平均工资以及所需学习的知识。

(3) 美国劳工统计局的数据是全面的，但是对于发展迅速的学科(比如信息系统)，相关数据则不是最新的。例如，社交媒体营销是是一个非常有前景的行业，但是这类工作的数据还未被美国劳工统计局收录。描述一条你可以了解这类新兴行业前景的途径。

(4) 考虑你对上一问题给出的答案，根据自身兴趣和能力，描述最适合你的信息系统相关工作。如果该工作确实存在，说说你可以从该工作中学到什么。

合作练习 1

在开始这部分练习之前，阅读扩展章 1 和扩展章 2，这两个章节介绍了合作的技巧以及管理合作任务的工具。特别是考虑运用 Google Drive、Google + 、Windows Live SkyDrive、Microsoft SharePoint 或者其他合作工具。

和一个小组的同学合作来回答以下的问题。这个练习不需要面对面，协调工作都只是通过电子邮件或附件。你的答案应该体现整个小组的思想，而不是一个或两个人的观点。

1. 抽象推理

(1) 给抽象推理下个定义，并解释它对于商业人士非常重要的原因。

(2) 解释库存的一个项目清单和他们手头上的数量是对实物盘点的一个抽象。

(3) 给出在业务上普遍使用的 3 个其他抽象的例子。

(4)解释为什么 Jennifer 没有能够表现出有效的抽象推理技巧。

(5)人可以提高抽象推理的技能吗？如果可以，怎样做到？如果不可以，解释为什么不可以？

2. 系统思维

(1)给系统思维下个定义，并解释它对商业人士是很重要的技能的原因。

(2)如何运用系统思维来阐述为什么摩尔定律会引起一个农民去砍伐用来造纸的树木。说出系统每个要素的名称并解释它们之间的相互关系。

3. 合作

(1)给合作下个定义，并解释它对商业人士是很重要的技能的原因。

(2)如何运用合作来回答这些问题。描述一下你的小组进程，什么在起作用？什么是不起作用的？

(3)小组的工作成果比你们任何一个人单独做都要好吗？如果不是，你们的合作是无效的。如果事实是那样的话，给出原因。

(4)不能够面对面交流是不是影响了你们合作的能力？如果是，又是怎么影响的？

(5)解释为什么 Jennifer 没能表现出有效的合作技巧。

(6)人可以提高合作的技能吗？如果可以，怎样做到？如果不可以，解释为什么不可以？

4. 实践

(1)给实践下个定义，并解释它对商业人士来说是很重要的技能的原因。

(2)解释几个创新的方法，可以通过实践来回答这个问题。

(3)对失败的恐惧是如何影响你的意愿去从事任何一个练习(2)提出的想法的？

(4)解释为什么 Jennifer 没能表现出有效的实践技巧。

(5)人可以提高冒险的意愿吗？如果可以，怎样做到？如果不可以，解释为什么不可以？

5. 工作保障

(1)陈述本文中工作保障的定义。

(2)评价本文中工作保障的定义。它是有效的吗？如果你不是这样认为的，提供一个更好的工作保障的定义。

(3)作为一个团队，改进合作练习 1-4 中 4 个方面的技能会提高工作保障，你同意这一观点吗？

(4)你认为技术技能(会计能力、财务分析能力等)提供了工作保障吗？为什么会或为什么不会？是否认为在 1980 年你已经用其他答案回答了这个问题呢？为什么或为什么没有？

案例学习 1

Amazon 公司的创新

2010 年 11 月 29 日这一天，Amazon 在全世界范围内共接到 1370 万份订单，平均每秒接到 158 份订单。这是 Amazon 在 2010 年完成订单最多的一天，共配送超过 900 万件商品，而且在整个 2010 年将产品配送到 178 个国家。① 这样好的业绩源自与 Amazon 对信息系统创新性的使用。图 1-4 列出了 Amazon 主要的创新活动。

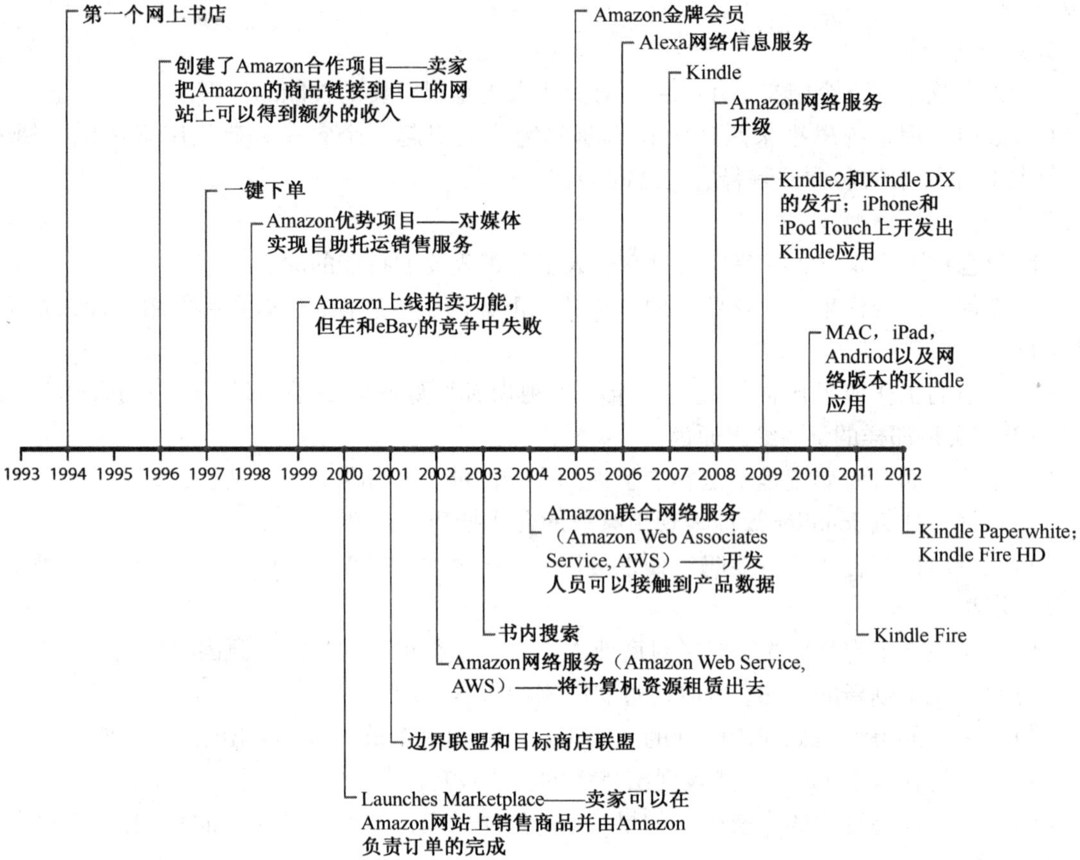

图 1-4　Amazon 的创新

你也许仅仅把 Amazon 当作是一个线上零售商，当然，这也正是 Amazon 最成功之处。为了做到这一点，Amazon 建立了庞大的基础设施。想想看，完成一天之内配送 900 万件产品必然需要精密的信息系统和完善的配送设施。而这些设施，只有在全年最旺季的时候才会全部运转。在一年中的大部分时间里，Amazon 的这套设施都未能充分利用起来。从 2000 年开始，Amazon 将这些多余的配送能力"租给"其他公司。这在 Amazon"云服务"中发挥了关键的作用。你会在第 4 章学到"云服务"的相关知识。暂时可以把云服务理解为一种计算机资源，这种资源可以随时在网络上得到。现如今，Amazon 的业务可以大体分为 3 类：

- 在线销售
- 商品配送
- 云服务，包括 Kindles 以及其他网络媒体

下面逐一分析每一类业务。

---

① Amazon, "Third-Generation Kindle Now the bestselling Product of All Time on Amazon Worldwide", News release, December 27, 2010. available at http://phx. corporate-ir. net/phoenix. zhtml? c = 176060 &p = irol-newsArtical&ID = 1510745&highlight = (accessed June 2011).

Amazon 创建了网上商店的业务模型。最初，Amazon 是一个网上书店，从 1998 年开始，每一年都会有很多种类的新产品加入进来。2011 年，Amazon 共销售 29 类产品。毫无疑问的是，当你读到这里时这个数字又上涨了。

Amazon 涉及网上商店的各个方面。它销售自己的产品，还通过联合项目激励你来销售它的产品。Amazon 会通过产品网站和提供寄售库存帮助你销售库存。在线拍卖是网上销售的主要方面，不过 Amazon 并不涉及这方面的业务。Amazon 曾在 1999 年尝试过网上拍卖活动，但是无法与 eBay 竞争。①

如今，很多我们司空见惯的业务都是由 Amazon 率先发起的。“购买物品 A 的用户同样购买了物品 B（利用关联规则进行数据挖掘）”；客户在线浏览产品；客户现在浏览产品的排名；书目清单；允许预览书目的一部分；对于老客户或者某些产品的购买允许免运费；电子阅读器 Kindle 的发布等等，这些概念在 Amazon 最先引入时都是非常创新的。

Amazon 的零售业务盈利甚少，产品经常打折销售，对于 Amazon 金牌会员（Amazon Prime Membership）还可以享受到 2 天内送达产品并免运费的服务（每年需要付费 80 美元）。在这种情况下，Amazon 是如何做到盈利的呢？其中一个原因是，Amazon 极大地压低了员工的工资支出。曾在 Amazon 工作过的一些员工抱怨精神压力大，工作时间长，负担重。除此之外还有什么原因？我们可以将目光放在摩尔定律所表明的电子产品成本急速降低、Amazon 对数据处理和储存以及通信设备的创新使用上。

除了在线零售外，Amazon 还提供物流方面的服务。你可以将自己的货物发到 Amazon 的仓库并进入 Amazon 的信息系统，就好像这套物流设施是自己的一样。使用类似网络服务（Web Service）的技术（将在第 6 章中讨论），你的订单处理可以通过网络与 Amazon 的库存、配送系统整合。你的客户不需要知道 Amazon 在交易过程中扮演了怎样的角色。你也可以通过 Amazon 的零售销售应用（Retail Sales Applications）来销售库存。

Amazon 网络服务（Amazon Web Service，AWS）是一个云计算服务平台，允许其他组织将多余的计算机设备资源提供给有需求的人。在 Amazon 弹性云服务（Amazon Elastic Clude 2，EC2）平台上，企业可以在几分钟内扩展或者寻求到所需的计算机资源。Amazon 提供了一系列云服务相关的支付方式，这甚至可以让你为 1 小时计算机资源支付的金额少于 1 美分。实现这一功能的关键是客户可以将组织自身的项目通过接口连接到 Amazon 的计算机资源，以便 Amazon 云平台自动为组织提供适当的资源。比如，一个新网站发布了一个报道，使网站流量急速上升，那么这个网站可以自动触发对 Amazon 云平台计算机资源的申请、配置和使用。这种计算机资源的使用可以持续一小时、一天或者一个月，视网站需求情况而定。

最后，因为拥有 Kindle 设备，Amazon 已经成为平板电脑、在线音乐和视频的一个供应商，并且在未来一段很长的时间内，Amazon 的供应商的地位还会增强。

案例讨论

1. 作为一家公司，Amazon 是如何展示自身与其他企业合作的意愿和能力的？
2. 作为一家公司，Amazon 是如何展示实践的意愿和能力的？
3. 从哪些方面可以得出“Amazon 的员工必须具备系统和抽象思考的能力”这个结论？

---

① For a fascinating glimpse of this story from someone inside the company, see “Early Amazon : Auctions” at http://glinden, blogspot. com/2006/04/early-amazon-auctions. html(accessed august 2012).

4. 支撑订单完成的信息系统有5个基本组成部分，描述这5个基本组成部分的作用。

5. 在图1-4中选择Amazon的5个创新点，摩尔定律是如何促进这些创新的？

6. 假如你所在的公司也和Amazon一样看重创新，那么当公司的一个员工对其上司说“我真的不知道如何创新”时，你会怎样回答呢？

7. 用自己的话并结合自身经历，谈谈在一个类似Amazon的公司，你需要具备怎样的技术和能力。

第2章 业务流程、信息系统和信息

“Drew，什么事情让你这么着急?”看见 Drew 横冲直撞地走出办公室，Addison 问道。

“工作负担，Addison，工作负担。他们让我全权负责所有的足球销售业务。我满脑子都是工作!”Drew 的声音听起来筋疲力尽。

“所有足球销售活动？为什么?”Addison 仔细地打量着他，看出他真的很疲惫。

“所有降低活动成本的部分。你知道，就像 Kelly 经常说的，‘我们要有网上最低的价格。’”

“所以……”

“所以，为了以如此低的价格挣到更多的钱，我们必须降低成本。我们可以与供应商达成更好的协议，但这也只是权宜之计。之后，我们就会暴露这一目的。”

“哎呦。”

“是啊，General Sports 的那些人都快把我逼疯了!”

“General Sports？他们一直是个麻烦，我都不知道跟他们浪费了多少时间。我曾经有一个几乎谈判完成的项目，他们居然在最后一分钟终止了它。”Addison 怒气冲冲地说。

“真的？为什么没人跟我提起过?”Drew 惊讶道。

“不知道，为什么你不问我呢?”

“好吧，我不知道你曾经跟他们合作过。我很好奇还有谁……”

“Sarah 有和我几乎相同的经历。问问她吧。”

“我会的，但是说真的，即使我提前就知道你的这些麻烦，我也未必能帮到你什么。”

“不能吗?”

“不能。没有人在协商交易之前询问业务。他们认为如果花 14 美元买一双足球鞋，再以 24 美元卖掉，就会挣 10 美元。”

“不是吗?”

“是，但也不是。我的意思是，我们表面上每双挣了 10 美元，但是与 General Sports 合作要比与 San Diego Sports 合作多花一倍的钱。”

“是啊，他们是很好的合作伙伴，不是吗?”

“我是说，与 General Sports 的任何一笔交易挣的钱都不会像 Kelly 想得那么多。还不算上和他们交易时所有的运营费用。”

“我从没想过这一点，但是我认为你是对的。”

“你们这些采购商应该改变选择供应商的方式。除了考虑产品和价格问题，还必须考虑我们的成本问题。”

“那我应该怎么做？数据在哪里呢?”Addison 很好奇，但又有点怀疑。

学习目标

1. GearUp 团队需要了解业务流程
2. 业务流程
3. 信息系统如何提高流程质量
4. 信息
5. 高质量信息的数据特征

2.1 GearUp 团队需要了解业务流程

Kelly、Drew、Addison、Sarah 和 GearUp 团队中的其他成员需要理解业务流程，更重要的是，他们需要理解如何改善业务流程。从这段对话中 Drew 的挫折经历判断，他们需要一个更好的方式去共享供应商数据，这意味着要改变现有的业务流程，这也是本节的学习内容。

Addison 告诉 Drew，他应该向 Sarah 要供应商的数据。这样的对话也许能够帮助 Drew 解决 General Sports 的相关问题，而对于组织来说却是远远不够的。当人事变动时会发生什么？也许这三人之中会有一个得到晋升，或者 GearUp 公司扩大规模，雇用更多的新员工？每个采购商是否都应该知道在遇到有问题的供应商时应该联系谁？

注解：尊重他人的想法是会议讨论的基础，本章的“道德指引”讨论了“以自我为中心”与“尊重他人想法”这两种态度的区别。

此外，虽然走廊里的这段对话也许会避免这样或那样的问题，却不能帮助 GearUp 公司与供应商们进行谈判。如果 GearUp 公司可以记录供应商出现问题的频率和严重性，采购商就可以利用这个数据在谈判中获得优势。或者，他们可以决定避免与问题最大的供应商合作。最后，Drew 和 Addison 也许只是暂时运气不好。他们觉得 GearUp 公司有系统性的问题，但是在没有数据支持的情况下很难察觉。例如，Kelly 在分配资源解决问题的时候需要证据，而不是几个故事。

获得这样的数据是合理的，也可能是最可取的。要想以一个系统的方式，一个能使每个采购商和业务管理者都能受益的方式获得数据，首先，GearUp 公司需要了解现有的业务流程并纠正其中存在的问题，然后，设计和改进该流程。

下面将以 GearUp 公司为例帮助大家理解业务流程的本质以及信息系统是怎么向业务流程提供支持的。我们从描述并记录 GearUp 公司的采购和销售过程开始，然后下一个问题将说明一个信息系统是如何帮助 GearUp 公司记录问题，进而与问题供应商更好地谈判或解除合作的。

2.2 业务流程

业务流程(Business Process)是一个实现业务功能的活动网络。企业拥有为实现购买库存、销售、管理库存、支付账单、征税以及大约数百个其他业务功能的业务流程。在我们考虑 GearUp 公司的一个流程之前，应先了解 GearUp 公司与其供应商和客户之间的关系。

2.2.1 GearUp 公司的运作

供应商同意以很低的价格出售一定数量的物品给 GearUp 公司，尤其是一些停产的、过季的、过时的或者积压的产品。例如，一个供应商也许会在夏天即将结束的时候将数以千计的足球（图 2-1）或者上百件去年的网球服卖给 GearUp 公司。这样的供应商有很多业务流程去决定出售哪些商品，以及以什么样的价格出售多少这样的商品，来支付运费、账单和税收。本章不考虑这些供应商流程。

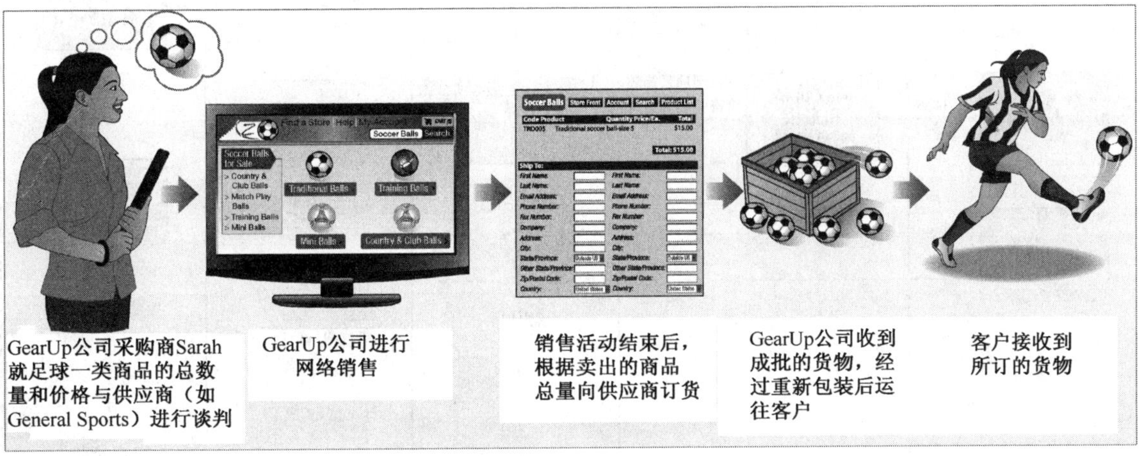

图 2-1　GearUp 公司的订购活动

一旦 GearUp 公司与供应商协商好商品的交易价格和数量，就会在其网站上进行拍卖。任何竞标者都必须在投标前向 GearUp 公司登记。GearUp 公司通过顾客的电子邮箱地址为其拍卖品招标。（可通过访问网站 www. zulily. com 查找相关案例。）

GearUp 公司会在拍卖活动结束后根据卖出物品的总数量进行订购，这些卖出物品的总数量也许会低于供应商同意供应的最大量。之后 GearUp 公司从供应商处获得散装物品，再根据每个顾客订购的数量对物品进行重新包装和运输。

2.2.2 GearUp 公司的现有流程

图 2-2 是 GearUp 公司现有流程的示意图，是 GearUp 公司活动的模型或抽象概念，由业务流程建模与标注（Business Process Modeling Notation，BPMN）构成。该符号是一个用于创建业务流程图的国际标准①。关键符号及其含义如图 2-3 所示。

图 2-2 采用**泳道格式**（Swimlane Format）绘制。在这个图中，每个给定角色的活动都显示在一个单一的垂直或水平线中。每个泳道中都有**活动**（Activities），即需要作为流程中的一部分来完成的具体任务。角色（Role）是一个业务流程中一些活动的子集，由**参与者**（Actor）来执行，参与者可以是个人、团队、部门或者组织。图 2-2 表明了供应商、采购商、销售活动、业务和顾客这几个角色。

① 这些符号包含在 Microsoft Visio 专业版软件里。如果你的大学是 Microsoft 点亮梦想计划（Microsoft DreamSpark，原名 Microsoft 学术联盟）的成员，你可以获得 Visio 免激活版本并利用它制作自己的 BPMN 图。

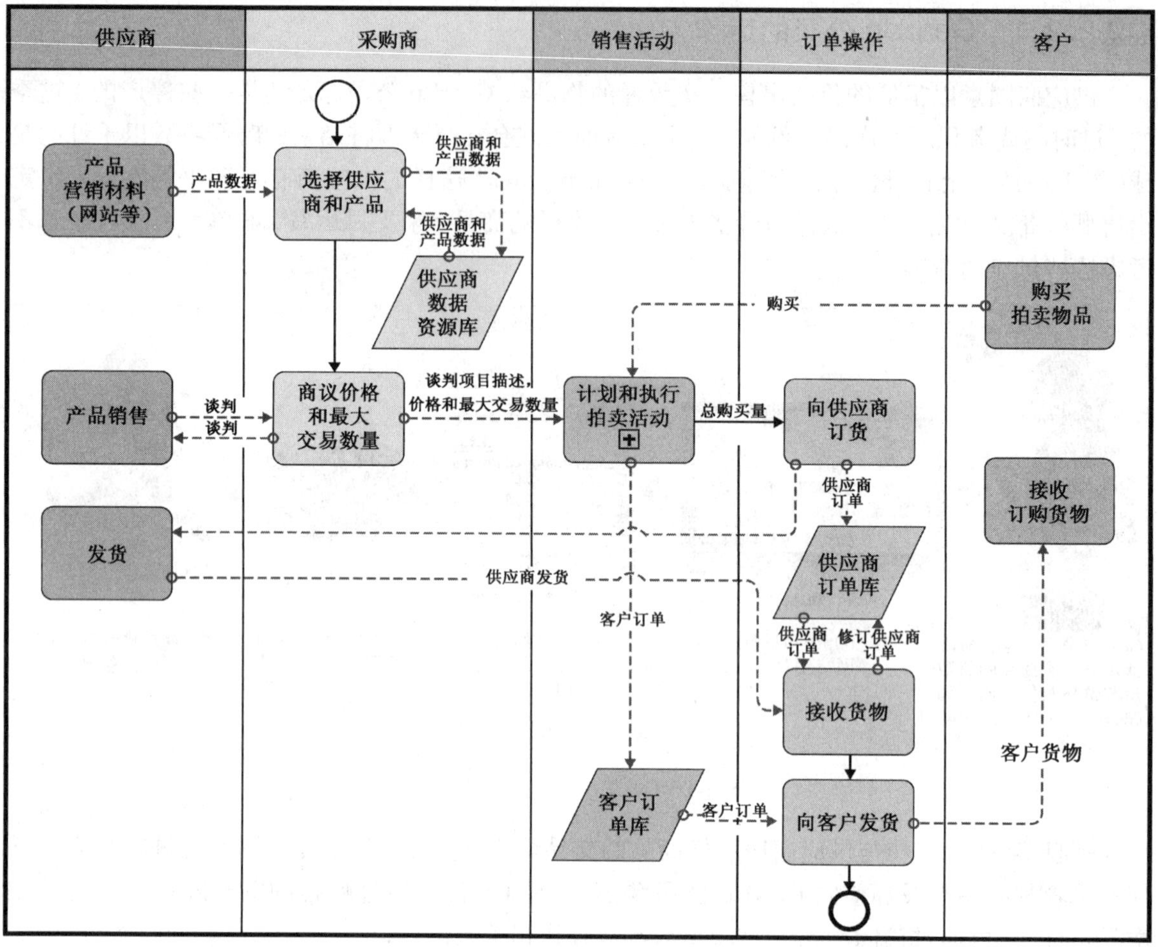

图 2-2　GearUp 公司现有业务流程图

注意到泳道的顶端没有标识人物的名称，如 Addison 或者 Sarah，但标识了角色的名称。这是因为一个给定的角色可以由多个人来执行，也因为一个特定的员工可以执行很多角色。再者，组织会随着时间的推移调换某个角色的执行者。在某些情况下，一个角色可由信息系统来执行。

根据 BPMN 标准，一个业务流程的起点由一个细边框的圆圈表示，终点则由粗边框的圆圈表示。所以，在图 2-2 中，流程起始于采购商角色，也可以说是一个采购商启动了这个流程。

业务流程中的活动在矩形中显示。采购商角色的第一个活动是选择供应商和产品（Select Vendor and Product）。根据该示意图，采购商使用互联网搜索一次拍卖活动中的供应商和产品，包括从供应商数据资源库（Vendor Data Repository）获得供应商和产品的数据。**资源库**（Repository）是储存在业务流程中的数据的集合。资源库可以是计算机数据库，或者是云文件的集合（目前认为是在互联网上），也可以是档案柜或鞋盒上的印刷记录。对于记录业务流程这个目的来说，资源库中存储数据的介质是不重要的。供应商数据资源库包括之前的拍卖信息，以及之前采购商搜集的供应商和产品数据。

图 2-2 中的虚线称为**数据流**（Data Flows），代表数据在活动间的流动。这个数据可以通过

电子邮件、文本信息、电话、传真或者企业方式进行传递。数据传递的媒介也不重要。在我们所讨论的层面上，数据项的格式也是不重要的。因此，根据图 2-2，采购商可以在供应商的数据资源库中读取或写入供应商和产品的数据。

在选择供应商和产品(Select Vendor and Product)、商议价格和最大交易数量(Negotiate Prices and Maximum Quantities)这两个活动之间的实线表示在一个采购商完成供应商和产品的选择活动后，下一个行动就是进行价格和数量的谈判。这样的实线称为**顺序流**(Sequence Flows)。

图 2-2 中运用的最后一个 BPMN 符号是一个带方框的加号。该符号指子流程，用于要完成的工作相当复杂，需要单独制作流程图的情况。在图 2-2 中，计划和执行拍卖活动(Setup and Run Auction)涉及到很多活动和几个不同的角色，在一套完整的流程文档中，该活动会有一个自己的 BPMN 图。在此将不再赘述这些细节。

了解这些符号后，大家可以自己解读图 2-2 中的其他内容。须注意的是由业务角色执行的接收货物(Receive Goods)这一活动。当 GearUp 公司接到一批供应商货物时，会将其与原始供应商订单中的货物进行比较，根据收到的物品用符号在订单中进行标识，并将修改后的供应商订单返回到供应商的订单库。同时也会记录丢失或接收过程中损坏的物品。

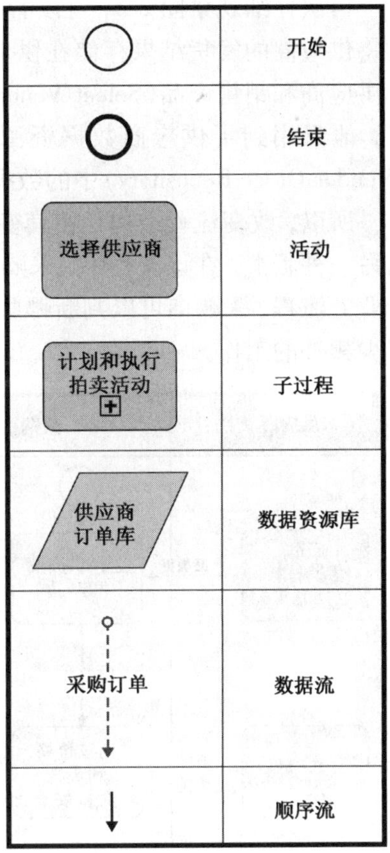

图 2-3　流程符号(BPMN 标准)

简而言之，业务流程是一个活动网络。每个活动由一个角色来执行。这些角色由个人、团队、部门和组织担当。资料库是数据的集合。数据在各项活动之间流动，用一个顺序流表示一个活动接着一个活动。复杂活动由一个独立的图表表示，并在活动中用一个带方框的加号标识。

2.3　信息系统如何提高流程质量

有很多现存的方式可以解释信息系统如何有益于业务流程。为达到我们的目的，最易理解、最简洁的方式就是将其解释为信息系统可以提高流程质量。为理解其中的原因，首先应该理解什么是流程质量。

2.3.1　流程质量

流程质量可以从两个方面来衡量：流程的有效性和效率。一个**有效的业务流程(Effective Business Process)**是一个可以使组织完成其战略的流程。从本章开头的对话可以看出，图 2-2 所示的 GearUp 公司现有的流程并不是有效的。GearUp 公司希望提供尽可能低的价格，Kelly 和 Emily 则认为其运营成本太高。Drew 认为如果采购商了解到某些由供应商引起的问题，采购商可能为这些问题成本索要赔偿或者拒绝与这些供应商合作。

再次仔细观察图 2-2，可以看到业务流程无效的原因。接收物品(Receive Goods)的业务活动将供应商的发货结果存储在供应商订单库(Vendor Order Repository)里。然而，当采购商选择供应商和销售产品(Select Vendor and Product)时，以及当他们与被选中的供应商进行谈判时，他只用到了供应商数据资源库(Vendor Data Repository)，并没有访问到供应商订单库(Vendor Order Repository)中的数据。

所以，改变流程结构是使其变得有效、提高其质量的一种方法。图 2-4 显示了该业务流程的另一种版本，在该流程中，采购商和业务共享同一个、集成的供应商数据资源库。通过这样的业务流程，采购商可以判断哪些供应商是有问题的，甚至可以确定与某个供应商合作时做了多少额外的工作。

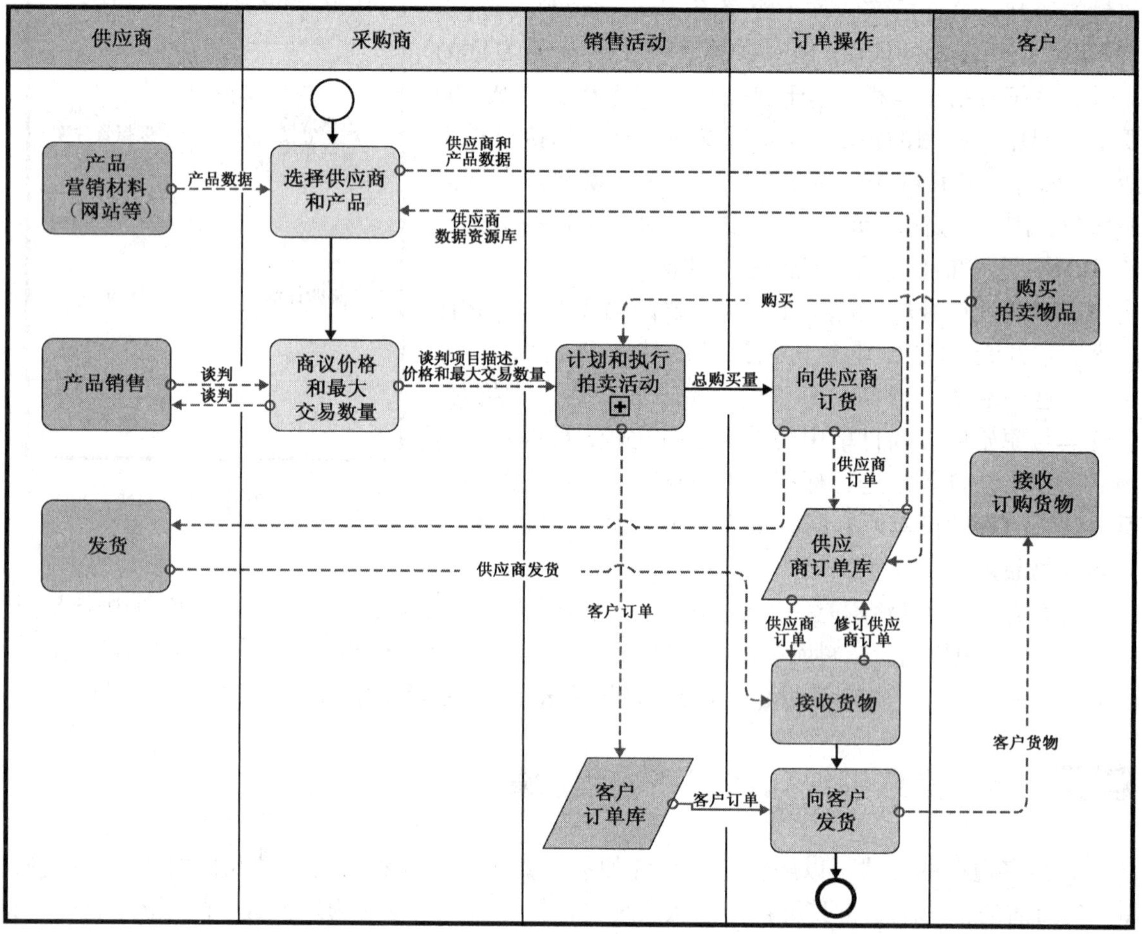

图 2-4　改进的 GearUp 公司流程(BPMN 标准)

用来衡量流程质量的第二个方面是效率。**效率(Efficiency)**是效益与成本的比率。假设有两种业务流程都能实现某功能，如果两者都创造相同的效益，但是其中一个所花的成本相对要少，那么低成本的流程效率更高。或者，如果两者成本相同，但其中一个创造的效益更多，那么高效益的流程效率更高。

若研究图 2-2 和图 2-4 中的业务流程，则不会直接看到成本。那么，成本在哪里？员工执行业务活动所花费的时间就是一个主要的成本来源。如果执行供应商和产品选择活动需要花费某人 10 个小时的时间，那么这 10 个小时的劳动成本就是该活动的成本。除此之外，还有隐含的基础设施成本。数据不会只是自动地在两个活动间流动，需要某些类型的计算机网络、电子邮件或者企业系统来支持这些数据的流动。这些基础设施成本是业务流程成本的一部分。

2.3.2 利用信息系统提高流程质量

为了理解信息系统如何提高流程质量，可以观察图 2-5。图中显示了一个信息系统的 5 个组成部分。注意到这 5 个部分的对称性，最外面的硬件和人都是执行者，负责执行任务。软件和程序都是指令集。软件向硬件提供指令，程序向人提供指令。最后，数据是左侧计算机与右侧人之间的桥梁。

当一个业务流程中的活动是自动化的时候，以前由人利用程序所做的工作都变为由计算机根据软件中的指令来执行。如此，一个业务活动的自动化包含了将工作从图 2-5 中的右侧移动到左侧的过程。

要理解这一点，研究图 2-2 中选择供应商和产品（Select Vendor and Product）的活动。该流程可以完全手动完成。采购商可以利用互联网（本例中，可以忽略使用计算机系统来访问互联网的事实）收集供应商和产品的相关数据，手动分析成本与利润，然后将纸上的分析结果放入办公桌上的文件夹里。当想要访问某个供应商的以往记录时，可以手动查找办公桌上的这些记录。

一种自动化该过程的方法是使用像 Excel 这样的产品对供应商和产品的相关数据进行分析，然后将分析结果存储在计算机的数据库中。这样，采购商可以更快捷、更可靠地查找到相关数据。分析和定位以往的分析结果所需的时间将会减少，成本也会降低，该流程的效率和质量就会提高。再者，许多采购商可以共享同一个数据库，如此，他们可以从他人的工作中获益。该流程也会因此以更高的效率创造出更大的效益。

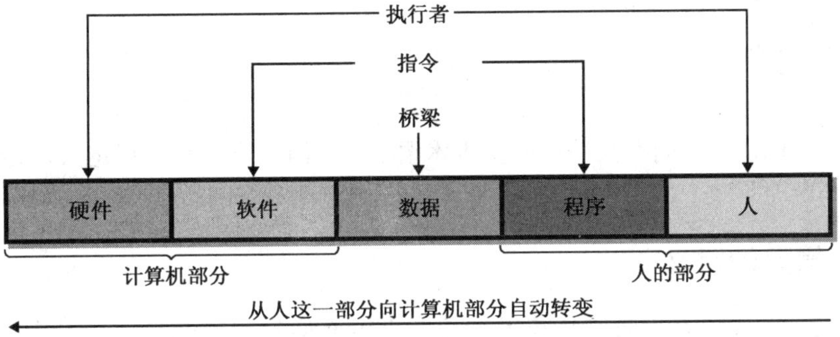

图 2-5 一个信息系统的 5 个组成部分的特征

但是等等……劳动成本会因自动化而降低，而提供自动化的信息系统会产生开发和运营成本。在组织决定这样的改进是否有价值之前要考虑到这些成本。可以从这个简单的例子看出商务专业人士参与信息系统开发的重要性。如果信息系统的开发只依赖技术人员，那么开发出的系统从技术层面上看是高效的，在节约成本上看却未必是高效的。

除了提高流程的效率，信息系统还可以提高流程的有效性。Drew 认为在与问题供应商进行交易时就其产生的成本提出索赔，GearUp 公司可以更好地实现其战略（最低的价格）。

GearUp 公司可以利用信息系统来追踪供应商的成功发货量少于订货量的次数、未发货商品的数量以及发货过程中损坏的商品数量。信息系统可以发展到自动生成这个数据，并在谈判之前甚至谈判期间将其提供给采购商。

表 2-1 列举了一个有关 General Sports 的例子。2012 年，General Sports 的发货量持续少于订货量，还有一些物品被损坏。采购商可以根据这个数据对未来订单的价格优惠进行谈判来弥补这些短缺货物的额外运营费用。如果是这样，GearUp 公司可以将商品以更低的价格卖给顾客，也可以更好地实现其低价格的战略。因此，表 2-1 中的数据使该流程更加有效。

表 2-1　GearUp 公司在 General Sports 中的数据

Vendor

VendorID	1
VendorName	General Sports
City	Los Angeles
State	CA
ContactName	Maria Jepperson
ContactEmail	MJ@GenSports.com
ContactPhone	(212) 722-5555

OrderHistory

OrderDate	BuyerName	ReceivedBy	ItemName	QuantityOrdered	QuantityReceived	QuantityDamaged	NetSellable
4/10/2011	Addison	Drew	Ashford Soccer Balls	500	500	0	500
7/15/2011	Addison	Drew	Soccer Nets	100	100	0	100
1/14/2012	Addison	Drew	Blitz Basketballs	1000	855	75	780
3/17/2012	Sarah	Jackson	Ashford Soccer Balls	1500	1200	85	1115
5/19/2012	Addison	Drew	Nonsuch Soocer Jerseys	2000	1200	0	1200
7/11/2012	Sarah	Jackson	Abbotsfield Field Hockey Sticks	1000	700	125	575
*							

因此，信息系统可以通过提高流程的有效性和效率来提高流程质量。当然，在这里假设表 2-1 中的数据是正确的。但是，事实果真如此吗？在本章结束之前，需要了解高质量的信息有哪些特征，为此首先要了解信息和数据之间的区别。下一节将讨论这个问题。

2.4　信息

信息(Information)是我们每天使用的基本术语之一，但很难对其进行定义。定义信息就像给单词“活着”和“真理”下定义一样。用这类词汇进行交流并不会产生歧义，却很难给它们下定义。

2.4.1　信息的定义

本文用普通、直观的方式而非从技术的角度来定义信息。目前对信息最广泛的定义是：信息是来源于数据中的知识，其中数据即事实或图像的记录。因此，雇员 James Smith 每小时赚取 17.50 美元，而雇员 Mary Jones 每小时是 25.00 美元，这些事实就是数据。健美操教练每小时的平均工资是 22.37 美元就是信息。平均工资是从所有人的工资中所提取出来的。

另一个普遍的定义是：信息是出现在有意义的背景中的数据。Jeff Parks 每小时赚取 10.00 美元是数据①，而 Jeff Parks 比其他健美操教练平均工资的一半还要少就是信息，它出现在一个有意义的背景中。

① 事实上，data 是复数的形式。为了正确应用，有时应该用它的单数形式 datum，比如应该说：“Jeff Parks 每小时赚取 10.00 美元是一个数据(datum)。”但是为了减少误解，本书中避免使用这个单数形式(针对英文原版的解释)。

还有一种定义是：信息是经过处理的数据，即信息是经过加减、排序、平均、集合、对比或其他相似处理的数据。其基本含义是我们对数据做一些处理以产生信息。

这里还有第 4 种定义，将在后面的学习指导中解释。在那里，信息被定义为有意义的差异。

任何一种信息的解释都能达到这段文字说明的目的。你可以选择能够理解的一种解释。重要的一点是区分信息和数据，实际上不同的定义适合不同的环境。

2.4.2 信息的来源

假设为 Amazon 历史上的股票价格和净收入创建一个图表，那么这个图表是否是信息呢？如果这个图表在一个有意义的环境中提供了信息，或者表现出不同寻常的差异性，那么它就符合信息的两种定义，因此认为这个图表包含信息。

注解：本章的“学习指导”介绍了 Bateson 对信息的定义：“信息是有意义的差异。”

然而，把这个图表给家里的狗看，它能发现其中的信息吗？当然，与 Amazon 网站无关，它也许知道你中午吃了什么，但不会获得 Amazon 以往的股票价格信息。

通过这一例子可以看出图表本身不是信息，而是人类可以感知的数据，从感知中孕育出信息。简而言之，纸上或数字屏幕上显示的是数据，存在于人类大脑中的是信息。

从某个角度讲，这也解释了为什么人是任何信息系统中最重要的组成部分。人的认知能力决定了其思维能力和从数据中获取信息的能力。数据只是数据，人从其中获得的信息是人为信息系统带来的价值。

此外，因为不同的人有不同的看法或观点，所以不同的人从同一数据中获得的信息可能是不同的。你不能告诉某人“看，信息就在你面前的数据里”，因为它不在数据里。相反，信息掌握在你手里，而你的工作就是解释你所获得的信息，这样别人才能理解它。

最后，一旦了解到这一点，你会发现各种常用的句子毫无意义。比如，“我把信息发给你了”，这是不对的。“我把数据给你，你可以从里面获得信息”才是我们可以说的。如果记住并应用好这些细节，你的职业生涯将会更加顺畅。

体验 MIS　课堂练习 2

一个季度有多大的价值

俄亥俄州立大学、加州大学洛杉矶分校、华盛顿大学、俄勒冈州立大学……，所有这些大学都采用季度制，一学年被分为 4 个学期（包括夏季在内），每个学期大概 10 周左右。这些大学的学生每年要参加 3 个季度的教学：秋季、冬季和春季。其他大学（事实上是美国的大多数学校）则采用学期制，即学年被分为三个学期（秋季、春季和夏季），每个学期大概 15 周。大多数学生只参加秋季和春季教学。季度制中一个单位的学分是学期制中的 2/3。

学生和教师对于这两个制度的优缺点有不同的看法。大多数观点的总结如表 2-2 所示。

表 2-2

	支　持	反　对
季度制	可以修更多的课程 无聊课程(交际舞)的机会成本更低 优化课堂经验 认识更多的教授 教授拥有更多的灵活性	节奏太快 测试过于频繁 一周的时间都不能错过 重要项目的时间不够 教授的工作更繁重 与大多数大学不同步
学期制	有更多机会专注于困难的学科 课程步伐较慢 重要项目可分配到更多的时间 有更多的时间和同学在一起	一些科目不需要整个学期 时间过长不易记住课程内容，对期末考试不利 不良课程持续时间过长

以上的观点很少关注成本问题。在教育费用迅速增长的时代，缺少对成本的关注是一件很奇怪的事情。也许是因为这个问题对于爬满常春藤的校园来说太务实了，但是对于商学院来说却没有这样的约束。

研究以下业务流程，所有流程对每个新学期(季度制或学期制)来说都是必需的。

- 排课
- 分配教室和相关设备
- 分配职位
- 招收学生
- 准备和打印教学大纲
- 通过增加和减少调整招生
- 安排期末考试
- 安排考试教室
- 为考试评分
- 记录成绩

每个流程都有相关的成本，其中很多成本都很高。假设学期制每年比季度制少交一次这些费用，那么对于所有大学来说采用学期制都是一种节省费用的方式。的确，俄亥俄州立大学计划在不久的将来从季度制转为学期制；毋庸置疑，其他季度制大学也有同样的想法。

假设你就读于一所刚刚大幅度上调学费的季度制大学，并决定发起一项校园运动来节省每年额外学期的过程费用，与由教授指导的小组合作，回答如下问题：

1. 利用 Google 或 Bing(或者其他互联网搜索引擎)查找“季度与学期”，阅读其中的几个观点，并调整和扩充该表中的支持和反对的情况。

2. 列出开启一个新学期相关的业务流程。如指定班级名单、分配职位和招收学生。尽可能列出更多的流程。检查以上案例中的流程列表，如果有你认为忽略掉的流程，则将其增加到列表中。

3. 从步骤 2 的答案中选择两个流程，分别列出对应的成本来源。

4. 只考虑商学院，估算步骤 3 中的两种流程的成本，提出并证明劳动力价格和其他因素的假设。

5. 假设其他学院的成本与商学院相同（这个假设不合实际，法学院和医学院的成本可能更高），则选中的两个流程的总成本是多少？

6. 列出并描述你认为阻止季度制学校转变为学期制学校的5个因素。

7. 假设你真的在大学中进行了这项实验，解释你将如何利用这个经历在工作面试中证明你的能力。

2.5 高质量信息的数据特征

前面我们学了人类从数据中获得信息。如上所述，信息的质量部分依赖于人类的思维能力，但也依赖于数据的质量。例如，如果图2-6中的数据是不准确的，GearUp公司的决策者不可能对问题供应商做出正确的决定。图2-6总结了高质量信息的几个关键数据特征。

2.5.1 精确性

- 精确性
- 及时性
- 相关性
  - 环境
  - 主题
- 确切性
- 性价比

图2-6 高质量信息的特征

首先，好的信息应该是**精确**（Accurate）的信息。好的信息基于正确和完整的数据，而且该信息按照需求进行了适当的加工。管理者一定能够利用信息系统提供的结果，因此信息的精确性是相当重要的。如果一个信息系统被告知提供了非精确信息，那么将使这个系统的声誉受损。在这种情况下，开发信息系统变成了一桩浪费时间和金钱的事情。

对于一个未来的信息系统使用者来说，讨论的结果就是：不应该只因为它出现在网页的上下文中，或者它是一个格式规范的报告或一个新奇的质询信息，就信赖这些信息。经过美化的图片信息有时是难以产生怀疑的，不要被这些所误导。在开始使用信息系统的时候，应该持有一种怀疑的态度，要求反复检查所收到的信息。在使用系统几周或几个月后，可以消除这种怀疑的心态。但开始的时候一定要持有一种怀疑的态度。

2.5.2 及时性

好的信息应该是**及时**（Timely）的信息。要根据使用者的需求及时产生信息。如果一份月报6周以后才出来，它极有可能毫无价值，因为此信息在需要其进行决策时间很久之后才被获得。信息系统在你已将商品运出之后才告诉那位顾客是没用信用的，这样的信息系统对你是没有帮助的并且是令人沮丧的。及时性可以度量，即依据日历应该是6周内，依据事件来说应该是运送之前。

在参加一个信息系统开发的时候，及时性将是你要回答的要求之一。需要给出合适且切实可行的时限要求。在某些情况下，开发提供实时信息的系统比开发提供延时几个小时信息的系统困难得多，而且价位高得多。如果使用延时几个小时的信息，要在需求说明书中加以说明。

考虑一个例子，假设你在一家营销公司工作，需要评估一项在线广告节目的效果。你要求这一信息系统不仅能够在网络上发布广告，而且能掌握广告的点击率。掌握实时点击率是非常昂贵的，成功地保存数据并且在几个小时后进行批处理则更容易而且更便宜。如果只是使用一两天前的信息，该系统将更容易实现且开发成本也比较低。

2.5.3 相关性

信息应该既与环境相关又与主题**相关**(Relevant)。作为一个 CEO，考虑你所处的环境，需要与你工作水平相符的信息。一份关于公司每个员工的小时工资表可能是无用的。更可能的情况下，需要按部门给出平均工资信息。就你所处的环境而言，一份关于每个员工的工资表是不相关的信息。

信息也应该与主题相关。如果想了解贷款的短期最低利率，那么一份关于 15 年抵押利率的报告是不相关的。同样，一份由成百上千页组成的含有你需要信息的报告，也是与你的目的不相关的。

2.5.4 充足性

我们需要**充足**(Sufficient)的信息来满足我们的需求。我们处于信息时代，每天必须要做的一项关键决定就是该忽略什么样的信息。所处的管理层级别越高，获得的信息也就越多。因为时间有限，所以将忽略更多的信息。因此，信息应当充足，但不能过量。

2.5.5 性价比

信息并非能够免费得到。开发信息系统需要成本，运行和维护信息需要成本，阅读和处理系统产生的信息所花的时间和薪金也需要成本。按照**物有所值**(Worth Its Cost)的观点，信息的成本和价值应当互相匹配。

考虑这样一个例子。一份写满了墓地埋葬者名字的列表其价值何在？毫无价值，除非盗墓者对此不知情。这份列表不值得我们花时间去阅读。通过这一例子容易看出信息经济学的重要性。然而，当有人向你推荐新技术的时候，这将是更困难的事。需要做准备回答以下问题：信息的价值所在？什么是成本？价值和成本相匹配吗？信息系统与其他资产一样需要进行可行性分析。

本章知识对你的启发

Drew、Addison 以及 GearUp 公司其他员工的直觉告诉他们需要做什么：数据共享。但是不知道如何把这个直觉变得更加具体。他们可以根据本章的内容记录 GearUp 公司的业务流程并用专业的方式解释 GearUp 公司如何改进现有的信息系统或开发新的信息系统。根据这些记录，他们可以向 Kelly 和其他管理人员提出建议。这样做可以利用第 1 章来证明他们的系统思维能力、概念抽象、合作能力以及实践能力。因此，本章知识不仅能够帮助 GearUp 公司，还有益于员工的职业发展。

如果 GearUp 公司要实现这些想法，下一步可能要与信息系统专业技术人员合作——公司内部或外部的技术承包者。本章内容可以帮助 Drew、Addison 和其他员工与这些专业人员进行有效的沟通。这样的沟通不仅可以得出更好的方案，还可以使专业人员更快地了解业务需求，因此节省了 GearUp 公司的成本。思考他们的经历可以如何帮助你，因为在以后的职业生涯中可能会遇到类似的问题。

道德指引

以自我为中心与尊重他人想法

正如前面讲过的一样，每个人对问题的看法都是不同的。当开发信息系统时，研发团队要对问题有一个共同的定义和理解，这对于问题的解决很重要。但是，要达到共同的理解是很难实现的。

认知科学家分析了以自我为中心和尊重他人想法的两种思维的不同。以自我为中心的人总是认为他的意见是最正确的。相反，那些尊重他人意见的人总是认为自己的意见只是不同意见的其中一种，这些人总是主动去了解其他人是怎么想的。

专家都推荐我们要尊重他人的想法，但是不同的专家有不同的理由。宗教领袖认为这样在道德上更好，心理学家认为这样有利于更好的人际关系。在商业中，尊重他人想法的思维方式被推荐是因为它很高明。商业活动是一个商业行为，那些能够理解别人观点的人更加有效率。即使你不同意别人的意见，但是如果你了解别人观点，那么工作起来就会更顺利。

思考一个例子。假设你对 MIS 老师说："教授，周一我没有来上课。我们上课讲了什么重要的事情吗？"这是一个很明显的以自我为中心的例子。这样没有考虑到教授的观点，而且暗示教授没有讲什么重要的知识。作为一个教授，他可能会说："没有，当我注意到你没有在的时候，我取消了所有重要的知识点。"

如果要尊重教授的意见的话就需要从教授的角度考虑。不来上课的学生给教授带来了额外的工作。不管你没有来上课的原因多么充分，你可能真的发烧到 40°。但是无论怎样，你没来上课确实给教授增加了工作量，他必须给你补课。

采取尊重他人意见的思维，你就会将你的缺席给教授造成的影响降低到最小。比如说，你可以告诉你的教授："我没法来上课，但是我借了 Mary 的笔记。我已经阅读了笔记，但是我有一个地方不明白，就是关于建立联盟作为竞争优势……，同时，对我的打扰表示歉意。"

在讲解其他内容之前，我们把这个结论应用到其他情况中：永远不要给你的老板发邮件说："我周三没来参加员工会议。那天的会议有什么重要内容吗？"不要这样做的原因跟你没来上课时的原因是一样的。同时，你应该找另外一种方式来减少你的缺席对老板的影响。

这些思维方式与管理信息系统有什么关系呢？假设你买了一个新的笔记本电脑，然而几天之后它坏了。多次去客户服务部进行短期维修，但是没有人记得你是谁或者以前跟你提过什么建议。假设键盘每隔几天就会锁起来。在这种情境之下，对这个问题有几个看法：(1)客户服务机构没有之前客户的联系方式；(2)客服推荐的解决方案是无效的；(3)该公司发了太多有缺陷的笔记本电脑。每个问题的解决方案都需要不同信息系统的支持。

现在假设你在参加会议，假定会议中不同人对该问题持有 3 种观点。如果每个人都以自我为中心，会发生什么？这个会议应该充满了火药味，而且不可能达成任何结论。

相反，假设与会者都是尊重他人想法的。整个团队会齐心协力地解决不同的想法和观点，这次会议的结果就会更加积极——有可能按照优先次序对所有 3 个问题给出解释。无论哪一种方式，与会者都有相同的信息，不同的会议结果来源于与会者不同的思维方式。

尊重别人意见的思维方式在商业活动中很重要。经验丰富的谈判者总是了解另一方想要什么，有效率的销售人员也总是了解顾客想要什么。买家如果了解供货商的问题，那么买家就会得到更好的服务。如果学生了解他们的教授的想法，则会使学习效果变得更好。

问题讨论

1. 用你自己的话解释以自我为中心与尊重他人想法两种思维方式的不同。

2. 假设你与另一个人对问题的定义不一致。假设他对你说："不，真正的问题在这……"他所讲的是他自己对问题的定义，这时候你会怎么想？

3. 再次假设你与另一个人对问题的定义不一致。假设你理解他的想法，此时，你如何使事情变得简单？

4. 说明你将如何利用图 2-2、图 2-4 和表 2-1 来解释 GearUp 公司所遇到的问题。

5. 假设你们正在一个会议中讨论 GearUp 公司所遇到的问题，某个人的观点与你不同，而且不理解图 2-2 和图 2-4，你将如何回应？

6. 假设你们正在一个会议中讨论 GearUp 公司所遇到的问题，而你不理解图 2-2 和图 2-4，你会怎么做？

学习指导

理解观点和看法

每一个人的说话和行为都是出自个人见解和观点。我们所说的以及所做的都是基于或等同于那个见解上的片面观点。因此，在任何一本书上读到的东西（包括这本）都是作者见解的片面之言。作者或许认为它对某个主题材料进行了客观的、无偏见的描述。但是没有任何人能够写出任何东西的全面性描述，因为我们都是从一个观点来写的。

同样，教授也是从他们的角度对学生进行指导。像我们一样，他们有经验、目的、目标、愿望和恐惧，那些要素提供了他们思考和说话的框架。

有时，当你听到或读到一篇社论或具有舆论导向的材料，很容易认识到其有一个强烈的观点。你并不为这种观点可能包含个人偏见感到意外，但是那些似乎不是观点的陈述呢？例如，思考下面对信息的定义："信息是有意义的差异。"根据这个定义，这里存在很多差异，但是仅仅那些有意义的差异可量化为信息。

这个定义蕴含着一个观点，但却不是从一个片面的角度来写出的。这个观点不明显，因为这个陈述更像是一个定义而非一个观点。但是，事实上，它是从著名的心理学家 Gregory Bateson 的观点来对信息下的定义。

Gregory Bateson 的定义提供了很多有用的信息。它是不严密的，但它是一个好的参考，当为终端用户设计报告和问卷时，我已经从中受益。我问自己："这份报告显示了某人的特点并使得其有价值吗？"因此，我发现它是一个有帮助的定义。

我有一个同事专攻量化方法学，他发现 Bateson 的定义是乏味而无用的。他们问道："它说什么了？""我怎么能用那个定义去规范化所有的东西呢？"或"有意义的差异是什么或对谁来说？"或者他们说："我不能量化关于那个定义的任何东西，它是在浪费时间。"

他们是对的，但我也是对的，Gregory Bateson 也是对的。差异是观点问题，并且更令人惊讶的是，有争论性的观点可能同时都是对的。

最后一个观点：无论明显与否，作家写的文章与教授讲授的内容不仅是来自个人的观点，而且也有个人的目的。本书就是希望读者能发现这份材料是有用的并且是重要的，然后告诉你的教授它是一本很好的书以至于再一次使用它。无论你我是否意识到这一事实，作者的愿望和目的都会对这本书的内容产生主观影响。

同样，教授有自己的愿望和目的，这将影响到他们所讲的东西和讲课的方式。有的教授可能想要看见学生脸上对电灯泡发明的认可，他们可能想要赢得年度最佳教授，或他们想要获得任期的地位，为的是在这领域获得更前沿的成果。无论哪一种情况，他们的愿望和目的都会左右他们的所说和所做。

因此，在阅读这本书或听教授讲课时，问一下你自己："他的观点是什么？"而且"他的目的是什么？"然后比较你和他的观点与目的。学着用这种方式来对待教材和教授，同样也用这种方式对待你的同事。当你进入商界后，就要有能力去辨别和适应与你一起工作的人的观点和目的，这样会使得你的工作更加有效果。

问题讨论

1. 思考下面的观点："你思维的品质是一个信息系统的最重要的组成部分。"你同意这个看法吗？你认为说某一部分是最重要的说法是可能的吗？

2. 对于"一个信息系统由 5 部分组成：硬件、软件、数据、流程和人"的看法是基于某一个观点，尽管看似不是这样。假设你向一个计算机工程师陈述这个观点，他会说"垃圾，那根本不是事实。唯一重要的部分是硬件或软件"。比较一下计算机工程师和教授的观点。这些不同的见解又是如何影响他们对五要素模型的看法呢？哪一个是正确的呢？

3. 思考一下 Bateson 的定义："信息是有意义的差异。"当我们在设计 Web 网页的时候，这个定义是怎样帮助我们的呢？解释一下为什么某个专攻量化方法学的人也许会认为这个定义是毫无用途的。同一个定义怎么能既是有用的又是无用的？

4. 一些学生讨厌开放式的问题，他们想要那些仅有一个正确答案的问题，如每小时 7.3 英里。当给出了类似问题 3 中的一个问题时，这个问题有多个正确的答案，一些学生就会生气或感到受挫。他们希望书本或教授给出他们的答案。你是如何看待这个问题的？

5. 你认为某人同时学习多种有争议的观点可以提高其思维品质吗？或者，你认为这样做会导致优柔寡断和无效的思考吗？和你的一些朋友讨论一下这个问题，看看他们是怎么认为的？他们的观点是什么？

小结

使用本小结来检查你是否理解了本章介绍的思想和概念。

1. GearUp 团队需要了解业务流程

总结业务流程的相关知识如何帮助 Drew 和 Addison 为 GearUp 公司的供应商问题制定一个系统的解决方案。

2. 业务流程

定义业务流程并给出 3 个例子。定义 BPMN、泳道格式、活动、角色、参与者、资源库、数据流、顺序流和子流程。描述每个 BPMN 符号。回顾图 2-2，确定你可以解释该业务流程是如何工作的。

3. 信息系统如何提高流程质量

定义流程质量的两个方面。解释信息系统如何提高这两方面的质量。给出一个例子使得一个信息系统可以同时提高这两方面的质量。

4. 信息

给出信息的 4 个定义。利用你自己的经验和判断力，将这些定义按照在企业中的有用性进行排序。证明你的排序，描述信息和数据共存的地方。

5. 高质量信息的数据特征

列出并描述高质量信息所需要的 5 个数据特征，解释每个特征的必要性。

本章知识对你的启发

总结业务流程的相关知识可以帮助 GearUp 团队完成其目标。解释图 2-2 和图 2-4 之间的区别并描述图 2-4 描述的业务流程如何帮助 GearUp 公司解决问题供应商。解释表 2-1 中数据的含义并讨论 GearUp 公司如何在供应商谈判中利用该数据。讨论对业务流程的理解如何有利于你的职业生涯。

关键词和术语

参与者	数据流	资源库
活动	有效的业务流程	角色
业务流程	效率	顺序流
业务流程模型与符号	信息	泳道格式

知识运用

1. 考虑本章提出的信息的 4 个定义。第一个定义“知识来源于数据”只是用一个陌生的词（信息）代替了另一个陌生的词（知识）。第二个定义“数据是在一个有意义的背景下提出的”过于主观。背景？是什么使一个背景变得有意义？第三个定义“数据由归纳、排序、求平均等处理”过于机械化，它告诉我们做什么，却没有告诉我们什么是信息。第四个定义“有意义的差异”是模糊而且无用的。

而且，这些定义中没有一个可以帮助我们量化所得到的信息数量。“每个人都有一个肚脐”这句陈述中包含了什么信息？没有——你已经知道了。但是，“某人刚刚将 5 万美元存入你的支票账户”这句话充满信息。所以，好的信息有一种惊喜的元素。

考虑这些观点，回答如下问题。

（1）信息由什么组成？

（2）如果你有更多的信息，你会考虑更多么？为什么会或为什么不会？

(3)如果你把成绩单副本给将来的雇主，这是信息吗？如果你把同样的副本给你的狗看，它还是信息吗？信息来源于哪里？

(4)给出你对信息的最好定义。

(5)我们拥有信息技术产业，却很难定义信息这个词，说出你对此事的看法。

2. 本文指出产生的数据应该物有所值。成本与价值都可以被分为有形和无形两个因素。有形因素可以直接估量；无形因素则间接产生并且很难估量。例如，计算机显示器是一个有形成本；一个缺乏训练的员工的生产力损失是无形成本。

分别给出信息系统的5个重要有形和无形成本；分别给出信息系统的5个重要有形和无形价值尺度。利用自己或其他学校信息系统中的排课系统来帮助你集中思考。你认为在决定一个信息系统是否物有所值时，应如何考虑有形和无形因素？

3. 假设你管理GearUp公司的采购商，并被要求帮助解决一个新的供应商选择信息系统的需求问题。当思考这些需求时，你不知道你想让员工在选择供应商和销售产品的时候有多少自主权。你可以开发一个自动进行供应商和产品选择的系统，或者建立一个允许员工进行选择的系统。解释该特征如何影响以下几点：

(1)员工需具备的技术水平。

(2)需要的员工数量。

(3)雇用员工的标准。

(4)你的管理实践。

(5)员工的自治程度。

(6)管理部门的灵活性。

4. 假设管理层不需要你参与需求定义这一过程，解释你可以如何利用从该问题中学到的知识来证明你参与需求定义这一过程的必要性。

合作练习2

在你开始这部分练习之前，阅读扩展章1和扩展章2，这两章介绍了合作的技巧以及管理合作任务的工具。特别是考虑运用Google Drive、Google +、Windows Live SkyDrive、Microsoft SharePoint或者其他合作工具。

许多学生，特别是业务经验有限的学生不能理解业务流程的重要性，不知道即使简单的业务流程也可以变得很复杂。以下业务情况和练习可以帮助你了解是否需要业务流程、流程设计的重要性和信息系统在支持这些业务流程中扮演的角色。

假设你为一个电器及管道用品、设备和工具供应商工作，你的顾客是习惯赊账的住宅施工人员和建筑公司。当你收到一个订单后，需要在产品出库并包装运输之前对该订单进行评估并核准每一个条款。据此，你已经制定了如图2-7所示的订单审批流程。（图中的菱形表示一个决策，其流向取决于箭头上标示的答案。）

可以看到，订单审批流程包括几个阶段：准备报价单、为申请条款调整报价单、检查库存、调查信用度和评估特别条款。每个订单都要检查库存和调查信用度，但只有当顾客有特殊要求时才需要评估特别条款，如要求免运费、额外折扣或者异常快速的服务和交付等。

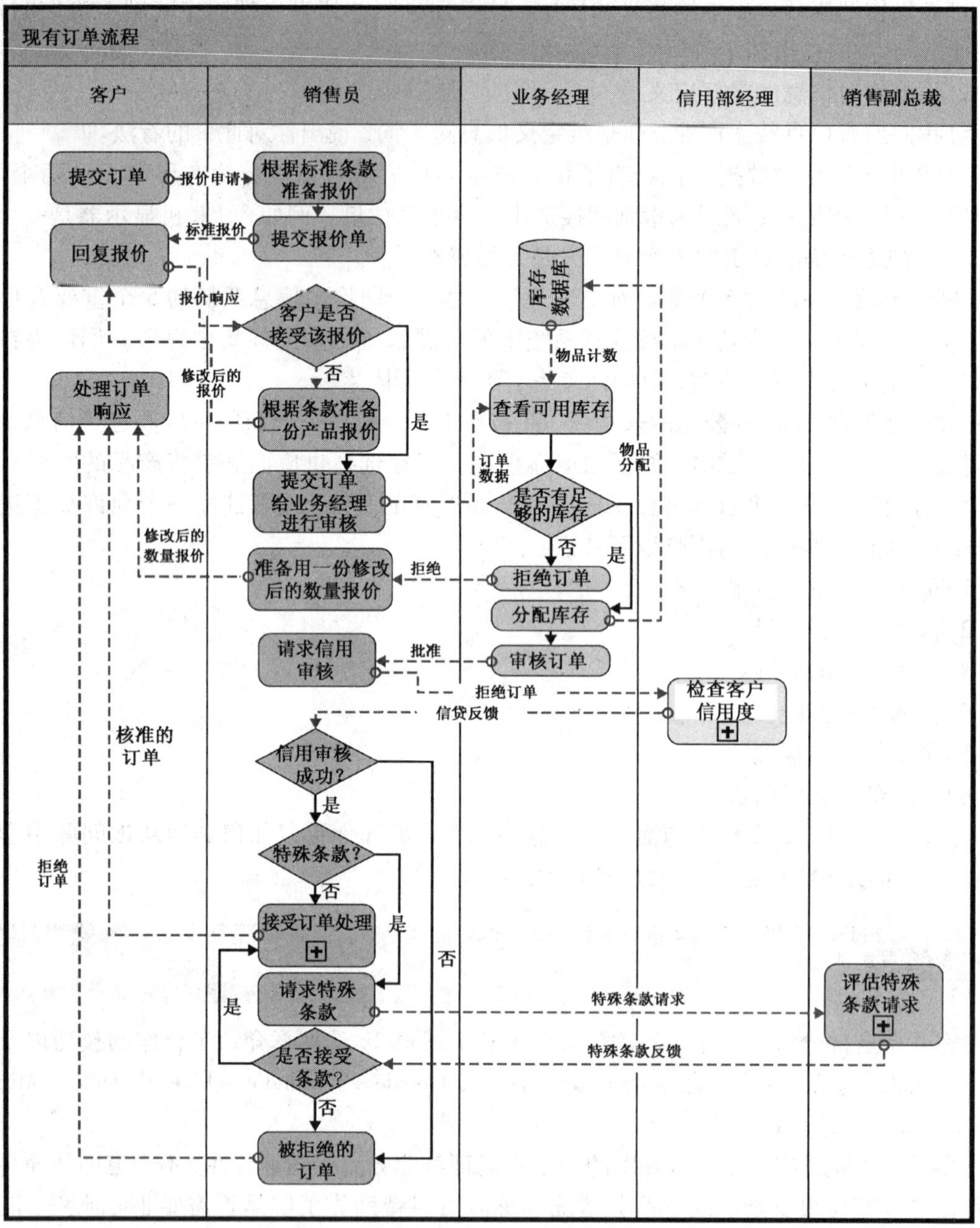

图 2-7　现有订单流程

可以看到，这样一个简单的业务流程却有意想不到的复杂性。其一，这些检查是否以正确的顺序进行？该业务流程在信用度核查之前进行库存检查，这样的顺序是否有意义？先审核信用度是否更加有意义？再者，事实证明你将要拒绝一个供应商的特别条款，在检查库存和评估信用度之前先对这个条款进行审核是否有意义？

注意到，如果确实有充足的库存，则该订单被分配到所需的量。但是，如果顾客的信用或者特殊条款被拒绝，该库存将不允许释放。该案例中，你或者你的一个员工需要记得释放被分配的库存。

图中没有说明的是，如果信用审核批准提高顾客信用度，则会有关于信用的类似声明。如果特殊条款没有审批通过，分配的信用需要以某种方式返回给客户。

由于你可能在同一时间处理多个订单，所以会发生一些其他问题。假设两个订单中都有科勒至尊(Kohler Supreme)厨房水槽，但库存中只有一个。你想把它卖给第一个顾客，但是这意味着你必须为其分配该水槽，否则，两个订单将对同一个水槽进行处理。但是假设已经分配到水槽的订单的特殊条款被否决，你会将该水槽重新分配给第二个订单，前提是该订单仍旧处于待处理状态。你将怎么完成它?

该方案忽略了另一种可能性。假设你有两个订单需要同一个水槽，其中一个来自个人客户，该客户需要水槽来装修她山上的家；第二个来自 Big Sky Construction，该客户每年从你这里购买 500 个水槽。你会把这唯一的水槽分配给哪个客户？你怎么知道该怎么做?

小组合作并回答以下问题：

1. 图 2-7 中，解释为什么必须要分配库存。

2. 利用图 2-7 解释为什么一定要为客户分配信用。当特殊条款被否决的时候不调整这些分配，将会有什么商业后果?

3. 为信用或特殊条款被否决的订单推荐一个信用调整流程。指明完成调整工作的角色以及如何获得相关数据。

4. 改变图 2-7 中的流程使分配的库存在信用或特殊条款被否决的时候返回。指明完成调整工作的角色以及如何获得相关数据。

5. 图 2-7 中的 3 个审批任务有 6 种不同的顺序。命名每个顺序并选择你的团队认为最有前途的 3 个。

6. 评估问题 5 中选择的 3 个顺序，找出你认为最好的一个。

7. 陈述你在问题 5 和问题 6 中做出选择的标准。

8. 我们至今没有考虑该流程对售货员的影响。售货员需要什么信息来维持其与顾客的良好关系?

案例学习 2

Fulfillment by Amazon(FBA)

如案例 1 所描述的，Amazon 有 3 个主要的产品种类：一个在线零售商店、灵活租赁的计算基础设施以及订单执行业务。在本例中，你将检查 GearUp 这样的公司是否可以有力地使用 Amazon 的订单执行业务。

首先，注意到 GearUp 公司的业务模型与 Amazon 的零售模型有很大不同。Amazon 销售产品的过程是：购买物品，取得所有权和时间占有权，将这些物品存入仓库，再将这些物品从仓库卖出。Amazon 还以代销的方式出售物品，但这并不是其主要的销售方式。

然而 GearUp 公司只在拍卖会上出售物品，它不会在不知道卖出物品数量的情况下下订单。在这一点上，它批量订购，获取所有权并进行交付，再将这些订单重新包装成小份配送给客户。

了解了这些不同点，考虑将 Amazon 的订单执行服务用于 GearUp 公司，首先要做的是什么？

Fulfillment by Amazon（FBA）是 Amazon 的一项服务。根据这项服务，其他销售商可以将物品存储在 Amazon 仓库。FBA 的顾客为该项服务和库存空间缴纳一定的费用。Amazon 利用自己的库存管理层、订单执行业务流程和信息系统来满足其顾客的要求。

FBA 的顾客可以在 Amazon. com 上销售他们的物品，也可以通过他们自己的销售渠道进行销售，或者两者共同进行。如果 FBA 的顾客在 Amazon. com 上销售他们的物品，Amazon 会为订单处理（处理退货、修正错误包装的订单、回应顾客订单查询以及类似处理）提供顾客服务。

表 2-3 总结了截至 2012 年 5 月的运动类产品的 FBA 费用。

表 2-3

	通过 Amazon. com 销售	其他方式销售
订单处理（每个订单）	\$1.00	\$4.75（+）
分拣与包装（每个物品）	\$1.00	\$0.75
称重处理（每吨）	\$0.37	\$0.45（+）
存储（立方英尺每月）	最小 \$0.45（每年的数据不同）	最小 \$0.45（每年的数据不同）

来源：Amazon. com 或其分支机构。

如果通过 Amazon. com 销售物品，Amazon 利用自己的信息系统执行订单处理过程。然而，如果通过 FBA 顾客的销售渠道出售物品，FBA 的顾客必须将自己的信息系统与 Amazon 建立联系。Amazon 提供标准化接口，这样的处理过程叫作 Amazon 市场网络服务（MWS）。利用网络标准技术（查看第 6 章），FBA 顾客的订单和支付数据与 Amazon 的信息系统直接相关联。

FBA 使企业可以将订单处理外包给 Amazon，这样可以节省开发流程、设施和信息系统的成本。FBA 对于 GearUp 公司合适吗？

案例讨论

1. 用自己的话总结 Amazon 零售和 GearUp 公司销售模型的区别。
2. GearUp 公司可以在 Amazon. com 销售物品吗？为什么？
3. 计算使用 FBA 的成本：
   （1）一个 10 个足球的订单重 25 磅。
   （2）一个足球的订单重 2.5 磅。
   （3）一件网球服的成本，重 10 盎司。
   （4）将 1000 个足球存储 3 个月的成本。给出你的假设。
4. 如果 GearUp 公司使用 FBA，哪些业务流程不需要开发？将会省下哪些成本？
5. 如果 GearUp 公司使用 FBA，不用开发什么信息系统？将会省下哪些成本？
6. 如果 GearUp 公司使用 FBA，如何将其信息系统与 Amazon 的相集成？（为了使你的答案增加深度，搜索 Amazon 术语。）
7. 你认为 GearUp 公司使用 FBA 有意义吗？验证你的答案。

第 3 章 企业战略、信息系统与竞争优势

GearUp 公司的 CEO Kelly Summers 召集了一次会议，与会的有公司 CFO Emily Johnson、IT 主管 Lucas Massey、事务项目经理 Drew Mills 和采购经理 Addison Lee。Drew 是 Kelly 招进的第一名员工，对 Kelly 非常熟悉。他说：“Kelly，据我了解，你很讨厌开会，所以你这次召集会议一定很重要。”

“Drew，你说的两点都很对。我讨厌开会是因为会议浪费员工宝贵的工作时间。你认为这次会议很重要同样正确。”Kelly 朝 Drew 点点头。

“好的，然而什么事如此重要？”Drew 看着 Kelly 说。

“成本，就是今天召集大家的原因。Emily 刚才让我看了上月的运营开销，结果有些糟糕。Emily，你来说说？”Kelly 环顾着参加会议的每个人。

“是的，”Emily 说，“每个月我们的运营成本占收入的比例都有缓慢上升，如果这个趋势持续，我们只有靠提高价格来应对。”

“我觉得我们的产品定价太低，我知道客户们愿意付更多的钱，如果他们认为产品值得。为什么我们不提高附加值来平衡价格上涨呢？”IT 主管 Lucas 说。

“都有哪些附加值？”显然 Emily 不满意 Lucas 的回答。

“如果我们提供给客户需要的信息，一些产品之外的价值，比如在网站上添加设备特性选择功能，加入物品搜索功能，也可以展示给客户我们过去卖出的产品以及买方对产品的评价……”

“Lucas，增加这些附加价值是否需要一定的成本呢？”Emily 说话的口气就像是在和 2 岁小孩说话一样。

“当然需要了……”

这个时候 Kelly 加入了讨论，“大家注意一下，我们销售的产品在这个行业价格都是最低的，这就是我们的竞争优势，也是顾客选择我们产品的原因。如果我们要改变当前的竞争策略，那就得开启另外一个业务。”

Lucas 不同意 Kelly 的说法。“好吧，Kelly，抱歉，这只是我的一个想法。”

Kelly 忽略了 Lucas 的意见，“我希望可以得到降低费用的解决方案。Lucas，事实上我的目标是将产品的销售价格降低 10%。我认为实施降价举措才可以继续同 WebGearNow 网站竞争。”

“那个公司的员工并不出色，他们的网站一团糟。”

“但顾客不在乎这些，他们希望得到更便宜的体育产品。如果我们的产品降价，他们就会在一分钟内转向购买我们的产品。”

“对顾客真忠诚……”

“没错，Lucas。对顾客不应有任何的不忠诚。”Kelly 对这一点深信不疑。“另外，我们销售的产品大部分都来自客户的冲动购买，我们需要通过降价来吸引更多的新顾客。”

“Kelly，Drew 和我前几天讨论了一下这个事情。”Addison 第一次开口，说话很轻，很不情愿地加入了这场争论。

"降低成本是最好的方案"，Lucas 说。

"也许。不过，你比我更清楚应该做出怎样的决策"，Addison 回应了 Lucas。

"什么意思?"

"你已经得到了数据，至少我认为你一定得到了那些数据。"

Lucas 一脸迷惑地说，"你说的是什么数据?"

"也许我可以来说说这件事。"Drew 知道 Addison 想说什么，并且打算支持她。"我知道有些供应商给公司带来了麻烦……比如 General Sport 公司……"

General Sport 公司的名字吸引了 Addison 的注意……Addison 知道公司超过 15% 的订货量来自 General Sport 公司。"公司与 General 有很多业务往来，希望你别说我们应该停止和 General 公司的合作了。"

"是否应该继续与 General 公司合作我不知道，但是 General 公司确实给我们带来了极大的麻烦。"

Kelly 对 Drew 的回答很吃惊，"为什么 General 公司会给我们带来很大的麻烦呢?"

"因为 General 公司不按照他们承诺给我们的订货量发货。他们承诺可以提供 1000 个足球，我们接受了 1000 个足球的订单，但随后他们却只配送了 850 个足球……我们不得不取消 150 个足球的订单，这对客户来说是十分糟糕的购买体验。上个星期，我不得不雇用临时工来处理客户的投诉电话。"

"为什么要取消订单? 为什么不从其他供应商那里再买 150 个足球?"Lucas 现在很好奇这个问题了。

Addison 知道问题的所在，"确实可以再购买 150 个足球，但从哪个供应商处购买? 什么时候买? 而且会增加额外的费用。"

"另一方面，损失顾客的成本是多少? 也许我们可以修改信息系统，类似的情况发生时就自动订货并让供应商直接给顾客发货。Kelly，我们能找些椅子来吗? 站着开会太累了。"Lucas 简述了自己的想法。

"不，Lucas，不要找椅子了。我不想让这个会议持续太久，所以不要坐下了……"Kelly 在整理自己的想法时停顿了一下。

"我的想法是，Addison，你和 Drew、Lucas 一起想办法找出有问题的供应商。"

"好的。"在会议即将停滞不前时，Addison 认可 Kelly 此时的决定。

"我们整理一下思路，找出问题供应商后，Emily 去和这些问题供应商谈判。尽力得到一些现金的补偿或者批发价格的让步……至少要让那些问题供应商知道我们会监督他们。"

"好，但是要给我真实的供应商数据，这是整个工作的基础。"

"或者，还有其他的解决方案。"Drew 认为可以让客户与问题供应商谈判来获得更好的交易模式。

"也许。但不要忘记原则是：无论如何，我们卖出的体育用品在行业中都是最低价!"Kelly 反复强调这一点。

"但是，我们需要盈利……"Emily 补充。

"没错，因此我们需要降低产品的成本。"Kelly 不愿意继续多说。"大家都明白了吗?"

学习目标

1. 组织战略如何决定信息系统结构

2. 五种力量模型决定了行业结构
3. 企业竞争战略
4. 竞争战略如何决定价值链结构
5. 价值链决定业务结构和信息系统
6. 信息系统如何产生了竞争优势

3.1 组织战略如何决定信息系统结构

Kelly 分配给了 GearUp 新任务，找到降低成本的办法，保证 GearUp 售出的所有产品拥有绝对最低的价格。这个深思熟虑的任务从故事中间开始，我们将支援并理解 Kelly 和 GearUp 如何完成任务。

图 3-1 概括了这种情况。简言之，组织研究其所处行业的结构来制定其竞争战略，这个战略决定了企业的价值链，价值链决定了业务流程的设计，而业务流程的结构决定了支持信息系统的设计。

迈克尔·波特作为竞争分析领域的主要研究者和思考者，提出了 3 种不同的模型来帮助我们理解图 3-1 的每一个要素。下面从他的五力模型开始学习。

3.2 五力模型决定了行业结构

波特提出了**五力模型**(Five Forces Model)①用于帮助组织决定在某一行业的潜在盈利能力。经过多年的发展，五力模型也被用于确定组织的竞争环境。五力模型确定竞争环境即可协助组织制定竞争策略。

波特的五种竞争力可分成两种类型：与竞争相关的力量和与供应链议价能力相关的力量。

与竞争相关的力量：

- **来自替代品厂商的竞争**
- **新进入者的竞争**
- **现有竞争对手的竞争**

与议价能力相关的力量：

- **供应商的讨价还价能力**
- **顾客的讨价还价能力**

波特用五力模型评估决定一个行业的特性：它的获利能力如何和获利能力的持久性。这里，我们把五力模型用于另外一个目的：确定强竞争的来源以及应对这种强竞争的策略。我们将在 GearUp 公司中应用此功能，在此过程中，会逐渐明白 Kelly 提出的任务对组织是何等的重要。

三种与竞争相关的力量都着重于顾客流失的可能性。表 3-1 第一列与三种竞争力量相关的两个因素是产品转换成本和顾客忠诚度。如果转向另一个供应商成本过高，那么竞争力量的力度就很弱。同样，如果顾客对企业或品牌的忠诚度很高，那么竞争力量的力度就很弱。

---

① Michael Porter, *Competitive Strategy: Techniques for Analyzing Industries and Competitors*(New York: Free Press, 1980).

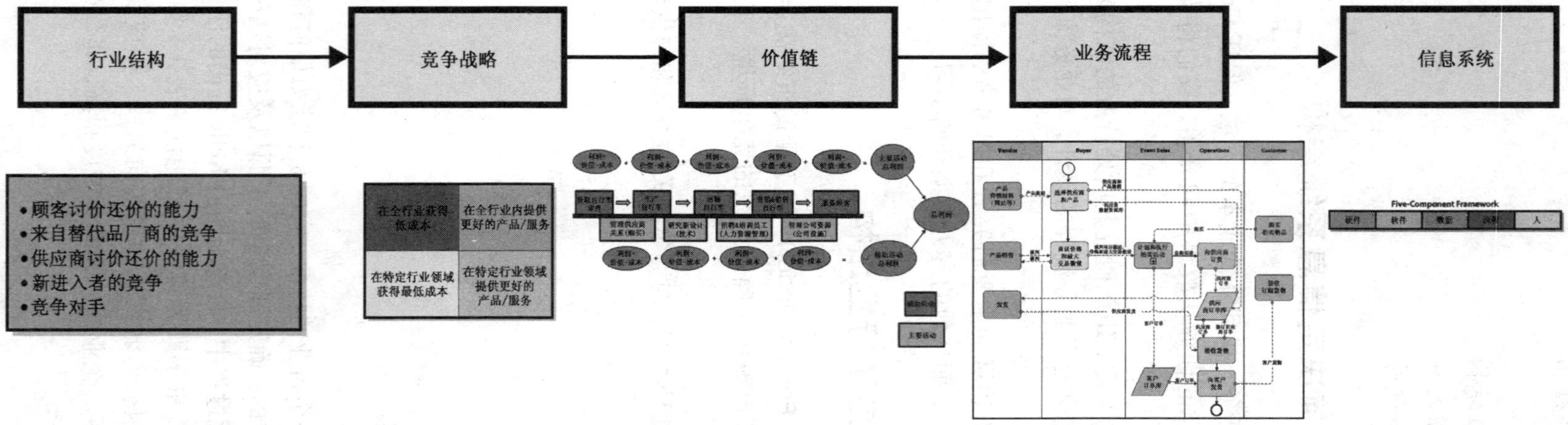

图3-1　组织战略决定信息系统

分别考虑三种竞争力量：如果替代品价格较低，而且顾客的感知利益相同，那么这个替代品带来的威胁就较大。表 3-1 中，GearUp 公司把体育用品店视作替代品的威胁。

GearUp 公司认为体育用品店对其威胁较弱。首先这类商店需要保有库存，而且还需要租赁店面，这类成本 GearUp 公司都无需承担。GearUp 公司需尽力降低成本抵消客户物品交付延迟的劣势。

模仿厂商对 GearUp 公司的威胁中等。尽管网络搜索和电子商务转换成本较低，但是 GearUp 公司的销售经验和客户关系对新进入者形成壁垒。

现有竞争对手对 GearUp 公司形成强大的威胁。网络的普及使顾客很容易发现竞争对手的产品，转换成本又很低。GearUp 公司在这方面可以提高客户转换成本，例如存储客户交易记录和支付方式记录，例如，通过存储客户交易记录和支付方式记录使用户购物更加便捷。然而价格是关键，保持低价是 GearUp 公司应对此类威胁的首要考虑。

表 3-1 最后两行是关于供应商和顾客讨价还价能力的力量。这两种力量的强度与替代供应商或客户的可获取性和企业（此处指 GearUp 公司）规模与供应商或者客户规模的差异度相关。在一个大学中，获得诺贝尔奖的科学家有强硬的供应商议价能力，因为此类科学家非常稀有。相反，临时兼职教员几乎没有议价能力，因为很多人可以填补教员空缺。然而，如果这类教员组建工会，因为其规模变化很大，因此教员工会有较强的议价能力。

同样作为个体学生，对大学几乎没有顾客议价的能力。你的入学申请可轻易被他人替换，因为一个人很难同一个大型组织议价。相反，大型企业诸如甲骨文公司、微软或 Google 公司为其雇员申请大学入学则有很强的议价能力。

GearUp 公司供应商的议价能力很弱，因为这类供应商很多，而且由于体育运动的季节性和体育用品的反季性，供应商会有过量库存（他们越能使用信息系统预测销售、管理库存，过量库存的问题会越小）。

最后，GearUp 公司的顾客则有很强的议价能力。GearUp 公司的网站大部分销售都是冲动性的，因为产品销售价格低，顾客会轻易下单。大部分顾客购买了他们无需购买的产品。如果 GearUp 公司无法保持低价，大部分交易都不会发生。多次购买的客户知道 GearUp 公司的交付期长，因此要有更低的价格补偿延迟交付。

回顾表 3-1 你会明白 Kelly 关心如何降低 GearUp 公司运营成本的原因。

表 3-1　应用于 GearUp 公司的五力模型

类型（优势因素）	竞争力量（优势因素）	GearUp 公司面临的威胁（因素评估）	GearUp 公司的优势评估
竞争（转换成本，顾客忠诚度）	替代品厂商（更低的价格和感知利益）	体育用品商店（转换成本中等，保持库存和租赁店面使其价格高于 GearUp 公司）	弱小
	新进入者（进入壁垒，主要需求，次要资源）	新进入模仿者（转换成本低，客户对 GearUp 公司的忠诚度适中，主要需求中等，对厂商的了解以及与厂商的关系是进入壁垒）	中等
	现有竞争对手	对手（转换成本低，客户对 GearUp 的忠诚度适中，客户易受价格/品质/创新/市场影响）	强烈

续表

类型（优势因素）	竞争力量（优势因素）	GearUp 公司面临的威胁（因素评估）	GearUp 公司的优势评估
供应链议价能力（替代者的可获取性，相对规模）	供应商	厂商（季节性和品牌周期使得厂商有过度库存，GearUp 公司必须赢得竞争）	中等
	客户	客户（通常冲动购物。大部分购买行为是随机的。价格是关键）	强烈

3.3 企业战略

组织应对行业结构的方法就是选择一个**竞争战略（Competitive Strategy）**。波特根据他的五力模型提出了 4 种竞争战略，如图 3-2 所示[①]。根据波特的观点，公司可以采纳其中的一种。组织能够集中注意力在成本领先方面，或者集中注意力区分它的产品和竞争对手的产品。更进一步地，组织能够在全行业范围使用成本或差异化战略，或者它能集中战略在一个行业中的一个特殊部分。例如，考虑汽车出租产业。根据图 3-2 的第一栏，一个汽车出租公司努力做到在各个行业中提供最低成本的出租车或者试图以最低成本将汽车出租给某个行业部门，例如美国国内的商务旅客。

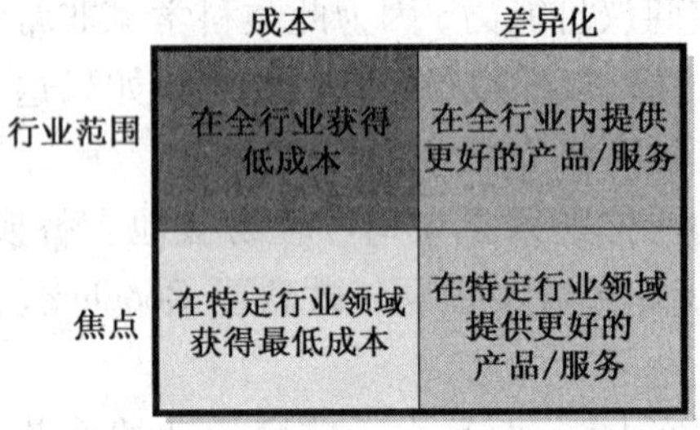

图 3-2　波特的 4 种竞争战略

正如第二栏所示，汽车出租公司试图使它的产品与其他竞争对手不同。它能够以各种不同的方式这样做，例如，提供大量的高质量的车，提高最好的预订系统，有最干净的汽车以及最快速的登记手续，或者依靠其他手段。公司致力于在整个行业或特定的行业领域提供产品差异化，例如美国国内商务旅客。

根据波特的理论，要想有效率，组织的目标、目的、文化以及活动都必须和组织的战略一致。在管理信息系统领域，这意味着组织内部的所有信息系统必须促进组织的战略。

考虑 GearUp 公司的竞争策略。GearUp 公司的最大竞争威胁来自竞争对手，企业希望通过可能的最低价格应对威胁。至于议价能力，同样用最低的价格应付客户拥有的强大议价能力。因此，GearUp 公司必须在体育用品行业内保持成本领先。

3.4 竞争战略决定价值链结构

组织分析行业的结构，并通过此分析制定竞争战略。然后，他们需要组织和构建企业的架构来实施其战略。例如，假设竞争战略是成本领先，那就需要开发业务活动，以最低的成本来提供一些重要的功能。

一个选择了差异化战略的公司没有必要围绕最低成本活动来构建其架构。其实，这样的公司可能选择开发更多低成本的系统，但是它也会这样做，前提是那些系统提供的收益大于风险。波特认为，**价值（Value）**是消费者愿意花费在某项资源、产品或某项服务上的总支出。一项活动所产生的价值和成本之间的差额就是**利润（Margin）**。一个实施差异化战略的企业在每一项活动上的成本将会增加，除非每项活动会创造利润。

① Based on Michael Porter, Competitive Strategy (New York: Free Press, 1985).

一条**价值链**(Value Chain)是创造价值活动的一个网络。一般的价值链由5项主要活动和4项辅助活动组成。**主要活动**(Primary Activities)是与企业的产品和服务有直接关系的活动,**辅助活动**(Support Activity)是协助和促进主要活动的商业活动。价值链分析在生产行业中的应用易于理解,我们暂时离开GearUp公司的案例,转而分析一家自行车制造商的案例。

3.4.1 价值链中的主要活动

为了理解价值链的本质,考虑一个小的制造商——比如一个自行车制造商(见图3-3)。首先,制造商通过内部的物流活动获取原材料,这项活动涉及接收和处理原材料以及其他投入,那些材料的积累增加了价值。在某种意义上说,甚至一些非装配的零件对于某个客户来说也是有价值的。零部件的收集所需要的不仅仅是货架空间,其价值不仅仅是零部件本身,也包括联系零部件卖主、维护和卖主的商业关系、订购零部件、接收货物等所需时间。

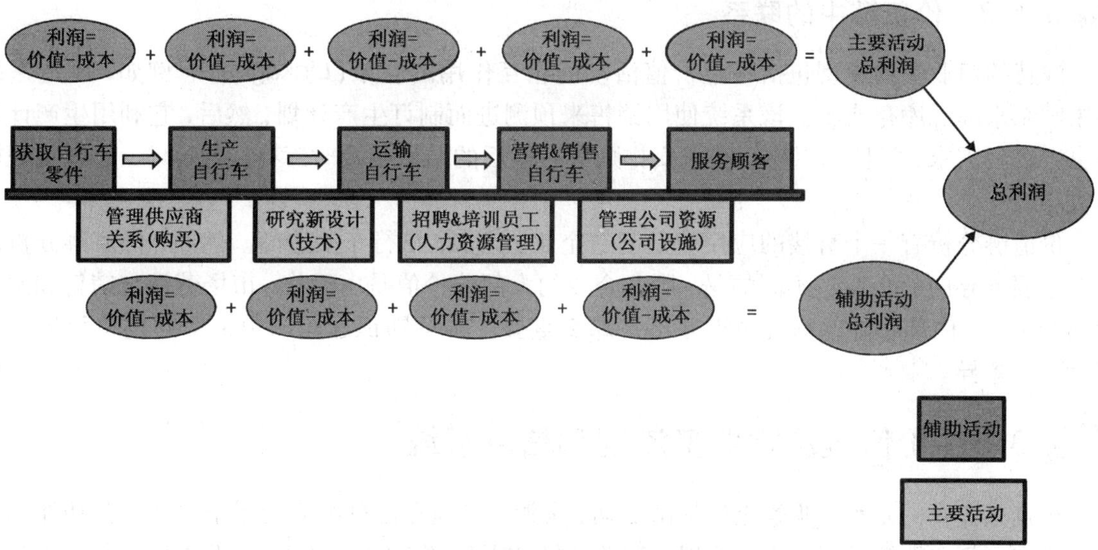

图3-3 自行车制造商的价值链

在生产运行环节,自行车制造商把原材料转化为自行车,在这个流程中加入了更多的价值,接下来公司外包物流活动把自行车运送到客户手中。当然,如果没有市场营销和销售的价值活动就无法将自行车售给客户。最后,售后服务活动给自行车使用者提供客户支持。

价值链的每一阶段都对产品积累了成本并且增加了价值,最后的结果是价值链的总利润,总利润是增加的总价值和随之发生的总成本的差额。表3-2总结了价值链的主要活动。

表3-2 价值链的主要活动的任务描述

主要活动	描述
内部物流	收到、存储和分发投入给产品
生产/制造	把输入转化为最终产品
外部物流	集合、存储和配送产品给购买者
销售和市场营销	包括购买者购买产品和提供购买渠道
顾客服务	帮助顾客使用产品、维护和提升产品的价值

来源:Based on Michael E. Porter, *Competitive Advantage: Creating and Sustaining Superior Performance* (The Free Press, a Division of Simon & Schuster Adult Publishing Group). Copyright@1985, 1998 by Michael E. Porter.

3.4.2 价值链中的辅助活动

基本价值链中的辅助活动间接地对生产、销售及产品服务做出了贡献，其中也包括采购。而采购包括寻找供应商、签订合约、商议价格。（这与内部物流是不同的，其订货和收货与采购签订和合约保持一致。）

波特概括地定义了技术，它不仅包括研究和开发，还包括公司内部开发新技术的其他活动、方法和程序。他定义人力资源为招聘、报酬、评估和兼职、全职的培训。最后，公司基础结构包括普通的管理、财务、会计、法律及政府事务。

辅助活动中增加了价值，虽然是间接的，然而也花费了成本。正如图 3-3 所示，辅助活动产生了利润。在辅助活动中，计算利润将会是复杂的，因为很难知道所增加的特定价值，比如制造者在华盛顿的说客。但是，有价值增加，就有成本和利润，即使这仅仅是个概念。

3.4.3 价值链中的联系

波特的商业活动模型包括跨越价值活动的相互作用的**联系**(**Linkages**)。例如，制造系统利用联系来降低库存成本。该系统使用销售来预测进而制订生产计划，然后，它利用生产计划去决定物料需求，并且利用物料需求安排购买。最后的结果是及时库存，从而减少了存货规模和成本。

价值链分析有一个直接的应用就是制造企业。比如，自行车制造商。然而，价值链分析也存在于服务导向的企业。不同的是，服务企业的大部分价值是由运作、市场营销与销售和服务活动产生的，内部和外部物流显得并不是那么重要。本章知识运用的第 1 个问题将引导读者思考这些差异。

3.5 价值链决定业务流程和信息系统

根据第 2 章的知识，业务流程是由活动、资源、设施和信息组成的用于实现业务功能的网络。现在可以更明确地说，业务流程实现价值链或者价值链的一部分，因此价值链每一部分对应于一个或多个业务流程。

注解：在结束“企业竞争战略”这个主题的讨论之前，请读者阅读本章的“道德指引”案例并思考案例后的讨论题。从这个案例中，读者可以了解到企业战略的改变会对一个自行车制造工人造成怎样的影响。

例如，表 3-3 显示了一个自行车租赁公司的一部分业务流程。图中上半部分显示了一个以低价格向大学生出租自行车为竞争战略的公司是如何实现其运营价值链的，下半部分显示了一个以向会议上的商务人士提供高质量的出租自行车业务为竞争战略的公司是如何实现其运营价值的。

注意，这两个公司的价值链活动是相同的，都是先招呼顾客，决定客户需求，然后出租自行车，最后返还自行车。然而，两家单位实施业务流程时采用了不同的竞争策略。

低成本策略企业设计了极简的最小的流程以支持价值链。优质服务策略企业设计了详尽的业务流程(有信息系统支持)使其服务与其他企业区别开，实现差异化。然而，正如波特所说，这些流程和系统必须创造充足的价值，收入大于支出。如果不是，那些系统的利润将是负值。

如果价值链的利润是负值，那么企业必须做出相应的调整，增加每个环节的利益，或者降低其成本。为了深入研究调整细节，请参见合作练习 3。

在继续本节内容之前，再一次回顾图 3-1。前 3 章的内容从右向左在此图中表示。第 1 章以信息系统的组成开始，第 2 章讨论了业务流程，本章已经研究了价值链、竞争策略和行业结构。

表 3-3 自行车出租公司的经营价值链

	价值链活动	大客户 →	决定需求 →	出租自行车 →	返还自行车或付费
低成本出租给学生	实施竞争战略的信息	“你想买自行车吗?”	“这有自行车，请自便。”	“填写这张表，完成之后交到我这里。”	“给我展示一下这辆自行车。”“好，你应付 23.50 美元，请付款。”
	支持业务流程	没有	物理防治和制定程序防止自行车被盗	打印表，并且用一个鞋框来存储	鞋框来存储表。小型信用卡和现金接受系统
高服务出租给会议度假圣地的商业人士	实施竞争战略的信息	“您好，亨利先生。很高兴再次见到您。想要租用您上次租的 WonderBike 4.5 自行车吗?”	“你看，我认为这辆 WonderBike Supreme 对你是一个更好的选择。它具有……”	“让我进入系统看下这辆自行车的型号，然后，我会帮你调整一下座位。”	“你骑上去感觉怎么样呢?”“让我帮你一下。我会在此浏览一下它的标牌，一秒后就有您的记录。”“你想要我把这个放到你的旅馆清单上或现在支付呢?”
	支持业务流程	顾客跟踪和过去的销售活动系统	员工培训、信息系统与顾客、自行车相一致，偏重于顾客销售	自动化的库存系统来检查缺货的自行车	自动化库存系统来代替自行车备份库存。准备付款文件。与度假村的单据系统集成起来

3.6 信息系统如何产生竞争优势

在企业战略课堂上，读者将会学到比这里讨论的波特模型更加详细的内容，了解到更多的组织应对 5 种竞争力量的方法。为了学习的目的，本书把这些方法提炼出来，如图 3-4 所示的表中的原则。要记住，我们是在组织的竞争战略背景下来应用这些原则的。

这些竞争方式中有些是通过产品和服务来创造的，有些是通过开发新的业务流程来创造的。请思考以下每一种手段。

产品实施
1. 创造一个新产品或服务
2. 改进产品或服务
3. 差异化产品或服务

流程实施
4. 锁定顾客和买主
5. 锁定供应商
6. 提高市场进入壁垒
7. 建立战略联盟
8. 降低成本

图 3-4 竞争优势的原则

3.6.1 通过产品提升竞争优势

图 3-4 中首要的 3 个原则关注的是产品或服务。组织可以获得竞争优势，通过创造新产品或服务、改进产品或服务以及差异化他们对手的产品或服务。当你思考这 3 个原则时需要意识到，信息系统创造竞争优势或者是产品的一部分或者是对一个产品提供的支持。

比如，诸如Hertz或Avis的汽车租赁代理商。一个产生关于汽车方位并且提供到达目的地的驾驶指南之类信息的信息系统就是汽车租赁的一部分，并且还是产品本身的一部分（见图3-5a）。与此相对，信息系统未将汽车维护日程作为产品的一部分，而是代以产品支持（见图3-5b）。无论哪种方法，信息系统均可达到如图3-4所示的前3个原则。

a. 信息系统是汽车租赁的一部分

b. 信息系统支持汽车租赁产品

日常服务日程——2012年11月17号

站点编号 22
站点名称 Lubrication

服务日期	服务时间	车辆编号	生产地	模型	里程	服务描述
11/17/2012	12:00 AM	155890	Ford	Explorer	2244	Std. Lube
11/17/2012	11:00 AM	12448	Toyota	Tacoma	7558	Std. Lube

站点编号 26
站点名称 Alignment

服务日期	服务时间	车辆编号	生产地	模型	里程	服务描述
11/17/2012	9:00 AM	12448	Toyota	Tacoma	7558	Front end alignment inspect

站点编号 28
站点名称 Transmission

服务日期	服务时间	车辆编号	生产地	模型	里程	服务描述
11/17/2012	11:00 AM	155890	Ford	Explorer	2244	Transmission oil change

图3-5 关于产品的信息系统的两个角色

图3-4中其余的5个原则涉及的竞争优势是通过实现业务流程来创造的。

体验MIS 课堂练习3

网络上的竞争策略

如图3-1所示，信息系统的需求是借助企业模型进行组织的行业结构分析所得到的逻辑结果。现在，你应该能够结合对一个组织的市场知识及对其网上店面的结构和内容的观察来推断出该组织的竞争策略，还可以推测出它的价值链和业务流程。分析某组织的过程对你将来应聘工作也会有帮助。

组成一个三人小组（或按老师具体要求分组）完成以下练习。适当分配工作量，务必形成一个组内的统一答案。

1. 下列每组网上店面都有市场重叠的部分，简略访问每组网站。

- www. sportsauthority. com 和 www. soccer. com
- www. target. com 和 www. sephora. com
- www. woot. com 和 www. amazon. com
- www. petco. com 和 www. wag. com
- www. llbean. com 和 www. rei. com

2. 从以上配对的网站中选择两组，对每一组进行分析，回答下列问题：

(1)各企业的市场部分有何不同?

(2)各企业的竞争压力有何不同?

(3)各企业的竞争策略有何不同?

(4)各网上店面的内容体验有何不同?

(5)各网上店面的用户界面有何不同?

(6)各企业可做何种改变以更好地实现竞争策略?

(7)你推荐的改善方式需要企业价值链中的一点或者多点做出改变吗？为什么?

3. 利用题2的解答解释下面的句子：“一个企业的信息系统(这里指网上店面)结构是由其竞争策略决定的。”写下答案，可以用在工作应聘中以展示你对企业规划的全面知识。

4. 给其余同学展示你们小组的答案。

3.6.2 通过业务流程提升竞争优势

组织可以通过两个手段来锁定顾客，或者通过提高转换为另一种产品的难度，或者提高转换另一种产品的费用。这个战略有时被称为建立高额**转换成本(Switching Costs)**。组织还可以通过为转换到其他公司制造难度或者通过与供应商的便捷连接来锁定供应商。最后，通过构建进入壁垒来获取竞争优势，从而使新的竞争者进入市场难度更大、费用更高。

另一个获取竞争优势的方式是与其他组织建立联盟。这些联盟制定规则、提高产品知名度和需求、扩大市场范围、降低交易费用并提供其他好处。最终，组织通过降低成本形成竞争优势，成本的降低可以使组织降低价格或增加利润。增加的利润不仅仅意味着更大的股东权益，还意味着更多的现金，从而为进一步的基础设施发展提供资金以获得更大的竞争优势。

所有这些关于竞争优势的原则都意义深远，但是你也许会问：“信息系统是如何帮助组织创造竞争优势呢?”要回答这个问题，可以看看以下关于信息系统的案例。

3.6.3 一个现实公司是如何使用信息系统创造竞争优势的

ABC 公司①是一家物流公司，在全球均有业务，每年贸易额达上亿美元。公司成立初期，在信息技术上有重大投资，并且将信息系统应用于物流行业从而成为公司的竞争优势。这里我们分析信息系统的一个实例，说明 ABC 公司是如何成功地运用信息技术来获取竞争优势的。

ABC 的客户端数据不仅仅包括客户的姓名、地址、会计信息，还包括识别目标客户目的地的数据。图 3-6 是一个网页，显示 ABC 客户使用附表托运。当 ABC 系统创建该表时，填入公司名称，在该公司名下的下拉列表中可以显示过去的航运记录。这里，用户选择了 Prentice Hall。

当用户点击公司名称时，ABC 信息系统即从数据库中调取客户联系数据。这些数据包括名称、地址，以及从过去的航运中获取的收货方电话号码。然后用户选择一个联系人名称，系统就插入该联系人的地址并从数据库中调用其他数据录入该表。如图 3-7 所示，然后从系统记录下该客户信息，以避免与曾经有航运记录的客户联系时需要重新录入数据，通过该方式保留数据，还可以减少数据录入错误。

---

① 这里描述的信息系统是一个大的运输企业所使用的，该公司不希望在此教材中公布其名字。

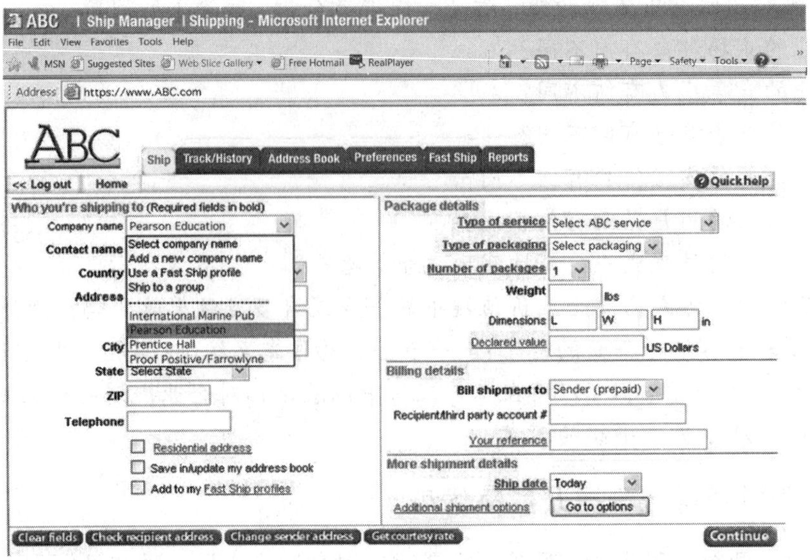

图 3-6　在 ABC 公司网页上从客户记录中选择一个收件人

图 3-8 显示了这个系统的其他特性，在这个平台的右半部分，客户可以请求 ABC 给发货人、收货人发送电子邮件信息，客户可以选择在航运开始之时以及货物抵岸之时发送电子邮件。在图 3-8 中，该客户提供了 3 个电子邮件地址，并希望这 3 个地址都可以收到运输通知，但仅仅发送者可以接收出货通知，该用户还可以同时添加个人信息。通过在预订航运系统中添加该项功能，ABC 将其业务由包裹运输服务拓展到了包裹以及信息传递服务。

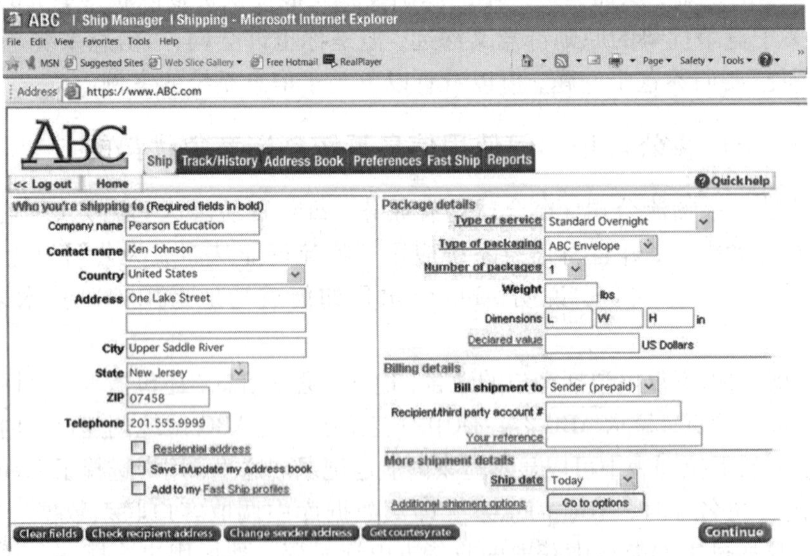

图 3-7　在 ABC 公司网页上从客户记录中选择一个联系人

图 3-9 显示了该信息系统的另一个功能。它已经创建了一个运输标签，生成了条码，供用户打印。通过这样做，公司不仅减少了在运输标签准备过程中的错误，还使客户提供纸张和墨水来打印文件。以前每天要打印成千上万的文件，现在则可以为公司省下一笔相当可观的开支了。

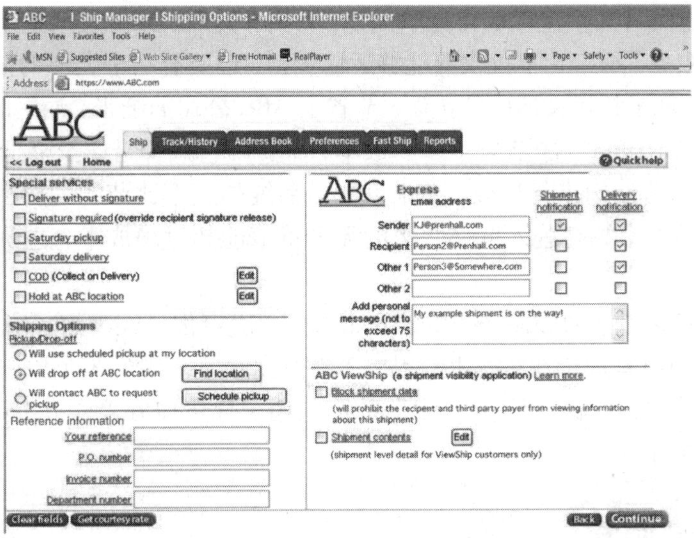

图 3-8　在 ABC 公司网页上指定收到通知的电子邮件

图 3-9　使用 ABC 公司系统打印运输标签

3.6.4　信息系统如何创造竞争优势

现在我们从图 3-8 给出的竞争优势因素的角度来思考 ABC 运输信息系统。这个信息系统提升了现有的服务，因为它在降低错误率的同时减轻了为客户安排出货的压力。这个信息系统还有助于 ABC 公司的货物传递与没有相似信息系统的公司相比产生差异化，以获得竞争优势。进一步说，当 ABC 公司装上货物和运输货物时产生的电子邮件信息本身就可以被认为是一种新产品。

由于该信息系统可以获取并存储接收方的数据，所以安排运输日程时可减少客户的工作量。通过这个系统可以锁定客户：当客户想更换运输商时，他需要输入新运输商的收件人数据。重新输入数据的坏处可能远远大于转向另一个运输商的任何好处。

这个系统还通过另外两个途径取得竞争优势：首先，提升了市场进入壁垒。如果另外有一个公司想开发该运输服务，那么它不仅仅要能够运输货物，还要有一个类似的信息系统。其次，该系统降低了成本，降低了托运文档中的错误，节省了 ABC 公司的纸张、油墨以及打印成本。

当然，如果要确定该系统净节省了多少成本，需要用它减少错误及降低的纸墨以及打印费用与该系统的开发运营费用进行比较，结果可能是系统的成本比节省的要多。即便如此，如果它带来的诸如锁定客户、提高进入壁垒之类的无形价值能超过净成本，这项投资还是非常有意义的。

在我们继续阅读之前，回顾图 3-8 中的 8 个原则，确定你已经理解了竞争优势中的每一项原则以及信息系统如何有助于获得这些优势。事实上，图 3-8 中的 8 个原则十分重要，完全值得你背诵下来，因为它们同样适用于非信息系统应用。你可以在竞争优势的视角下思考任何一个商业项目或新方案。

本章知识对你的启发

重读本章开篇的对话。解释 Kelly 的观点是如何与公司竞争策略一致的。解释 Lucas 关于提高附加值以支持价格上涨的方案是如何与公司竞争策略不一致的。确认 Lucas 提出的另一观点与公司竞争策略如何不一致。比较竞争策略和信息系统需求的关系，提出自己的想法。用一句话总结从本案例中学习的知识，在工作应聘中可以用上。确保你的总结陈述展示了对业务策略和信息技术系统的关系的充分认识。

注解：本章的“学习指导”案例将帮助读者挖掘并利用好自己独特的竞争优势。

道德指引

Yikes！Bikes

假设你是 Yikes！Bikes 的一个运营经理，Yikes！Bikes 是一个年收入为 2000 万美元的高端山地自行车制造商。该公司已有 25 年的历史，创建者和唯一业主近来把公司卖给了一个投资集团——Major Capital。在老板把 Andrea Parks 介绍给你之前，你全然不知道这件事。Andrea Parks 是 Major Capital 的一个合作伙伴，主要负责并购事宜。Parks 告诉你 Yikes 已经卖给了 Major Capital，她将成为临时的总经理。她对你说，新的业主很看重你的潜力，他们想要在这个转变时期得到你的合作。她暗示，如果你的潜力是她所想的那样，你将成为 Yikes！的总经理。

Parks 解释道，新的业主认为市场上有很多高档的山地自行车企业，他们计划改变 Yikes！的竞争战略，从高档差异化转向低成本的供应商。根据此战略，他们会淘汰本地化的生产，撤销大部分的生产部门，并且从中国进口自行车。而且，Major Capital 认为有必要减少费用，并且计划减少 10% 的海外员工和削减 2/3 的顾客支持部门。新的自行车将比现在的 Yikes！质量差一点，但是价格将会低很多。新的业主集团相信它将花费几年的时间来实现这一战略，但是 Yikes！自行车质量将不再和以前的一样了。最终，Parks 会让你和创建者与她一起参加全员会议。

在会议上，创建者解释说，由于他的年龄和个人情况，他决定把 Yikes！卖给 Major Capital。从今天开始，Andrea Parks 担任总经理。他对全体员工这么多年的辛勤工作表示感谢，并且致以美好的愿望，然后离开了大楼。Parks 向全体员工介绍了她自己，说 Major Capital 很高兴接手这样一个拥有高质量品牌的大公司，她会在几周时间熟悉公司的业务和环境，并且不会对公司情况进行大的变动。

当 Parks 把你叫到办公室让你准备两份报告的时候，你可能会为此消息感到震惊。一份是制造部门的全体员工的名单，根据薪水（或员工每小时工资）分类。她解释说，打算首先解聘大部分的高薪水员工。"尽管如此，我不想在这件事做得很死板，"她说。"如果你觉得某个人应该留下，请让我知道，我们再进行讨论。"

她还想要一份顾客支持部门的员工清单，按照每次花费在顾客身上的平均维修时间来分类。她解释说："我不关心顾客支持需要的费用，它并不是我们需要付给每个人的费用，而是他们在顾客身上浪费了多少时间。我们想要一个精简的维护部门，并且首先消除口舌之争。"

可以理解的是，你为此感到震惊和不解，不仅是转变发生的速度，而且更不会想到创建者会对员工这样。你在家给他打电话并且告诉他公司的进展状况。

他说："当我卖掉公司的时候，我让他们保证要善待我的员工，他们也答应了。我会给 Andrea 打电话的，但是在这关键时刻我什么事情都没做，他们掌控了大局。"

在这样的抑郁的心情下，你意识到了自己并不想为 Yikes！工作了，但是你的妻子有了第一个孩子，已经有 6 个月的身孕了。至少在孩子出生之前，你需要给她提供医疗费用。但是在这之前，你要为他们做什么样令人心痛的任务呢？你认为如果你对这些任务犹豫，Parks 解雇你是不会犹豫的。

在你离开的那天晚上，你扑入了 Lori 的怀抱，他是最受欢迎的顾客支持代表，也是你最好的员工之一。"嗨，"Lori 问你，"你认为那场会议怎么样？你相信 Andrea？你认为他们会让我们继续做了不起的自行车吗？"

问题讨论

1. 依你的观点，新的业主采取了违法的行动了吗？在此局面下的犯罪有证据吗？

2. Parks 向全体员工所做的陈述是不道德的吗？为什么是或为什么不是呢？如果你质问她所做的陈述是否道德，你认为她会怎样为自己辩护呢？

3. 如果创建者因为与你的谈话给 Parks 打电话，你认为 Parks 会怎么对他说？他有法律的追索权吗？Major Capital 对他所做的行为是不道德的吗？为什么是或者为什么不是呢？

4. Parks 利用信息来采取精简员工的行动，你认为她的根本原因是什么？从道德上来讲，她是否应该考虑其他因素，诸如十几年的服务经验、过去员工的评价或其他标准？

5. 你对 Lori 的反应是什么？如果你告诉她你所知道的，后果将是什么？如果你对她撒谎，后果将是什么？如果说一些含糊不清、不表态的话，后果又将是什么？

6. 如果你身处于这种局面，你会离开公司吗？为什么会或为什么不会呢？

7. 在商学院，我们会讨论和竞争战略一样有趣的学术话题。但是，正如你从 Yikes！案例学到的，竞争战略的决策会导致人事变动的后果。你计划如何去解决人员需求和棘手的企业决策之间的矛盾呢？

8. 你是如何定义工作保障的呢？

学习指导

个人竞争优势

考虑以下的可能性：你学习非常努力，获得了商学院的学位并且顺利毕业，但是你却发现你不能在自己的专业领域找到一份工作。你寻找了大约6周，并花完了所有的钱。绝望中，你在本地饭馆做起了服务生的工作。两年过去了，经济开始复苏，你想要找的工作现在可以找到了。遗憾的是，你的学历已经过时两年了，你要和刚毕业拥有新学历(和新知识)的学生进行竞争。两年的服务生，你干得很好。但对于你想要的工作，看上去也并不是好的经验。你现在是骑虎难下——一个是渐入佳境但并非自己期望的工作，另一个是自己想要但竞争压力很大的工作。

重新审视图3-8，当把它们运用到个人的情况时，思考一下这些竞争优势的因素。作为一名员工，你掌握的技能和能力是个人的产品。检查图中的最开始的3项，问一下自己：“如何利用在学校的时间——特别是在MIS课堂上，创造新的技能、提高已经掌握的技能和在竞争中的差异化技能?”(此外，你将会进入本国或国际市场，面临的竞争不仅仅是你班里的同学，而是来自Ohio、California、British、Columbia、Florida、New York和其他任何讲授MIS的地方。)

假设你对销售工作很感兴趣。也许你想要在制药行业做销售。作为未来的销售人员，你能从使你更加具有竞争力的MIS课堂上学到什么技能呢？问一下自己：“制药行业是如何运用MIS获得竞争优势的?”上网寻找制药行业使用信息系统的实例。例如，ParkeDavis如何使用一个客户信息系统来向医生推销产品？拥有信息系统知识的你如何在一个工作的竞争中使自己跟别人具有差异呢？ParkeDavis是如何使用一个知识管理系统的？公司如何掌握相互之间有副作用的药物的线索？

图3-8中的第4项和第5项涉及到了如何锁定顾客、购买者和供应商。对于个人竞争优势，如何解释这些因素？想要锁定这些东西，首先要有一个关系来锁定。你有一个实习生的身份吗？如果没有，你能得到一个吗？一旦有一个实习生的身份，如何运用MIS的知识来锁定你的工作以至于最后获得一份工作的聘请？你实习的公司有CRM系统(或者对公司很重要的其他信息系统)吗？如果用户对该系统很满意，它的什么特征让用户满意了？你是通过变成这个系统的使用专家来锁定一个工作吗？成为专家用户不仅锁定你的工作而且提高了该工作其他竞争者的进入壁垒？而且，你能提出一些改进这个系统的建议，从而使用有关公司和系统的知识来拓展你的工作吗?

负责人力资源的员工认为：网络是找工作的最有效方法之一。你如何与其他学生建立联盟？有一个邮件列表服务于全班级的学生吗？你使用Facebook、LinkedIn和Twitter吗？如何使用这些工具来与其他学生开发一个求职的联盟呢？在你班里谁已经有一份工作或正在实习？他们中的任何一个对于求职提供了一些暗示和机会吗?

不要把你的求职局限在本地。在你的国家，有没有提供工作比较多的地区呢？如何在这些地区找到一些学生的组织呢？搜寻在其他城市MIS的在线课堂，并且与那里的学生建立联系，找出这些城市比较热门的工作机会。

最后，当学习MIS课程时，思考一下：如何用已获得的知识来帮助你的雇主节省成本。

进一步，如果你可以创立一个案例，在此案例中，一个雇主通过雇用你确实节约了成本。理由或许是：由于你在信息系统方面的知识，将会使节约的成本远远超过支付给你的薪水。

事实上，你为未来雇主提供的主意很少是可行的或实用的。然而，创造性地进行思考这一事实将会暗示未来的雇主，你有创新的头脑以及抓住实际问题的能力。随着该课程的进行，保持对竞争优势的思考，努力理解你所学习的内容是如何帮助你完成图 3-8 中一个或更多的原则的。

问题讨论

1. 总结一下你为建立一个工作记录所付出的努力，这个工作记录在你毕业后会提供一个工作机会。

2. 思考图 3-8 中的前三个原则，描述在某一个方面你的竞争优势超过其他同学。如果你没有这样的竞争优势，描述一下你将要采取哪些行动来获得竞争优势。

3. 为了构建网络工作，可以利用学生的身份接触到专业人士，也就是可以联系他们为一项任务或职业生涯指导提供帮助。例如，你想要在银行工作，并且知道本地的银行有一个客户信息系统。可以给银行的经理打电话，并且询问他们的系统是如何为银行创造竞争优势的。还可以请求去会见其他的员工并用图 3-8 的原则来武装他们。描述两种特殊的使用学生身份的方式，并给出在图 3-8 中以这种方式来构建网络的列表。

4. 描述两种可以使用学生联盟来获得一份工作的方式。如何使用信息系统来构建、维护和运作这个联盟？

小结

利用本小结来检查你是否理解了本章介绍的思想和概念。

1. 组织战略决定信息系统结构

画图解释行业结构、竞争战略、价值链、业务系统和信息系统的关系。从行业结构到信息系统，解释一下在前 3 章里获得的知识是如何适用于这个图里的。

2. 五种力量模型决定了行业结构

描述五力模型最初提出的意图和它在本章中使用的另一个意图。说出五力模型中的两种力量，描述每类力量的强度因素。说出与竞争能力相关的 3 种力量以及其强度因素；说出与议价能力相关的两种力量；在 GearUp 公司的案例中总结出五力模型。

3. 企业竞争战略

描述波特定义的 4 种不同的战略，给出 4 个各自实施不同战略公司的例子。

4. 竞争优势决定价值链结构

定义价值、利润和价值链等概念；解释为什么选择一个差异化战略的组织可以使用价值来决定支付差异化额外成本的一个限额；定义价值链中的主要活动和辅助活动，并且解释各项的目的；解释联系的概念。

5. 价值链决定业务结构和信息系统

一条价值链和一个业务流程的关系是什么？业务流程和竞争策略如何相关？信息系统与竞争策略如何相关？评价图 3-6 中标有“辅助业务活动”的两行。

6. 信息系统提升竞争优势

列出并简要描述竞争优势的 8 个原则。以学校的书店为例，列出 8 个原则各自的一个应用，尽量使用包含信息系统的例子。

本章知识对你的启发

总结为何本章知识表明 GearUp 寻求节约开销的策略会让其走上正轨；解释图 3-1 的重要性；讨论竞争优势的原则如何运用到个人身上。

关键词和术语

竞争战略	利润	转换成本
五力模型	主要活动	价值
联系	辅助活动	价值链

知识运用

1. 假设你决定开展一项为暑期业务招聘学生的工作，你会把现有的学生和现有的工作匹配起来，这需要知道哪些工作职位是空缺的和哪些学生是适应这些职位的。在开始你的业务之前，你要与当地的报纸 Craigslist(www. craigslist. org)和你所在的学校开展竞争，你可能还会有其他的当地竞争者。

(1)根据波特五力模型分析该行业的结构。

(2)根据你在(1)中的分析，建议一个竞争策略。

(3)当把价值链模型应用到该项业务时，描述一下它的基本价值链活动。

(4)描述招聘学生的业务流程。

(5)描述可以来支持(4)的业务流程的信息系统。

(6)解释在(4)中描述的流程和(5)中描述的系统如何反映了你的竞争策略。

2. 考虑表 3-4 中两个不同的自行车租赁公司，思考一下他们租借的自行车。显然，学生自行车只要是可以骑出商店就行。然而，商业人士租借的自行车必须是新的、发亮的、干净的并且是一流的款型。

(1)比较这两个公司的运营价值链。

(2)描述两个企业维修自行车的业务流程。

(3)描述两个企业购买自行车的业务流程。

(4)描述两个企业处理自行车的业务流程。

(5)在前面问题的答案中，信息系统的角色是什么？信息系统可能是企业内部开发的或者是由其他企业开发的，比如 Craig's List。

3. Samantha Green 拥有并经营 Twigs Tree Trimming Service。Samantha 毕业于附近一所大学的林业工程专业，为一家大型的园林美化设计公司工作，负责树木的修剪和清除。经过几年的经验积累，她买了拖拉机、树桩研磨机器以及其他设备，在密苏里州创办了自己的公司。

尽管她的大部分工作是通过一次操作来移动一棵树或树桩，但剩下的工作都是循环性的，诸如每年或隔一年就修剪一棵树或成群的树木。当她的公司走下坡路时，她给以前的客户打电话提醒他们关于她的服务和定期地修剪树木。

Samantha 从来没有听过波特或他的理论，她只是凭着感觉来运作自己的公司。

(1)解释 5 种竞争力量的分析如何能够帮助 Samantha。

(2)你认为 Samantha 有竞争战略吗？什么样的竞争战略对她来说是更加合理的？

(3)她的竞争战略知识如何帮助她开拓销售和市场工作？

(4)概括性地描述一下，Samantha 需要哪种类型的信息系统来支持她的销售和市场工作？

4. YourFire 公司是由 Curt 和 Julie 共同拥有的一家坐落在澳大利亚的小公司，该公司生产并销售轻便的野营炉，名字是 FiredNow。Curt 以前是一位航天工程师，他发明了一种燃烧喷嘴的专利，该喷嘴可以使炉火在强大的风中不会熄灭。Julie 是一位工业设计师，通过实验，他设计出一种小巧、轻便、易于点燃并且性能稳定、外观优雅大方的可折叠野营炉。两个人在车库里制造这种炉子，并且通过网络、传真或邮寄信件直接将产品卖给顾客。

(1)解释 5 种力量分析是如何帮助 YourFire 的。

(2) YourFire 的竞争战略看上去是什么？

(3)简要总结基本价值链活动是如何适用于 YourFire 的。公司应该如何设计这些价值链使其与公司的竞争战略相一致。

(4)描述一下 YourFire 为了实施它的市场营销、销售以及服务价值链活动所需要的业务流程。

(5)用概括性的语言描述支持你对(4)的回答的信息系统。

合作练习 3

在开始这部分练习之前，请阅读扩展章 1 和扩展章 2，这两章介绍了合作的技巧以及管理合作任务的工具。特别是考虑运用 Google Drive、Google +、Windows Live SkyDrive、Microsoft SharePoint 或者其他合作工具。

图 3-10 为表 3-3 描述的高附加值自行车租赁企业相关的信息系统和其业务流程。其中小圆柱为一个计算机数据库，是最常用的仓库管理工具。

按照波特的价值链模型，此流程涉及销售和运营活动。自行车租赁企业使用信息系统从用户数据库中获取用户信息，从自行车存货数据库中获取自行车库存信息，并传输酒店付款数据给酒店支付系统。

每个信息系统都包括信息系统的 5 个元素。例如，考虑处理自行车库存数据库的信息系统。数据库本身存储在计算机的硬件中，可以被其他计算机或计算设备访问，比如收银机、手持扫描设备(可能在自行车入库时使用)等。计算机程序提供系统用户查询和更新数据库的形式，其他程序被用作管理数据库(第 5 章讲解此类程序)。数据作为信息系统的第三个组成部分存储在数据库中。每个经过流程训练的员工都会操作数据库。例如，店员学习查询数据库中可租出的自行车，以及确定客户中可以追加销售的候选人。最后，人员是由租赁店内的店员和支持人员以及库存系统维护人员组成的。

支持客户数据库和酒店支持系统相关数据库的信息系统也有信息系统的 5 个元素。(如果开发或者使用一个信息系统，常常思考 5 个元素会大有帮助。）

如本章所属，业务流程创造的收入必须大于支出，如果达不到，将产生负利润。为此要么降低成本，要么提高收益。考虑图 3-10 中的业务流程，降低成本可采取的措施有：减少员工数量，自行车锁在可用酒店房门钥匙开锁的架子上，顾客将自行车锁在架子上后该车可继续出租。增加流程价值的另一项措施是增加流程每一部分的收益。租赁代理商可以增加出租其他类型的设备，或者出售衣服、食物和饮料等。

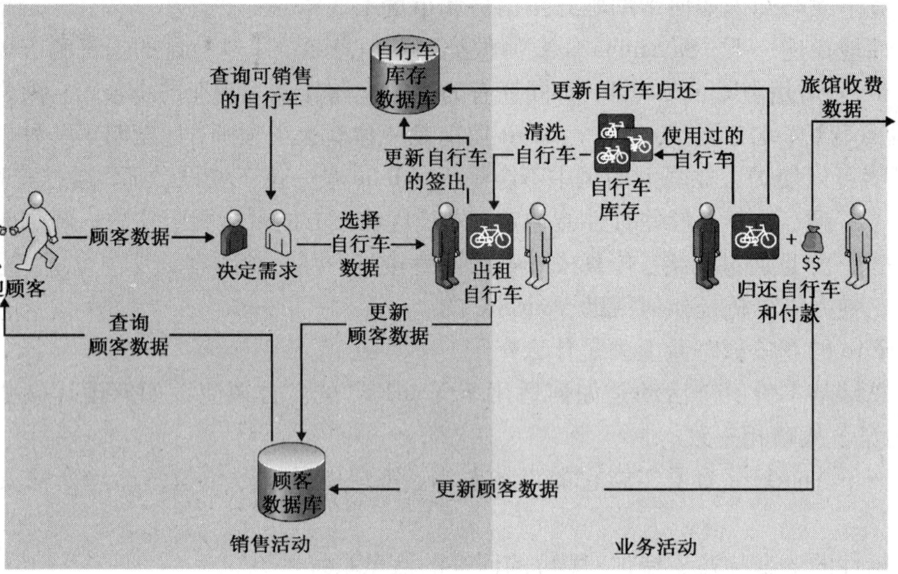

图 3-10　高水平自行车出租的业务流程和信息系统

小组合作，回答以下问题：

1. 根据波特模型解释价值和成本的关系；业务流程中何时增加成本有意义？

2. 假设图 3-10 中的业务流程产生负利润，解释为什么产生负利润。假设一些业务流程的负利润为 1 000 000 美元，如果成本降低 1 200 000 美元，利润会变正值吗？解释为什么会或者为什么不会。

3. 考虑图 3-10 中的业务流程减少雇员的备选方案。

（1）描述图 3-10 的流程需做哪些改变。

（2）削减雇员会改变该企业竞争策略吗？可能做成一家没有员工的高附加值企业吗？解释原因。

（3）削减雇员必然会减少支出吗？削减后哪方面支出会增加？

4. 考虑在保持现有员工基础上增加利润的备选方案。这里只假设可能租出其他设备或追加销售租用自行车顾客可以使用的商品，没有提出其他方案。

（1）保持现有员工数量，试着提出 5 种方式增加业务流程的收入。

（2）在（1）中提出的 5 种备选，说出并描述选择它们依据的标准。

（3）使用（2）中的标准，评估（1）中提出的方式，选出最好的。解释你做出的选择。

（4）针对（3）中选出的最好方案，重新画出如图 3-13 所示的业务流程。

案例学习 3

Bosu 平衡训练机

Bosu 平衡训练机是一种用来训练平衡和力量的有氧健身训练仪器。它发明于 1999 年，Bosu 在一些大的健康俱乐部、运动公寓和百姓家里都非常流行。Bosu 代表了“both sides up”的思想，因为设备的每一边都可以用来训练。图 3-11 是 Bosu 的使用画面。

Bosu 不仅是一个新的训练仪器，它还反映了运动健身训练的一种新的理念——专注于平衡。根据 Bosu 的发明者——David Weck 所说：“Bosu 平衡训练机是为改进我自己的平衡而诞生的，在我一生对运动竞赛的追求中，已经理解了平衡是基础，其他的表演都是建立在其之上的。”为了使 Bosu 产品和它的哲学理念获得广泛的市场认可，2001 年 Weck 批准了 FitnessQuest 对 Bosu 的营销。

图 3-11 Bosu 的使用画面

Bosu 仪器已经非常成功了，因此吸引了很多盲目的模仿者的产品。FitnessQuest 使用了许多技术成功地打败了这样的产品，然而主要是通过利用它的联盟所拥有的专业教练员。

Bosu 产品经理 Dustin Schnabel 说：“我们已与 10 000多名专业的教练员建立了非常坚固而有效的合作关系。我们做了所有能做的都是为了确保使用 Bosu 的这些教练员获得成功。反过来，他们会鼓励客户来购买我们的产品而不是一些便宜的仿制品。”他还说：“所有这一切都是为了质量，我们开发了高质量的产品，与教练员建立了良好的关系，确保那些教练员从我们这里可以得到他们需要的一切，从而为他们的客户提供高质量的体验。”

上述战略已经达到很好效果。在 2004 年的秋天，FitnessQuest 的 Bosu 产品面临了非常严峻的挑战，这个挑战来自于大型的运动设备供应商，他们与主要的供应链预先建立了联盟关系，如 Target 和 Wal-Mart。竞争者以稍微低些的价格引进了 Bosu 仿制品，在几个月之后，当有了一定的销量后，他们降低了价格，经过几次降价，直到比 Bosu 价格的一半还低为止。今天，那种仿制品在市面上已经看不到了。Schnabel 说：“他们不可能卖出那些仿制品。为什么？因为顾客来到商店买教练员推荐的 Bosu 产品。”

FitnessQuest 拥有一个关于训练者数据的数据库，他们利用这个数据库可以发送电子邮件和邮政函件，也可以用于市场的开拓。例如，市场信息发送出去后，Schnabel 和其他人就监视训练者注册中的变化。良好的信息会使注册的数量增加，反之注册数量就会下降。

FitnessQuest 和 Schnabel 正在引进一种新的叫作 Indo-Row 的心脏训练课程设备（如图 3-12 所示），对于这个新设备他们采取了相同战略。首先，他们会利用与训练者的关系来获得训练者对新概念的认可。当他们开始接受这个新概念的产品时，FitnessQuest 就向他们推销 Indo-Row。

图 3-12　Indo-Row 的心脏训练课程设备

输入网址 www. IndoRow. com 并查看视频，将会发现 IndoRow 直接和其他群体锻炼的设备商正在进行竞争，如 Spinning®。Schnabel 说很多俱乐部和训练馆正在寻找一种新的、有趣的和创新的团体训练平台，IndoRow 提供的方案满足了他们的需要。

登录网站 www. bosu. com 可以了解更多有关 Bosu 仪器的知识，登录 www. IndoRow. com 可以了解更多有关 IndoRow 的知识，登录 www. FitnessQuest. com 可以了解更多有关 FitnessQuest 的知识。

来源：Bosu 网站 www. bosu. com(2009 年 6 月访问)；IndoRow 网站 www. IndoRow. com(2009 年 6 月访问)；此外还有 2009 年 6 月与 Dustin Schnabel 的谈话。

案例讨论

1. 回顾图 3-4 中的竞争优势原则。Bosu 利用了哪种竞争优势打败了仿造者的产品？

2. 在你对问题 1 的答案中，信息系统扮演了什么角色？

3. 另外的什么信息系统可以帮助 FitnessQuest 开发一个新的壁垒来阻止竞争者的进入和锁定顾客？

4. 2004 年，FitnessQuest 和其训练者组成了联盟，他们的竞争对手和主要的供应商组成了联盟。这样一来，两个公司都是基于联盟进行竞争。为什么 FitnessQuest 可以赢得这场竞争？在多大程度上，他们成功利用与训练者的关系是取决于信息系统？又在多大程度上取决于其他因素呢？

5. 这个案例并没有谈到 FitnessQuest 的训练者数据库的所有用途。列出 5 个可以增加 FitnessQuest 竞争地位的数据库的应用。

6. 描述 Bosu 产品和 IndoRow 产品的主要差异点。思考产品使用、产品价格、顾客的阻力、竞争、竞争的威胁和其他与市场接受的有关因素。

7. 描述一个信息系统，它可以让 FitnessQuest 加强它的战略，从而把 IndoRow 推向市场。考虑一下回答问题 6 时确定的因素。

第二部分

信息技术

接下来的 3 章将阐述信息系统背后的技术。从专业商务人士的角度出发，你可能认为这些技术不重要。然而，正如你将看到的，今天的经理、专业商务人士们的工作已经完全信息化了，从另一个角度来看，他们也是信息系统的用户。

第 4 章讨论计算机硬件与软件、定义基本术语和基本计算的概念。你将看到 GearUp 公司在开发一款关键软件过程中做出的重要决策。

第 5 章通过描述数据库处理来讲解信息技术中与数据有关的组件。你将学习必要的数据库技术以及数据库处理的技巧。考虑到你也许需要评估他人为你开发的用于数据库的数据模型，第 5 章还将介绍数据建模。

第 6 章将继续第 4 章中关于与计算机设备相关的讨论，并介绍数据通信和互联网技术。

为了下一步的发展，GearUp 公司需要决定如何建设计算机基础设施，这需要 GearUp 的决策者了解云计算的优势与劣势。

这 3 章的目的是将一名高效的 IT 用户所需的技术传授给你，像 GearUp 的 Addison、Drew 和 Emily 一样。你将学习到基础术语、基本概念以及实用的架构(frameworks)知识，以便提出合理的问题，并对那些服务于你的信息系统专家提出合理的需求。相对于那些在你毕业时可能已过时的技术，这些概念和架构更具实用性。

第4章　硬件和软件

GearUp 公司的首席财务官 Emily Johnson、信息技术总监 Lucas Massey 和活动运营经理 Drew Mills 正在公司餐厅举行一个临时会议。在大家谈论的时候，Drew 继续发着短信。

“我们没有资源!”Lucas 回答 Drew 提出的问题，同时看着 Drew 的头顶。

“你什么意思?”Drew 抬起头，回答简短而生气。

“都是钱的问题，你知道的。钱和预算我们没有啊!”

“Emily，是这样吗?”Drew 看向正在发着短信的 Emliy。

“嗯，这个听起来很重要。我们也许能够……”她还没说完就被 Lucas 打断了。

“等一下！上周我们谈论了减少费用的问题吗?”Lucas 的脸变得通红。

“Lucas，我不知道什么预算，但我要告诉你的是如果我们没有一个 iPad 上的应用程序，我们就会没有生意。”Drew 用力地敲击着手机。

“好的，就让我们谈谈这个。那么你也想要一个 iPhone 上的应用程序?”

“是。”

“那你要哪个版本的 iOS?”

“你没听我说话。我不要 iOS……我都不知道那是什么。我要的是一个 iPad 上的应用程序。”

“iOS……它是 iPad 的操作系统，你个笨蛋。”

“等等，让我们都冷静一下。”Emily 担心他们的声音会把大楼弄塌。

“好吧，对不起。”Drew 听后有些悔意，“有不同的版本吗？这个为什么重要?”

“嗯，iOS 6 有着之前版本没有的特性和功能。所以，你应该告诉我们是否需要那些新的特性。”

“那我们能为新旧两个版本都开发……”

“当然，这些归根结底都取决于……”Lucas 正努力保持平静。

“资源。”Drew 帮他说完了这句话。

“对。”

“看吧！这事不能只怪我。我刚刚就在给 Addison 发短信，她说她正与 San Diego Sports 艰难地交涉。”

“不！不能这样!”Emily 突然打断，“我们需要他们。现在进展怎么样?”Emily 知道他们是今年收入计划中的一个关键供应商。

“Addison 说在她与高尔夫俱乐部谈判的时候他们提出了 iPad 的问题。他们说，他们不认为我们具有竞争力……因为我们没有一个 iPad 上的应用程序。”

“好吧，客户可以在 Safari 上下订单。”Lucas 自欺欺人地提议到，现在他也意识到问题还没有解决。

“是的，他们可以，Lucas。但是他们不愿意！他们想用的是自己的 iPad 和 iPhone 上的应用程序。”

谈话到这里停了一会儿。然后 Emily 接着说，“Lucas，你关注过国际上的动态吗?”Emily 也意识到他们必须做点什么了。

“你是说印度?”

“对，还有一些亚洲的公司。曾经在 Pickins. com 工作的 Jerome 跟我说过他们之前就做这些。”

“我们对此毫不了解。我们将要做的，难道是在新德里的报纸上登一则广告?”Lucas 说完仰视着天花板。

“不，但我能查出 Jerome 做了什么。”Emily 不理会他的挖苦。

Lucas 认为他需要冷静下来，“我上周观察了在印度的开发者们，Emily……那是另外一个工程。实在太可怕了。”

“为什么你要这样做?”

“如我所说，我们不知道现在应该做什么。我们可能浪费了大量的金钱和时间。”

“好吧……”

“一个网站有着糟糕的语法和单词拼写错误。”虽然他说着这些，但是他自己越发感兴趣起来。

“那个要紧吗?”

“也许没关系，尽管这不能激起自信心。我主要是对开源软件有点疑惑……。”Lucas 沉思地说。

Emily 打断他，“这个我听说过，不过准确来说开源到底是什么?”

“它就是一群业余爱好者通过啤酒和点心聚在一起，并为了同一个爱好而编写计算机程序。”Drew 的话听起来很让人恼火，而且他把手机放到了一边。这种解释超出了 Lucas 所能理解的范围。

“Drew，你知道这是很荒唐的。Linux 如何? 嗯? 好像是为我们工作得很好。但是我不认为开源软件能在这儿做好……”

“Linux，Schmenix，我得走了。我得准备明天高尔夫俱乐部的会议……前提是我们达成了交易。我告诉你们俩，你们想要维持营业，就给我们做一个 iPad 上的应用程序……比如这个星期。”

Drew 大步走出房间，留下 Lucas 和 Emily 面面相觑。

“Lucas，我认为我们还是做点什么为好。”

“没问题，我会研究一下。你有多少钱?”

“好的尝试。给我个建议然后再说吧。”Emily 要是纠结于钱的问题就不必当 CFO 了。

“好吧，给我一个星期时间考虑。同时，你能查出 Pickens. com 做了什么吗?”

“当然。”

学习目标

1. 计算机硬件基本知识
2. 操作系统软件基本知识
3. 应用软件基本知识
4. 开源软件能否成为另外一个选择

4.1 计算机硬件基本知识

正如5元素模型中所示，**硬件(Hardware)**包括电子元件和相关的小部件，这些组件根据编码在程序或软件中的指令进行数据的输入、处理、输出和存储。图4-1展示了计算机的组件结构，你会在所有类型的计算机里发现这些组件：工作台、笔记本电脑、电话、iPad以及其他平板电脑、Xbox和游戏等。

4.1.1 基本组成

典型的**输入硬件(Input Hardware)**有键盘、鼠标、扫描仪和零售店中常见的条形码(通用商品条码)扫描仪，麦克风和照相机也是输入设备。借助于平板计算机(tablet PC)，用户的书写笔迹也可以输入到计算机中。早期的输入设备包括磁墨阅读器(用来识别支票底部的墨迹)和Scantron测试扫描仪。

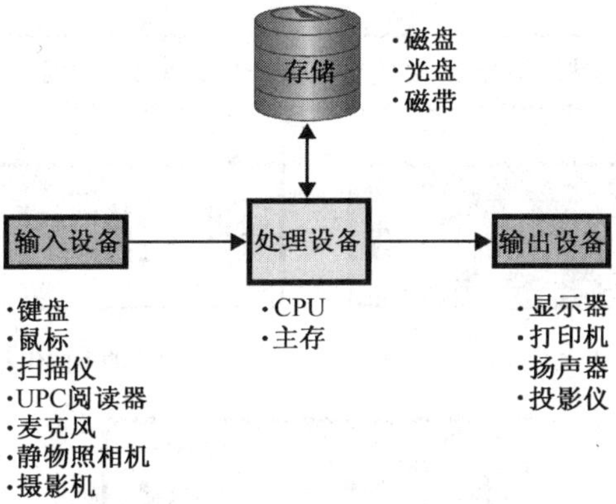

图4-1 输入、处理、输出和存储设备

处理设备包括CPU(Central Processing Unit，CPU)，它常被称为计算机的"大脑"。尽管CPU和解剖学意义上的动物大脑没有任何共同点，但正是CPU让计算机有了"智慧"，所以这种叫法也是很有意义的。CPU选择指令并处理，进行算术和逻辑运算，把结果存储在内存中。有些计算机有两个或更多CPU，有两个CPU的计算机称为**双核处理器(Dual-processor)**计算机。**四核处理机(Quad-processor)**计算机有4个CPU，有些高端的计算机有16个或更多的CPU。

CPU在速度、功能和价格方面都有差别。硬件提供商如Intel、AMD和NS(美国国家半导体公司)持续改进CPU的速度和功能，并降低费用(曾在第1章的摩尔定律中提到)。你和你的部门是否需要最新、最好的CPU取决于工作的性质。

CPU和**主存(Main Memory)**一起工作。CPU从主存中读数据和指令并把结果存到主存。我们将在后面介绍CPU和主存的关系。主存有时被称为**RAM**，意为**随机存取存储器**。

输出硬件(Output Hardware)包括显示器、打印机、音箱、投影仪和其他具有特殊用途的设备，例如庞大的平面绘图仪。

存储硬件(Storage Hardware)存储数据和程序。到目前为止，尽管CD光盘和DVD光盘也很流行，然而磁盘仍然是最普遍的存储设备。拇指驱动器(Thumb Driver)是一种很小的、便携的磁介质存储设备，它能用于恢复和转移数据。在大公司的数据中心，数据有时存在于磁带中。

过去，许多不同的插座被要求能够与键盘、鼠标、打印机、照相机等连接。从 2000 年起，所有这些都被**通用串行总线**（Universal Serial Bus，USB）连接器所替代。USB 连接器为制造商和用户简化了外接设备与计算机的连接。

4.1.2 计算机数据

在进一步介绍硬件之前，需要定义一些重要术语。我们从二进制数字开始。

1. 二进制数字

计算机用**二进制数字**（Binary Digits）代表数据，叫作**比特**（Bit）。1 比特是一个 0 或 1。用比特来表示计算机数据是因为它们很容易用硬件表示，如图 4-2 所示。一个开关可以断开或闭合，计算机中的设计是用开关断开表示 0，闭合表示 1。或者，磁场方向也可以表示一个比特，一个磁极代表 0，另一个代表 1。或者，在光学媒介中，光盘表面烧有凹槽用来反光，一个有反光的斑点代表 1，没有的代表 0。

注解：目前，大部分计算机都借助相关的硬件设备来连接网络。第 6 章将介绍相关内容。

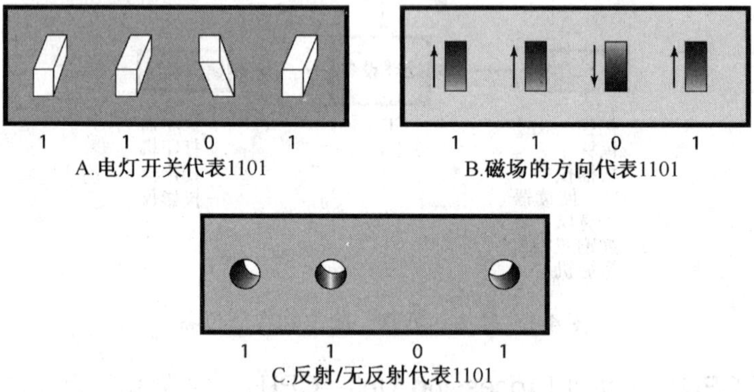

图 4-2　比特很容易用物理方式表示

2. 计算机数据的大小

所有计算机数据都用比特表示。数据可以是数字、字符、现金量、图像、记录或其他。所有数据都是简单的比特流。

8 比特称作一个**字节**（Byte）。举一个字符的例子，比如一个人的名字，1 个字母用 1 字节表示。这样，当你在说明书中读到计算机设备有 1 亿字节内存时，你知道它能存储 1 亿个字母。

字节也用来衡量非字符数据的大小，例如有人说，一张图为 100 000 字节大小。这句话的意思是该图比特流的长度是 100 000 字节或 800 000 比特（因为 1 字节是 8 比特）。

主存、磁盘及其他计算机设备的大小用字节表示。表 4-1 显示了用来表示数据存储能力的名词缩写集合。1 **千字节**（Kilobyte）即 1 KB，表示 1024 个字节，1 **兆字节**（Megabyte）简写为 1 MB，是 1024KB。1 **千兆字节**（Gigabyte）简写为 1 GB，表示 1024MB，1 **太字节**（Terabyte）即 1 TB，是 1024GB。1 **拍字节**（Petabyte）即 1 PB，是 1024TB。1 **艾字节**（Exabyte）即 1 EB，是 1024PB。

有时你会看到简单的定义，如1KB等于1000字节、1MB等于1000KB。这种简化是不准确的，但计算起来比较方便。磁盘和计算机厂商有自己的动机来支持这种不准确的定义。如果磁盘1MB等于100万字节，而不是准确的1024K，商家就可以用它自己定义的MB将驱动能力分类。消费者可能认为广告中100MB的磁盘能容纳100×1024K字节，但事实上，其只有100乘以1 000 000字节。通常情况下，区别不是很重要，但要明白缩写的两种可能说法。

表4-1　重要数据存储名词的缩写

名　词	定　义	缩　写
Byte	用来表示一个字符的比特数	
Kilobyte	1024B	KB
Megabyte	1024KB = 1 048 576B	MB
Gigabyte	1024MB = 1 073 741 824B	GB
Terabyte	1024GB = 1 099 511 627 776B	TB
Petabyte	1024TB = 1 125 899 906 842 624B	PB
Exabyte	1024PB = 1 152 921 504 606 846 976B	EB

4.1.3　计算机如何工作

图4-3是正在运作的一台计算机的示意图，CPU是其中的主角。运行程序或处理数据时，计算机首先将程序或数据从磁盘移动到**主存**中。执行某条指令时，计算机通过**数据通道(Data Channel)**或**总线(Bus)**将指令从主存写进CPU中。CPU内部有一块很小的存储叫作**高速缓存(Cache)**，CPU将常用的计算机指令存在高速缓存中。容量大的高速缓存能让计算机的运算速度提升很多，但高速缓存非常昂贵。

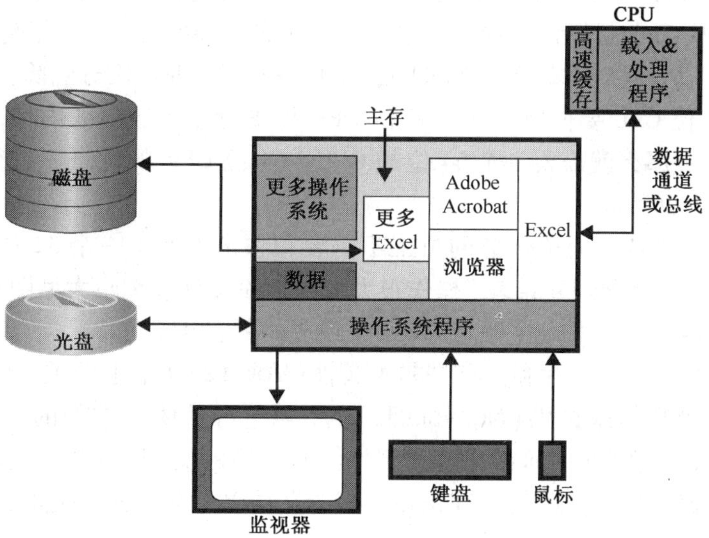

图4-3　运行中的计算机组件

图4-3中的主存包含了Microsoft公司的Excel、Adobe Acrobat、浏览器(Microsoft公司的Internet Explorer或者Mozilla Firefox)的一些程序指令，它还包括**操作系统(Operating System，OS)**的数据块和指令，其中操作系统是用来控制计算机资源的系统。

内存一般比较小，所以无法承载用户想处理的全部程序和数据。例如，个人计算机没有足够的内存来承载 Word、Excel 和 Access 的代码。因此，CPU 将程序按块装载到内存中，在图 4-3 中，Excel 的一部分被装载到内存中。当用户发出进一步处理的请求(例如，对一个表进行排序)时，CPU 则把 Excel 的另一部分代码装载进来。

如果用户打开另外的程序(例如 Word)或者用户需要读取新数据(例如一张图片)，操作系统将指挥 CPU 去把新的程序或数据装载到未分配的内存中。若此时没有足够的内存可用，某些部分就会被移除，也许是带有 More Excel 这部分标记的内存，然后系统会将刚才请求的程序或数据装到空出来的内存中。这个过程叫作**内存交换(Memory Swapping)**。

注解：在你的职业生涯中，应用软件、硬件和计算机固件都处于不断变化之中，本章的“学习指导”将帮助你选择正确的策略来应对这些改变。

4.1.4 计算机的工作原理

购买计算机时，可配备不同的内存容量。若每次都只运行一个程序，处理数据量也较少，1GB 的内存就足够了。而对于那些一次运行多个程序(例如 Word、Excel、Firefox、Access、Acrobat 以及其他程序)或者那些处理大文件(图像、视频或音频)的工作，则需要较大的内存，可能需要配备 3 GB 或更大的内存。如果员工的计算机内存太小，那么计算机会一直持续内存交换的过程，速度就会变慢。(也就是说，如果你的计算机运行速度很慢，你同时打开了多个程序，可以通过关闭其中一个或几个程序来让计算机运行得更快。根据计算机自身的硬件和可支持内存的容量，也可以通过增加内存的方式来提升它的性能。)

另外，也可以购买具有不同 CPU 速度的计算机。CPU 的速度用赫兹(hertz)来衡量。2012 年，一台比较慢的个人计算机的 CPU 速度是 1.5 GHz。一台速度较快的个人计算机的 CPU 速度可达到 3 GHz 或更快，同时具有双核处理功能。正如摩尔定律所言，CPU 速度在持续增长。

此外，现在的 CPU 还以 **32 位(32-bit)**或 **64 位(64-bit)**进行区分。除去个例，32 位 CPU 性能较差，但比 64 位 CPU 要便宜一些。64 位 CPU 可支持更多容量的内存，如果想有效利用 4 GB 或更大的内存，那么就需要一个 64 位的 CPU。64 位 CPU 的优点还有很多，但它们在价格上比 32 位的 CPU 更昂贵。

那些只执行字处理这类简单任务的员工不需要很快的 CPU，一个 32 位、1.5GHz 的 CPU 就足够好了。然而，那些处理复杂表、操作很大的数据库文件或编辑大型图像的员工则需要更快的计算机，例如 64 位、双核、主频为 3.5GHz 或更快的 CPU。

最后要注意的是，高速缓存和内存是**非永久性(Volatile)**的，电源关闭时它们内部的信息会丢失。磁盘和光盘则是**永久性(Nonvolatile)**的，当电源关闭时它们的内部信息仍然保留。如果电源突然关闭，那些没有存储的信息(例如没有转换的文档)就会丢失。因此，要养成经常存盘的习惯(数分钟一次)，随时保存正在处理的文档以免电源突然关闭而丢失。

4.1.5 客户机和服务器的区别

在讨论计算机软件之前，需要理解客户机和服务器之间的区别。图 4-4 所示为一名典型用户的计算机环境。用户使用**客户机(Client)**来进行字处理、制表、数据库处理以及其他应用。大部分客户机都装有能连接到网络的软件，也许是公司或学校的专用网络、互联网或公共网络。(第 6 章将讨论网络和云等相关概念。)

注解：职业经理人也需要意识到恶意软件会在极大程度上影响信息系统的工作效率——不论是私人还是企业的信息系统。若要了解更多与恶意软件有关的信息，请阅读本章的“道德指引”案例。

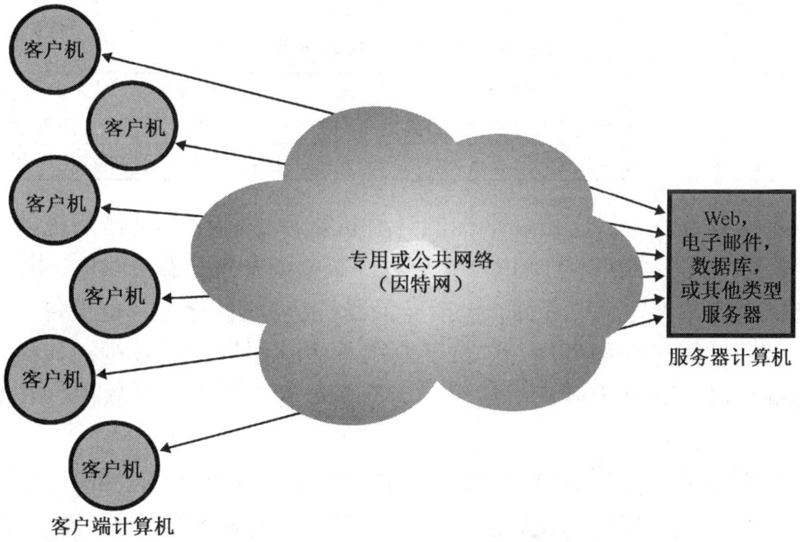

图 4-4　客户机和服务器计算机

顾名思义，**服务器**（Server）是提供服务的。有些服务器处理电子邮件，有些处理网站请求，有些处理大型的共享数据库，还有的提供以上全部或类似的功能。

一台服务器就是一台计算机，正如人们想象的那样，服务器通常速度很快且具有多个CPU。它们需要至少 4 GB 的大容量内存以及巨大容量的硬盘，通常是 1 TB 或更大。由于其他计算机总是通过网络访问服务器，因此服务器通常显示效果有限，有些甚至没有显示器。出于同样的原因，很多服务器都没有配备键盘。

对于拥有大量用户的站点（例如 Amazon. com），很多台服务器会组成一个集合，叫作**服务器群**（Server Farm），如图 4-5 所示。服务器群里的计算机以非常复杂的节奏进行协同工作。每时每刻，它们接收并处理成百甚至上千的服务请求。举个例子，正如你在案例 1 中了解到的，2010 年 11 月 29 日 Amazon. com 在 24 小时内平均每秒处理 158 个订单。在这个过程中，计算机移交部分处理请求，同时跟踪每个请求的当前状态。当服务器群中任何一台计算机瘫痪时，其他计算机都能够接收并完成相应的请求，保持正常运作。所有这一切都是在一瞬间完成的，而用户永远也不会了解其中的玄妙之处，这就是技术的奇妙之处！

图 4-5　服务器群

逐渐地，服务器基础设施作为一种叫“云”的服务来交付。在你有了一定数据通信的知识后，我们将在第 6 章讨论云计算。

4.2 操作系统软件基本知识

作为一名未来的经理或专业商务人士，你需要了解基础术语和软件概念，这样才能成为一名明智的软件使用者。首先来看表 4-2 中的软件基本分类。

表 4-2 计算机软件的分类

	操作系统	应用程序
客户端	控制客户端计算机资源的程序	在客户端计算机上运行的应用程序
服务器	控制服务器计算机资源的程序	在服务器计算机上运行的应用程序

每台计算机都有操作系统，这是一个控制计算机资源的程序。操作系统的功能包括读写数据，分配内存，执行内存交换，启动以及结束程序，对错误情况做出响应，执行备份和恢复。另外，操作系统也创建并管理用户界面，包括显示器、键盘、鼠标和其他设备。

尽管操作系统让计算机变得可用，它对于应用方面的作用却比较少。如果想查看天气或者查询一个数据库，则需要如 iPad 天气应用或者 Oracle 客户关系管理软件(CRM)这样的应用程序。

客户机和服务器都需要操作系统，尽管它们需要的系统可能不同。此外，客户机和服务器都需要运行应用程序。应用程序的设计决定是否由客户机或服务器或者二者共同来运行它。

对于软件，有两个重要的约束条件需要理解。首先，大多数情况下一个特定版本的操作系统是为某一个特定版本的硬件类型而编写的。iOS 操作系统只在 iPhone 和 iPad 上工作，Mac OS X 操作系统则只在 Mac 计算机上工作。然而，有时候多种版本的操作系统适用于不同的计算机类型。有一种版本的 Linux 操作系统(见表 4-3)几乎适用于所有的计算机，包括厨房里的搅拌机。Android 是 Linux 的一个版本，在 Kindle Fire、平板电脑和智能手机上运行得都不错。

其次，应用程序是基于特定的操作系统来编写的，这个事实是 GearUp 公司的问题所在。他们想为自己的拍卖服务设计一个手机应用程序，但是由于应用程序只能在特定的操作系统上运行，这让他们不得不为 Apple 设备设计一个版本，为其他类型设备设计另外的版本，如 Android 或 Windows 手机。对于操作系统和应用一定要更详细地考虑。

4.2.1 主要的操作系统

表 4-3 中列出了主要的操作系统。

表 4-3 主要的操作系统

分 类	操作系统	用 途	备 注
非移动客户端	Windows	个人计算机用户	大部分广泛应用于商业。现在的版本是 Windows 8。Metro 风格的应用提供可触摸界面
	Mac OS X	Apple 电脑用户	最早被艺术家和艺术社区的人们使用，如今已被广泛使用。是最早的提供可触摸界面的桌面操作系统
	UNIX	工作站用户	流行于工程、计算机辅助设计和建筑用的强大的客户端计算机。对于非技术性的用户较难
	Linux	所有用户	UNIX 的开源变本，适用于几乎每种类型的计算机设备。在计算机上，与开放办公应用程序一起使用

续表

分　　类	操作系统	用　　途	备　　注
移动客户端	Symbian	诺基亚、三星等其他手机	全球流行，但在北美较少
	Blackberry OS	黑莓手机	设备及操作系统被开发作为商用。刚开始非常流行，但又受到 iPhone 和其他手机的强烈冲击
	iOS	iPhone，iPod Touch，iPad	随着 iPhone 和 iPad 的成功，安装基地迅速增加，基于 Mac OS X
	Android	T-Mobile 等手机；平板电脑和电子阅读器（如 Kindle Fire）	来自于 Google 公司的基于 Linux 的手机、平板电脑操作系统。市场份额快速增长
	Windows RT	ARM 设备用的 Windows 8	Windows 8 是为 ARM 设备、大部分平板电脑还有一些计算机量身定做的
服务器	Windows Server	服务器	商家有着 Microsoft 公司强有力的保证
	UNIX	服务器	慢慢淡出运用，被 Linux 所代替
	Linux	服务器	非常流行，被 IBM 强有力地推动

1. 非移动客户端操作系统

非移动客户端操作系统在台式和平板电脑上应用，最普遍的是 Microsoft 的 Windows 操作系统。Windows 的一些版本占据着全世界台式电脑 85% 以上的市场，而且如果仅考虑商业用户的话，这个值会超过 95%。

最新的 Windows 客户端版本是 Windows 8，它主要是对之前版本的一个升级。Windows 8 以 Microsoft 公司称作 Metro 风格（Metro-style Application）的应用为特征。这些应用使用可触屏功能，并提供相关的弹出式菜单，同时也可以用鼠标和键盘来操作。Microsoft 公司声称 Metro 风格应用在便携式移动设备，如平板电脑上也能像在台式电脑上一样照常工作。Metro 应用的一个重要特点是菜单栏、状态行和其他可视项的最小化。图 4-6 是 Metro 风格在 Windows Explorer 浏览器上搜索图片的示例。

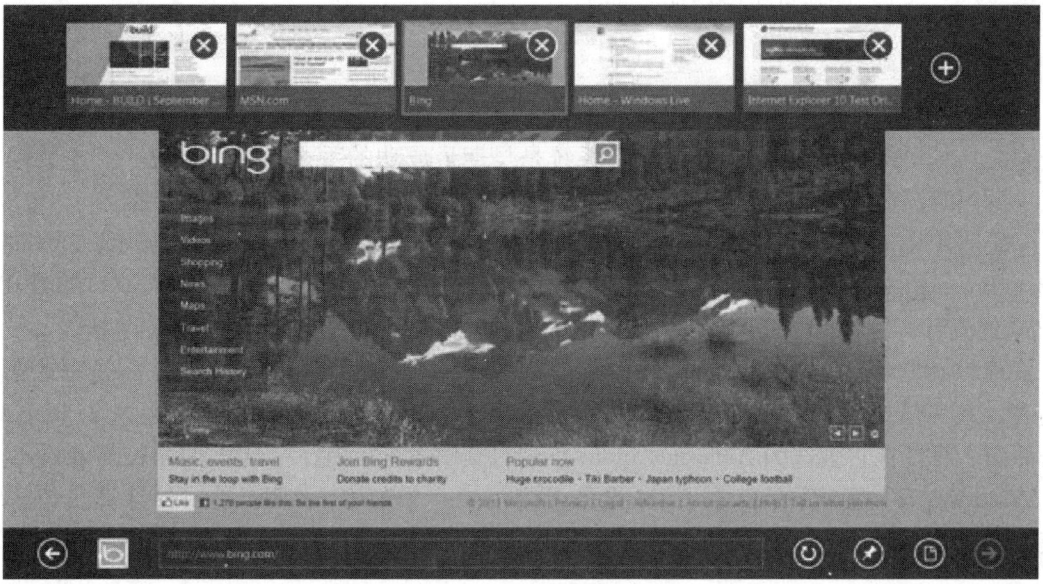

图 4-6　Metro 界面

苹果公司为 Macintosh 开发了自己的操作系统——**Mac OS**。目前的版本是 Mac OS X Lion。苹果一直吹捧它为世界上最先进的桌面操作系统，直到 Windows 8 出现后它依然是。现在，OS X 和 Windows 8 并驾齐驱，争夺最先进的头衔。

以前，Mac OS 主要是被艺术家和艺术社区的人们使用。但是出于种种原因，Mac OS 在传统的 Microsoft 市场中取得了进展。据苹果公司的消息，Mac 操作系统销售量在 2010 年增长了 28%，而 Windows 个人电脑操作系统下降了 1%。① 其他消息则说，Windows 已经停止了损失，准备重新占领市场。②

Mac OS 最早被设计用于运行摩托罗拉的 CPU 产品线。1994 年，它转向 IBM 公司的 PowerPC 处理器产品线。2006 年，Macintosh 计算机既能运行 PowerPC，也能运行 Intel 的 CPU。用 Intel 处理器的 Macintosh 既可运行 Windows，也可运行 Mac OS 操作系统。

多数行业观察者认为，苹果公司的 Mac OS 和 iOS 开拓了友好用户界面的先河。当然，很多创意最初是在 Macintosh 或 i 系列的产品中出现的，后来以某种形式被纳入了 Windows 或某些手机操作系统。

今天，Mac OS X Lion 和 Windows 8 都有着很多特色，苹果公司通过 iPhone 和 iPad 使它们受到欢迎。这似乎让人明白，未来是触屏设备的天下。

UNIX 是 20 世纪 70 年代在贝尔实验室开发的操作系统。从那以后，它就成为了科学和工程界的得力工具。人们普遍认为 UNIX 比起 Windows 或 Macintosh 来说更难用。很多 UNIX 用户使用一种很难学的语言来处理文件和数据。然而，一旦他们跨跃了困难的学习时期，他们就会成为这种语言狂热的支持者。Sun Microsystem 及其他科学和工程应用程序计算机厂商是 UNIX 的主要用户。总的来说，UNIX 不是面向商业用户的。

Linux 是 UNIX 的一个版本，由**开源社区（Open Source Community）**开发。这个社区由一群无组织的程序员组成，他们志愿贡献个人时间来提供代码，用于开发和维护 Linux。Linux 属于开源社区，它是免费的。Linux 可运行在客户端计算机上，这种情况通常是因为经费是最大的问题。Linux 目前最常见于网络服务器上。

2. 移动客户端操作系统

表 4-3 列出了 5 个主要的手机操作系统。Symbian 操作系统在欧洲和远东地区的手机上相当普遍，但在北美较少。BlackBerry 操作系统是早期最成功的手机操作系统之一，主要用在商务人士的黑莓品牌设备上，不过现在它的市场份额正被 iOS 和 Android 系统占据。

iOS 是 iPhone、iPod Touch 和 iPad 的操作系统。由于简易的操作和迷人的显示，以及现在已被 BlackBerry 和 Android 操作系统复制的特色，当 iOS 初次亮相时就开辟了新天地。随着 iPhone 和 iPad 的流行，苹果公司的 iOS 市场份额持续增长，据称已占据所有手机设备的 44%。

安卓（Android）是 Google 公司许可发布的手机操作系统。Android 设备有一群非常忠实的跟随者，尤其是技术用户。最近，Android 在手机上的市场份额正在增长并超过了 BlackBerry 操作系统，而且在它被选为 Amazon Kindle Fire 的操作系统后有了一次大的增长高峰。

Windows RT 是 Windows 在 ARM 设备上使用的一个版本。**ARM** 是一种计算机架构和指令集，被设计用于手机和平板电脑等便携式设备。Windows RT 是 Windows 8 的一个版本，

---

① 史蒂夫·乔布斯在 2011 年 6 月的讲话。

② http://www.netmarketshare.com/os-market-share.aspx? qprid=9，2012 年 5 月访问。

Windows 8 则是为触屏设备能使用这种架构而特别设计的。Windows RT 在应用程序上设置了一些限制来保护设备功率和延长电池寿命。据报道，自 2012 年 8 月起一些供应商将提供基于 ARM 架构（包括 Windows RT）的个人电脑，而且操作系统很可能包括新版本的 Office Word、Excel、PowerPoint 和 OneNote。在你读到这本书的时候，将得知更多的消息。在互联网上搜索 Windows RT 可以了解最新的消息。

智能手机市场一直以来很大，但是最近在移动客户端操作系统市场上，电子书阅读器和平板电脑大幅度增长。截至 2012 年初，4 个美国人中就有 1 个拥有至少一个这样的设备①。

3. 服务器操作系统

表 4-3 的最后 3 行列出了 3 个最普遍的服务器操作系统。Windows Server 是为服务器配置特别设计的 Windows 的一个版本，它比其他 Windows 版本有着更多严格的、限制性的安全程序，这在信任 Microsoft 的组织的服务器上很受欢迎。

UNIX 也能被用于服务器，但是它渐渐被 Linux 所取代。

Linux 被组织广泛应用于服务器，无论原因为何，只是想避免服务器依赖 Microsoft。IBM 是 Linux 的主要支持者，曾经还把它作为与 Microsoft 公司竞争的一种更好的手段。尽管 IBM 不是 Linux 的拥有者，但是它使用 Linux 开发了许多业务系统解决方案。使用 Linux，IBM 及其客户都不必向 Microsoft 公司支付许可费。

4.2.2 虚拟化

虚拟化（Virtualization）是指一台计算机可以通过虚拟化程序变得像多台计算机一样，这台计算机的操作系统被称为**主机操作系统**（Host Operating System），它将一个或多个操作系统当作应用程序来运转。那些被主机操作系统控制运行的操作系统叫**虚拟机**（Virtual Machines，VM）。每个虚拟机都分配有磁盘空间和其他资源。主机操作系统控制虚拟机的活动，以防止虚拟机之间相互干扰。通过虚拟化，在一个独立的、非虚拟化的环境中，每个虚拟机都能按照希望的方式准确运行。

目前有 3 种类型的虚拟化：

- 单机虚拟化
- 服务器虚拟化
- 桌面虚拟化

通过**单机虚拟化**（PC Virtualization），一台个人计算机，例如台式机或笔记本电脑，可以控制多种不同的操作系统。比如说，一个用户出于某种原因同时需要 Linux 和 Windows 8 在其计算机上运行。在这种情况下，用户可以安装一个虚拟的主机操作系统，这样 Linux 和 Windows 8 都能存在于这台计算机中。用这种方法，用户能在同一硬件上安装两种系统。虚拟机软件工作站是一个受欢迎的单机虚拟化产品，它可以运行 Windows 和 Linux 操作系统。

通过**服务器虚拟化**（Server Virtualization），一台服务器计算机可控制一台或多台其他服务器计算机。图 4-7 中，一台 Windows 服务器计算机正在控制两台虚拟机。用户可以登录其中

① http://betanews.com/2012/01/23/one-in-four-americans-own-an-e-book-reader-or-tablet/，2012 年 8 月 30 日访问。

任意一台虚拟机，其表现与一般的服务器无异。图 4-8 展示了虚拟机 VM3 怎样成为一个用户的服务器。可以看到，VM3 的一个用户正在使用浏览器访问 Share Point。实际上，在扩展章 2 中谈到，这台虚拟机被用于生成 Share Point 的众多图片。服务器虚拟化技术在云供应商中扮演着重要角色，这将在第 6 章介绍。

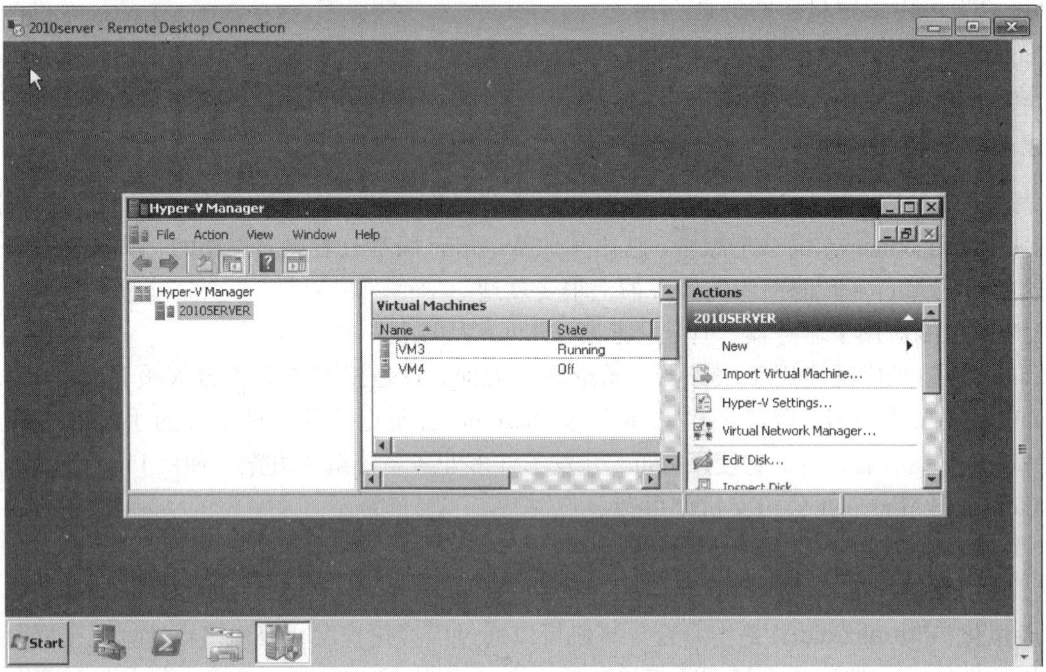

图 4-7　Windows 服务器计算机控制两台虚拟机

图 4-8　虚拟机实例

单机和服务器虚拟化是重要且有趣的，但是桌面虚拟化将带来桌面处理的革命性变化。通过**桌面虚拟化**(Desktop Virtualization)，一台服务器主机控制多种版本的桌面操作系统。每个桌面都有一个完整的用户环境，让用户感觉就像是另一台个人计算机一样。而且，用户能够从任意计算机上访问之前访问过的这个桌面。也就是说，在飞机场你可以用一台计算机访问你的虚拟化桌面。对于你来说，飞机场的计算机就像是你自己的计算机一样。之后，你可以坐在宾馆的房间里用一台宾馆的计算机做同样的事情。同时，许多其他用户可能访问了飞机场的计算机，但每个人都认为自己用着自己的计算机。IBM 为单机虚拟化服务开出了每台计算机每个月 12 美元的低价。桌面虚拟化正在起步阶段，但是它可能会对你早期的职业生涯产生重大的影响。

通过本章，你会知道当你购买一个计算机程序时，其实你并不是在买程序本身，而是购买使用程序的**许可证**(License)。例如，你购买 Windows，Microsoft 公司就卖给你使用 Windows 的权利，但他们仍然是 Windows 程序的所有者。大组织并不为每个用户都购买许可证，而是通过谈判得到一个**站点许可证**(Site License)，这个许可允许公司在某个特定的工作地点为所有的计算机安装相应的产品(操作系统或应用程序)，而且费用相对来说是比较低的。

若你选择 Linux，那么没有人会卖给你许可证，因为它是由开源社区共同拥有的，这意味着 Linux 是免费的(有某些合理的限制)。像 IBM 这样的大公司和小一些的公司如 RedHat 可以通过支持 Linux 获利，但没有公司可以通过销售 Linux 赚钱。

4.3 应用软件基本知识

在你的职业生涯中，你不太可能在你的组织选择操作系统方面有很大的影响，这个决定权在于别人。然而，你可以选择自己的设备及操作系统，如此多的知识将在你做选择操作系统的时候发挥重要作用。

对于**应用软件**(Application Software)而言，情况有所不同。它是在操作系统之上运行的软件，并提供特殊的服务和功能，这种软件中的大多数是提供给你以及你的下属、同事和客户使用的。正因如此，你可能在参与选择应用软件及其开发方面具有更大作用。例如，在 GearUp 公司，Drew 对开发手机应用程序有着强烈的意愿，这让公司的管理层关注他。事实上，那些意见是他在 GearUp 公司职业价值的重要部分。相同的情形也会发生在你身上，所以你需要高度关注相关的应用程序，不管是现在还是你的职业生涯中。

4.3.1 应用程序的类型

应用软件是一个宽泛的类别。一方面，它包括强大又复杂的应用程序，如 Microsoft 的 Office 办公软件有着广泛的用途。另一方面，应用软件又包括小的、单一功能的应用程序，如 LocalEats 是 iOS 上的一个应用程序，它只向用户推荐当地的饭店，别的什么都没有。为了区分这个宽泛的类别，应用软件被定义为 3 种类型。

横向市场应用软件(Horizontal-Market Application)提供各组织、各行业通用的功能。文字处理软件、图像程序、电子数据表格和演示程序都是横向市场应用软件。

这些软件有 Microsoft 公司的 Word、Excel、PowerPoint。其他厂商的软件有 Google Drive、Adobe Acrobat、Photoshop、PageMaker 和 Jasc 公司的 Paint Shop 程序。这些应用程序广泛地应

用于各行各业。它们都是买来即可使用的软件，几乎不提供个性化的功能。

纵向市场应用软件（Vertical-Market Application）可以满足特定行业需求。例如，牙医办公室用来安排日程和给病人发送账单的软件，汽车修理厂用于保存客户数据和客户汽车维修情况的软件，还有部分仓库用来跟踪库存、购买和销售情况的软件。

纵向应用程序常提供多种选择或为客户提供定制服务。一般来说，销售软件的公司会提供类似的服务或推荐能提供该服务的合格的咨询人员。

单一应用软件（One-of-a-Kind Application）是为了特定的需求和目的而开发的软件。IRS系统就是这类软件，因为它的需求是独特的。此外，随着手机和平板电脑应用程序日益增加的重要性，许多公司为它们特定的业务开发了单一应用软件。例如，Vanguard 在 iOS 和 Android 操作系统上都有手机应用。GearUp 公司也需要做同样的事情，至少要听取 Drew 的意见才行。

4.3.2 瘦客户端与胖客户端

当你使用类似 Adobe Photoshop 的应用程序时，它只需要在你的计算机上运行，而不必连接任何服务器。这样的程序称为**桌面程序**（Desktop Programs），而不被看作是客户端。

在客户机和服务器上都运行代码的应用程序称为**客户机-服务器应用程序**（Client-Server Application）。**胖客户端应用程序**（Thick-Client Application）是指必须提前安装在客户机上的应用程序。**瘦客户端应用程序**（Thin-Client Application）只需要一个浏览器就可运行，不必预安装。当用户使用瘦客户端应用程序时，如果需要代码，浏览器就会从服务器上动态加载。

举个例子，来源于 Windows Live SkyDrive 和 Office 365 的 Office Web Applications 是瘦客户端，而 Office 2010 版则是胖客户端。还有，Word Web Application 是瘦客户端，Office 2010 Word 的完整版本是胖客户端，后者需要安装。

注意，这种对个人计算机应用程序的分类也适用于手机和平板电脑等移动设备。瘦客户端应用程序在设备上只需在浏览器上运行，胖客户端应用程序通常需要从 iTunes 等商店中购买。

总结起来，应用程序类型之间的关系如下：

- 桌面应用程序
- 客户机-服务器应用程序
  - 胖客户端
  - 瘦客户端

胖客户端和瘦客户端既有优点，又有缺点。因为胖客户端会越来越大（当用户等待的时候，它们不必被下载），它们可以有更多的特性和功能。然而，当你为手机或其他移动设备购买新的应用程序时，它们必须被安装。当你的手机等设备同步连接到应用程序源代码时，你需要周期性地更新应用程序至新版本。对于你个人而言，这不是大问题。但是在一个大型组织中，最重要的是每个人都用同一个应用程序的同一版本，如此的安装和版本管理是一个昂贵的管理负担。

瘦客户端应用程序有时比胖客户端更受喜欢，因为它只需要一个浏览器，没有特殊的客户端软件需要安装。这也意味着当新版本的瘦客户端应用程序开发出来后，浏览器会自动下载新的代码。但是，由于代码是在使用过程中被下载的，因此瘦客户端需要变得更小。

如今，组织混合使用着各种应用程序与操作系统。图 4-9 展示了一种典型情况，两个客户机正在运行 Windows，一个在运行 Mac OS，另一个在 iPhone 上运行 iOS。两个瘦客户端正在一个浏览器上运行，比如 Google Chrome。胖客户端都安装了一个胖客户端邮件应用程序，一个在运行 Microsoft Office Outlook，另一个在运行 GearUp 公司的新应用程序和其他胖客户端应用程序。

图 4-9 同时展现了两台服务器。Windows 服务器计算机正在支持一台网络服务器，Linux 服务器在支持邮件应用程序。

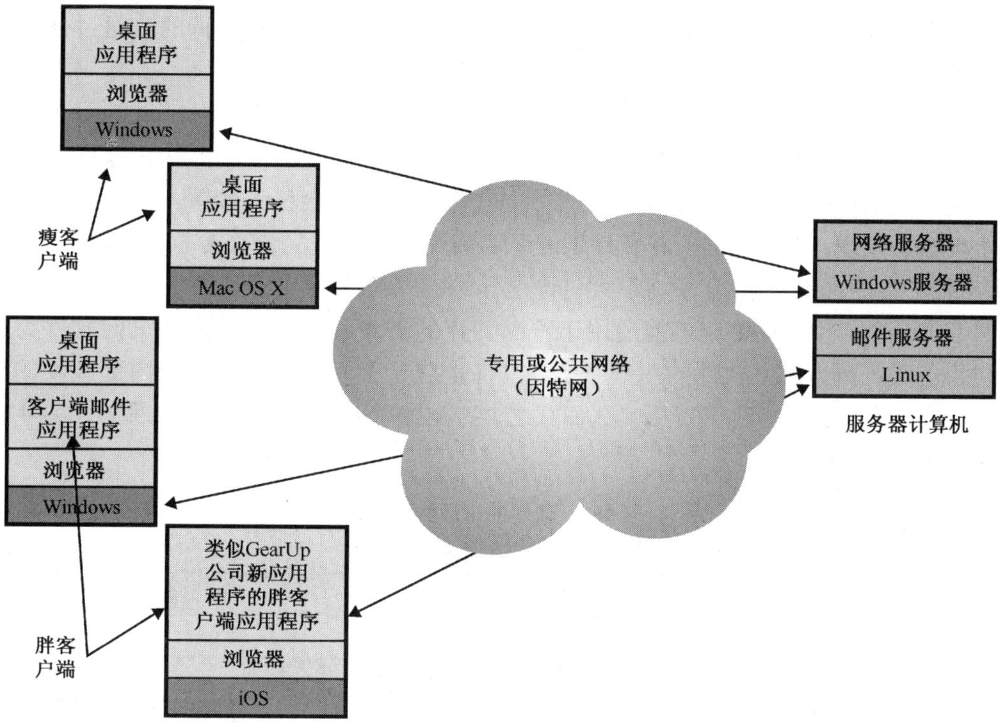

图 4-9　瘦客户端和胖客户端

4.3.3　组织获取应用软件的方式

获取应用软件的方式与购买一套新衣服没有任何区别。最快捷且风险最小的方式是购买现成的衣服，这样一来就可以在了解精准价格的情况下立刻得到衣服。有时衣服不能满足你的需求，这时可以购买现成的衣服并做必要的修改。这将花费更多的时间，也许需要更多的金钱，并且最终修改后的衣服依然不符合需求的可能性也是存在的。不过，大部分情况下，修改后的衣服都会比现成的更加适合你。

最后，你还可以雇用一个裁缝来制作一套定制的衣服。这时，你要描述需求，做好多种搭配的选择，并愿意付出可能更多的钱。尽管获得更好衣服的机会存在，但是可怕的后果也是有可能出现的。而且，如果你想要一件背上绣着一条吐信响尾蛇的黄橙色波点丝绸套装，那么只有量体裁衣这一条路。购买计算机软件也是同样的方式：**现成的软件**(Off-the-Shelf Software)、**带备选方案的现成软件**(Off-the-Shelf with Aiterations Software)或量体裁衣的软件。量体裁衣的软件称为**定制化开发软件**(Custom-Developed Software)。

如果可能，组织会选择现成的软件，要么按原样使用它，要么做一定的修改。没有组织会选择写自己的文字处理程序，极少数牙医会选择开发他们自己的病人跟踪程序。然而，移动设备的逐渐普及催生了众多为 iOS 和其他设备进行定制化开发的公司。导致这个变化的一部分原因是移动应用程序越来越简单，一部分原因是因为 Apple 和其他公司在网上商店提供了广阔的营销市场和分销渠道。

1. 定制化开发的难题

组织自己开发定制化应用软件，或雇用程序开发商。正如购买黄橙色波点丝绸套装一样，这种开发是在企业的需求非常独特，现有横向或纵向软件都无法满足时进行的。通过开发定制化软件，组织能够满足自己的特有需求。

在移动设备增多、类似 GearUp 公司这样为自己开发应用程序的需求上升之前，大多数组织尤其是小型组织避免定制化开发。因为定制化开发比较难，也有一定的风险。软件开发小组的人员配备和管理是具有挑战性的工作，管理一个软件项目可能会让人气馁。很多组织在应用开发项目上开始后发现，项目通常要花费计划的 2 倍或更长时间去完成，成本超出计划的 200% 或 300% 都是很平常的现象。第 10 章将继续讨论这样做的风险。

另外，每一个应用程序都应该能适用于不断变化的需求和技术。横向和纵向软件为适应性变化所付出的成本分摊到了软件的用户身上，也许是成千上万的用户。对于内部开发的定制化软件，开发公司要自己支付这笔费用。久而久之，这类费用的负担就会变得很重。表 4-4 概括了软件的来源和类型。

表 4-4　软件的来源和类型

		软件来源		
		现成	现成后定制化	定制化开发
软件类型	横向应用程序			
	纵向应用程序			
	单一应用软件			

2. 瘦客户端与胖客户端移动定制软件

在大多数情况下，开发一个瘦客户端定制应用程序要比胖客户端简单。程序语言更简化，开发它们需要更少的技术。以前，瘦客户端应用程序并不具有胖客户端的所有功能，也不及胖客户端有趣。使瘦客户端用户体验与胖客户端不相上下的新技术正处于起步阶段。Drew 希望 GearUp 公司开发胖客户端应用程序的原因之一，就是可以使用户享受更好的体验。

组织之所以开发胖客户端应用程序还有一个理由就是转换成本。如果我在使用 LocalEats 的胖客户端应用程序找饭店，那么让我再尝试一些其他的饭店查询服务是不太可能的。如果我在 Safari 上使用 LocalEats 的瘦客户端，那么切换到另一款查询服务应用程序几乎没有成本。

苹果公司为了满足对移动胖客户端的需求，开发了 iTunes 商店平台。在该应用程序推向市场之前，苹果公司要对它们进行测试和认证，然后以开发商的名义卖给客户。在本章的案例 4 中你将读到，这种模式实现了惊人的成功。然而，在那些内部开发供内部使用的移动应用程序上显露出了问题。举例来说，像 3M 这样的一个大公司开发了一个在移动设备上运行的员工保险应用程序，那么员工该如何获得这个应用程序呢？3M 自然不愿意把它放到 iTunes 商店里（让苹果公司测试3M 自己的应用程序，这不必要），那么，员工如何获得移动定制化应用程序呢？这个问题的答案在 2012 年以前我们是不知道的，这个问题正处于现今技术的最前沿。

4.3.4 固件

固件(Firmware)是安装在打印机、打印机服务器或各种不同通信设备上的计算机软件。它的编码与其他软件无异，但它安装在打印机或其他设备的只读存储器中。这样的话，固件程序成为了设备存储器的一部分，就像程序的逻辑设计在了设备的电路板上一样，因此用户无需下载固件到设备的存储器。

固件可以改变或升级，但这通常是 IS 专家的任务。任务很简单，但需要具有大多数商业用户不会去学习的专业程序和知识。

4.4 开源软件能否成为另外一个选择

为了回答这个问题，需要先了解一些开源软件发展的知识。大多数计算机史学者认为 Richard Matthew Stallman 是这场运动之父。1983 年，他开发了称为 **GNU**(一个自指示的缩略语，意为 GNU 不是 Unix)的一个工具套件，用来创建一个很像 UNIX 的免费操作系统。Stallman 为开源软件的发展做出了很多其他贡献，包括**通用公共许可证协议(GNU General Public License(GPL) Agreement)**，它是开源软件的标准许可协议之一。Stallman 没能够吸引到足够多的开发者来完成免费的 UNIX 系统，之后他仍然为开源运动继续贡献力量。

1991 年，在赫尔辛基工作的 Linus Torvalds 开始使用 Stallman 的部分工具进行另外一个版本的 UNIX 工作，这个版本最终成为 Linux，就是之前讨论过的高质量且受欢迎的操作系统。

事实证明，因特网对于开源来说是巨大的资产，很多开源项目已经获得成功，包括：

- Open Office(类似于 Microsoft 的 Office)
- Firefox(浏览器)
- MySQL(数据库，见第 5 章)
- Apache(网络服务器，见第 6 章)
- Ubuntu(像 Windows 的桌面操作系统)
- Android(移动设备操作系统)
- Cassandra(一种非结构化查询语言的数据库管理系统，见第 5 章)
- Hadoop(一种大数据处理程序，见第 8 章)

4.4.1 程序员自愿开发的原因

对于没享受过编写计算机程序乐趣的人，他们很难理解为什么会有人贡献时间和技能为开源项目去付出。然而，编程是艺术和逻辑的紧密结合，设计并编写复杂的计算机程序是非常令人愉快(而且上瘾)的一件事。正如许多程序员一样，我曾经有段时间很快乐地付出一天中的 16 个小时来编写计算机程序，一日复一日，时间就这样飞逝。如果你有艺术性和逻辑性兼备的思维，你应该尝试一下。

无论如何，人们为开源贡献的首要原因是因为它的巨大乐趣！此外，有些人为开源贡献的原因是开源让他们可以自由选择做哪一个项目。也许他们有一份很无趣的编程工作，比如编写管理计算机打印机的软件。这份工作可以养活他们，但缺乏成就感。

20 世纪 50 年代，好莱坞工作室的音乐家由于长期为一系列无趣的电影录制同种风格的音乐而感到很郁闷，为了保持头脑清醒，这些音乐家在周日的下午集体演奏爵士乐，由此产生了一些高质量的爵士乐俱乐部。这就类似于开源对于程序员的意义，他们既可练习自己的创意，也同时为有兴趣、有成就感的项目工作。

为开源贡献的另一个原因是展示个人技能，既有荣耀感，又可以帮助其找到工作或为找工作提供咨询。最后的原因则是创办销售开源产品支持服务的公司来实现创业。

4.4.2 开源软件如何工作

开源软件的意义在于程序的源代码是对外公开的。**源代码**(Source Code)是程序编写者写出的计算机代码，可被人理解。图 4-10 展示了笔者为第 9 章开始处的手机应用程序所写代码的一部分。源代码被编译成计算机可以直接处理的**机器码**(Machine Code)。一般来说，人们不能理解机器码，也不能修改它。当该应用程序运行时，图 4-10 所示的机器码版本就在计算机上运行。这里无法用图表来表示机器码，因为它看起来是这样的：

```
/// <summary>
/// Allows the page to draw itself.
/// </summary>
private void OnDraw(object sender, GameTimerEventArgs e)
{
    SharedGraphicsDeviceManager.Current.GraphicsDevice.Clear(Color.CornflowerBlu

    SharedGraphicsDeviceManager.Current.GraphicsDevice.Clear(Color.Black);

    // Render the Silverlight controls using the UIElementRenderer.
    elementRenderer.Render();

    // Draw the sprite
    spriteBatch.Begin();

    // Draw the rectangle in its new position
    for (int i = 0; i < 3; i++)
    {
        spriteBatch.Draw(texture[i], bikeSpritePosition[i], Color.White);
    }

    // Using the texture from the UIElementRenderer,
```

图 4-10 源代码的例子

在**闭源**(Closed Source)项目中，例如 Microsoft Office，源代码被高度保护，只有得到信任的员工和仔细审查过的合约者才能看到代码。源代码就像地下室的金库那样被保护得很严密。只有那些公司信任的程序员可以对闭源项目做出改动。

若是开源软件，则任何人都可以从开源项目的网站上下载源代码。程序员根据个人兴趣和目标对源代码进行改动或扩充。大部分情况下，程序员将找到的代码合并到自己的项目中。根据使用的许可协议，他们也许能够将项目重新出售。

开源软件的成功源于合作。首先，程序员对代码进行检查，发现有趣的需求或项目；然后，创建一个新功能，对现有功能进行重新设计或重新编码，或者修复一个存在的问题；最后这些代码将会发送给开源项目中的其他人，由他们去评估代码质量和工作的价值，若这部分工作成果恰到好处，那么就会被加入到产品中。

通常情况下，这会涉及大量付出和获取。或者就像扩展章1所说，这里有很多反复和反馈的循环周期。反复使得一个管理良好且具有健壮检查机制的项目最终的代码质量很高，就像Linux。

体验 MIS 课堂练习 4

做出你的决定！

Microsoft 公司发布平板电脑 Microsoft Surface 与 iPad 和 Kindle 竞争。

只是又一次硬件的宣战？不太确切。在 Microsoft 公司 37 年历史的历史中，它第一次决定制造自己的硬件。(不包括键盘、鼠标和 Xbox。)

Microsoft 公司由于不制造硬件曾使其名声下降。在个人计算机出现的早期，Microsoft 公司特意将硬件制造留给了 IBM、Compaq、Hewlett-Packard、Dell 等公司。它超过苹果公司赢得了相当大的市场份额，正是由于当时做的那个决定，成功地让那些有实力的公司在它们的硬件上出售 Microsoft 公司的 Windows 操作系统，后来又转而在这个平台上销售 Microsoft Office 软件。20 世纪 80 年代，比尔·盖茨写信给史蒂夫·乔布斯，告诉他应该放弃硬件而转向软件。

然而，史蒂夫·乔布斯始终都是对的吗？Microsoft 公司首席执行官史蒂夫·鲍尔默在宣战中指出，如果从事硬件，Microsoft 在一些特点上也能做到，或者至少能做得更好。拥有制造业是苹果公司能够设计如此漂亮、易用和功能强大的设备的关键之一吗？可能吧。

同月，Google 公司结束了从 Motorola 移动公司的采购，成为智能手机硬件的制造商。Google 公司制造平板电脑的时代是否即将来临？或许在你读到本文的时候，Google 公司将会声明正在制造自己的平板电脑。

然而，Google 公司和 Microsoft 公司有着苹果公司没有的问题(或许是优点?)：渠道冲突。苹果公司是苹果硬件设备的唯一制造商。但是，除了 Google 公司之外有无数的公司在制造 Android 系统的手机和平板电脑，除了 Microsoft 公司之外有些公司也在制造 Windows 系统的手机和平板电脑。那些企业发生了什么？

所以现在有 3 家公司在进行市场份额的竞赛：苹果公司遥遥领先，Google 公司随后紧追不舍，而 Microsoft 公司正在苦苦挣扎着走出泥潭。它们都是强壮的赛马，有着丰富的技术人员、知识和专利以及很多的钱。

由老师分组并回答以下问题：

1. 苹果公司在 2012 年 6 月 11 日举行了全球开发商大会。OS Mountain Lion 系统和一种新的、轻量级的 Mac 系统被揭晓。按照苹果公司的标准，数量不算多。事实上，一周之后 Microsoft 公司发布了 Surface 平板电脑。Microsoft 公司发布会的邀请函在 2012 年 6 月 14 日被送去印刷。请解释这些事件发生的时间。

2. Microsoft 公司在洛杉矶的一个电影制片厂举行了新闻发布会。为什么在哪里？这很可能不是短时间内在美国能找到的唯一地点。为什么它们选择这个特殊的位置呢？难道 Surface 媒体见面会在最后时刻失败了？搜索 2012 年 6 月以来的新闻，这样可能会解释发生了什么。

3. 根据最新的消息和数据，更新下页的表格。登录 http://finance.yahoo.com 更新财务数据。

添加合适的设备。用 iPhone vs. Android market share 这样的词在互联网上搜索，以更新市场份额数据。

4. 根据最新的数据，这 3 家公司的市场份额发生了怎样的变化？苹果公司依然持续侵入 Android 手机市场吗？Surface 侵入了 iPad 市场吗？Kindle 怎么样了？Microsoft 公司少得可怜的 2% 的手机市场情况又如何？Surface 有所帮助吗？还是 Microsoft 公司最终放弃了智能手机？

5. 不同于苹果公司和 Google 公司，Microsoft 公司控制着一种服务器操作系统——Windows Server。这一点是否为 Microsoft 公司在此次竞赛中提供了优势呢？实际上，有谣言称苹果公司在它的 iCloud 数据中心运行 Windows Server。如果这是真的，会有关系吗？

6. 2011 年 10 月，Microsoft 公司收购 Skype。Skype 为 Surface 做出贡献了吗？你能找到声明它们之间有共通性的官方消息吗？

7. Microsoft 公司使用运动传感器 Kinect 制造并销售 Xbox。你能为 Microsoft 公司设想一种使用 Kinect 或 Xbox 来帮助增加其 Surface 或手机设备市场份额的方法吗？如果可以，请说明。

8. Microsoft Surface 这个名字之前被用于 Microsoft 公司的另一款产品上，而该款产品现在叫作 PixelSense（见合作练习 4）。Surface 是个好名字，而 PixelSense 不怎么好听。你认为名字的选择是否表现出了 Microsoft 对这两种产品的价值判断？为什么？

9. 假设你的小组有 50 万美元可以向 AAPL、GOOG 或 MSFT 投资。你必须选择 1 支股票将资金全部投入。你会选择哪个？为什么？

	Apple		Google		Microsoft	
设备	iPhone	iPad	安卓手机	Kindle Fire[1]	Windows 手机	Surface
硬件制造商	Apple	Apple	Google 及其他	其他	其他	Microsoft 及其他
操作系统	iOS	iOS	安卓	安卓	Windows 8 RT	Windows 8 Windows 8 RT
市场份额	30%[2]	68%	46%	13%	2%	0%
照相机	有	有	有	无	有	无
键盘	内设	内设	内设	内设	内设	外设
收入	1460 亿美元		400 亿美元		730 亿美元	
现金 2012/6/18	290 亿美元		470 亿美元		580 亿美元	
市值 2012/6/18	5470 亿美元		1860 亿美元		2500 亿美元	
股价 2011/6/18	320 美元		485 美元		24 美元	
股价 2012/6/18	586 美元		571 美元		30 美元	
股价年增长率	86%		17%		25%	

1 该设备由 Amazon 公司制造并销售。此时此刻，Google 公司可能将有自己的平板电脑了，虽然在 2012 年 8 月之前是没有的。
2 意思是，30% 的手机市场。
财务数据来源：finance. yahoo. com

4.4.3 开源软件能否生存

这个问题的答案取决于对谁而言，原因是什么。开源软件已被公认是合法的。根据 *The Economist*（《经济学人》）杂志所言，"人们已广泛接受一个事实，即未来专有软件和开源软件将一起并存。"①在你的职业生涯中，开源软件在软件业中很可能占据越来越重要的地位。然而，

① "揭开云的面目"（"Unlocking the Cloud"），《经济学人》杂志，2009 年 5 月 28 日。见于 http://www.economist.com/node/13740181，2012 年 8 月 30 日访问。

开源软件对于某个特定情境是否适用，还要取决于情境的需求和约束。第 10 章将介绍更多关于需求和程序的匹配知识。

某些情况下，公司只是因为“免费”而选择开源软件，结果往往是这个优点变得不像你认为的那么重要，因为在很多案例中，支持和运营上的开销将多于初始的许可费用。

本章知识对你的启发

在今天的商业世界，你将会被卷入商业技术的应用中。没有真正的选择权，你唯一的选择是成为一个消极的参与者还是一个积极的跟随者。本章的知识将帮你选择后者。从本章可以学到足够的硬件和软件的知识，你可以拿来提问，也可以用来避免遭遇尴尬，就像 Drew 不知道 iOS 是 iPad 的操作系统一样。你现在也应该知道应用软件的来源，以及选择一种来源而舍弃另一种的原因。最后，你知道了开源不仅仅是业余人士的爱好，而且是一项创造了无数高质量软件产品的活动，还是多种状况下一个可行的选择。然而，所有这些知识都会过时，就像农贸市场里的西红柿一样。你需要接着学习导读“保持同步”中的技术，从而持续更新你的知识。

道德指引

“因为钱放在那里……”

Willie Sutton 抢银行到底为了什么？

几年前，Microsoft 公司比苹果公司忍受着更多计算机病毒导致的问题。苹果公司的发烧友把这归功于苹果公司开发人员写的代码质量更高这个信念。这确实可能，不过最近在苹果公司的产品中发现了病毒说明了另一个可能的原因：黑客只会入侵钱多的地方，只要 Windows 比 Mac 有着更加巨大的市场份额，那么入侵 Windows 将更有利可图。但随着苹果公司设备的流行……

首先需要明确存在什么问题：

恶意软件（Malware）是指包括计算机病毒、间谍软件和广告软件在内的一类软件。

- **计算机病毒（Viruses）**：病毒是一个能自我复制的计算机程序。未加限制的复制就像是计算机癌症，从根本上来说，病毒就是消耗计算机的资源。此外，许多计算机病毒同时带有不必要的和有害的动作。引发不必要动作的程序代码称为**有效负载（Payload）**。有效负载能够以不易察觉的方式删除程序或数据，更糟糕的情况是会修改数据。想象一下病毒修改了所有客户信用等级的景象。一些计算机病毒用有危害性的方式发布数据，比如发送信用卡数据文档到非法的网站。
- **特洛伊木马病毒（Trojan Horses）**：特洛伊木马病毒是指伪装成有用的程序或文件的病毒。这个名字来源于特洛伊战争中将战士装进巨大的木马模型中，从而被运进特洛伊城这个典故。典型的特洛伊木马病毒可以是电脑游戏、MP3 音乐文件或一些其他有用而无害的程序。
- **蠕虫病毒（Worms）**：蠕虫病毒是一种通过互联网或其他计算机网络传播的计算机病毒。蠕虫病毒比其他类型的病毒传播更快的原因是：它们是为了传播而被特意设计的。不同于必须等待用户分享文件给其他计算机才能传播的非蠕虫病毒，蠕虫病毒则积极主动地利用网络传播。有时，蠕虫病毒甚至能够使网络变得不稳定或者不能用。

- **间谍软件(Spyware)**：间谍软件程序不需要用户知道或许可就能安装到用户的计算机上。间谍软件存在于后台，不被用户所知晓，并观察用户的操作和键盘输入，监视计算机的活动，还将用户的活动反馈给幕后组织。一些恶意的间谍软件通过捕捉键盘输入从而获得用户名、密码、账号和其他敏感信息。其他间谍软件支持营销分析，如观察用户在做什么、网站访问、产品的调查及购买等等。
- **广告软件(Adware)**：广告软件与间谍软件在某些方面相似，它也不需要用户许可，存在于后台中观察用户的行为。大多数广告软件的善意之处在于其不进行恶意的操作或偷窃数据。然而，它确确实实在观察用户行为并产生弹窗式广告。广告软件还能改变用户的默认窗口，或者修改搜索结果和更改用户的搜索引擎。大多数情况下，它只是很烦人。

由于苹果公司在处理恶意软件方面缺乏经验，到目前为止它对于该事件的回应相当拙劣。2012 年 4 月，一种叫作 Flashback 的木马程序影响了超过 65 万台的苹果电脑。这个问题被俄国 Dr. Web 公司发现并报告，引用 Dr. Web 公司的首席执行官 Boris Sharov 的原话，“想要提醒苹果公司不要忽视 Flashback”。事实上，苹果公司要求 Dr. Web 公司关闭其用来捕获该病毒而设立的一个网站。最终，在 Microsoft 公司修复 Windows 机器上的这个漏洞 6 个星期之后，苹果公司解决了该问题。[①]

随着产品的越发流行，苹果公司似乎已经对大规模的攻击做了更好的准备。Willie Sutton 肯定知道原因，可惜的是，他很显然从未做此声明。这只是一个传言。

问题讨论

1. 以损坏用户文档和偷窃数据为其恶意目标的有效负载很明显是非法的。但是，不造成危害或损失的广告软件和间谍软件又如何呢？它们是非法的吗？说明你的答案。

2. 你认为无害的间谍软件存在吗？如果有，定义它。如果没有，为什么？

3. 间谍软件或广告软件是不道德的吗？为什么？

4. 当类似 Microsoft 公司或苹果公司这样的一个供应商知道了存在恶意软件，它应该如何做出反应？它有警告用户的法律责任吗？同样，它有道德责任吗？你的答案是否取决于恶意软件中有效负载的行为呢？为什么？

5. 根据 Sutton 原则，你认为一个小公司因为规模小，就能在道德层面决定不关心计算机安全吗？“没有人想要控告我们，因为我们没有那么多的资金，对于偷取我们的数据也一样。”你同意这种看法吗？在你回答问题的同时，请不要忘记资源在小公司里总是缺乏的。另外，即使它们是小公司，也可能存储着你的信用卡数据。

6. 假设你的老师在你带到课堂上的个人计算机和移动设备上安装了间谍软件，该间谍软件会记录你在课堂上发的所有短信、邮件以及你访问的所有网站和你搜索的所有条目。与所有的间谍软件相同，你对它被安装在你的设备上毫不知情。基于此前提，以下情形中老师是否存在不道德的行为？

(1) 她使用这些数据进行一项“今天的学生如何度过课堂时间”的研究项目。

---

① http://www.theregister.co.uk/2012/04/11/apple_snubs_mac_botnet_fighter/，2012 年 5 月访问。

（2）她使用这些数据来考量学生对她讲的哪个部分最不感兴趣。

（3）她使用这些数据来判断你在课堂上的认真程度和决定最后给你多少分。

（4）她使用这些数据作为教师闲聊时的笑料。“你不会相信我的学生 Jamie Anderson 今天搜索了什么，听这个……”

（5）她使用这些数据敲诈你。

7. 检查第 6 题的答案，并就间谍软件的道德而言说明你的判断原则。

学习指导

保持同步

你曾经光顾过那种用传送带把脏盘子运到厨房的餐厅吗？这个传送带让我想起了技术。技术像传送带一样不断向前走，我们就像传送带上的盘子一直努力跟上技术的脚步。我们希望能够与技术无情的改变保持同步，以免被技术丢弃而造成职业生涯的结束。

的确，技术一直在变化。我们要问的问题是：“我要做什么？”你可以选择的一个策略是，逃避现实并声称：“我并不是技术人员，技术问题由专家来解决。我只要会发送电子邮件和使用互联网就很高兴了。如果我遇到问题了，我可以叫别人来处理。”

就许多商务人士都选择这样做而言，这个策略还不错。这样做的话不会为你增加竞争优势，只会为别人带来竞争优势，不过只要你在别的领域发展自己的优势，那么至少对你自己来说没有什么问题。

那么你所在的部门呢？如果专家说，“你应该给你的员工配置 Windows 8 RT 平板电脑，”你是要点头同意并说，“很好，我买了！”或者你凭借自己丰富的知识意识到现在确认 Windows 8 RT 会成功还太早？又或者你可能觉得使用从 Microsoft 公司设立的各种商店获得的国产的、内部的应用程序会有问题。

与此相对的则是那些热爱技术的人们。各种领域都有他们的身影，他们可能是会计师，市场策划师，或者是喜爱信息技术并精通自身领域的产品总监。他们可能是信息安全专业出身的，或者拥有信息安全和另一领域的双学位（例如信息安全和会计）。他们大多时候都阅读 CNET 新闻和 ZDNet，并了解桌面虚拟化、html5 或 Windows 8 RT 的最新消息。他们是和技术传送带赛跑的群体，永远不会被技术当成垃圾丢弃，而且他们会在职业发展中利用 IT 知识获得竞争优势。

许多商务人士都是中间群体。他们不逃避技术，但他们也不愿意成为技术热爱者。这时候该怎么做？方法有很多，其中一种就是强迫自己保持对技术的关注。当你在华尔街日报上看到一篇技术文章，那么就去阅读。不要因为是与技术相关的内容就跳过这篇文章。同时也要阅读一些技术广告，许多厂商在广告上都大量投资。另外一种方法则是参加一些课程或关注那些将你自身专业和技术结合的专业性活动。例如，当你参加银行界的大会时，参加其中一两个针对“银行家的技术趋势”的小会议。这样的会议有很多，你在其他公司也会接触到类似的问题。

如果时间充裕的话，最好的选择是以一名用户代表的身份参加所在公司的技术委员会。例如，在 GearUp 这样的公司，你要参与 iOS 应用的产品说明会。或者你的公司正在进行一个客户关系管理（Consumer Relationship Management，CRM）系统的评审，那么你要争取进入评审委员会。当你所在部门中的代表想讨论下一代在线帮助系统的需求时，你要参加，或者你可以在一段时间后成为业务实践技术委员会(也可能有其他的名字)中的一名成员。

你的技术知识会因为参加这些委员会而有所增加。你会听到报告、技术使用的讨论、利用IT技术增加竞争优势的想法等等，这些都会让你的IT知识变得更加丰富。同时，你也会获得重要的合同并让领导层看到你的努力。

具体如何做，如何与技术打交道由你自己决定。但有一点要确定：避免没经过思考就去逃避技术。

问题讨论

1. 技术更新是残酷的，你同意这个观点吗？技术更新对于大多数商务人士来说意味着什么？对于大多数组织呢？

2. 思考文中提到的3种面对技术不同的态度。你会加入哪一个阵营？为什么？

3. 评判对你在第2题中做出的选择并用两段文字记录下来。如果你选择了忽略技术，请解释你将如何赔偿由缺少竞争优势带来的损失。如果你选择了其他两个阵营，请解释原因并说明你将如何达成目标。

4. 回顾你对第2题的回答，假设你正参加面试，面试官询问你对技术的了解，用3句话写下你的答案。

小结

使用本小结来检查你是否理解了本章介绍的思想和概念。

1. 计算机硬件基本知识

列出硬件的种类并解释每个种类的作用；给出比特和字节的定义，解释用比特表示计算机数据的原因；给出用来估算内存的字节单元大小；用通俗的语言解释计算机的工作原理，说明一名经理如何运用这些知识；说明在使用计算机的时候为何有时需要节约工作时间；给出服务器群的定义，并概括发生在服务器群里的技术变革。

2. 操作系统软件基本知识

回顾表4-3并说明表中每一项的含义；描述苹果公司的OS X与Microsoft公司的Windows 8之间的竞争；给出Metro风格应用程序的概念；描述虚拟化的3种类型，并说明每种类型的作用；解释软件所有权和软件许可的区别。

3. 应用软件基本知识

从专业商务人士的角度，解释选择操作系统和应用软件时的不同点；说明横向市场应用软件、纵向市场应用软件和单一应用软件的不同之处；比较瘦客户端和胖客户端，并分别给出一个iPhone上的例子；描述组织获得软件的3种方式；总结定制化开发的问题，并说明组织可能选择开发胖客户端应用程序的两个理由；解释传统的销售和分销移动应用程序的方法如何不适用于企业为员工开发自己的移动应用程序。

4. 开源软件能否成为另外一个选择

给出GNU和GPL的定义，说出3个成功的开源项目的名字；陈述程序员为开源项目出力的4个原因；给出开源、闭源、源代码和机器码的定义；用自己的话说明为何开源虽然是合法的选择，但对于特定的应用并不适合。

本章知识对你的启发

列出你已经学到的硬件和软件知识的标题；阐明你会如何运用应用软件来源的知识；简明地描述开源软件，并解释为什么它有时候是一个可行的选择，然而却不总是呢？解释为什么这些知识会过时，并陈述面对这个现实你能做什么。

关键词和术语

32 位处理器
64 位处理器
广告软件
安卓
应用软件
ARM
桌面程序
桌面虚拟化
双核处理器
艾字节(EB)
固件
千兆字节(GB)
GNU
GNU 通用公共许可协议(GPL)
胖客户端应用程序
瘦客户端应用程序
横向市场应用软件
主机操作系统
输入硬件
iOS
千字节(KB)
许可证
Linux
Mac OS
机器码
主存
二进制数字
比特
黑莓操作系统
总线
字节
高速缓存
兆字节(MB)
内存交换
Metro 风格应用程序
Microsoft Windows
永久性
现成的软件
带备选方案的现成软件
单一应用软件
硬件
特洛伊木马
输出硬件
有效负载
拍字节(PB)
单机虚拟化
PixelSense
四核处理器
随机存取存储器
服务器群
服务器
服务器虚拟化
中央处理器(CPU)
客户机
客户机-服务器应用程序
闭源
定制化开发软件
数据通道
站点许可证
源代码
间谍软件
存储硬件
Surface
塞班
太字节(TB)
操作系统(OS)
通用串行总线(USB)
UNIX
纵向市场应用软件
虚拟化
虚拟机(vm)
病毒
非永久性
Windows RT
Windows Server
蠕虫病毒

知识运用

1. 假设你的政治科学专业的室友想让你帮她购买一台新的笔记本计算机，她主要用这台计算机来收发邮件、上网并记录课堂笔记，她的预算在 1000 美元以内。

(1) 你会推荐什么样的 CPU、内存以及硬盘型号？

(2)她需要哪些软件？

(3)在 www. dell. com、www. hp. com 和 www. lenovo. com 上找到最佳的配置。

(4)你会推荐哪一款？原因是什么？

2. 假设你的父亲希望你能帮他购买一台新的计算机。他主要用计算机来收发邮件、上网、从数码相机中传输照片、上传照片到在线共享服务以及为他的复古汽车俱乐部成员撰写文档。

(1)你会推荐什么样的 CPU、内存以及硬盘型号？

(2)他需要哪些软件？

(3)在 www. dell. com、www. hp. com 和 www. lenovo. com 上找到最佳的配置。

(4)你会推荐哪一款？原因是什么？

3. 对于特定的软件产品，Microsoft 公司为参与 Microsoft 开发者网络学术联盟计划(Microsoft Developer Network Academic Alliance, MSDNAA)的在校大学生提供了免费的授权许可。如果你的学院或大学参与了这个计划，你就有了获得相当多的软件的免费机会，下面是你可以得到得的软件列表的一部分：

- Microsoft Access 2010
- OneNote 2010
- Expression Studio 4
- Windows 2008 Server
- Microsoft Project 2010
- Visual Studio Developer
- SQL Server 2008
- Visio 2010

(1)搜索 www. microsoft. com、www. google. com 或者 www. bing. com 并查清这些软件产品的功能。

(2)这些软件产品中，哪些是操作系统，哪些是应用程序？

(3)哪些是数据库管理系统产品(这也是下一章的主题)？

(4)哪些程序是你应该今晚就下载并安装的？

(5)下载并安装第 4 题答案中的程序，或者说明为何你没有这样做。

(6)Microsoft 开发网络学术联盟计划是否为 Microsoft 公司带来了不正当的竞争优势？为什么？

4. 假设你在 GearUp 公司工作，Emily 让你列出公司 iOS 应用程序最需要的 5 点特性。访问类似 GearUp 的一个公司，比如去 Woot(www. woot. com)或 MyHabit(www. myhabit. com)了解一下需求。如果你有 iPhone 或 iPad，下载 Woot 或 MyHabit 公司的 iOS 应用程序并研究。列出你认为的应用程序最需要的 5 点特性和功能，并简明扼要地描述一下。

5. 访问 www. apple. com、www. microsoft. com 和 www. ibm. com，总结这些网站的外观和给人的感受之间的不同。你觉得这 3 个网站中有更优越的吗？如果没有，为什么？如果有，那你认为优越的网站能被其他公司模仿吗？为什么？

合作练习 4

在开始这部分练习之前，阅读扩展章 1 和扩展章 2，这两章介绍了合作的技巧以及管理合作任务的工具。特别是考虑运用 Google Drive、Google +、Windows Live SkyDrive、Microsoft SharePoint 或者其他合作工具。

在过去的几年里，Microsoft 公司一直在推广 PixelSense。它是一种新型的软硬件合一的产品，使人们能够在桌面上进行数据的交互。PixelSense 开启了一种新的产品种类，了解它的最好方式是在 www. PixelSense. com 上观看 Microsoft 公司的宣传片。

PixelSense 是通过在 30 英寸的桌面上嵌入看不见的近红外光源来探测对象的存在。它能同时对多达 52 个不同点的触摸做出反应。据 Microsoft 公司所说，这意味着 4 个人围坐在 PixelSense 旁，并各用 10 根手指同时操作 12 个对象。

PixelSense 使用无线等通信技术来连接其中的设备，比如照相机或手机。当一台照相机与 PixelSense 连接后，照片会显示出来，用户可以用双手来操控这些照片。一些产品与 PixelSense 连接后，这些产品的说明就会显示出来。信用卡也能与 PixelSense 连接，要购买的物品就能被拖入或放进信用卡里。

当前，Microsoft PixelSense 被推向市场并卖给大规模的商业组织，涵盖金融服务、医疗保健、酒店、零售和公共服务等行业。不仅如此，小的组织和个人也能从三星购买一台 PixelSense(www. samsunglfd/com/solution/sur40. do)。

PixelSense 技术的早期实施者之一是内华达州拉斯维加斯市的哈拉斯里奥全套房酒店和赌场的 iBar 休息室。发布 iBar 系统的新闻稿副标题是这样写的：“哈拉斯重塑调情方式，为 iBar 的顾客们带来新的无所拘束的玩乐。”①

PixelSense 的潜在用途是巨大的。地图可以显示当地的大型活动，消费者只需动动手指就能买到这些活动的门票。PixelSense 还能被用于新的电脑游戏和赌博机上。孩子们可以在 PixelSense 上用虚拟的画笔绘画。更多其他的应用程序都可能诞生。Microsoft 公司首席执行官史蒂夫·鲍尔默在产品发布会上说，“我们将其视为数十亿美元的范畴，并设想有一天从桌面和柜台到走廊的镜子，表面计算技术都无所不在。PixelSense 就是到达那个想象的第一步。”②

正如你在 PixelSense 网站看到的，这款产品在不同的地方能有许多不同的用途，比如饭店、报刊亭甚至家里。为 PixelSense 设计的大多数应用程序很可能现在还无法预想。然而，一项明显的应用是在赌博和游戏行业。想象一下，你将信用卡放在 PixelSense 的赌博机上玩了一个晚上。每次你输了，就要从你的信用卡中支出一笔费用。很快，在你清醒之前，你已经透支了 15 000 美元，这时 PixelSense 会告诉你这是你信用卡的最大信用额度。

回忆第 1 章中提到的，未来将会有不断增长的全球性的工作者需求产生，这些工作者能够以创新的方式应用新的技术和产品来解决商业问题。PixelSense 是能够被创新运用的新技术的一个绝佳例子。

1. 思考 PixelSense 在大学里的用处。PixelSense 可能怎样被用于建筑学、化学、法律、医学、商业、生物学、政治学、艺术、音乐或任意其他你感兴趣的学科？请分别描述 PixelSense 在 5 种不同学科中的一种潜在应用。

2. 根据第 1 题中你选择的 5 种应用，请分别列出其独有的特点和好处。

---

① “Harrah's Entertainment Launches Microsoft Surface at Rio iBat, Providing Guests with Innovative and Immersive New Entertainment Experiences.”

② Microsoft 新闻发布会，2007 年 5 月 29 日。

3. 请用概括性的语句，描述创造出第 1 题中你认定的应用所需完成的工作。

4. 在 2012 年 6 月以前，PixelSense 被称为 Surface。之后，Microsoft 公司将这个名字转而用到它的平板电脑上，Surface 则变成了 PixelSense。从这些命名决策中你得出了什么结论？

5. 有时你会听到"新兴技术在不断平衡着竞技场"，意义是技术消除了现有企业的竞争优势，而让新生企业拥有机会。这种说法适用于 Surface、Windows 8 和苹果吗？

案例学习 4

你手中的苹果"i"系列

只需迅速看一眼图 4-11 中苹果公司的股票历史，就能发现它是一个非常成功的企业。但是，你可能会惊讶得只想知道它到底有多么成功。在大约 4 年里，苹果公司的市值(已发行股票的数量乘以股票价格)翻了两番，超过了 6000 亿美元，这使其成为世界上最大的上市公司。将这个数字看作愿景，多年来一直是软件企业市值中领先者的 Microsoft 公司有着 2663 亿美元的市值，而 Google 公司则有着 2250 亿美元的市值。①

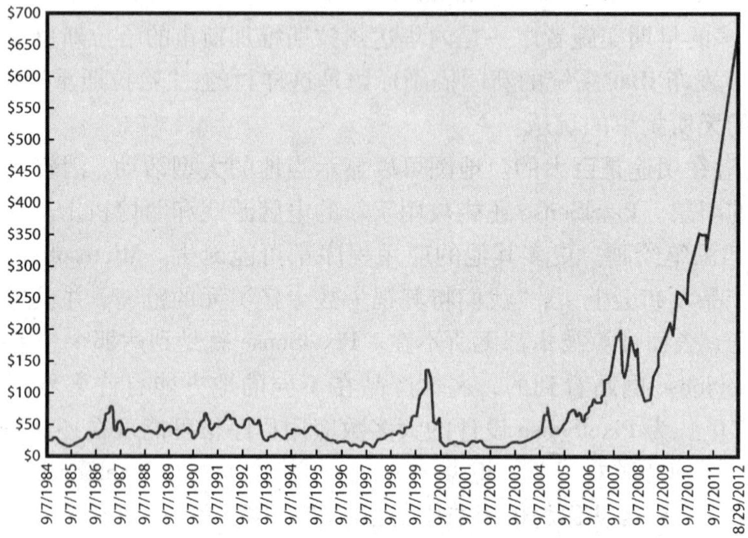

图 4-11　苹果公司股价的增长

2011 年 6 月末，许多市场分析预测这支 332 美元的股票在 6 个月内将每股再增长 100 美元。事实上，截至 2012 年 8 月，它的成交价已超过 600 美元。苹果公司如此之成功，以至于纳斯达克股票交易所认为其对纳斯达克 100 指数有过度影响，并将苹果公司在该指数中的权重从 20%减小至 12%。这就是成功!

可叹的是，这条路并不总是一帆风顺的。

早期的成功和衰败

在个人计算机时代的开端，即 20 世纪 80 年代早期，苹果公司倡导设计优良的家用计算机和新颖的交互界面，而它的 Apple II 个人计算机适用于家庭，Macintosh 计算机则适用于学

① http://finance.yahoo.com，2012 年 8 月 29 日访问。

生和知识工作者。一时间，苹果公司拥有了20%以上的个人计算机市场，并与其他众多个人计算机厂商竞争，而这些厂商大多数后来失去了实际价值(或者不再经商)。

然而，苹果公司迷失了方向。1985年，苹果公司的主要创始人史蒂夫·乔布斯在苹果公司董事会的斗争中落败并被赶了出去。他创立了另外一个名叫NeXT的个人计算机公司，开发并销售一种开拓性的个人计算机产品，但是由于该产品太过超前，反而在当时卖得不好。其间，苹果公司连续聘请了多位首席执行官。第一位是从百事可乐公司挖角雇用来的John Sculley，他在百事可乐公司的时候享受过太多的成功。但是，Sculley的知识和经验并不能很好地融入到个人计算机行业，致使苹果公司迅速衰败，这让CNBC将他评为"史上最糟糕的美国首席执行官"第14位。① 之后的两位首席执行官依然走着Sculley的老路。

在这段时期内，苹果公司犯了不计其数的错误，其中包括不奖励创新工程，细分市场太多而导致设计过多的产品，还有就是失去了计算机零售商店的信赖和支持。苹果公司的个人计算机市场份额一落千丈。

史蒂夫·乔布斯，第二次闪耀

1996年，苹果公司购买并得到乔布斯的NeXT处理技术，此技术成为现今Macintosh操作系统——Mac OS X的基础。然而，它真正需要的是史蒂夫·乔布斯。但是，就算是他也不能一个晚上就创造出奇迹。苹果公司要重新获得失去的市场份额非常艰难，而要再次赢得带着不屑前来参观苹果产品的零售渠道商的信赖和支持则难上加难。即使到了2011年，苹果公司的个人计算机市场份额也只是在10%至12%之间，远低于20世纪80年代的20%。

为了应对这些问题，苹果公司离开个人计算机领域，并通过它的iPod、iPhone和iPad创造新的市场。对于零售商问题，它则通过开设自己的商店来应对。在这个过程中，它开创了在互联网上销售音乐和应用程序的方式。

iPod、iPhone和iPad设备是创造力和工程学的一个奇迹，它们流露出的不仅仅是简单易用性，还有令人惊叹的趣味性。通过对iPod销售流行音乐，苹果公司与市场建立了一个动态的联系，许多消费者愿意在这个明亮发光的物体上花费大量的金钱。将iPhone转动就能旋转照片的这个功能很可能使iPhone比其他任何手机都卖得多。随着iPad的诞生，便携式设备变得可视化，市场对此的回报是苹果公司占有44%且仍在增长的移动终端市场份额。②

所有这些成功促使苹果公司的商店不仅超过了类似Best Buy的香草零售商，同时还超越了Tiffany & Co等。2011年，苹果公司的商店每平方英尺收入超过了4000美元，与其比较的Tiffany是3000美元，而Best Buy只有880美元。截至2012年，苹果公司运作了350个以上的零售点，并接待了超过10亿人次的顾客。③

苹果公司用开放且欢迎的销售态度、Genius Bar帮助桌面和训练有素且纪律严明的销售队伍来吸引顾客，并使其忠实于自己。销售人员并不被分派任务，而是被教导成为帮助顾客解决问题的咨询顾问。甚至一些用词都很规范，当员工不能解决某个顾客的问题时，"不幸的

---

① "Portfolio's Worst CEOs of All Time," CNBC. com. 见于 www. cnbc. com/id/30502091? slide = 8，2012年8月30日访问。

② 苹果公司在蕙果全球开发商大会上的演讲，2011年6月6日。

③ Carl Howe, "Apple Reboots Retail with Connected Experiences," Yankee Group，2011年3月23日。见于 www. yankee-group. com/ResearchDocument. do? id = 56472，2012年8月30日访问。

是"这种词被禁止使用，而是要用"结果是"这样的词来替代。① 下次考试请你尝试一下！

截至2011年年中，苹果公司通过iTunes网上商店销售了150亿首歌，并通过iBookstore销售了1亿3千万册书籍，并且在不到3年的时间里就在App Store上卖了140亿次应用程序。苹果公司现在是首要的个人计算机软件销售渠道，而且是用户能够购买Mac X Lion的唯一地方。早期通过软件销售渠道卖130美元的OS X被现在只卖30美元的Mac X Lion取代。②

为了鼓励iPhone和iPad应用程序的开发，苹果公司与应用程序开发商共享收益。这意味着在不到3年的时间内要付给开发商25亿美元。开发商给予的回馈是设计了445 000个iOS应用程序和无时无刻不在工作的一批开发大军。

顺便提一下，如果你想开发一个iOS应用程序，首先需要做什么呢？答案是：买一台Macintosh。苹果公司关闭了其他开发方法对其的开发。Adobe Flash行吗？不行。苹果公司声称Flash有太多漏洞，事实也许如此。并且，Flash开发商遭到排斥。Microsoft Silverlight呢？也不行。Microsoft开发商也被冷落。非苹果产品开发商团体非常愤怒，不过苹果公司的回应大体上是，"好吧，我们会把这25亿美元给其他人。"

每个销售的成功造就了其他各个销售的成功。流行音乐造就了iPod，iPod造就了iTunes，并创造了一个增长的、成熟的iPhone用户基础。因为有了iPhone的销售，所以有了苹果商店；因为苹果商店的成功，所以有了开发商团体；因为有了开发商团体，所以有了更多的应用程序；因为有了应用程序，所以推广了iPhone，并为iPad创造了平台；因为iPhone和iPad的流行，所以有了App Store；因为有了App Store，所以使OS X Lion只要30美元；因为OS X Lion价格便宜，所以有了更多忠实的顾客，当然还有更多的开发商。难怪一些股东希望史蒂夫·鲍尔默辞去Microsoft首席执行官的职位！③

案例讨论

1. 苹果公司运用了波特的4种竞争战略（见第3章）中的哪一个？请说明。

2. 你认为苹果公司不可思议的成功背后最重要的3个方面是什么？证明你的看法。

3. 史蒂夫·乔布斯于2011年10月逝世，直到去世之前，他一直都是苹果公司创新的心脏和灵魂。今天，虽然他已不在，但是35 000名苹果的员工继续向前看。众多投资者面对的一个巨大问题是：没有他的存在，苹果公司是否能够成功。截至2012年，苹果公司股票持续快速上涨，所以他的离去目前还没有对股价造成坏的影响。你的看法是什么？他担任着什么角色？苹果公司应该对他的离去做出怎样的反应？没有他的领导，你愿意投资苹果公司吗？为什么？

4. Microsoft公司在平板电脑（如iPad）的发展中有着早期的领导地位，且拥有世界领先的操作系统和应用程序长达20年以上。请说出Microsoft公司不能达到苹果公司同样成功的5个原因。大多数业内人士分析认为，Microsoft公司的88 000名员工的技术和能力在平均程度上是与苹果公司一样优秀的。

5. 思考你对以上4个问题的回答以及现在的股价。如果你有富余的5000美元，并且你想购买一支股票，你会买AAPL（苹果公司股票）吗？为什么？

---

① Yukari Iwatani Kane and Ian Sherr, "Secrets from Apple's Genius Bar: Full Loyalty, No Negativity," 华尔街日报，2011年6月15日。见于http://online.wsj.com/article/SB10001424052702304563104576364071955678908.

② 苹果公司在苹果全球开发商大会上的演讲，2011年6月6日。

③ Sharon Pian Chan, "Steve Ballmer Pre-Announces 2011 Earning for Microsoft"，西雅图时报，2011年6月30日。见于http://seattletimes.nwsource.com/html/businesstechnology/2015465692_microsoftballmer30.html，2012年8月30日访问。

第 5 章 数据库处理

GearUp 公司的 CEO，Kelly Summers 安排 Drew Mills 和 Addision Lee 寻求降低公司运营成本的方法。Drew 和 Addision 认为公司运营中效率缺失的环节之一是：供应商有时会因为无法完成货物的配送而取消原先的订单。尽管 Drew 和 Addision 意识到了这个问题，但是他们不知道这个问题到底有多大，也无法仅凭直觉说服 Kelly 关注这一问题。

于是，Drew 和 Addision 在一个会议上求助公司 IT 部门的主管 Lucas Massey，希望可以从技术部门得到关于"供应商取消订单"的分析报告。

"能让你们两位一起关注，看来这确实是个麻烦的问题"Lucas 半开玩笑地看着他们。

"哦，Lucas，你可以帮我们处理好这个问题的"，Drew 坐下来说。"另外，如果你们部门遇到了什么麻烦，说不定也和订单取消这个环节有关"，他一边说，一边对 Addsion 点头。

"其实是这样的"，Addision 对于这样的谈话并没有太多耐心。"我们正在想办法降低公司的运营成本，而且我们发现一些供应商临时取消订单会增加不少额外的费用。"

"例如"，Drew 也加入到谈话中，"我们了解到 General Sport 常常声称公司有足够的货物，但事实却刚好相反。"

"然后会发生什么呢?"Lucas 知道这会导致怎样的后果，但是他想听听 Drew 和 Addision 的看法。

"我们不得不取消一些买家的订单，因为没有足够的库存，我想你是知道这一点的……" Addision 说到这里时，Drew 打断了他的话。

"或者，只能为买家配送部分产品，但这也是个麻烦。你可以理解的，如果你在我们公司买了皮艇和船桨，可我们只为你配送了船桨……你可以想想那个场景是怎样的。"

"不管怎样"，Drew 继续说，"就算供应商取消订单符合约定，我们也会在支出额外费用的同时失去顾客的信誉。"

"那么，我可以在哪方面帮到你们?"Lucas 发问了。

"我们需要数据的支持。我们知道 General Sport 给我们带来了不少的损失，但是我们不清楚损失到底有多大。所以我们需要一个分析报告，这个报告需要分析 General Sport 所有取消过的订单。"Addsion 很高兴谈话进入了重点部分。

"事实上，给我们带来损失的不止 General Sport，我们还了解到其他一些供应商也因为缺货而导致取消订单。但问题是我们不知道有哪些公司取消订单以及由此给公司带来的损失是多少"，Drew 补充说到。

"所以"，Lucas 停顿了一下，"你们需要所有取消订单的分析报告?"

"不，并不需要分析所有取消过的订单，就分析那些因为拿不到供应商的货物而导致取消的订单就可以。"

"嗯……我们需要联合客户的订单数据以及配送系统中的应付账款数据。这份报告可以完成。你们希望什么时候拿到这份报告?"

"今天。"Addision 焦急地说。

"不可能，这做不到的。不如我把提取好的数据给你们，然后你们生成分析报告如何？我可以星期一完成这部分工作。"

"可是这方面我们完全不懂……"Drew 拒绝这个提议，这时 Assdion 插话了。

"你能否把这些数据导入 Access？"

"当然可以。"

"好，我们接受这个建议。星期一什么时间给我们数据？"

"中午如何？"

"好的。"

会议结束后，Addsion 和 Drew 在去 Drew 家时小声讨论会议的内容。

"Addsion，你在做什么？我们根本不知道如何生成分析报告……"，Drew 小声地说。

"不，Drew，你不了解分析报告的生成。其实这不难。如果 Lucas 给我数据，我可以在 Access 中加工和整理这些数据，然后生成分析报告，这将是我们独有的报告，不会传到网上去。"

"这对我来说似乎很难，但我支持你这么做。希望不会出什么差错。"

"不会出错的，等着瞧吧。"

学习目标

1. 数据库的目的
2. 数据库的定义
3. 数据库管理系统
4. 数据库应用程序的作用
5. 非关系型数据库管理系统

5.1 数据库的目的

数据库的目的是为了记录事物。当大多数学生了解到这个情况时，他们会疑惑：我们为什么需要一个特殊的技术来处理这样一个简单的任务？为什么不只使用清单列表？如果清单很长，把它放入电子表格就是了。

事实上很多专家确实使用电子表格保存事物记录。如果清单的结构足够简单，就没有必要采用数据库技术，对于图 4-1 所示的学生成绩清单表，采用电子表格就可以了。

然而，假设教授想要记录的不仅仅是成绩，还想要记录电子邮件信息和办公室拜访。在图 5-1 中已经没有空间来存放增加的信息了。当然，教授可以建立一个新的表来记录电子邮件信息和另外一张表来记录办公室来访信息。但是这种解决办法在使用时会变得困难，因为它没有把所有的数据记录在一个地方。

相反，教授想要一个如图 5-2 所示形式的表。有了它，教授可以在同一个地方记录学生的成绩、电子邮件和办公室拜访，如果用电子表格来生成如图 5-2 所示的形式是比较困难的，而用数据库生成这样的形式是很容易的。

图 5-1 和图 5-2 的关键区别在于图 5-1 中的列表是一个单一主题或概念，它仅包含学生的成绩。图 5-2 中的列表清单有多重主题，表现了学生的成绩、电子邮件以及学生的办公室来访

信息。我们可以从这些例子中得出一个普遍的规则：只有一个单一主题的列表可以保存在电子表格中，包含多重主题的清单则需要数据库。在本章中，我们将深入探讨这个一般规则。概括起来说，数据库的目的就是为了保存有多个主题的记录。

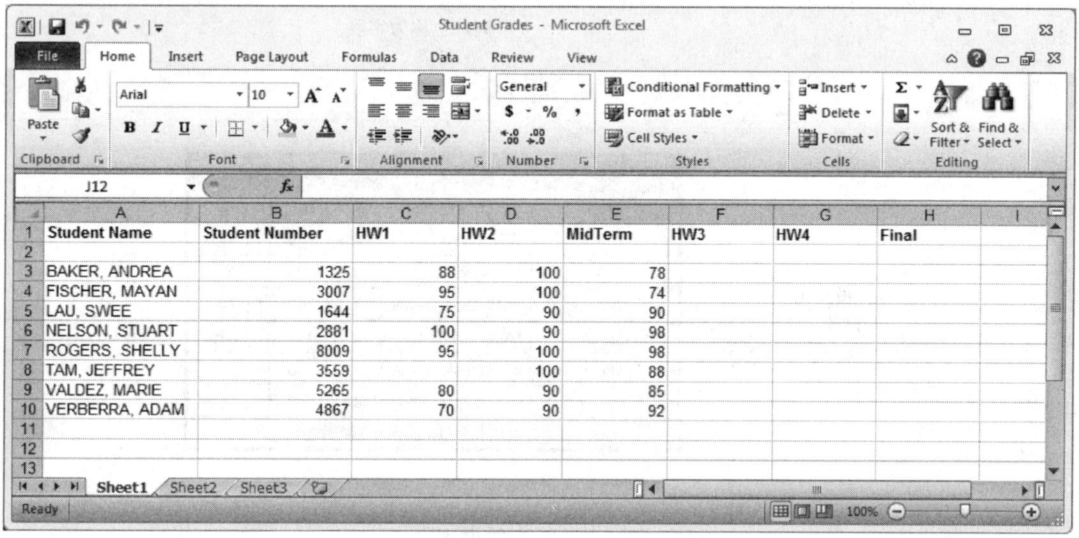

图 5-1　学生成绩清单电子表

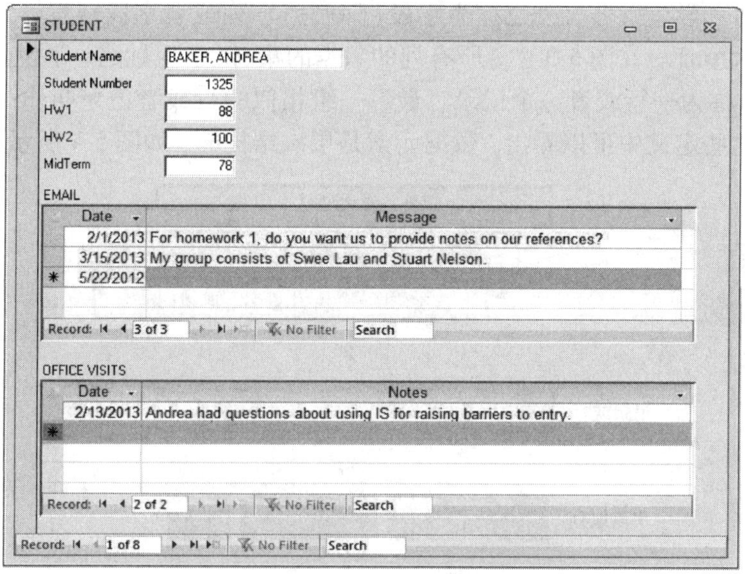

图 5-2　来自数据库的学生成绩表

5.2　数据库的定义

数据库(Database)是一个自我描述记录的集合。为了理解这个定义，首先需要理解图 5-3 中包含的术语。

注解：显然，数据库的开发比电子表格的开发更难。正如本章“学习指导”中说的那样，因为数据库更难开发，所以一些人更愿意或者假装愿意使用电子表格。

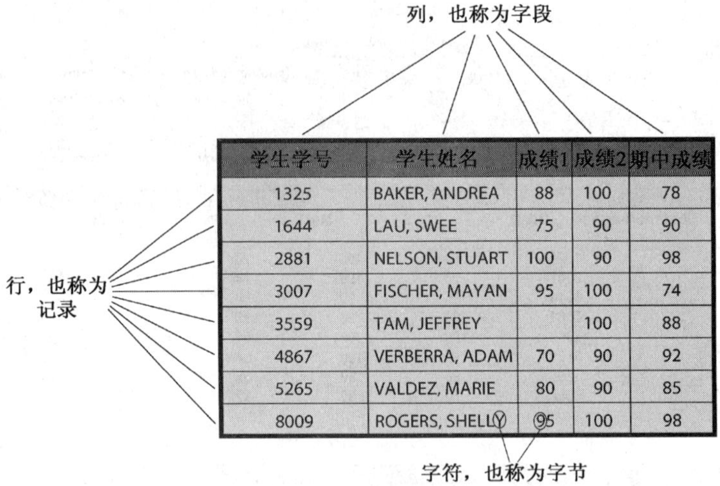

学生学号	学生姓名	成绩1	成绩2	期中成绩
1325	BAKER, ANDREA	88	100	78
1644	LAU, SWEE	75	90	90
2881	NELSON, STUART	100	90	98
3007	FISCHER, MAYAN	95	100	74
3559	TAM, JEFFREY		100	88
4867	VERBERRA, ADAM	70	90	92
5265	VALDEZ, MARIE	80	90	85
8009	ROGERS, SHELLY	95	100	98

图 5-3　学生数据表

正如你在第 4 章中所学，一个**字节**是一个数据字符。在数据库中，字节按**列**(Column)组合，例如学生学号和学生姓名。列也称为**字段**(Fields)。列或者字段转置形成**行**(Rows)，也被称为**记录**(Records)。在图 5-3 中，所有列的数据的集合(学生姓名、学生学号、成绩 1、成绩 2 和期中成绩)称为一行或者一个记录。最后一组相似的行或者记录叫作一个**表**(Table)或**文件**(File)。从这些定义中可以看出，数据元素是层次结构的，如图 5-4 所示。

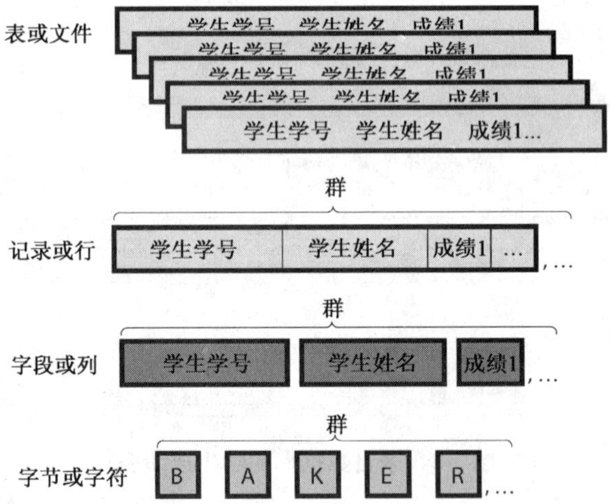

图 5-4　数据元素的层次

对此过程的进一步解释是，数据库是一组表或文件。这个解释虽然是对的，但并不深入。如图 5-5 所示，一个数据库是表加上表中各行之间的关系以及被称为元数据(元数据描述了数据库的结构)的特殊数据的集合。图中用像磁盘一样的圆柱体表示数据库的原因是数据库普遍存储在磁盘中。

5.2.1 记录之间的关系

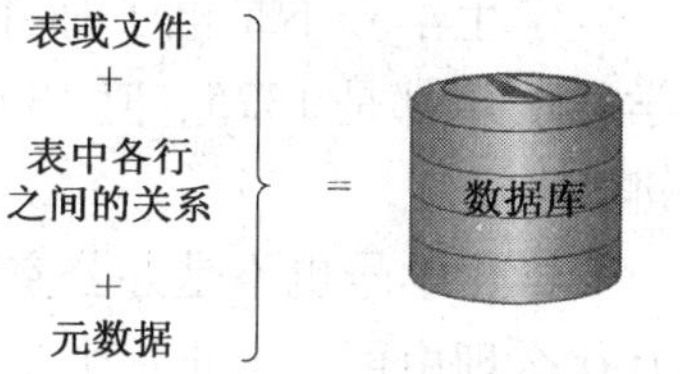

图 5-5 数据库的组成

回顾图 5-5 中左侧的名词，你已经知道了表的概念。为了深入理解各表中行之间的关系，请看图 5-6。它显示了 3 个表的样本数据，分别是电子邮件、学生信息和办公室来访信息。注意电子邮件表中名为学生学号的一列，这一列表明了学生信息表中各行的联系。电子邮件表中第一行学生学号的值是 1325，这表明这封特定的 Email 是来自于学号为 1325 的学生。如果你查看学生信息表，将发现 Andrea Baker 一行为这个值。因此，电子邮件表的第一行是与 Andrea Baker 相联系的。

邮件编号

电子邮件表	日期	信息	学号
1	2/1/2012	对于作业1，你需要我们提供一些笔记吗？	1325
2	3/15/2012	我的组由Swee Lau和Stuart Nelson组成	1325
3	3/15/2012	你能把我安排到一个组里吗？	1644

学生表

学号	学生姓名	成绩1	成绩2	期中成绩
1325	BAKER, ANDREA	88	100	78
1644	LAU, SWEE	75	90	90
2881	NELSON, STUART	100	90	98
3007	FISCHER, MAYAN	95	100	74
3559	TAM, JEFFREY		100	88
4867	VERBERRA, ADAM	70	90	92
5265	VALDEZ, MARIE	80	90	85
8009	ROGERS, SHELLY	95	100	98

办公室来访表

来访编号	日期	留言	学号
2	2/13/2012	对于信息系统抬高了使用的门槛有一些疑问	1325
3	2/17/2012	Jeffrey正在考虑报考信息系统专业，想谈谈关于职业的发展	3559
4	2/17/2012	Will由于工作冲突错过了周五的课程	4867

图 5-6 行之间的关系示例

现在考察在图底部的办公室拜访表的最后一行。这一行学生学号的值是 4867，这个值表明，办公室来访表的最后一行属于 Adam Verberra。

从以上例子中可以看出，一个表的值与第二个表中的行相联系，一些术语可以用来表达这些意思。**关键字(Key)**或者**主关键字(Primary Key)**是可以唯一标识表中一行数据的一个或多个字段。学生学号是学生信息表的关键字，给定学生学号的值，可以在学生信息表中确定并只能确定一行。例如，学号为 1325 的学生只有一个。

每一个表必须有一个关键字。电子邮件表的关键字是邮件编号，学生来访表的关键字是来访编号。有些时候，为了确定特定的记录，需要多于一列的列名。例如，在一个名为城市的表中，关键字可能由列的组合(城市，州)组成，因为一个城市名可能会出现在几个州里。

学生学号不是电子邮件表和办公室来访表的关键字。因为在电子邮件表有两行的学生学号的值都是1325，值1325不能确定唯一的一行。所以，学生学号不是电子邮件表的关键字。

学生学号也不是办公室拜访表的关键字，虽然从图5-6中看不出来。如果仔细想一下，没有什么理由可以阻止一个学生去拜访一个老师一次以上。如果这种情况发生了，在办公室来访表中，将会有相同的学生学号的值。在图5-6有限的数据中只是碰巧没有一个学生拜访老师两次。

在电子邮件表和办公室来访表中，学生学号是一个关键字，在学生表中，学生学号也是关键字。像在电子邮件表和办公室拜来访表中起到作用的学生学号被称为**外键(Foreign Keys)**，使用这个术语是因为这些列是关键字，但是它们是另一个表(外部表)的关键字而不是它们所在的那个表的关键字。

在继续学习之前需要知道，以表的形式包含数据以及使用外键代表关系的数据库称为**关系数据库(Relational Databases)**。使用关系这个术语是因为表的另一个更正式的名字就是**关系(Relation)**。在过去曾经存在不是关系格式的数据库，但是这样的数据库几乎消失了。你可能永远也不会看到这样的数据库了，我们也就不再讨论它了①。

5.2.2 元数据

再一次回顾数据库的定义：数据库是一个自我描述记录的集合。记录是被整合的，这是因为各行之间的关系是在数据库中表现的。但是，自我描述是什么意思呢?

它的意思是，一个数据库包含了它自身内容的描述。试想，一个图书馆是一个书籍和其他资料的自我描述集合。它之所以是自我描述的，是因为图书馆包含了一个描述图书馆内容的目录。同样的思想适用于数据库。数据库是自我描述的，原因在于它不仅包含了数据，也有关于数据库中数据的数据。

元数据(Metadata)就是描述数据的数据。图5-7表现了电子邮件表的元数据。

元数据的格式取决于处理数据库的软件。图5-7显示的元数据是在Microsoft的Access环境下的。这个**表单**(form)顶部的每一行描述了电子邮件表的一列，这些描述的列是字段名、数据类型和描述。字段名是这一列的名称，数据类型是指这一列包含的数据的类型，描述包含了解释数据来源或者使用数据的记录。正如你看到的，在电子邮件表中，4列中的每一列都有一行元数据：电子邮件号、日期、信息、学号。

这个表单的底部为每一列提供了更多的元数据，Access称其为区域特性(Field Properties)。在图5-7中，焦点在日期这一列(注意日期这一行四周的边框)，因为在此窗口中焦点是日期，下面的方格就显示了日期这一列的特性。区域特性描述了字段格式，当创建一个新行时，Access会提供一个默认值，并且描述了这一列取值的约束范围。记住这些细节对你并不重要。相反，只要理解元数据是关于数据的数据以及这些元数据是数据库的一部分即可。

元数据的存在使得数据库更加方便使用。有了元数据，就没有必要再猜测、记忆或记录数据库里有什么。为了知道数据库里包含什么，只需要看一下数据库中的元数据就可以了。

---

① 另一种数据库——**对象-关系数据库**(object-relational database)很少用在商业中。如果你想学习更多关于这种数据库的知识，可以到网上搜索一些资料。在本书中，我们只讨论关系数据库。

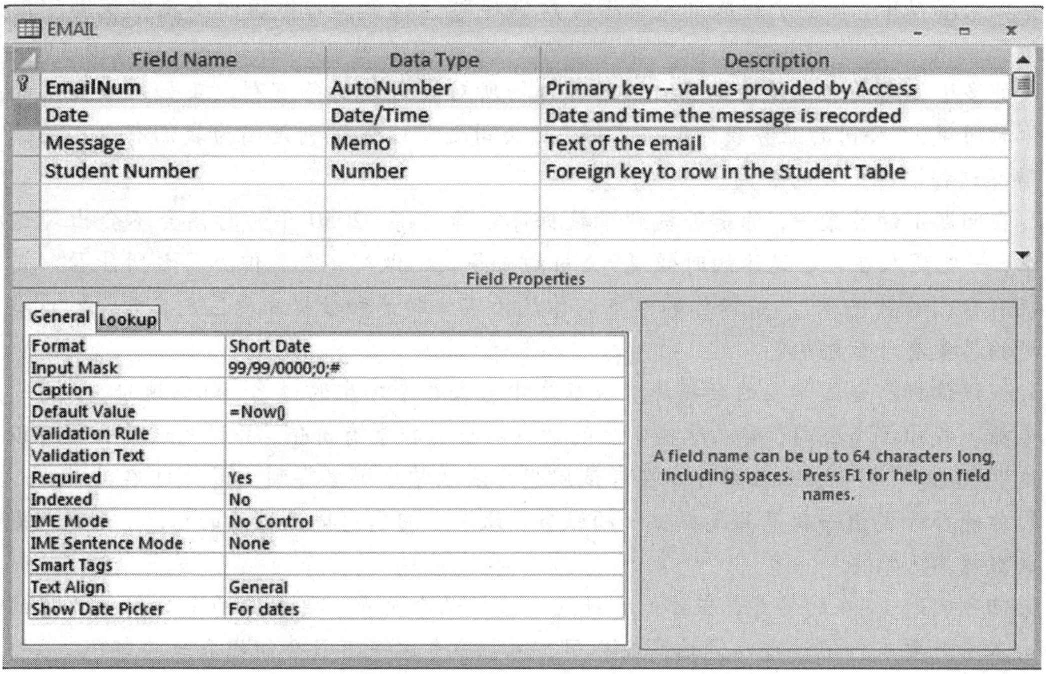

图 5-7　元数据(Access 中)

注解：正如本章“道德指引”案例中描述的那样，元数据使得数据库的应用更为便捷，无论是以授权还是未授权的目的使用数据库。

体验 MIS　课堂练习 5

数据库有多少价值？

坐落于明尼阿波利斯的一个健身房，已经累计有超过 15 000 位顾客，每天平均有 500 人到访。作为公司两位商业合作伙伴之一，Neil Miyamoto 认为公司的数据库是他们最大的财产。Neil 曾说：

如果拿走我们健身房的其他东西——比如场地、设备、存货等等，我们都可以用 6 个月甚至更少的时间重建一个健身房。但是如果拿走公司的客户数据库，我们就只能从头再来了。没有客户的数据，公司需要 8 年的时间才能发展到现在这个样子。

为什么数据库是如此的重要？因为它记录了公司客户的所有信息。比如，现在公司要请一位教练开设跆拳道课程，时间是早晨。公司会在数据库中查询以下内容：哪些客户早晨来健身房？哪些客户参加过跆拳道的课程？哪些客户曾经参加过这位教练的健身课程？然后将该跆拳道课程推荐给这些客户。因此，客户会收到自己感兴趣的推荐，更重要的是，那些客户不感兴趣的活动几乎不会出现在公司的推荐列表中。很明显，公司的数据库非常有价值，如果公司愿意，还可以把这些数据卖给其他企业。

在这个练习中，你和小组成员需要思考数据库对一般企业的价值而不是对案例中健身房的价值。

1. 许多小公司的老板认为购买自己的工作场所对公司的财务有利。正如一个公司的老板在退休时所说，“公司的业务我们做得不错，但公司之所以能盈利是因为我们有自己的工作场所。”解释这种情况出现的原因。

2. 在问题1的答案中，你是否提到了数据库？你觉得，2050年的时候会不会出现这样一幅景象，一些商人在自己退休的时候说“公司的业务我们做得不错，但公司之所能盈利是因为我们拥有自己的数据库”。解释你的观点。你认为实体财产和数据库的区别在哪里？这些区别对本题的答案有什么影响？

3. 假设你拥有全国学生的数据库。数据库中包含每个学生的姓名、邮件地址、大学、成绩以及专业。找出5个公司，要求这些学生的数据对公司非常有价值，并说明这些公司可以如何利用这些数据。（例如，必胜客可以在考试周想办法从学生那里得到更多的订单。）

4. 你能否开发出一款产品或提供一项服务，让学生们乐意提供自己的信息，形成问题3中所说的数据库。

5. 回顾问题1~4的答案，在你们的社区中选择两个公司，要求这两个公司数据库的潜力比公司本身还要有价值。可以考虑商业公司，但也应考虑一下社会组织和政府部门。

描述这两个公司的数据库中包含的信息，说说你如何才得到顾客的信息。另外，说明这些数据的价值在何处，由谁来使用这些数据。

6. 将你在本案例中所学知识概括为1分钟的陈述，要求这个陈述可以运用在面试中，来证明你可以创造性地运用商业中的信息技术。

7. 整理问题1~6的答案，并展示给其他同学。

5.3 数据库管理系统

一个数据库如果独立存在则并没有什么实际意义。图5-6的表中有教授想要的所有数据，但格式是难以使用的。教授想要看到的是像图5-2所示的表以及一个标准的报表。纯数据库的数据是正确的，但是粗略的形式是不实用的。

图5-8展示了**数据库应用系统**（Database Application System）的组成部分。这样的应用系统使数据库的数据更易存取和更加实用。用户采用的数据库应用系统由表单（如图5-2所示）、标准的报表、查询以及应用程序组成，它们中的每一个会依次请求数据库管理系统（DBMS）来处理数据库表。我们首先介绍数据库管理系统，然后在下一节讨论数据库应用系统的组成。

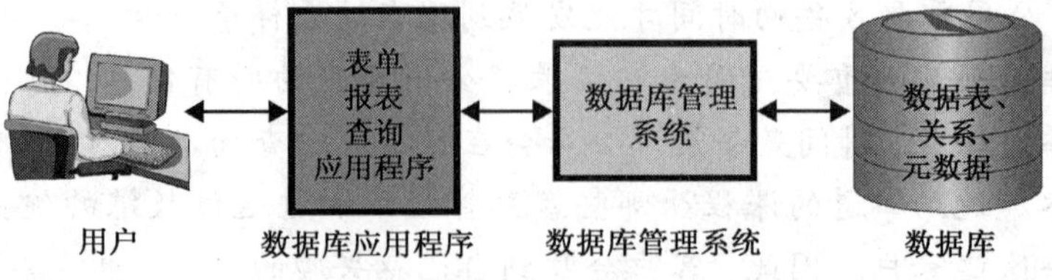

图5-8 数据库应用系统的组成

数据库管理系统(Database Management System, DBMS)是一个用来创建、处理和管理数据库的程序。就像操作系统一样，几乎没有企业去开发自己的数据库管理系统。相反，企业从生产商如 IBM、Microsoft、Oracle 等公司得到数据库管理系统产品的授权。流行的数据库管理系统产品有 IBM 的 DB2、Microsoft 的 Access 和 SQL Server 及甲骨文公司的 Oracle。另一个很流行的数据库管理系统是 MySQL，它是一个开源的数据库管理系统产品，对于很多应用是免费的①。此外还存在其他的数据库管理系统产品，但上文提到的几种占据了市场的主要地位。

注意，数据库管理系统和数据库是两个不同的东西。由于一些原因，媒体甚至一些书籍都把两者搞混淆了。数据库管理系统是一个应用软件，数据库是一个数据表、关系和元数据的集合，两者是非常不同的概念。

1. 创建数据库和数据库的结构

数据库的开发者利用数据库管理系统来创建数据表、关系和其他的数据库结构。如图 5-7 所示的表单可以用来定义一个新表或者修改一个已经存在的表。要创建一个新表，开发者只需要填一个如图 5-7 所示的新表单即可。

要修改一个已经存在的表，比如，要新加一列，开发者需要打开这个表的元数据表单，为元数据增加一个新行。如图 5-9 所示，开发者已经在表中增加了一个新列。这个新列的数据类型为“是/否”，意思是这个列只能包含一个值，是或者否。教授可以用这个列来判断自己是否回复了电子邮件。其他的数据库结构以同样的方法来定义。

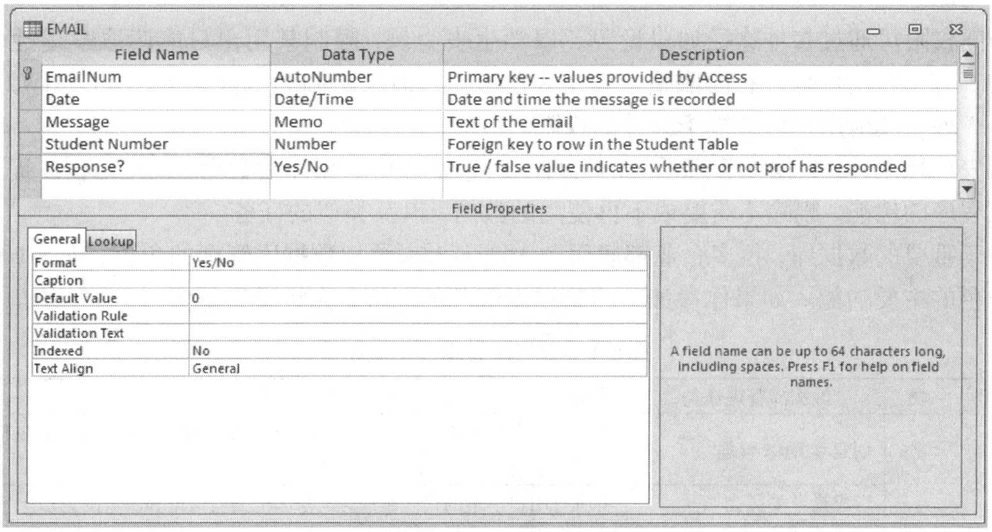

图 5-9　在表中添加新列

2. 操作数据库

数据库管理系统的第二个功能是操作数据库。应用程序使用数据库管理系统可以进行 4 种操作：读取、插入、修改或者删除数据。这些应用程序以不同的方式调用数据库管理系

---

① MySQL 由 MySQL 公司提供支持。2008 年，MySQL 公司被 Sun 公司收购，而后者接下来就被 Orale 公司收购了。由于 MySQL 是开源的，因此 Oracle 公司不拥有 MySQL 的源代码。到了 2009 年，网络中又谣传一名 MySQL 的最初开发者将使用现有代码去创建一个新的开源项目。计算机工业就是如此！

统。对表单来说，用户输入新数据或改变数据时，表单后的计算机程序调用数据库管理系统来做出适当的数据库变化，而应用程序则是直接调用数据库。

结构化查询语言（Structured Query Language，SQL）是操作数据库的国际化标准语言。以上提到的5种数据库管理系统产品中都可以使用SQL语句。作为一个例子，下面的SQL语句在学生表中插入一个新行：

```
INSERT INTO Student
([Student Number], [Student Name], HW1, HW2, MidTerm)
VALUES (1000, 'Franklin, Benjamin', 90, 95, 100);
```

如前所述，像这样的语句是那些处理表单的程序幕后操作的过程。另外，这些语句也可以被应用程序调用。

你不需要立刻就理解或者记住SQL语言。相反，只需要知道SQL是一个国际标准化的处理数据库的语言就够了。SQL也可以用来创建数据库和数据库结构。如果参加数据库培训班，你将会对它了解得更多。

3. 管理数据库

数据库管理系统的第三个功能是提供工具来帮助管理数据库。数据库管理（Database Administration）涉及大量的活动。例如，数据库管理系统可以为运行数据库建立一个包括账户、密码、许可以及权限的安全系统。为了提供数据库的安全性，用户必须通过有效账户才能处理数据库。

访问权限可通过多种途径加以设置。以学生表为例，限制某用户只能读取学生姓名列是可以的。另一名用户也许有读取整个学生表的权限，但被限制为只能更新HW1、HW2、期中成绩这3列。其他用户可被授予另外的权限。

除安全性之外，数据库管理系统的管理功能包括备份数据库的数据，调整结构以提高数据库应用程序的性能，删除不需要或不再使用的数据，以及类似的任务。

对于重要的数据库，很多企业都雇用一人或多人来承担数据库管理的角色，表5-1概括了这个角色的主要功能。如果你参加一门数据库管理的课程，你将学到更多。

表5-1 数据库管理任务概述

种　类	数据库管理任务	描　述
数据库开发	创建和DBA管理	DBA小组的规模取决于数据库的大小和复杂程度，小组可以只包括一名兼职员工，也可以有多名员工
	形成指导委员会	由所有用户小组的代表组成，是社区范围内讨论和决策的论坛
	细化需求	确保所有合理的需求都被考虑进来
	认证数据模型	检查数据模型的正确性和完整性
	评估应用设计	确保所有必要的表单、报表、查询和应用都被开发出来认证应用组件的设计和可用性
数据库运营	管理授权和责任分配	决定每一个表/列中的访问权限
	安全管理	当需要时，添加、删除用户或用户组；确保安全系统在运转
	跟踪问题并管理解决方案	开发记录并管理问题解决方案的系统
	监视数据库性能	提供性能提升的实践或解决办法
	管理数据库管理系统	评估新的功能

续表

种 类	数据库管理任务	描 述
备份和恢复	管理备份事宜	确保所有数据库备份方案被执行
	执行培训	确保用户和运营人员了解并懂得恢复数据库的步骤
	恢复管理	恢复流程的管理
协同化	建立请求跟踪系统	开发记录请求并排出优先级的系统
	设置变动管理	数据库变化对应用和用户造成的影响管理

5.4 数据库应用程序怎样使数据库更加有用

数据库应用程序(Database Application)是处理数据库的表单、报表、查询和应用程序的集合。一个数据库可能有一个或多个应用程序，每一个应用程序可能有一个或多个用户。图 5-10 展示了 GearUp 公司的 3 个应用程序。采购人员使用第一个程序安排事件；操作人员使用第二个程序打开产品拍卖界面；会计人员使用第三个程序完成记账工作。这些应用程序有不同的目的、特征和功能，但是它们都会处理 GearUp 公司数据库中的数据。

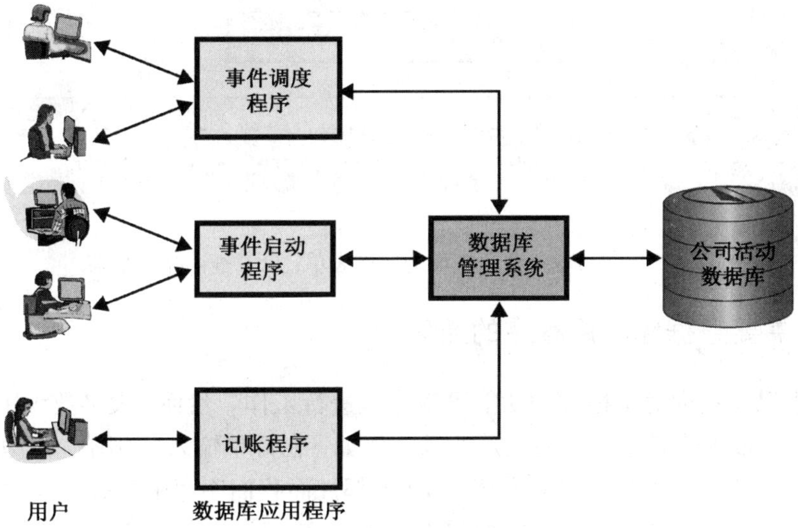

图 5-10 多用户数据处理

5.4.1 表单、报表和查询

图 5-2 显示了一个典型的数据库应用程序进入**表单(form)**，图 5-11 显示了一个典型的**报表(report)**。数据进入表单是用来读取、插入、修改和删除数据的。报表是在一个结构化的文本中显示数据。

回忆在第 1 章中给出的关于信息的定义：“信息是出现在有意义的背景中的数据。”这个报表的结构创建了信息，因为它为教授在一个文本中显示了有意义的数据。一些报表，如图 5-11 所示，当显示数据时也会计算一些值，如图 5-11 中的总重量计算。

数据库管理系统的程序还提供了更广泛的查询功能。例如，假设使用学生信息表的教授想起了一个学生在一次来访中提到过"入侵壁垒"的话题，但是记不起是哪一个学生以及是什么时候了，如果他查阅所有的办公室拜访记录来寻找这一事件的话，教授将花费很多时间和精力。然而，数据库管理系统可以很快找到这样的记录。图 5-12(a)显示了一个**查询(Query)**形式，教授正在输入他要查询的关键字。图 5-12(b)显示了查询的结果。

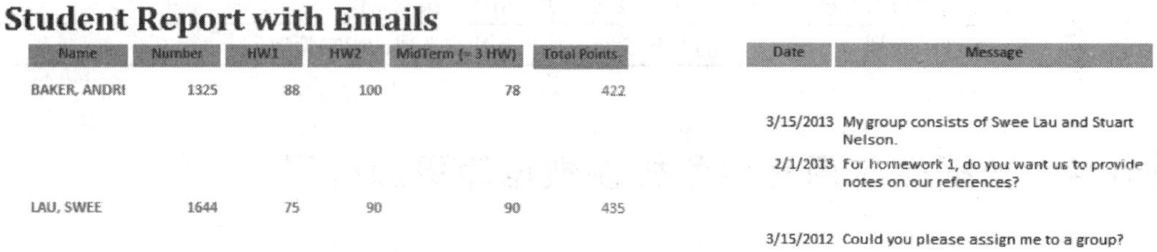

图 5-11　学生报表示例

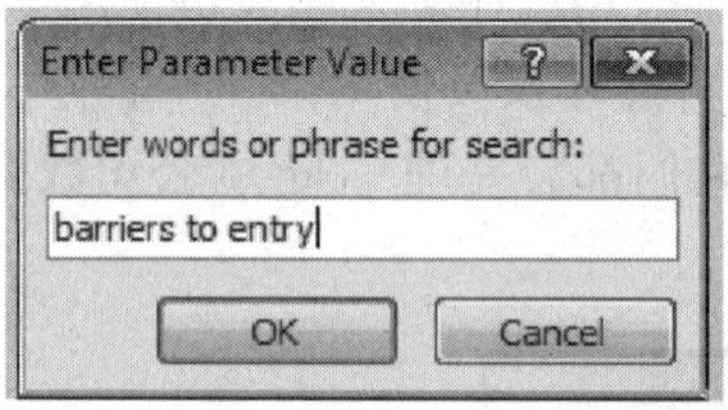

(a)

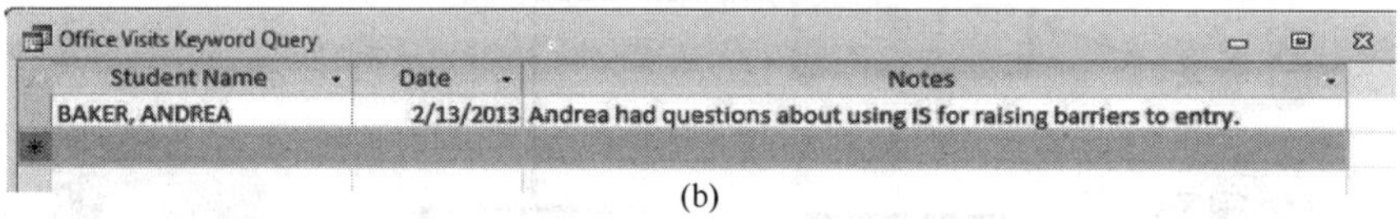

(b)

图 5-12　(a)输入短语查询的实例表单；(b) 查询操作结果

5.4.2　需要数据库应用程序的原因

表单、报表以及查询对于标准的功能可很好地进行工作。然而，大多数应用都有独特的要求，简单的表单、报表或者查询不能满足要求。例如，在订单输入应用中，当只能满足一部分客户的需求时，应该怎么做？如果有人想要 10 个部件而我们库存中只有 3 个时，又该怎么办？要不要自动下缺货订单？或者，是否需要采取其他措施？

应用程序根据特定的业务需求来执行特定的处理。在学生数据库中，一个应用的例子是在每学期期末计算成绩。如果导师将成绩用曲线表示，应用程序从表单中读出每个分数的整数位，之后在学生表中处理每一行，并基于总分和小数点前的分数生成曲线。

应用程序的另一个重要的作用是，使数据库能够通过网络进行处理。对这个用途，应用程序则作为网络服务器和数据库的中转站。应用程序对事件做出反应，比如当一个用户按提交按钮时；此外也要读取、插入、修改和删除数据库的数据。

图 5-13 显示了在网络服务器上运行的 4 个不同的数据库应用程序。用户通过浏览器连接到网络服务器上，网络服务器将用户请求发给相应的应用程序，然后应用程序就会对数据库进行必要的处理。在下一章的讨论中你会学到更多网络数据库的内容。

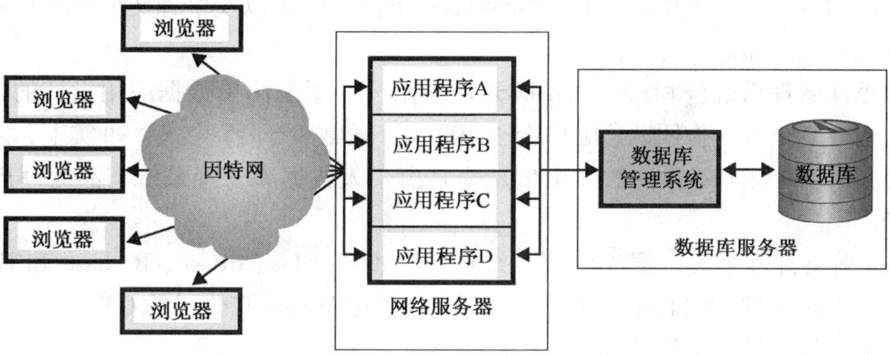

图 5-13 网络服务器上运行的 4 个不同的数据库应用程序

5.4.3 多用户处理

图 5-10 和图 5-13 显示了多个用户在使用数据库。这样的**多用户处理**（Multi-User Processing）是很普遍的，但是它却产生了一系列的问题。为了理解这些问题的性质，考虑下面的情境。

两个用户——Andrea 和 Jeffrey，他们是 GearUp 公司的职员，为了组织活动都想买到剩余的5 个足球。Andrea 通过浏览器登录 GearUp 公司的网站，发现还剩余 5 个足球。于是 Andrea 将这 5 个足球全部放入购物车。她不知道的是，查询足球的个数时，她调用了 GearUp 公司服务器上的相关应用来读取数据库，并发现还有 5 个足球可以购买。在结算之前，Andrea 和自己的主管确认了一下，活动确实需要 5 个足球，这花费了一些时间。

与此同时 Jeffrey 也通过浏览器登录了 GearUp 公司的网站并发现剩余 5 个足球，因为他的浏览器调用了相同的应用并对数据库进行了读操作，发现有 5 个足球可供购买（因为此时 Andrea 还未结算购物车中的足球），所以，Jeffrey 将 5 个足球放入购物车中并结算。

Jeffrey 结算购物车的同时，Andrea 确认是要购买 5 个足球，因此她结算了购物车。很明显，这是有问题的。Andrea 和 Jeffrey 都购买了 5 个足球，他们中肯定有一个人要失望了。

这个问题就是**丢失－更新问题**（Lost-Update Problem），是多用户数据库应用程序的一个特殊性质。为解决这个问题，必须使用一些类型的锁定来协调用户的活动，这些用户之间互不知道所做的工作。但是在这里我们不进行深入的探讨。

从这个例子可以认识到，把一个单一用户数据库转换成一个多用户数据库要比简单上网连接到另一台计算机上复杂些，应用处理程序也需要调整。

当管理多用户数据库处理的商业活动时，要注意可能会有数据冲突。如果你发现了不正确的结果，看起来也没有什么原因，你就可能遇到了多用户数据冲突。找到你的信息管理系统部门来寻求帮助。

5.4.4 企业数据库管理系统与个人数据库管理系统

数据库管理系统产品分成两种类型。**企业数据库管理系统**（Enterprise DBMS）产品处理大型组织和工作团队的数据，这些产品支持许多用户，可能有上千个使用不同数据的用户。这样的数据库管理系统产品支持 24/7 运作，并且能够管理涉及几十个不同的硬盘的具有几百吉字节甚至更大的数据库。IBM 的 DB2、Microsoft 的 SQL Server 以及甲骨文公司的 Oracle 都是企业数据库管理系统产品。

个人数据库管理系统(Personal DBMS) 产品是为小型的简单数据应用设计的，这样的产品应用于个人或者小型工作团队，用户少于 100 个，通常少于 15 个人。事实上，大量的这种数据库通常只有一个用户，教授的学生信息表是由个人数据库管理系统产品处理产生的一个数据库例子。

在过去，曾有许多个人数据库管理系统产品，如 Paradox、dBase、R∶base 和 FoxPro。Microsoft 公司的 Access 把它们赶出了市场，Access 包含在 Microsoft 公司的 Office 套件中，成为今天唯一的个人数据库管理系统产品。

为了避免你将来会弄混，如图 5-10 所示的应用程序和数据库管理系统自身分离，只是对企业数据库管理系统产品是真实的。Microsoft Access 包含了应用程序处理的特性和功能，也有数据库管理系统自身。例如，Access 有一个表单生成器和一个报表生成器。因此，如图 5-14 所示，Access 既是一个数据库管理系统，也是一个应用程序开发产品。

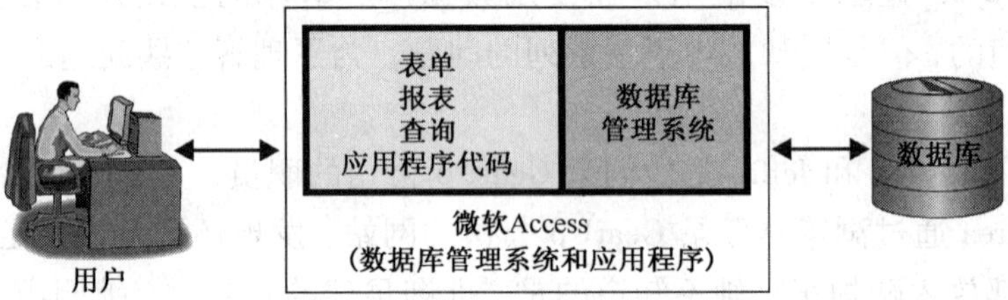

图 5-14　个人数据库系统

5.5　非关系型数据库管理系统

近年来，数据库领域发生了一些不同寻常的事情。Amazon 公司认为关系型数据库技术已经不能满足其数据处理的需求，因此 Amazon 公司开发出了一个非关系型数据库——Dynamo。同时，几乎基于相同的考虑，Google 也开发了一款非关系型数据库——Bigtable。Facebook 借鉴了这两种数据库并开发出了第三个非关系型数据库——Cassandra。2008 年，Facebook 将 Cassandra 转移到开源社区，Cassandra 被 Apache 定义为高级项目(Top Level Project，TLP)，说明在开源软件中 Cassandra 非常受重视。

这类非关系型数据库管理系统的英文表达是 NoSQL DBMS。非关系型数据库管理系统是具有以下功能的软件：支持高事务率数据处理、处理相对简单的数据结构、可以将服务器上的数据复制到云端数据库等。其实用 NoSQL 表述非关系型数据库系统不如 NotRealational DBMS 准确，但大家已经使用 NoSQL 这个词了。你将在案例学习 5 中学到更多与非关系型数据库相关的知识以及这类数据库有趣的特点。

5.5.1　非关系型 DBMS 和关系型 DBMS

有了一些公司在非关系型数据库系统上的成功，其他公司是否会跟随他们的脚步，转向应用非关系型数据库系统呢？也许不会这样。因为这样的转变意味着投入巨额的费用以及对原先数据库的破坏，而且对于一些企业来说，关系数据库可以其满足数据处理的需求，没必要转向非关系型数据库。

然而，非关系型数据库的兴起意味着对于大企业的管理信息系统，关系型数据库将不再是唯一的选择。一些产品对数据处理的需求恰恰是非关系型数据库的优势所在，这类产品往往应用在最新的项目上。当然，对于一些存在问题的数据库系统，从使用关系型数据库转向使用非关系型数据库也是有可能的。

另外，至少对于当前的技术环境来说，非关系型数据库管理系统的技术要求较高，因此只有计算机技术过硬的企业才可能启用非关系型数据库管理系统。例如，一个对计算机技术不求甚解的商业人士可以把 Access 使用得很熟练（比如 GearUp 公司的 Addision），但不花费数年的额外训练是不可能掌握非关系型数据库管理系统的。因此，继续学习 Access，它在未来的几年中依然会是你数据处理的重要工具；但同时你需要意识到，你的企业也可能选择非关系型数据库来实现一些特殊的功能。

5.5.2 非关系型数据库对 DBMS 产品市场的影响

非关系型数据库的出现之所以有趣，除了因为这是计算机技术的创新，还因为出现的几款非关系型数据库都不是 Microsoft 或 Oracle 公司这种专业的软件供应商开发的。这些非关系型数据库是由一些成功的商业公司开发的，因为关系型数据库已经不能满足他们在数据处理上的需求。大部分企业无法承受开发新型数据库费用和风险，不过资金充裕的一些公司已经聘请了一些精通计算机的技术人员，他们可以完成数据库的设计和开发工作。完成新型数据库的开发后，他们将软件转移到开源社区，至少 Facebook 是这么对待 Cassandra 的。

第 3 章中提到，在过去 20 年里，数据库软件市场第一次出现了新生力量。那么 Microsoft 公司、Oracle 公司以及其他 DBMS 供应商是否会因为非关系型数据库及其供应商而损失一些市场份额呢？或是像 IBM 的发展道路那样？又或者从软件供应商的角色转变为服务的提供者，将软件推向开源社区，正如 Cassandra 那样？我们会不会在短期内看到像 Oracle 这样资金充裕的公司收购研究非关系型数据库的公司？确实，当你读到这里时，这些情况或许已经发生了。这是一个有趣的时代，所以，请期待数据库领域的发展！

本章知识对你的启发

相比 Addsion，Drew 更有优势。她知道如何使用 Ascess 导入从技术人员那里拿到的数据，然后生成分析报告。学习了本章的知识后，你只需要再了解一些 Access 的入门常识，就可以像 Drew 那样分析数据了。

在很多公司中，利用已提取出的经营数据来做一些查询和数据分析是很寻常的工作。因此，你可以预见到，在你的职业生涯中会遇到类似的工作要求。本章的知识会帮助你顺利完成这部分工作。

道德指引

没有人说我不可以

我的名字是 Chris，在我就职的企业从事系统支持工作。我负责配置新的计算机，建立网络，确保服务器正常工作，等等。我也做所有数据库的备份工作。我一直很喜欢计算机，高中毕业后，我做了一段时间临时工，后来从本地的社区大学得到了信息技术专业的肄业证书。

像我刚才提到的，我做数据库备份的工作。一个周末，我没有什么事情可做，于是我把其中的一个数据库复制到一张 CD 里，然后带回家。为了毕业，我参加了一个数据库方面的培训班，我们使用 SQL Server(数据库管理系统)。事实上，我想这是我得到这份工作的原因之一。无论如何，把数据库保存到家里的计算机上是很容易的，于是我就这样做了。

当然，像课程中所讲的，数据库处理的一个优点就是数据库有元数据，或者说是有描述数据库内容的数据。所以虽然我不清楚在我们的数据库中有什么样的表，但我知道如何存取 SQL Server 的元数据。

我发现了包含有订单、顾客、售货员等信息的数据表，只是为了消遣，也为了看看自己记住了多少 SQL 语句，我开始整理这些数据。我很好奇地想知道哪一个职员的订单是最好的，所以我开始查询每一个职员的订单数据、订单的总数等类似的东西，它们处理起来很容易，也很有趣。

我认识其中的一个订单输入文员，他叫 Jason，所以我看了他的订单数据，但我发现了一些奇怪的东西。他所有的大订单都是跟同一个公司做的，公司的名称是 Valley Appliances，更奇怪的是，他的所有订单都打了很大的折扣。我想这也许是一个典型情况。出于好奇，我也查看了其他职员的订单，但是他们中很少有人跟 Valley Appliances 有生意往来，即使有往来，Valley 也并没有得到折扣。然后我查看了 Jason 与其他公司的订单，也没有像 Valley 那样大打折扣。

一周后的周五，我和同事下班后去喝啤酒。我碰巧见到了 Jason，就随意地问了他关于 Valley Appliances 的事，开玩笑时提到了折扣。他问我这是怎么回事，我就告诉他我随便看了一下那些数据，发现了这个奇怪的情况。Jason 笑了，说他只是在做他的工作，然后就转换了话题。

长话短说，当我周一早上开始工作的时候，我的办公室被清空了，桌子上什么都没有了，除了一个便条，上面说让我去见老板。于是我被解雇了，公司还威胁我，如果我不归还所有的数据，接下来的 5 年我会官司缠身，诸如此类。我十分恼火没有告诉他们 Jason 的事。现在我失业了，公司也不会为我出示任何证明。

问题讨论

1. Chris 哪儿做错了？

2. 你认为 Chris 把数据库带回家并查看这些数据是非法的、不合理的吗？

3. 对 Chris 的过失公司有责任吗？

4. 你认为 Chris 发现 Jason 的订单时应该做些什么？

5. 公司在解雇 Chris 之前应该做些什么？

6. 有没有可能另外的人陷入了与 Valley Appliances 的交易中？如果发现了这种可能，Chris 应该怎么做？

7. Chris 现在应该做什么？

8. “元数据使得数据库应用更加容易，无论是对于批准的还是未批准的用途”，解释一下公司按照这个事实该怎么做？

学习指导

不，谢谢，我要用电子表格

“我没有购买这些数据库相关产品。我试用过，它们让人痛苦——安装起来太复杂了，大多数时候电子表格就够用了。我们曾有一个汽车交易项目，看上去很简单：我们希望记录客户以及他们感兴趣的汽车类型。当我们的库存增加一辆车时，我们能够查询数据库找出谁对这种类型的汽车感兴趣，并生成一封邮件发给他们。

“系统构建花了很长时间，但它从未正确工作过。我们雇用了3名不同的顾问，最后那个人终于让系统能工作起来。但让它生成一封信件的过程太麻烦了，你得查询Access中的数据来生成某种文件，然后运行Word，通过一些烦琐的邮件/合并让Word找到这封信，并把Access数据放到文档右侧。我曾经打印过200封信，所有的信中在地址栏放置着姓名，姓名栏是地址，没有日期。仅仅这件事就花费了我将近1小时的时间。我只想查询后点击一个按钮就生成我需要的信！我放弃了。有些销售人员还在努力尝试使用它，但不是我。

“不，除非你从政府援助里得到上亿元，否则我肯定不会和数据库搅到一起。你得有专业的IS人员来负责创建并维护运行。此外，我并不希望跟别人共享我的数据。我努力工作，只为扩大自己的客户群，我为什么要把它共享给别人？

“我的座右铭是‘要简明易懂。’我使用4列的Excel电子表格：姓名、电话号码、汽车兴趣和备注。当我有一个新客户时，我输入姓名和电话号码，然后把他们感兴趣的汽车类型放到汽车兴趣列中。其他的我认为重要的信息会放到备注栏，如额外的电话号码、地址、电子邮件地址、配偶姓名、上一次通话时间，等等。这个系统没什么高深的，但是它可以正常工作。

“当我想查找信息时，我用Excel的数据过滤器。我通常可以得到想要的结果。当然，我还是不能发送表单形式的信件，但这无关紧要。无论如何，我用电话得到了大部分的销售订单。”

问题讨论

1. 在多大的程度上你赞成作者的观点？作者的见解在多大程度上是可行的？来自其他因素的影响占多少比重？

2. 汽车售卖员存储地址数据的方式有什么问题？如果需要给所有的客户写信或者发送电子邮件，他需要做哪些事情？

3. 从他的叙述来看，他的数据中有多少不同的主题？他利用电子表格存储数据意味着他的能力如何？

4. 不共享数据与他是否使用数据库有关吗？

5. 显然，汽车代理商的管理方式允许销售人员以各种形式来保存通信数据。如果你是管理层的人员，你会如何调整这种策略？这种策略的劣势有哪些？

6. 假设你管理销售代表，决定要求所有人员使用数据库来跟踪客户及其对汽车的兴趣等信息。你如何向销售人员推销这个决定？

7. 根据以上有限的信息，你觉得数据库或者电子表格会是一种较好的解决方案吗？

小结

利用本小结来检查你是否理解了本章介绍的思想和概念。

1. 数据库的目的

描述数据库的作用；解释数据库在什么情况下优于电子表格；描述图 5-1 和图 5-2 的主要区别。

2. 数据库的定义

解释数据库的含义；解释数据库的层次并列举数据库的 3 个基本要素；给出元数据的定义；利用“学生和办公室来访”表格来解释数据库中每行的关系；给出关键字、外键和关系数据库的定义。

3. 数据库管理系统

为什么说数据库本身对企业用户并不重要？列举出数据库应用系统的组成部分，并描述它们之间的关系；解释 DBMS 的含义，并列举出它的功能；给出 5 种流行的 DBMS 产品；区别数据库与 DBMS；总结出 DBMS 的主要功能；给出 SQL 的定义；描述数据库管理的主要功能。

4. 数据库应用程序的作用

列举出数据库应用程序的组成部分；解释应用程序的需求；对于多用户的进程，描述一个用户干扰另一个用户的一种方式；为什么多用户数据库进程不仅仅是将其他计算机连入网络中？给出 DBMS 两个较宽泛的种类并描述它们之间的区别。

5. 非关系型数据库

定义非关系型数据库并给出 3 个例子；非关系型数据库会应用在企业的哪些方面？为什么学习 Microsoft Access 是很重要的？非关系 DBMS 的开发与关系型 DBMS 的开发有何不同之处？非关系型数据库的出现又会对 DBMS 产品市场造成怎样的影响？

本章知识对你的启发

学习了本章的相关概念和 Access 的入门知识后，你可以通过查询和提取数据库中的数据帮助企业解决可能面临的问题，或者至少可以指出企业的一些问题。

关键词和术语

Access	Dynamo	Oracle 数据库
Bigtable	数据库的可扩展性	个人数据库管理系统
字节	企业数据库管理系统	主关键字
Cassandra	字段	查询
列	文件	记录
数据库	外键	关系
数据库管理	表单	关系型数据库
数据库应用程序	关键字	报表

数据库应用系统	丢失-更新问题	行
数据库管理系统	元数据	SQL Server
DB2 多用户数据库处理	结构化查询语言	表
数据的永久性	MySQL	非关系型数据库管理系统

知识运用

1. 假如你是一个电子消费品公司的市场销售助理，由你负责公司的贸易展览会。贸易展览会的前几周，你和市场销售经理们见面并确定了在贸易展览会上展示的设备。然后你确认了所有需要的零件并安排好托运商将这些零件按时送至贸易展览会的地点。你需要监督会议人员搭建展台并摆放好公司的设备。贸易展览会结束后，你还需要监督展台的拆卸以及公司设备的整理，并将设备送回公司。设备运送回公司后，检查并将其放入库房，确保展台以及所有设备的零件都完好入库。若设备在运送过程中被损坏或丢失，你需要负责。你的工作非常重要。在这次贸易展览会中你所看管的设备价值超过了 25 万美元。

(1)你需要跟踪的数据包括：展台的零件、设备、托运人和托运信息。列出这些数据的字段。

(2)你能利用电子表格来跟踪这些数据吗？这么做的优点和缺点各是什么？

(3)以问题(1)的答案为基础，给出两个你需要跟踪的关系(表)，并说明这两个关系的主关键字和外键分别是什么。

(4)数据库应用程序的组件中，哪些你可能会用到？比如表单、报表、查询和应用程序。对于每个你需要的组件，举一例说明其应用。

(5)你的数据库应用程序是供一个用户使用还是供多个用户使用？你是否需要使用个人数据库系统或企业数据库系统？如果需要使用个人数据库系统，你会选择哪一款数据库产品？

2. Samantha Green(在案例学习 3 中出现的 Samantha Green)经营着树木修剪方面的工作。回想 Samantha 从一个林业计划中得到学位并将业务扩展到了美国密苏里州的圣路易斯的经历。她的业务包括一次性的业务(比如，砍掉一棵树或者移除一个树桩)，也包括持续性的业务(比如，每年或者每两年为客户修剪一次树木)。业务不繁忙时，Samantha 会定期给老客户推销自己的服务并提醒他们为树木修剪的时间。

(1)给 Samantha 在经营业务过程中需要用到的数据表命名并加以描述，说出每张表中可能需要的字段。

(2)Samantha 是否可以利用电子表格来追踪业务数据？使用电子表格的优点和缺点各是什么？

(3)以问题(1)的答案为基础，举例说明 Samantha 需要追踪的数据表具体是怎样的。说出每张表的关键字和外键。

(4)数据库应用程序的组件中，哪些 Samantha 可能会用到？比如表单、报表、查询和应用程序。对于每个你需要的组件，举一例说明其应用。

(5)Samantha 的数据库应用程序是供一个用户使用还是供多个用户使用？是否需要使用个人数据库系统或企业数据库系统？如果需要使用个人数据库系统，应该选择哪一款数据库产品？

3. Curt 和 Julie Robards 共同掌管一家小型企业 YourFire, Inc.(即在案例学习 3 中出现的

YourFire 企业)。YourFire 位于澳大利亚的布里斯班市，主要销售轻量手提炉。Curt 利用自己担任航空工程师时积累的经验发明出了一种燃烧喷嘴，可以保证手提炉在大风下不灭。经过工业设计方面的培训，Julie 设计出的手提炉体积小、重量轻、易搭建并且加热非常稳定。Curt 和 Julie 通过网络和电话渠道将手提炉销售出去。对于以娱乐为目的购买手提炉的顾客，Curt 和 Julie 承诺 5 年内手提炉免费保修。

YourFire 希望跟踪公司销售出去的每一台手提炉以及购买手提炉顾客的信息。Curt 和 Julie 还想知道，每个顾客购买了哪类手提炉，以便在发现产品有安全隐患时通知顾客或将相应产品召回。另外，他们还想对维修后的产品信息进行追踪。

(1)给 YourFire 在经营过程中需要用到的数据表命名并加以描述，说出每张表中可能需要的字段。

(2)YourFire 是否可以利用电子表格来追踪业务数据？使用电子表格的优点和缺点各是什么？

(3)以问题(1)的答案为基础，举例说明 YourFire 需要追踪的数据表具体是怎样的。说出每张表的关键字和外键。

(4)数据库应用程序的组件中，哪些 YourFire 可能会用到？比如表单、报表、查询和应用程序。对于每个你需要的组件，举一例说明其应用。

(5)YourFire 的数据库应用程序是供一个用户使用还是供多个用户使用？是否需要使用个人数据库系统或企业数据库系统？如果需要使用个人数据库系统，应该选择哪一款数据库产品？如果选择企业数据库管理系统，哪一款产品可以免费使用？

合作练习 5

在开始这部分练习之前，阅读扩展章 1 和扩展章 2，这两章介绍了合作的技巧以及管理合作任务的工具。特别是考虑运用 Google Drive、Google +、Windows Live SkyDrive、Microsoft SharePoint 或者其他合作工具。

图 5-28 所示是一张电子表格，用于管理一个唱诗班的合唱曲目的乐谱。这个唱诗班可以是教堂的唱诗班，也可以是学校的唱诗班或者社区的唱诗班。唱诗班的类型不重要，因为问题是普遍的。乐谱十分昂贵，唱诗班的成员需要把活页乐谱带回家练习，但不是所有的乐谱会归还。(乐谱也可买到或租借，无论怎样，丢失了乐谱就要付出代价。)

仔细看这些数据会发现存在数据完整性问题，至少有一些可能的数据完整性问题。其中一个问题是 Sandra Corning 和 Linda 的音乐是同一版本吗？另外，莫扎特和巴赫都写了弥撒曲吗？还是说第 15 行的巴赫实际上应是莫扎特呢？同时，Eleanor Dixon 的电话号码也出了问题，许多电话号码都是一样的，这样显得很奇怪。

另外，电子表单很难懂而且难以使用。“名”那一栏既包含了人名，又包含了合唱曲的名字，“邮件”那一栏既有邮件地址又有作曲家的名字，“电话”一栏既有电话号码又有识别码。此外，为了记录乐谱被借走的信息，用户首先要添加新行，重新输入作品的名字、作曲家名字、副本借出时间等信息。最后，当用户想找寻某类作品的所有复本时，他必须要检查 4 个电子表单中的每一行。事实上，在这种应用中使用电子表单是不合适的。数据库是更好的选择，这种情况下显然需要创新。

	A	B	C	D	E
1	Last Name	First Name	Email	Phone	Part
2	Ashley	Jane	JA@somewhere.com	703.555.1234	Soprano
3	Davidson	Kaye	KD@somewhere.com	703.555.2236	Soprano
4	Ching	Kam Hoong	KHC@overhere.com	703.555.2236	Soprano
5	Menstell	Lori Lee	LLM@somewhere.com	703.555.1237	Soprano
6	Corning	Sandra	SC2@overhere.com	703.555.1234	Soprano
7		B-minor mass	J.S. Bach	Soprano Copy 7	
8		Requiem	Mozart	Soprano Copy 17	
9		9th Symphony Chorus	Beethoven	Soprano Copy 9	
10	Wei	Guang	GW1@somewhere.com	703.555.9936	Soprano
11	Dixon	Eleanor	ED@thisplace.com	703.555.12379	Soprano
12		B-minor mass	J.S. Bach	Soprano Copy 11	
13	Duong	Linda	LD2@overhere.com	703.555.8736	Soprano
14		B-minor mass	J.S. Bach	Soprano Copy 7	
15		Requiem	J.S. Bach	Soprano Copy 19	
16	Lunden	Haley	HL@somewhere.com	703.555.0836	Soprano
17	Utran	Diem Thi	DTU@somewhere.com	703.555.1089	Soprano

图 5-15　乐谱分发的电子表格

1. 分析图 5-15 所示的电子表格，列出使用表格管理乐谱时可能会出现的所有问题。

2. 下面的两个表可以用来在数据库中存储图 5-15 所示的数据：

ChoirMember(LastName, FirstName, Email, Phone, Part)

MusicalWork(NameOfWork, Composer, Part, CopyNumber)

注：以上表示两张数据库表，名为 ChoirMember 和 MusicalWork。ChoirMember 表包括 5 个字段：LastName, FirstName, Email, Phone, Part。MusicalWork 表包括 4 个字段：NameOfWork, Composer, Part, CopyNumber。

(1)将图 5-15 中的数据划分到 ChoirMember 和 MusicalWork 表中。

(2)选出 ChoirMember 和 MusicalWork 表的主关键字。

(3)这两张数据表没有很好地整合在一起，无法得知每个人所选的乐谱。在其中一个数据表中加入外键来整合数据。

(4)这两张数据表的设计并没有完全去除数据完整性方面的潜在问题，解释原因。

3. 为图 5-15 中的电子表格设计一个包含 3 张表的数据库：

ChoirMember(LastName ,FirstName, LastName, Email, Phone, Part)

MusicWork(NameOfWork)

CheckOut(LastName, FirstName, NameOfWork, Part ,CopyNumber, DateOut, DateIn)

(1)将图 5-15 中的数据划分到上述 3 张表中。

(2)选出 3 张表的主关键字。

(3)3 张数据库表的设计考虑了外键，指出哪些字段是外键，并解释这些外键所表示的关系。

(4)这样设计数据库是否去除了数据完整方面潜在的问题？解释原因。

4. 假设你掌管唱诗班，对于乐谱分发信息的管理有以下两个方案：

- 继续使用电子数据表格，并想办法去除数据完整性方面潜在的问题。
- 创建一个 Access 数据库并包括 3 张数据库表(问题 3 中的数据库表)的数据库应用程序。

这两个方案的优势和劣势分别是什么？为唱诗班推荐其中一个方案，并说出理由。

案例学习 5

Dynamo、Bigtable 和 Cassandra 让企业远离失败

我们在案例学习 1 中了解到，Amazon 公司在 2010 年销售量最大的一天每秒需要处理 158 个订单。为了处理如此庞大的交易数据，Amazon 公司启用了上万台服务器。而这么多的服务器同时工作，出现一些错误在所难免。尽管每一台服务器出错的概率仅为 0.1%，但是对于 1 万台服务器来说，全部正常工作的概率仅为 37%。因此，这种情况下至少有一台服务器出错的概率为 63%。另外，现实中还会有很多我们考虑不到的因素，因此服务器出错的概率会更大。

尽管整个订单系统会持续不断地出一些问题，但是 Amazon 网站必须正常运转。或者，正如 Amazon 公司的工程师所说："即便是遇到硬盘出现了错误、网络不稳定或者数据中心被龙卷风毁坏的情况，也要保证顾客可以浏览并添加商品到购物车。"

唯一处理这类错误的方法就是将数据备份到多个服务器上。例如，一位客户创建了心愿单，这份心愿单(Customer's Wish List)就应该储存在不同的、互相分离的服务器上。当一台服务器上的心愿单丢失时(注意这里不是"如果心愿单数据丢失时"，因为这种情况一定会发生)，就必须从另一台服务器上复制一份心愿填补丢失的数据。

这种数据备份方式保证了 Amazon 网站的正常运转，但又带来了另一个麻烦。假设一个客户的心愿单存储在服务器 A、B 和 C 上，由于某些原因，服务器 A 停止工作了。当服务器 A 出现问题时，服务器 B 和服务器 C 可以提供相应的心愿单备份，如果此时客户修改了心愿单，最新的心愿单数据就将存储在服务器 B 和 C 上，因为服务器 A 已经停止运转了。经过技术人员的维修，服务器 A 便可以正常工作，但存储的心愿单是更新之前的。第二天，客户打开自己的心愿单就会发现两个版本的心愿单：服务器 B 和 C 上最新的心愿单和服务器 A 上旧的心愿单。客户此时当然是希望看到最新的心愿单。Amazon 公司如何保证数据的正确性呢？记住与此同时有 900 万的订单正在被配送。

目前，还没有一个关系型数据库管理系统解决这个问题。因此，Amazon 的工程师开发出了 Dynamo，一个专门用于处理上万台服务器上大量数据的数据库。Dynamo 为 Amazon 公司的客户提供不间断的服务；同时 Amazon 公司通过 S3 网络云存储服务将 Dynamo 的数据库服务卖给其他企业。

同时，Google 也遇到了和 Amazon 相似的问题，而市场上的关系型数据库又无法解决 Google 的问题。因此 Google 开发出了 Bigtable，一个可以处理 PB 级数据的数据库。与 Dynamo 相比，Bigtable 的数据模型更加丰富，这意味着 Bigtable 可以存储更多的数据结构。

Dynamo 和 Bigtable 都具有一定的**可扩展性**(elastic)，这意味着可以在不影响数据库服务的情况下，动态增加或减少服务器的数量。

2007 年，与 Google 和 Amazon 类似，Facebook 同样遇到了数据存储方面的问题：大量的数据、数据库的可扩展性、上万台服务器以及网站的高访问量。因此，Facebook 开发出了 Cassandra，这个数据库具有 Dynamo 的数据存储能力以及 Bigtable 丰富的数据模型。最初，Facebook 开发 Cassandra 是为了加强网站内部的搜索能力，直到 2008 年，Facebook 意识到

这个项目有很大的潜力。Facebook 将 Cassandra 的源代码交给开源社区。截至 2011 年，Cassandra 已经应用到了 Facebook、Twitter、Digg、Reddit、Cisco 以及其他企业中。

另外，Cassandra 是一个非常有奇幻色彩的名字。在古希腊神话中，Cassandra 是一个长得非常漂亮的女子，太阳神之子 Apollo 爱上了她并赋予她预测未来的能力。不过，Apollo 的爱并没有得到回报，一怒之下 Apollo 诅咒 Cassandra：凡她所做出的预言都不会有人相信。

Cassandra 数据库的可扩展性和容错性都很强，可以处理上千台服务器上大量的数据并可永久保存数据，也就是说数据一旦存储在 Cassandra 数据库上就永远不会丢失，即使服务器出错。Cassandra 的一个特点是其客户端（指的是运行在 Facebook 以及 Twitter 等网站上的程序）可以根据需求选择数据一致性的等级。如果客户端要求所有服务器上的数据都必须一直保持一致性，Cassandra 则可以做到这一点，不过服务器的响应速度会比较慢。另一个极端是：如果客户端不需要数据保持一致性，那么此时服务器的响应速度是最快的。在两个极端之间，客户端可以要求大部分服务器保持数据的一致性。

Cassandra 数据库的性能极大地优于关系型数据库。举例来说，上万台随时可能停止工作的电脑上存储着大量的数据，Cassandra 对这些数据执行写操作的速度比 MySQL 快 2500 倍，执行读操作的速度比 MySQL 快 23 倍。

案例讨论

1. 很明显，Dynamo、Bigtable 以及 Cassandra 都是相应开发公司的核心技术。那么，为什他们允许自己的员工发表相关的学术文章？为什么他们不封锁自己的数据库技术呢？

2. 你认为这场开发新型数据库的热潮会对原有的 DBMS 供应商造成怎样的影响？非关系型数据库的影响会有多大？说出理由。现有 DBMS 供应商应当给出怎样的对策？

3. 学习关系型数据库模型以及 Microsoft Access 是否是在浪费时间？为什么？

4. 就你对 GearUp 公司的了解，你认为 GearUp 公司是应该使用关系型数据库，比如 Oracle 和 MySQL，还是应该使用 Cassandra 数据库？

5. 假设 GearUp 公司决定使用非关系型数据库，但是这引发了 IT 部门员工的一次争论。一部分人认为 Cassandra 数据库是不错的选择，但其他人希望使用另一个关系型数据库，叫作 MongoDB（www.mongodb.org）。如果你是 Kelly，Lucas 寻求你的建议，你将如何回答？

第6章　数据通信与云

"Lucas，你有什么计划？"GearUp公司的CEO，Kelly Summers正在和信息技术总监Lucas Massey以及财务总监Emily Johnson讨论GearUp的网络托管成本。

"Kelly，现在我们没有问题了。托管服务可以按时处理业务，而且我们没有真的中断运行，但是……"

Emily受不了了，"好吧，你看看运行成本。托管成本一年增长了3.5倍。"

"没错，Emily，但是容量增长了4倍。"

"是这样，但是……"

Kelly准备得很充分："之前已经讨论过这个，没必要再提了。我们都认为托管成本太高了。Lucas，你得换一个方案。有什么计划吗？"

"云服务。"

"什么？"Emily希望他没有听错。

"云。把网络服务器和数据库放到云端。"

Kelly很好奇，"好吧，Lucas，我不懂。什么是云？"

"这是一种趋势，现在看来它是时尚。"

"它怎么能帮助我们呢？"

"我们向第三方租赁服务器的功能。"

Emily有些困惑，"但是，供应商已经这样做了。"

"嗯，这有区别。我们能够非常灵活地、随用随付地租用。如果有一个受欢迎的项目，像高尔夫俱乐部，那就可以获得更多的资源——他们使用"提供"这个词语——我们也能够提供更多资源。"

"你是说每天？可以更改每天的租约条款？"Emily觉得这不可信，因为她了解GearUp和目前托管供应商的租约。

"不，是每个小时。可以按小时提供或租用服务器的资源。"Lucas很有兴趣。

Emily很吃惊，"不可能。这怎么做到的？我们最短也需要每周通知托管供应商。"

"是这样。但是它和云的工作方式不一样，至少和一些云供应商不同。"

Emily坚持地说："我还是不明白。"

"他们利用了所谓的虚拟技术。实际上，没有提供新的硬件，而是在已有硬件的基础上提供服务器的新实例。"

"所以，实际上是有很多台服务器？"Emily在什么地方听说过这个。

"不，是可以虚拟出很多台服务器。"Lucas觉得很有意思。

"无所谓了。"Emily好像不喜欢被纠正。

"重点是他们能够程序化地运行，而不需要人工的操作。我们的程序可以告诉他们的程序需要 10 个服务器；使用了几个小时后，他们便会收回去了。”Lucas 又认真了起来。

“好吧，那这要花多少钱？肯定不便宜。”Emily 十分怀疑。

“1 小时 0.25 美元怎么样？”

Kelly 很困惑，“你是说 15 分钟？”

“不，我是说 25 美分 1 小时。”Lucas 咧着嘴笑了。

“什么？”Emily 惊住了。

“没错，就是这样。但这只是处理费用。对于数据库，还必须再支付 1 个月的费用。这样 1 个月 50 美元就可以了。”Lucas 也不是很确定，因为这是最初报价。他认为实际支出应该比这个更少。

“Lucas，你一定是开玩笑的。这能节省一大笔托管费用。”当 Emily 说这个的时候，心里想着“如果这是真的”。

“没错，这非常好。我不清楚这到底是多大的一笔费用。毕竟还有开发成本，而且还要编写程序，培训员工，还有整体系统的事情……”

“Lucas，我需要一个计划。”Kelly 在想这笔节省的费用对他们未来两个季度和以后会有什么意义。

“下周我会告诉你。”

“Lucas，我周一就要。”

“好的，”其他人还在思考着，“周末我就开始。”

Kelly 静静地坐着，仔细考虑着这个事情。Emily 已经起身准备离开了。

“Emily，我们需要知道这是不是真的。”

“似乎真的令人难以置信。”

“没错，但是找找看。如果这是真的，其他人应该会去做。Blue Nile 怎么样？他们在做什么？他们跟我谈过。找一两个朋友跟他们谈谈。不管怎么样，我需要清楚这样做的不足是什么。”

“你想见见他们？”

“如果必要的话我会的。让我们沟通一下，先安排个视频会议。”

“好的。”

学习目标

1. 计算机网络
2. 局域网的组成
3. 互联网的基本概念
4. 网络服务器的运作
5. 云是公司的未来

6.1 计算机网络

计算机**网络**(Network)是一组通过有线或无线传输线路进行相互通信的计算机集合。表 6-1 列出了 3 种基本的网络类型：局域网、广域网和互联网。

表 6-1　基本网络类型

类　型	特　征
局域网(LAN)	计算机在一个单独的物理地点相连
广域网(WAN)	计算机在两个或者多个单独的地点之间相连
因特网和互联网	网络相连的网络

局域网(Local Area Network，LAN)连接的是位于单一地理位置的计算机，计算机数量从两台到数百台不等，但它的明显特征是单一地理位置(Single Location)。**广域网**(Wide Area Network，WAN)连接的是位于不同地理位置的计算机。在两个不同地点的公司内，计算机必须使用广域网连接。例如，位于一个校区的商学院内所有的计算机可以使用局域网连接，而对于坐落在不同校区的商学院内的计算机必须用广域网连接。

一个和多个地理位置的区别是十分重要的。在一个局域网内，一个公司可以任意铺设通信线路，只要所有线路在其范围内。而广域网就不可以，一个在芝加哥和亚特兰大都有办公室的公司，不可能在两座城市之间铺设线路，因此，该公司必须联系一家已经有政府授权的通信运营商，一般这个运营商在两个城市之间已经有了通信线路或者被授权铺设一条新线路。

互联网(internet)是指连接网络的网络。互联网将局域网、广域网和其他的网络连接起来，众所周知的应该是“Internet”(**因特网**)，就是在你发送电子邮件或者访问网址时所使用的互联网。除了因特网之外，还有其他一些连接起来的专用网络，称为 internet。仅用于公司内部的专用网络，有时也称为**企业内联网**(intranet)。

使用了互联技术的网络以及数据的传输都涉及大量的通信技术和规范，数据必须无缝地经过它们。为了提供无缝数据流，采用了一个精心设计的方案，即分层通信协议(Layered Protocol)。本书的其他章节详细介绍了这些协议。**协议**(Protocol)就是两个通信设备必须遵守的一些规则。协议有很多种，一些在局域网内使用，一些在广域网内使用，一些用于互联网和专用网络，还有一些为所有网络服务。本章将会介绍几个常用的协议。

6.2　局域网的组成

局域网是指一组在一个单独地点上相互连接的计算机，通常这些计算机之间的距离不超过半英里。然而，关键是所有的计算机都是运行着局域网的公司所控制的资产，这意味着这家公司可以在任何需要连接的地方铺设线路。

6.2.1　典型的 SOHO 局域网

图 6-1 是一个典型 SOHO(Small Office or a Home Office)的局域网。通常，这样的局域网不会有很多计算机和打印机。当然，很多公司的局域网要比这个大很多，但协议是相同的。其他的复杂问题不在本书的讨论之内。

图 6-1 中的计算机和打印机利用有线或者无线连接沟通。计算机 1、3 和打印机 1 使用有线连接；计算机 2、4、5 和打印机 2 使用无线连接。有线和无线连接所使用的设备与协议是不同的。

1. 有线连接

计算机 1、3 和打印机 1 通过有线连接到**交换机**(Switch)，交换机负责在局域网中接收和发送有线信号。图 6-1 中，交换机在“局域网设备”的方框标签中。当计算机 1、3 和打印机之间相互通信时，设备发送数据到交换机，然后交换机再重新把数据定向到计算机 1、3 或者打印机 1。

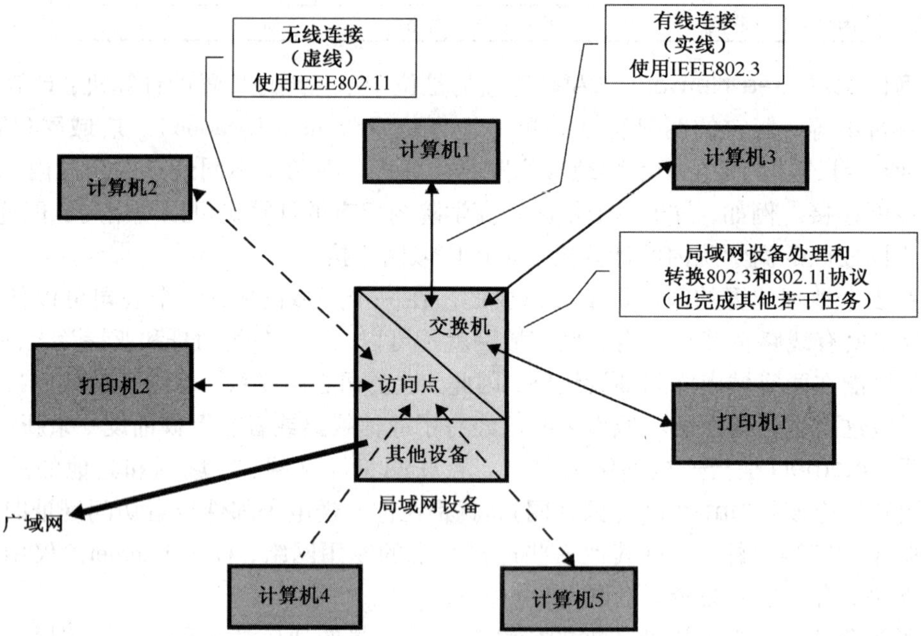

图 6-1　典型的 SOHO 网络

局域网设备(LAN Device)是包括了以下网络设备的小型计算机，即交换机和将要学习到的无线连接设备。多数情况下，局域网设备是为了连接到广域网或者通过广域网连接到互联网。

对于 SOHO 应用程序来说，局域网设备通常由电话或者电缆供应商提供，但不同品牌的名称不一样。

局域网中的每个计算机或者打印机都有一个**网络接口卡**(Network Interface Card，NIC)，负责将设备的电路连接到网络上。网络接口卡与设备上的程序共同作用来实现通信中需要的协议。如今，大多数计算机在出厂时都有一个集成在计算机主板中的**主板网络接口卡**(Onboard NIC)。

局域网中的计算机、打印机、交换机和其他设备通过有线或者无线方式中的一种实现线路连接。大多数局域网连接采用**非屏蔽双绞线电缆**(Unshielded Twisted Pair，UTP)，该电缆将一系列电线绞在一起来提高信号质量。但是，如果传输数据较多，可以采用**光纤电缆**(Optical Fiber Cable)。光纤电缆上的信号是光线，可以通过内部光芯折射传递。

局域网的规模比图 6-1 中要大得多，而且使用不止一台交换机。典型的做法是在一个有若干层的大楼内，每层设置一台交换机，这样每层楼的计算机就可以通过非屏蔽双绞线连接到交换机，然后每台交换机通过高速光纤电缆连接在一起。

2. 无线连接

在图 6-1 中，三台计算机和一台打印机通过无线技术连接到局域网。在无线设备中，网络接口卡被**无线网络接口卡**(Wireless NIC，WNIC)所取代。如今，几乎所有的个人计算机都有集成的无线网络接口卡。(顺便说一下，几乎所有没有网络接口卡或者无线网络接口卡的计算机都可以安装一个)。

如图6-1所示，无线网络接口卡连接到**接入点**(Access Point，AP)。接入点是处理无线数据和与有线交换机通信的局域网设备。所以，无论有线或者无线连接，局域网内的所有设备都可以通过这样的设计彼此通信。无线设备通过接入点进行通信。如果无线设备需要连接到一个有线设备，也需要通过接入点，然后连接到交换机，最后连接到有线设备。同样，有线设备之间通过交换机通信。如果有线设备需要与无线设备连接，它们也需要通过交换机，然后连接到接入点，最后连接到无线设备。

3. 局域网协议

两个设备只有使用相同的协议才能通信。电气与电子工程师协会(IEEE)发起了一个建立和发布协议及其他标准的委员会，该委员会命名为IEEE 802委员会，因此IEEE的局域网协议总是以802开始。

注解：科技的快速发展使得可通信家用电器的使用成为可能，也许一年之后这些家用电器都可以互相交流。但是，你真的在意这些事情吗？阅读本章的“学习指导”，与同伴讨论“人无法进行指数型思考”这个现象。

IEEE 802.3协议用于有线的局域网连接，也称为**以太网**(Ethernet)。这个协议标准详细说明了硬件标准，比如每条线路传输的信号，同时也描述了信息的封装方式和在局域网内的传输过程。

现在绝大多数的个人计算机都内置了网络接口卡，支持**10/100/1000以太网**。这些产品符合802.3的规格，允许以10、100或者1000兆字节(Mbps)的速率进行数据传输。交换机检测到传输速度，同时在特定的装置中以这个速度处理并传输信息。如果你关注戴尔、联想和其他制造商的计算机产品清单，就会看到有关“10/100/1000以太网”的广告。现在1吉字节(Gbps)速度的有线局域网已经可以实现。

补充一点，传输速度的字母缩写不同于用计算机存储的缩写。对于传输设备来说，k代表的是1000而不是存储中表示的1024。同样，M代表的是1 000 000而不是1024×1024；G代表的是1 000 000 000，而不是1024×1024×1024。因此，100Mbps是100 000 000bps。同时要注意通信速度用的是比特，而存储单位用的是字节。

局域网内的无线连接采用**IEEE 802.11协议**。802.11有许多版本。2012年，最流行的协议是IEEE 802.11n，这些版本的区别不在本章的讨论范围内。现有的802.11n标准允许最大速度达到600Mbps。

图6-1中的局域网同时使用了802.3和802.11协议。使用802.3协议的网络接口卡直接连接到交换机，该交换机也遵循802.3标准。使用802.11的无线网络接口卡接到一个无线接入点。这个接入点必须根据802.3和802.11两个标准来处理信息，因为它使用802.11协议来发送和接收无线信息，然后根据802.3协议与交换机通信。表6-2总结了局域网的特点。

表 6-2 办公(SOHO)局域网

类型	拓扑结构	传输线	传输速度	所用设备	常用协议	备注
本地网络	局域网	非屏蔽双绞线或光纤	通常 10 100 或者 1000 Mbps，也可能是 1 Gbps	交换机，网络接口卡，非屏蔽双绞线或光纤	IEEE 802.3（以太网）	交换机连接设备，小型局域网内的多重交换机
	无线局域网	对于无需无线连接的情况，使用非屏蔽双绞线或光纤	上限是 600Mbps	无线接入点，无线网络接口卡	IEEE 802.11n	接入点从有限局域网(802.3)转到无线局域网(802.11)
连接到互联网	DSL 调制解调器接入 ISP	DSL 电话	个人：上行速度达到 1 Mbps，下行速度达到 40 Mbps	DSL 调制解调器，DSL 的电话线	DSL	同时使用计算机和电话，一直保持连接
	电缆调制解调器接入 ISP	电视电缆线接入光纤电缆	上行速度达到 1 Mbps，下行速度达到 300 kbps ~10 Mbps	电缆调制解调器，电视电缆线	电缆	与其他站点共享能力，性能取决于其他人的使用情况
	无线广域网	无线连接到广域网	500kbps ~ 1.7Mbps	无线广域网调制解调器	某种无线协议	复杂的协议能让不同的设备使用相同的无线频率

蓝牙(Bluetooth)是另外一种常用的无线协议，它取代了电缆来进行短距离传输。一些无线鼠标和键盘设备可以使用蓝牙连接到计算机，智能手机也可以通过蓝牙连接到汽车的娱乐系统。

6.2.2 连接互联网

虽然你可能还没有意识到，但当你使用 iPhone、iPad 或者 Kindle 连接互联网时，已经在使用广域网了。因为你和所连接的计算机并不在同一个地理区域内，所以你必须这么做，但是你不能随便从某个地方连入广域网。

注解：无线设备(比如 数据包监听器)可以在未经周围计算机用户允许的情况下截取用户的无线传输数据包。本章的"道德指引"给出了类似的例子，阅读该案例并完成案例后的讨论题。

当你连接到互联网的时候，其实是连接到**网络服务提供商(Internet Service Provider, ISP)**。网络服务提供商有 3 个重要的作用：第一，提供了一个合法的网络地址；第二，作为连接互联网的网关。ISP 从个人计算机上接收信息然后传输到互联网，同时也从互联网接收信息；第三，ISP 向互联网付费，他们先向客户收取费用，然后代付上网费用和其他费用。

表 6-2 说明了 3 种连接互联网的常用方式。请注意，这里讨论的是将计算机通过广域网连入互联网，而不是广域网自身的架构。广域网的架构和协议并不在讨论范围之内。如果想了解更多，可以在网上搜索“租用线路”或者“PSDN”。

SOHO 局域网(如图 6-1 所示)、个人家用和办公计算机通常以下列 3 种方式中的一种连接到网络服务提供商：称为数字用户线路的特殊电话线、电视电缆线和类似无线电话的连接，每一种方式都有自己的特殊协议。

1. 数字用户线路

数字用户线路(Digital Subscriber Line, DSL)接入互联网时和语音电话使用同一条线路，但是不会影响电话。因为DSL信号和电话信号互不干扰，DSL数据传输和电话交流可以同时进行。电话公司的设备将电话信号与计算机信号分开，然后将后者发送给网络服务提供商。

2. 电缆线路

电缆线路(Cable Lines)通过有线电视线进行高速数据传输。电缆公司在邻近服务区域的每一个分流中心铺设一些高速大容量的光纤电缆。而在分流中心，这些光纤电缆线和用户家中或公司里的普通有线电视电缆相连接，而且电缆和电视信号互不干扰。

由于超过500家的用户站点可以同时使用这些设备，因此其性能取决于同时发送和接收数据的用户数量。用户的下载速度最大可达50Mbps，上传最大速度可达512 kbps。通常会明显低于这一数值。在大多数情况下，电缆解调器和DSL解调器的速度相当。

3. 广域网无线连接

第三种方式是通过**广域无线网(WAN Wireless)**将计算机、iPhone、iPad和Kindle等其他通信设备进行连接。比如，Amazon的Kindle使用Sprint、Verizon和其他无线网络提供无线数据连接。iPhone在无线局域网可用的情况下，优先使用无线局域网；在它不可用的情况下使用广域无线网。这是因为无线局域网的性能较高，所以更受青睐。2012年，无线广域网可以提供500kpbs的平均速度，最大速度达到1.7Mbps，与局域网50Mbps的速度相差甚远。

当区分网络速度时，你可能会听到两个专业术语。**窄带(Narrowband)**的传输速度通常在56 kbps以下，**宽带(Broadband)**的传输速度能超过256kpbs。如今，所有流行的通信技术都有提供宽带的能力，所以这些术语也逐渐不使用了。

体验MIS 课堂练习6

打开潘多拉的盒子

我们已经谈论过许多次，几乎免费的数据通信和数据存储为商业创造了前所未有的机遇。这样的技术也一定会对家庭产生革命性的影响。本章的学习指导解释了你为什么要留意烤箱和微波炉间的对话，但是家庭娱乐与之不同。

Sonos是一个很好的例子。Sonos公司利用新兴技术，特别是无线技术，开发了易于安装的高质量无线音频系统。用户通过有线以太网将任何一种Sonos设备连接到家庭局域网设备，该设备又可以通过无线网络连接到家里其他的Sonos音频设备，最多可达32个。每个设备能够独立播放音乐，或者部分设备播放相同的音乐，也可以使所有的设备播放相同的音乐。

一些Sonos设备为已有的立体声系统提供了无线立体声，包括收音机、扩音器或用户自己的音箱。还有一些设备可以将无线收音机、扩音器和音箱三者合一。

每个Sonos设备都有一个运行着Linux系统的计算机。它们通过Sonos的私有协议进行无线通信。由于每个设备都需要与所有其他设备通信，所以Sonos适用于无线网络的网状结构。这种网络对用户的好处是灵活且易于安装。设备互相搜索就可以确定它们之间数据通信的路径(与互联网的IP路由类似，但仍有不同)。

Sonos与任何互联网音频来源和音乐服务商(如Pandora等)都有合作。通过Pandora(或者类似的服务商)，你可以挑选喜爱的歌曲或者音乐作品来建立自己的电台。之后，Pandora 会根据你的选择播放音乐。你可以对播放的歌曲评分。根据评分，Pandora 利用专门的算法选择你喜欢的歌曲。

小组讨论并回答下列问题：

1. 假设你已经毕业，也拥有理想的工作，现在你想在新的公寓里面安装一个无线立体声系统。在你用来办公的卧室里有一台可以连接互联网的局域网设备，而在客厅里有一个立体声系统，一对没有用过的音箱，但是没有其他立体声装置。假设你打算在卧室、客厅和办公室都能听音乐。

(1) 访问 Sonos 网站 www. sonos. com，选择并查询所需设备的价格。

(2) 访问 Sonos 竞争对手的网站 http://www. logitech. com/en - us/speakers - sudio 或者 http://soundbridge. roku. com/soundbridge/index. php，选择并查询所需设备的价格。

(3) 在以上两者中选择一个方案进行介绍，说明理由。

(4) 与同学们分享你的想法。

2. 访问 Pandora 的网站 www. pandora. com，使用免费会员，任意选择歌曲为你们小组建立自己的电台。

3. Sonos 的设备没有开关。显然，这个设计是为了设备一直开启，就像局域网设备一样。你可以降低音量，但不能关掉它，除非拔掉电源插头，不过很少有人会这么做。假设你用 Sonos 设备收听了 Pandora 电台，然后降低设备的音量。由于 Sonos 设备一直开着，它会不断从互联网下载数据包，但是其实没有人在听。

(1) 这种情况对互联网有什么影响?

(2) 如果支付固定上网费用，在哪些方式下这样的费用安排会降低效率?

4. 发挥小组的想象力，描述基于互联网的音频在下列情况下会有什么结果，并与其他交流小组结论。

(1) 已有电台。

(2) 传统的音频接收器供应商。

(3) 影音娱乐。

(4) Cisco(互联网路由供应商)。

(5) 本地网络服务提供商。

(6) 任何其他你相信会被无线音频系统影响的公司或实体。

5. 以史为鉴，我们可以想象音频是视频的先驱。

(1) 说说你将如何在新公寓里使用无线视频系统。

(2) 在公寓中拥有多个无线视频播放器是否比无线音频更合适? 说明理由。

(3) 将第 4 题中的无线音频替换为无线视频，并回答。

(4) 与其他交流小组结论。

6. 考虑第 1 ~5 题的回答：

(1) 哪个行业会是赢家? 哪个是失败者?

(2) 哪个公司会是赢家? 哪个是失败者?

(3) 你的回答对找工作有何帮助?

7. 利用第 1 ~6 题收获的知识准备 1 分钟的陈述，说说在互联网音频和视频这样一个新兴的机遇中，你可能在工作面试时做些什么？如果你希望展示创新思维的能力，请和其他同学进行交流。

6.3 互联网的基本概念

正如在6.1节中提到的，互联网是指连接网络的网络。跟你想象的一样，支撑互联网的技术十分复杂，已经超出了本章的讨论范围。然而，随着互联网的普及，一些术语已经普遍存在于21世纪的商业社会中。本节将会给出互联网的定义，并解释你需要了解的术语，帮助你成为一名见多识广的商务人员和享受互联网服务的用户。

6.3.1 互联网举例

图6-2描述了一种因特网的使用方式。假设你正坐在被大雪困住的明尼阿波里斯市(Mineapolis)，而且想和地处热带、阳光明媚的新西兰北部旅馆取得联系。你可能利用旅馆的网站预订房间，或者发送电子邮件给旅馆的工作人员，询问员工或者服务情况。

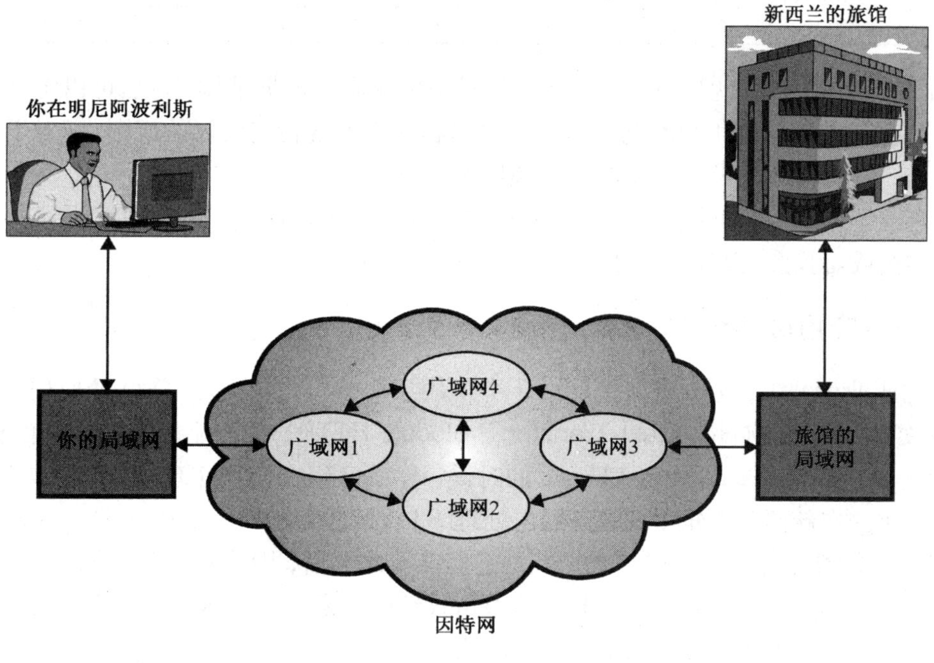

图6-2　通过因特网预定旅馆

请注意这个例子中使用的是互联网，它由两个局域网(你的网络和旅馆的网络)和四个广域网组成。(事实上，真正的因特网由成千上万个广域网和局域网组成，为了节省篇幅没有完全列出来。)

你和旅馆之间的通信是极其复杂的。计算机以某种方式连接到了新西兰旅馆的服务器，两台计算机之前互不了解，没有“见过面”。另外，数据因为太大不得不分成几个小片段进行传输，每个片段都被完整地从一个广域网传输到另一个广域网。然后，再重新组合成原始消息。任何一个丢失或者缺损(这会发生)的片段会被重新发送，重组后的消息由服务器处理。所有这些过程都是由好像从来没有交互过的计算机和数据通信设备完成的。

然而，所有设备都知道的就是它们处理一系列相同的协议。所以，我们从互联网协议开始学习。

6.3.2 TCP/IP 体系架构

互联网所采用的协议是根据著名的**传输控制程序/网络协议体系架构**(TCP/IP Protocol Architecture)来安排的，这个架构是5种协议按层次安排的。如表6-3所示，顶层协议涉及的是应用，像浏览器和网络服务器。接下来两层协议涉及的是通过任何网络进行的数据通信，包括互联网。最下面两层协议涉及的是在一个网络中的数据传输。例如，局域网协议 IEEE 802.3 和 802.11 就运行在最下面两层。

表6-3 TCP/IP 体系架构

层次	名称	范围	目的	举例
5	应用层	程序之间	程序间进行通信	HTTP、HTTPS、SMTP、FTP
4	传输层	互联网内	依靠互联网进行传输	TCP
3	网络层	互联网内	互联网路由	IP
2	数据链路层	单一网络内	交换机和接入点间的流	IEEE 802.3、IEEE 802.11
1	物理层	两台设备间	硬件规格	IEEE 802.3、IEEE 802.11

正如之前所说，协议就是一系列用来组织通信的规则和数据结构，每层可以定义一个或多个协议。数据通信和软件供应商通过编写计算机程序来实现特定协议的规则。(对于最下层的物理层而言，在构建硬件设备时就会实现该层的协议。)

你可能会有疑问，"为什么我需要知道这些?"因为通过该体系，你将理解听到的术语和将要使用、购买或者投资的与之相关的产品。

6.3.3 应用层协议

在你的职业生涯中，至少直接接触过3个应用层协议。(实际上，你已经使用过其中的2个了。)**超文本传输协议**(Hypertext Transfer Protocol，HTTP)用于浏览器和网络服务器之间。当使用浏览器，如IE、Safari或者Chrome的时候，你就已经在使用实现了HTTP协议的程序。另一方面，比如在新西兰旅馆中，服务器也处理HTTP，这会在6.4节中介绍。尽管你的浏览器和旅馆的服务器之前从未"见过"面，但是它们能彼此通信，因为它们都遵循HTTP。浏览器发送服务请求，浏览器以预定义的HTTP请求格式编码并发送服务请求，服务器收到请求后进行处理，再以预定义的HTTP响应格式进行响应。

在第12章中将会学到HTTP有一个安全版本，称为HTTPS。无论什么时候在浏览器地址栏里看到https，就意味着通信是安全的，你可以安全地发送敏感数据，如信用卡账号。当你上网时，如果没有看到https，那么应该知道所有的通信是开放的，而且这些信息可能会出现在明天校园晨报的头版。所以，当使用HTTP、电子邮件、短信、网聊、视频会议或者其他功能时，只要不是https，那么所有的内容都可能会被其他人知道。因此，当你在教室里给同学发短信时，那条信息可能被教室里的任何人截取并阅读，包括你的老师。同样，在咖啡厅、机场或者任何地方都可能发生。

还有两个常用的应用层协议，一个是**简单邮件传输协议**(Simple Mail Transfer Protocol，SMTP)，用来传输电子邮件(和其他协议一起工作)；另一个是**文件传输协议**(File Transfer

Protocol, FTP)，用来在网络间移动文件。FTP 常用来维护网站。当一个网站的管理员希望将一张新的图片或者故事推送到网络服务器时，管理员通常使用 FTP。像 HTTP 一样，FTP 也有一个安全版本，但是一般不使用。

有了这些知识，我们可以澄清一个误解：当使用任何一个协议的时候，都是在使用因特网。不过，只有在使用 HTTP 或者 HTTPS 的时候，才算使用了 Web。所以，**Web** 是指基于因特网并且能够处理 HTTP 或 HTTPS 的浏览器和服务器组成的网络。当使用 FTP 发送文件时，是在使用因特网，而不是 Web。所以说使用 Web 发送或接收 FTP 文件是不正确的。

6.3.4 TCP 和 IP 协议

通过表 6-3，你对于应用层的协议已经有了一定的认识，而且在 6.2 节中讨论过使用在最下面两层的局域网协议。但是中间的传输层和网络层有何用处呢？这两层很重要，因为体系架构是以协议命名的。

这些协议管理着网络间的通信，其中最重要的协议是传输层的**传输控制协议(Transmission Control Protocol，TCP)**。TCP 作为传输协议有很多功能，但是大多数都超过了本书讨论的范围。一个容易理解的功能是 TCP 程序将信息分成几个小片段发送，而互联网上的另一个设备的 TCP 程序能够保证它们到达目的地。如果一个或多个片段丢失或缺损，TCP 程序会监视这种情况的发生并重新发送。所以，TCP 层可以提供可靠的互联网传输。

网络层最主要的协议是**互联网协议(Internet Protocol，IP)**。IP 的主要功能是在任何互联网中为信息分配路径。在图 6-2 中，每个网络设备上的程序接收几片段信息，然后发送给网络中的其他计算机，或者发送给另一个网络。**数据包(Packet)**是指 IP 层程序所处理的信息片段。**路由器(Router)**是一个有特殊功能的计算机，它可以根据 IP 协议传输数据包。

信息被分解为若干个数据包，而且每个数据包都会被发送到互联网。数据包中包括了接收方的地址。路由器沿途接收数据包，检查接收方的 IP 地址，然后将其发送给接收方或者离接收方较近的路由器。

当消息发送给新西兰的旅馆时，任何设备都不知道哪个路由器会处理哪个数据包。直到最后，一个路由器将数据包发送给另一个十分靠近接收方的路由器。事实上，组成这个消息的数据包可能会通过互联网的不同路径。正是有了路由选择方案，互联网才有很强的鲁棒性。比如，在图 6-2 中，广域网 2 和广域网 4 可能都会出错，但数据包仍然可以到达旅馆。

概括来说，TCP 提供了可靠的互联网传输，IP 提供了互联网的路径选择。

6.3.5 IP 寻址

IP 地址(IP Address)是一串用来识别设备的数字。**公共 IP 地址(Public IP Address)**用于识别公共互联网中的设备。因为公共 IP 地址必须各不相同，所以由一家称为**互联网名称与数字地址分配机构(Internet Corporation for Assigned Names and Numbers，ICANN)**的公共机构负责分配。

私有 IP 地址(Private IP Address)用于识别私有网络，通常是指局域网中的设备。它们在局域网内分配，一般由图 6-1 中的局域网设备分配。例如，当你登录到咖啡厅的局域网时，局域网设备会分配一个私有 IP 地址给你。当你断开连接时，它会收回该地址。

1. 私有 IP 地址

当计算机在局域网内使用 TCP/IP 或者访问私有网络服务器时，使用的是**私有 IP 地址**。这跟从局域网内访问公共网站，比如 www. pearsonhighered. com 不同。在局域网内，连接到局域网设备之前的通信都是使用的内部 IP 地址。之后，局域网设备会用**公共 IP 地址**代替私有 IP 地址，并发送信息到互联网。

私有和公共地址的结构有两个主要优势。首先，公共 IP 地址数量是有限的，因此同一局域网内所有的计算机使用一个公共 IP 地址。其次，在使用私有 IP 地址前，需要先在授权的 ICANN 机构注册一个公共 IP 地址。另外，如果计算机已经有了公共 IP 地址，在每次变动时，比如从家里到学校，互联网都必须更新寻址机制，为新的位置重新分配网络路径。这样的更新是巨大的负担和混乱！

2. 局域网设备的功能

在继续学习 IP 寻址之前，需要了解局域网设备的所有功能。大部分功能已经在图 6-1 中的方框标示中列出来了：

(1)交换机利用 IEEE 802. 3 有线局域网处理通信

(2)接入点利用 IEEE 802. 11 无线局域网处理通信

(3)IEEE 802. 3 和 IEEE 802. 11 间的转换

(4)调制解调器转换模拟和数字信号

(5)服务器分配私有 IP 地址

(6)私有和公共 IP 地址间的转换

(7)网络路由器分配数据包路径

其他功能不在这里赘述。

3. 公共 IP 地址和域名

IP 地址有两种格式，一种最常用的是 **IPv4**，即由 4 个十进制数字和点组成，比如 173. 194. 35. 177；另一种是 IPv6，比 IPv4 更长，就不在这里介绍了。不过，正是因为 IPv6 更长，所以它比 IPv4 多出数百万的 IP 地址。如果在浏览器中输入 http://173. 194. 35. 177/，浏览器会与已经分配了该地址的公共网络设备相连。试试看这个地址指向哪里。

没有人想输入 IP 地址(比如 http://173. 194. 35. 177/)来访问网站，而是通过输入名字，如 www. pandora. com 或者 www. woot. com 或者 www. amazon. com。为了便捷，ICANN 管理了一套 IP 地址和名字相对应的系统。首先，**域名(Domain Name)**是和公共 IP 地址对应的全世界唯一的名字。当组织或个人想要注册域名时，需要向一个 ICANN 授权的公司申请，Go Daddy 就是这样一个公司(如图 6-3 所示)。

Go Daddy，或者类似的机构，首先会确定想要注册的名称是不是全球唯一的。如果是，它将为申请人注册该名称。一旦注册完成，申请人可以得到该域名所属的公共 IP 地址。从这时候起，新域名的通信将会被引到所属的 IP 地址。

这里有两点值得注意：首先，一些域名可以指向同一个 IP 地址；其次，域名所对应的 IP 地址是动态的，也就是说域名所有者可以自由变更所对应的 IP 地址。

另外，你还应该了解一个术语——**统一资源定位器(Uniform Resource Locator，URL)**，它是互联网上的地址，通常由一个协议(比如 http://或者 ftp://)开始，后面跟着一个域名或者公共 IP 地址。实际上 URL 比这个要复杂得多，但是这里不详细讨论相关知识。

图 6-3　Go Daddy 网站截图

6.3.6　虚拟专用网

虚拟专用网(Virtual Private Network，VPN)利用互联网创建了一个专用的点对点的连接。正如 Emily 所说，在 IT 领域，虚拟(Virtual)表示那些看似存在而实际上不存在的事物。这里，VPN 利用公共的互联网来创建一个似乎存在的专用连接。

1. 典型的虚拟专用网

图 6-4 表示了应用 VPN 连接远程计算机的一种方式，也许在迈阿密旅馆工作的员工连接了芝加哥的局域网站点，这个远程用户就是专用虚拟网络的用户。首先他可以通过如图所示的本地网络服务提供商连接入网，也可以通过旅馆提供的互联网直接连接入网。

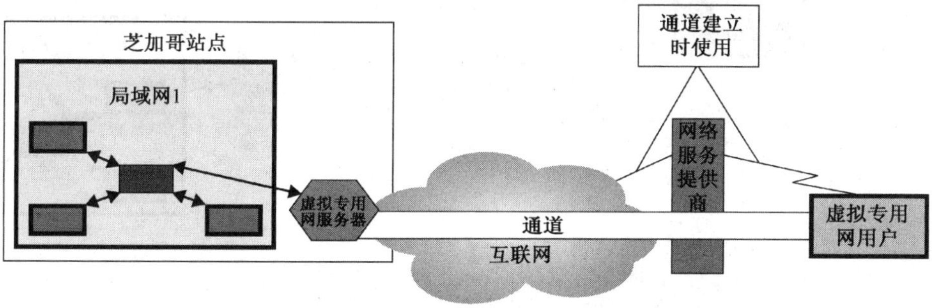

图 6-4　使用虚拟专用网的远程接入：实际的连接

在任何情况下，一旦建立了网络连接，远程用户计算机上的 VPN 软件与在芝加哥的 VPN 服务器也会建立连接，VPN 的客户端和服务器之间就有了点对点的连接，这被称为**通道**(Tunnel)，即在公用共享网上从 VPN 的客户端到服务器形成了虚拟专用通道。图 6-5 表示远程用户的连接。

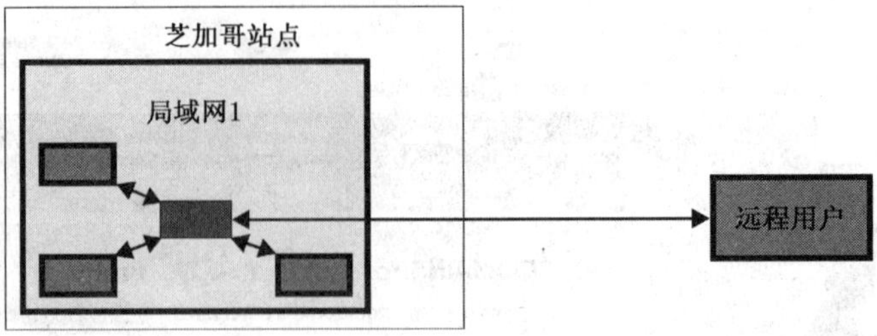

图 6-5　使用虚拟专用网的远程接入：明显的连接

VPN 的连接是安全的，即使是通过公共网络进行数据传输。为了保证安全性，VPN 客户端软件将传送的信息进行加密，防止原始信息被监听。然后 VPN 的客户将其 VPN 服务器的地址附上，一并发送到 VPN 服务器。当 VPN 服务器接收到信息后，剥离出信息前端的地址，解密后发送原始文本内容到局域网的初始地址。通过这种方式，个人信息得以安全地在公共网络上传输。

VPN 对于员工和任何在 VPN 上注册的用户使用点对点租用线路有很多好处，而且可以保证远程连接。例如，如果客户和供应商都注册了 VPN，就可以通过各自的网络使用 VPN。图 6-6 显示了 3 条通道，一条支持从亚特兰大到芝加哥的点对点连接，另外两条支持远程连接。

Microsoft 公司的 Windows 系统支持 VPN，更加促进了 VPN 的普及。Windows 系统的所有版本都可以作为虚拟专用网的客户端，同时 Windows 服务器的产品也可以作为 VPN 的服务器使用。

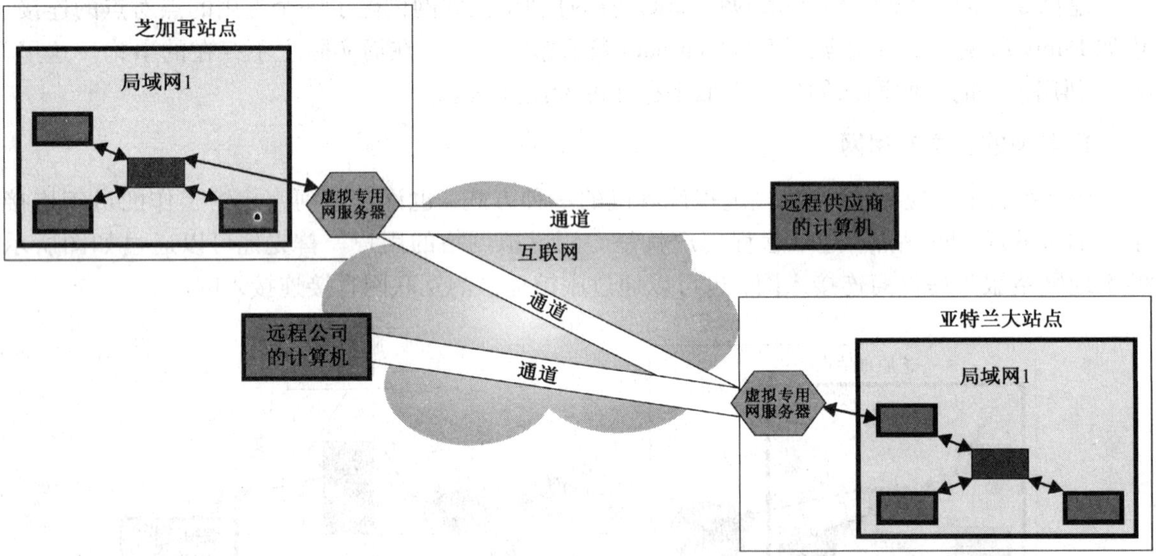

图 6-6　使用虚拟专用网的广域网

6.4　网络服务器的运作

你已经了解了基本的网络术语，并且对互联网的运作有了更深的理解。为了更加深入地理解数据通信，需要了解网络服务器的处理过程。这里以网上商店为例加以说明。

Zulily 是一家销售高端童装的公司，假设你想在 Zulily 上购买商品。首先，你访问了 www.zulily.com 并且找到了想要购买的商品(如图 6-7 所示)。在你选好商品后，将它加入购物车中继续购物。没过多久，你核对了信用卡的数据。

在 6.3 节中已经讨论过数据是如何通过互联网到达 Zulily 服务器的。接下来的问题是：服务器在数据到达后做了什么？或者从另一个角度来说，如果你打算为公司开办一个网店，需要什么设备？

图 6-7 电子商务服务器页面举例——产品展示页面

6.4.1 三层架构

几乎所有的电子商务应用都采用如图 6-8 所示的**三层架构**(Three-tier Architecture)。该架构将用户的计算机和服务器分成 3 个层次或类别进行规划。**用户层**(User Tier)由具有浏览器的计算机、手机和其他设备组成，这些浏览器可以请求访问和运行网页。**服务器层**(Server Tier)由可以运行网络服务器以及执行应用程序的计算机组成。**数据库层**(Database Tier)由可以运行数据库管理系统的计算机组成，其中，数据库管理系统可以执行检索和保存数据的请求。图 6-8 中的数据库层只有一台计算机，某些网站也采用多计算机的数据库层。

当输入 http://www.zulily.com 时，浏览器通过互联网向 Zulily 网站的服务器层发送符合 HTTP 规则的请求(顺便说一下，如果你只输入 www.zulily.com，浏览器会自动添加 http://以符合 HTTP 规则)。服务器层的计算机会返回一个**网页**(Web Page)来响应这个请求。网页是由标准页面标记语言编写的文件。**超文本标记语言**(Hypertext Markup Language，HTML)是最常用的页面标记语言，本节后面会介绍。

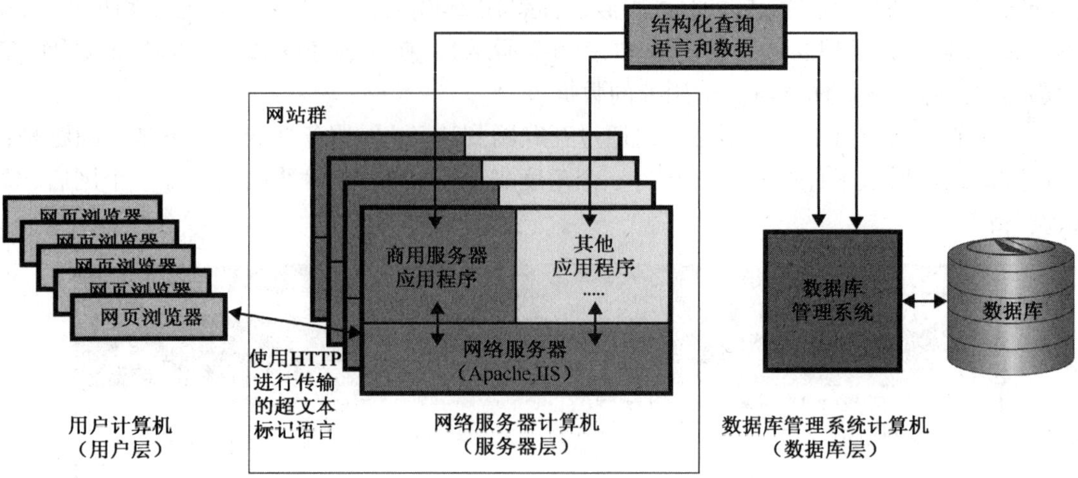

图 6-8　三层架构

在服务器层的**网络服务器**(Web Server)上运行着一系列的程序，这些程序通过发送和接收网页来管理和用户间的 HTTP 通信。在服务器层的**商用服务器**(Commerce Server)上运行着其他的应用程序。商用服务器通过网络服务器接收来自用户的请求，执行相应的操作，再通过网络服务器返回给用户相关的响应。商用服务器的常用功能主要有保存来自数据库的产品信息、管理购物车中的商品以及协调结算流程。在图 6-8 中，服务器层的计算机正在运行着一个网络服务器程序、一个商用服务器应用程序以及其他未详细说明具体用途的程序。

为了保证良好的性能，商业网站通常由多个网络服务器支持，这些网络服务器位于一个名为**网站群**(Web Farm)的设施中。通过对网站群中的计算机分配任务，客户的响应延迟达到最小。现在，公司通常将网站群外包给云供应商。在 6.5 节将会进行介绍。

6.4.2　超文本标记语言

超文本标记语言(HTML)是定义网页结构和布局最常用的语言。HTML **标记**(Tag)是为了显示或其他目的而定义的数据元素符号。下面是一个典型的标题标记：

```
<h2>Price of Item</h2>
```

注意，标记都是由成对的尖括号“<　>”括起来的。而且，标记是从 <h2 > 开始，到 </h2 > 结束，中间的字母均为标记的内容。这个标记的意思是将字段“Price of Item”作为二级标题放到网页中。网站的制作者可以为二级标题或其他标记定义格式(字号、颜色等)。

网页包含**超链接**(Hyperlink)，即链接到其他网页的指针。超链接中包含在用户点击时所要寻找的网页的 URL，而且 URL 可以与产生超链接的网页在同一个服务器内，也可以在其他的服务器内。

图 6-9 是一个 HTML 文件的示例。该文件包含了两部分内容，一部分是有关网页元数据的标题，另一部分是含有内容的主体。标记 <h1 > 是将指定字段设为一级标题，<h2 > 是设为二级标题。标记 <a > 定义了一个超链接，该标记有一个**属性**(Attribute)，是用来提供有关标记性质的变量。并不是所有的标记都有属性，但是大多数都有，而且每个属性都有一个标准的

名称。超链接的属性是 herf，它的值表示当用户点击该链接时会跳转到的页面地址。在这个例子中，当用户点击链接时，会跳转到 www. pearsonhighered. com/kroenke。图 6-10 表示在 IE 浏览器中的演示结果。

HTML 的最新版本是 HTML5，这个版本增加了大量针对网页的能力，其中包括动画展示和移动设备运行的能力。如果你对 HTML 感兴趣，一定要学习 HTML5。

```
<!DOCTYPE html PUBLIC "-//W3C//DTD XHTML 1.0 Transitional//EN" "http://www.w3.org/TR/xhtml1/DTD/xhtml1-transitional.dtd">
<html xmlns="http://www.w3.org/1999/xhtml">
<head>
<meta content="en-us" http-equiv="Content-Language" />  <meta content="text/html; charset=utf-8" http-equiv="Content-Type" />
<title>UMIS Example HTML</title>
<style type="text/css">
.style1 {
    font-size: xx-large;
    text-align: center;
    font-family: Arial, Helvetica, sans-serif;}
.style2 {
    color: #FF00FF;}
.style3 {
    font-size: medium;
    text-align: center;
    font-family: Arial, Helvetica, sans-serif;}
.style5 {
    font-size: medium;
    text-align: left;
    font-family: Arial, Helvetica, sans-serif;}
.auto-style1 {
    color: #FF0000;}
</style>  </head>
<body>
<p class="style1">
    <span class="auto-style1">Experiencing</span><strong>MIS</strong></p>
<p class="style1"> </p>
<p class="style3"><em>Fourth Edition</em></p>
<p class="style3"> </p>
<p class="style5">Example HTML Document</p>
<p class="style5"> </p>
<p class="style5"> </p>
<p class="style5">Click <a href="http://www.PearsonHigherEd.com/kroenke">here</a> for the textbook&#39;s Web site at Pearson Education.</p>
</body>
</html>
```

(a)

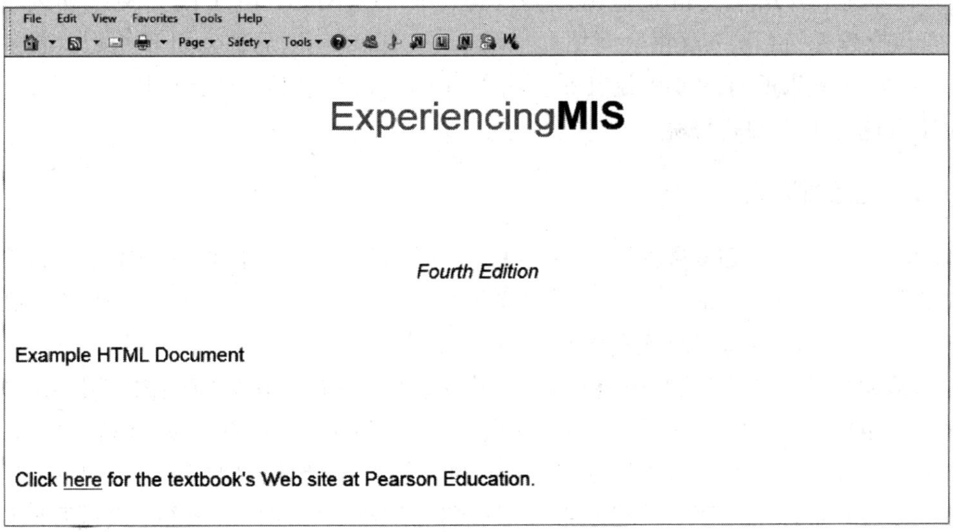

(b)

图 6-9　HTML 代码片段示例

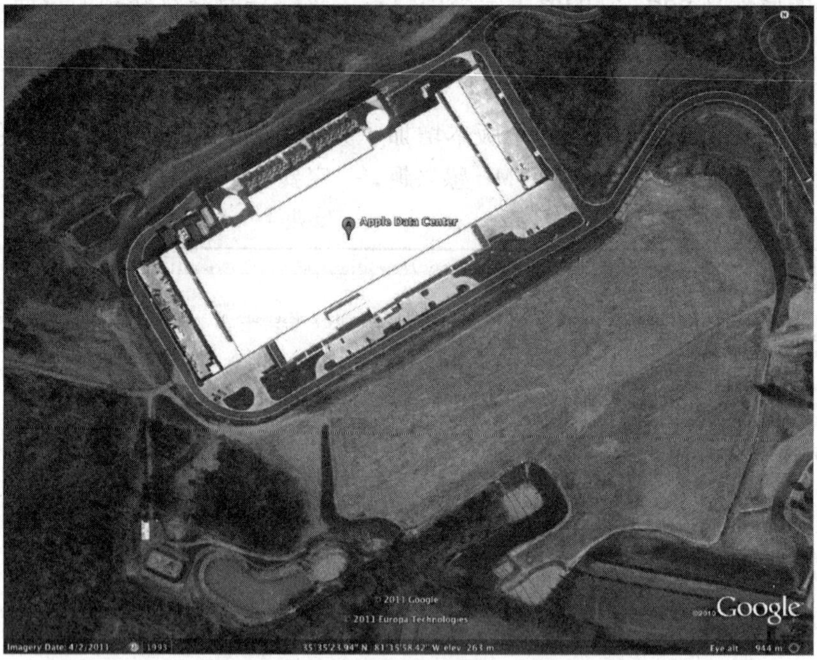

图 6-10　图 6-9 中 HTML 代码生成的文件

6.5　云是公司的未来

到 2010 年左右，大多数公司已经建立并且维护了自己的计算基础设施。公司购买或租用硬件，安装在本地，并用来支持企业范围内的电子邮件、网站、电子商务网站和内部应用程序，如财务和操作系统（下一章将会介绍）。不过，从 2010 年以后，公司开始将其计算基础设施迁移到云，好像未来所有的或者说几乎所有的计算基础设施都会从云租用。那么，到底什么是云？为什么这是未来的趋势呢？

6.5.1　云的概念

云（Cloud）是指通过互联网协议，可以灵活租用的计算机资源池。使用"云"这个词是因为大多数早期的三层图和其他基于互联网的系统使用了云的形象代表互联网（如图 6-2 所示）。而且，公司开始将他们的基础设施看作在"云的某处"。

弹性（Elastic）这个词最早是被 Amazon 公司使用的，它是指在短时间内，租用的资源数量能够以程序化的、动态的方式变化，而且公司只为他们使用的资源付费。资源是**汇聚（Pooled）**在一起的，因为许多不同的组织使用相同的物理硬件，他们通过虚拟化共享硬件。云供应商根据客户需求的增减，动态地将虚拟机器分配给物理硬件。最终，通过**互联网协议与标准（Internet Protocols and Standards）**访问资源，而互联网协议与标准被增加到 TCP/IP，使云托管供应商能够提供灵活的、而非标准化的处理方式。

一个简单的理解这个发展的本质的方法就是考虑电力。在电能产生早期，公司运转自己的发电机为自己提供电力。过了一段时间，随着电网范围的扩大，实现了集中供电，公司可以从电力公司购买所需的电能。

云供应商和电力公司都能够享受规模效益。根据这个道理，随着经营规模的增长，单位产品的平均成本降低。大多数云供应商都运行着庞大的网站群。图 6-11 中的大厦拥有苹果公司在 2011 建立的用于支持 iCloud 业务的网站群。这个价值亿万的设施占地 50 多万平方英尺①。IBM、Google、Amazon、Microsoft、Oracle 和其他大公司也各自运行着若干类似的网站群。

6.5.2 云和内部托管

表 6-4 对比了云托管和内部托管。正如表 6-4 所示，云计算的优势明显更多。云供应商 Rackspace 能够以每小时 1.5 美分的价格出租一台中档的服务器。你可以当天使用并访问服务器，实际上只有几分钟的时间。如果第二天你需要成百上千的服务器，那么你会很乐意大规模地租用。另外，你知道成本的结构，所以，尽管你可能会惊讶有多少用户访问网站，但是并不会惊讶它的费用。

另一个优点是只要和知名的大公司打交道，你就会获得同类中最好的安全保障和灾难恢复（这部分内容将在第 12 章中讨论）。而且，你无需担心所投资的技术不久将会过时，因为云供应商承担这项风险。以上所有这些都是可能的，因为云供应商通过面向整个行业进行销售来获取规模效益，而不单单只面向你。

表 6-4　云托管和内部托管的比较

云托管	内部托管
优点	
资金需求小	可以控制数据的位置
快速开发	完全可见的安全保障与灾难预防
对于不断增长的或波动的需求有优秀的灵活性和适应性	
了解成本结构	
同类中最好的安全保障与灾难预防	
不会过时	
全行业规模经济带来的价格低廉	
缺点	
依赖供应商	资金需求大
对数据的位置失去控制	开发难度大
真正的安全保障与灾难预防能力几乎不可见	年维护成本
	持续的支持成本
	员工和培训人员
	不断增加的管理需求
	难以应对波动的需求
	成本不确定
	过时

云计算的缺点是失去控制。由于依赖供应商，所以供应商的管理、政策和价格的变化都是你不能控制的。而且，你不知道对公司十分重要的数据存储在什么地方，也不清楚数据被复制了多少份，甚至不知道它们是不是和你在同一个国家。所以，安全保障和灾难预防是不可见的。

内部托管的优点和缺点在表 6-4 的右侧栏中。绝大多数情况下，它和云托管相反。不过，

① Patrick Thibodeau, "Apple, Google, Facebook Turn N. C. into Data Center Hub," Computerworld, June 3, 2011.

它可以满足人事及管理的需要。有了内部托管，你不仅需要建立自己的数据中心，还需要招聘和培训员工来运作，并以此来管理员工和设施。

6.5.3 云的优势和局限

怀疑表6-4内容的人会说："既然云托管这么好，为什么这么多年都没有使用?"

事实上，云托管(或者不同版本的名称不同)大概在20世纪60年代出现，在个人计算机和网络出现很久以前，分时(Time-sharing)供应商通过提供计算机的时间片来收取费用。但是，那时的技术不足以构建和使用庞大的数据中心。

云托管如今具有优势的主要原因如下。首先，处理器、数据通信和数据存储非常便宜，几乎免费。一个网站群有成百上千台处理器，这样的规模可以按小时提供虚拟机器，对于每小时1.5美分来说，成本几乎为零。再加上数据通信的成本较低，所以从处理器接收和发送数据几乎是免费的。

其次，虚拟化技术几乎能够瞬时创建一个新的虚拟机器。虚拟化软件可以从用户所提供(或者在云中创建)的数据磁盘映像和机器所提供的程序中获取信息。

最后，基于互联网的新协议和新标准使得云托管供应商能够以灵活的而非标准化的方式处理。其中最主要的是**网络服务标准(Web Service Standards)**，它位于HTTP之上，用来规定计算机如何进行交互。网络服务的提供者，比如一个云托管公司，用这些标准来规定将要执行的工作以及如何提供服务。用户利用这些标准来接收和发送服务。最重要的是，网络服务的标准为不同计算机间的通信程序提供了统一的术语和语法。

云的局限

云托管对大多数组织来说都十分有用，但是那些受法律或者行业标准做法约束的组织，他们需要实际控制数据，所以云托管对他们而言没有意义。这样的组织可能被迫建立和维护自己的托管设施。例如，金融机构可能须依法保证实际控制数据。

尽管需要实际控制数据，但是对于组织来说，他们还是能够从云计算中获益。这里所说的云是指**私有云(Private Cloud)**，也就是能够通过网络服务标准进行传输和动态配置的内部托管。不过，有人说根本没有私有云，因为设施归使用方所有，不能和其他公司共享规模经济。

6.5.4 云在公司中的使用

表6-5列出了3种基于云的服务产品。提供**软件即服务(Software as a Service, SaaS)**的公司不仅提供硬件设施，还有操作系统和应用程序。比如，Salesforce公司将用于客户和销售追踪的程序作为服务。同样，Microsoft公司将办公软件Office 365作为服务。其中Exchange、Lync和SharePoint是Microsoft提供的云服务。

苹果公司的iCloud是目前最令人兴奋的SaaS产品。当使用iCloud时，苹果公司会自动同步用户的所有iOS设备。2012年，苹果公司在iCloud中提供了9款免费的应用程序。比如日历，当用户在iPhone中输入一个会议时，苹果公司会自动将其同步到用户的所有iOS设备。另外，用户也可以将日历同步到其他地方。邮件、图片、应用程序和其他资源同样可以通过iCloud同步。

表 6-5　3 种云服务产品的主要类型

云服务产品的类型	举　例
软件即服务(SaaS)	Salesforce 公司 iCloud Office 365
平台即服务(PaaS)	Microsoft Azure Oracle on Demand
设施即服务(IaaS)	Amazon EC2(弹性云计算) Amazon S3(简单存储服务)

公司通过签约租用和培训学习就可以轻松地转换到 SaaS。对于苹果公司的产品，你根本不需要学习如何使用。引用已故乔布斯的话，“就这么简单。”

第二种云托管是**平台即服务(Platform as a Service，PaaS)**，即供应商提供主机、操作系统和数据库管理系统。比如 Microsoft Windows Azure 提供已经安装了 Windows Server 操作系统的服务器，用户只需在主机的平台上安装自己的应用程序就可以了。Microsoft SQL Azure 提供已经安装了 Windows Server 操作系统和 SQL Server 数据库管理系统的服务器。Oracle on Demand 提供已经安装了 Oracle 数据库的主机。对于 PaaS，公司可以在主机上安装自己的应用程序。

最基本的云服务产品是**设施即服务(Infrastructure as a Service，IaaS)**，即云托管裸机或磁盘驱动器。Amazon EC2 不仅提供裸机，它的简单存储服务器(Simple Storage Server)还可以在云端提供无限的可靠的磁盘驱动器。Rackspace 也提供类似的服务。

公司选择需要的云服务。比如，Lucas 想在云端托管 GearUp 公司的服务器。根据表 6-5，GearUp 需要将其网络服务器和数据库服务器通过 PaaS 放置在云端。因此，GearUp 可以使用 Windows Azure 作为网络服务器，SQL Server 作为数据库服务器。在 Lucas 谈到每小时 25 美分时，他其实已经在考虑云服务了。

如果 GearUp 公司愿意，它也可以从 IaaS 供应商，比如 Amazon 或 RackSpace 那里得到裸机。这样的话，GearUp 需要为裸机提供一个操作系统和数据库管理系统。多数情况下，像 GearUp 这样的小公司会选择 PaaS。

本章知识对你的启发

总之，本章内容提供了成为商务人员的基本背景知识。如今，掌握网络基本术语，了解重要的局域网及互联网协议的用途和名称，了解网络服务器软硬件的主要功能，以及掌握云的重要性和优缺点，是每个商务人员必备的基础知识。

具体来说，本章的内容不仅有助于你对关于 IT 和数据通信方面的项目和预算进行决策，还可以使你成为 IT 专业服务的用户，帮助你理解公司如何将云端应用程序同自身的战略相结合。实际上，你在下一章就会看到这样的应用程序。

道德指引

你在课上说了我什么？

在第 4 章问题 6 的学习指导中有这样一个问题：老师在你们的计算机中安装了监视软件，

这样她就能获取你们所有的即时信息、电子邮件和网络浏览记录。事实上，获得这些数据相当容易。所有的老师，甚至是你，只需安装一个名为**数据包分析器**(Packet Analyzer)或**数据包监听器**(Packet Sniffer)的程序。当这个程序用于合适的目的时，使用前一个名称；而当有其他用途时，称之为后者。无论它叫什么，这个程序会阅读、记录和显示在附近电波范围内的所有无线传输数据包。

在教室的某个地方会有一个无线设备(像图6-1中的局域网设备)，用来在计算机与互联网之间接收和发送无线数据包，并实现本章提到的其他功能。所有的无线数据包都必须开放广播以便传输到目的地(当你发送数据包时，对方的无线设备是目的地；当你接收数据包时，你的计算机或移动设备是目的地)。所以，数据包监听器就抓取房间内全部的无线数据包，并以容易获取的方式将其格式化。

因此，教室里的任何人(以及周围教室的任何人)都可以去 www.wireshark.com(或者类似的网站)下载并安装数据包监听器。这个软件并不难使用，而且该网站还提供了视频和其他文档来帮助用户快速学习。一旦学会了，他们可以阅读几乎教室内任何人正在通过无线局域网设备发送或接收的任何内容，包括即时信息、绝大部分电子邮件和任何以 http://开头的网站浏览记录。

老师可能不会使用数据包监听器来威胁你的隐私，但是坐在你旁边的人可能会。或许某个人会问你，“Jennifer 知道你说她坏话吗?”或许会问：“你很喜欢在教室里看 VictoriaSecrets.com 网站上的模特吗?”也可能会问：“你为什么今天上课要在网上查酒驾律师这个词语?”

那么你能做什么呢？首先，你可以使用 https://而不是 http://。这样的话数据包监听器会被告知你访问了一个特殊的网站，但不会获取有关你做了什么或者什么时候访问之类的数据。例如，当你访问 https://google.com 时，监听器会知道你去过 Google 网站，但不能记录你查询过哪些关键词。除了购物网站，几乎所有网站都支持使用 http://和 https://。当然，如果你不发送任何内容，那就不用担心会像本章开头说的那样登上校园晨报头条，也不用担心因为说了什么话而惹上麻烦。但是，当一些古怪的朋友们发给你耸人听闻的素材时，这就没办法了。最重要的保护措施是不要在课堂上用计算机或移动设备做任何不被允许的事情。

问题讨论

1. 解释数据包监听器的用途，说明数据包监听器在什么情况下能够成功。
2. 除了教室，还有哪些地方可能存在数据包监听器?
3. 列出5种可以防止被数据包监听器窥探隐私的措施。
4. 列出你在通信过程中从没有被监听过的证据。
5. 监听数据包合法吗？道德吗?
6. 当你使用移动设备时，没有连接到教室的局域网，而是连接到了信号塔的无线网络，这能够防止被监听吗？为什么?
7. 总结今后在课堂上使用无线网络时应该注意的地方。
8. (可选练习)访问 www.wireshark.com 并观看入门教学视频。解释数据包监听器如何轻松地格式化无线数据包。列出视频中用到的你学过的术语。

学习指导

指数型思考不可能，然而……

Nathan Myhrvold 是 20 世纪 90 年代 Microsoft 公司的首席科学家。他曾说过，人类没有能力进行指数型思考。相反，当某些事情成指数型变化时，人类的思考以所能想象的最快的线性变化，如下图所示。Myhrvold 曾写过关于磁存储器指数型增长的书籍。他指出，没人能想象磁存储器会增长多少，也没有人知道我们能为此做些什么。

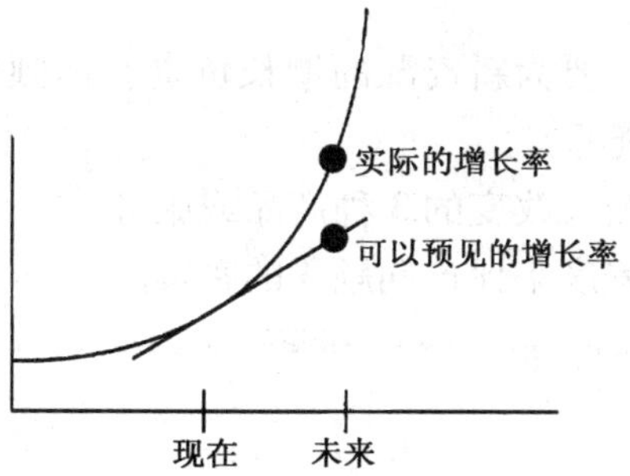

这类限制同样存在于计算机网络的增长过程中。我们见证了这个领域内很多的指数型增长，比如互联网连接的数量、网页的数量以及在互联网上可以访问的大量数据。所有一切都表明指数型增长仍未结束。

你也许会问，这跟我有关吗？假如你是家用电器的产品经理。当大多数家庭都有一个无线网络时，电器间的对话就会简单而且廉价。当这一天到来时，现有的产品生产线会发生什么变化呢？竞争对手的对话电器会抢走你的市场份额吗？然而，也许这类电器并不能满足真实的需求。如果烤箱和咖啡壶没有对话的必要，那么生产这样能对话的电器就是一种浪费。

每个企业和组织都需要对这个普遍存在、廉价且正在呈指数型增长的互联进行思考。新的机遇在哪里？新的威胁又在哪里？我们的竞争对手会做何反应？我们应该如何定位自己？我们又该如何反应？思考这些问题时请记住，人类不能进行指数型思考，所以我们只能猜测。

面对指数型增长所带来的变化，我们该如何更好地参与呢？首先，技术并不会驱使人类做他们从未做过的事，不管技术专家如何说明这些事情的可行性(我们可以做并不代表我们想去做)。

社会以一种小幅的、演化的、适应性的步伐进步着。现在，如果想和某人看电影，你们必须在同一间屋子里。以后就不需要这样了。利用数据通信，很多人能在同一时间看同一场电影，而并不需要在同一个地点。看电影的过程中，人们能通过音频连线来交流，甚至能利用网络摄像机看到对方。这听起来是人们愿意做的事，但实际上是人们已经做过的事情。

然而，新兴的网络技术能让干洗机通知衣服还有多久才能烘干。我想知道吗？我有多在意衣服是在周一下午 1:45 还是周二下午 4:00 以后烘干？事实上，我并不在意。这样的技术并不能解决问题。

因此，尽管技术可以带来解决问题的能力，但是并不意味着所有人都需要那样的能力。人们需要知道如何使他们现有的工作变得简单，因为他们要解决已有的问题。

另外一个关于指数型增长的反应是两边都下注。如果不知道某种指数型增长所带来的结果，那就不要只关注一个方向。一旦方向清晰了，马上把自己的位置摆正。研发一些可对话电器，把公司的重点放在研发上，等到市场的接受信号清楚后再大量生产并推向市场。

最后，注意指数型曲线，“现在”和“未来”之间的距离越大，错误也越多。事实上，错误随着预测的长度发生指数型增长。因此，如果你听说，市场对会说话的厨房电器的需求在1年内达到10亿美元，你应该对此表示一定的怀疑。然而，你听说市场将在5年内达到10亿美元的需求，你应该对此表示出指数型增长的怀疑。

问题讨论

1. 用自己的话解释“没人能进行指数型思考”。你同意这句话吗？

2. 除了互联性和磁存储器，举出指数型增长的其他例子。解释一下，为什么很难预测3年后该现象的结果。

3. 你认为技术在多大程度上要为新资源的增长负责？你倾向于新资源有着参差不齐的质量，还是有高质量控制的少量资源？

4. 列举因发展的互联性而极大改变的3种产品或服务。

5. 以解决人们现有问题的程度来评价问题4的答案。

小结

利用本小结来检查你是否理解了本章介绍的思想和概念。

1. 计算机网络

给出计算机网络的定义，说明局域网、广域网、以太网和因特网之间的区别，描述协议的作用。

2. 局域网的组成

说明局域网的主要特点；描述图6-1中每个组成部分的作用；描述在高层建筑中，交换机的摆放位置；说明光线电缆什么情况下应用于局域网中；定义IEEE 802.3和IEEE 802.11，并解释它们的不同；列出3种连接到局域网或互联网计算机的方式，并解释每种方式的本质。

3. 互联网的基本概念

解释“因特网就是一个互联网”；定义TCP/IP，说出各层的名字，并概括各层的用途；解释HTTP、HTTPS、SMTP和FTP的用途；解释为什么TCP能够提供可靠的网络传输；定义IP、数据包和路由器；解释为什么IP可以提供网路路径；描述私有和公共IP地址的优点；列出局域网设备的用途；概括如何获得域名；描述域名和公共IP地址之间的关系；定义URL；解释VPN的用途，并概括VPN的工作过程。

4. 网络服务器的运作

解释网店是什么；定义三层架构，并描述各层的内容；解释网页、网络服务器和商用服务器的功能；解释网站群的用途；根据图6-7中网页的处理过程，解释图6-8中各层的功能；定义HTML并解释其用途；定义href和属性(attribute)；解释HTML5的重要性。

5. 云是公司的未来

定义云并解释弹性(Elastic)、汇聚(Pooled)和互联网协议与标准(Internet Protocols and Standards)；根据表6-4对比云托管和内部托管；解释云计算如今可行的3个原因；何时使用基于云的设施是没有意义的？定义 SaaS、PaaS 和 IaaS，并各举一个例子；分别描述 SaaS、PaaS 和 IaaS 作为最佳选择时的条件要求。

本章知识对你的启发

对于 GearUp 公司而言，云的主要优势有哪些？考虑到 GearUp 公司业务的规模和性质，如果托管该公司的网站，采用哪种云服务产品最好——SaaS、PaaS 还是 IaaS？如果 GearUp 公司扩大规模并且聘请了更多富有经验的 IT 员工，列出其他方案，并解释原因。

关键词和术语

10/100/1000 以太网	商用服务器	Href
接入点	数据库层	超文本标记语言(HTML)
属性	数字用户线路(DSL)	超文本传输协议(HTTP)
蓝牙	域名	文件传输协议(FTP)
宽带	弹性	HTTPS
电缆线路	以太网	传输控制协议(TCP)
云	超链接	光纤电缆
IEEE 802.3 协议	数据包	TCP/IP 体系架构
IEEE 802.11 协议	数据包分析器	数据包监听器
因特网	设施即服务(IaaS)	平台即服务(PaaS)
三层架构	互联网协议与标准	汇聚(pooled)
通道(tunnel)	互联网	私有云
网络服务提供商(ISP)	私有 IP 地址	非屏蔽双绞线电缆(UTP)
企业内联网(intranet)	协议	统一资源定位器(URL)
IP(互联网协议)	IP 地址	用户层
IP 地址	路由器	虚拟专用网(VPN)
IPv4	服务器层	广域无线网
IPv6	SOHO	Web
局域网设备	网站群	局域网
网页	窄带	简单邮件传输协议(SMTP)
网络服务器	网络	软件即服务(SaaS)
网络服务标准	网络接口卡(NIC)	交换机
广域网	主板网络接口卡	标记(Tag)
无线网络接口卡(WNIC)	互联网名称与数字地址分配机构(ICANN)	

知识运用

1. 假设在一个小公司里，你管理着 7 个人组成的小组，小组的每个成员都希望可以上网。现在考虑两种备选方案：

备选方案 1：每个成员通过各自的调制解调器分别连入互联网。

备选方案 2：每个成员的计算机通过局域网相互连接，然后这个网络使用唯一的调制解调器连入互联网。

（1）描述每个方案所需的设备与线路。

（2）阐述建立每个方案的步骤。

（3）对比两种备选方案的成本和能力。

（4）你建议采用哪种方案？

2. 假设你需要为学校里男生或女生联欢会的局域网实施出谋划策。

（1）针对男生联欢会的房间，解释局域网如何连接房间内所有的计算机。你会推荐以太网、802.11 还是将它们结合起来？

（2）本章没有提供过多的信息来说明男生联欢会的房间需要多少台交换机。然而，大致描述一下男生联欢会房间内如何使用多交换机系统。

（3）如果要连接到互联网，你会建议房间内使用 DSL 调制解调器、电缆调制解调器还是广域无线网？尽管你能利用所学知识排除至少一种备选方案，然后要提出具体的建议，你还需要哪些信息？

4）是否能够为每个客人提供标准的一揽子解决方案？该方案有什么优点？不足是什么？

3. 定义云并解释弹性（Elastic）、汇聚（Pooled）和互联网协议与标准（Internet Protocols and Standards）。根据表 6-4 对比云托管和内部托管。解释云托管比内部托管更好的 3 个最重要原因。

4. 苹果公司在北卡来罗纳中心投资逾十亿美元来托管 iCloud。苹果公司花费如此巨大，一定是认识到 iCloud 会成为未来重要的一部分。利用图 3-7 所列的原则，解释与其他移动设备供应商相比，iCloud 会以怎样的方式为苹果公司带来竞争优势。

合作练习 6

在你开始这部分练习之前，阅读扩展章 1 和扩展章 2，这两章介绍了合作的技巧以及管理合作任务的工具。特别是考虑运用 Google Drive、Google +、Windows Live SkyDrive、Microsoft SharePoint 或者其他合作工具。

云为信息系统服务行业带来了巨大的变化。像 Microsoft 这样的巨头公司都需要改变，支持本地网络解决方案的小公司的商业模式也被颠覆了，而且留给新公司和新服务的机会正在不断涌现。通过回答下列问题，探讨这些改变和潜在的机遇。

1. 阅读案例学习 6 并回答之后的问题，特别注意第 6 题和第 7 题。

2. 假设你是一个独立的软件供应商（Independent Software Vendor，ISV），但现在被 Azure 和云所取代，你决定对 Office 365 软件的使用提供咨询服务。阅读扩展章 2，列出 4 个 Office 365 软件的主要组成部分，并针对每一个部分，分别描述 3 种你可以提供的服务。

3. 找出小组特别感兴趣的一个部分（比如会计事务所、政府机关和医疗实践等），列出并描述 4 个你们可以提供的咨询服务。

4. 针对第 3 题的回答，假设现在你可以为 Exchange 和类似的服务器提供安装与支持的咨询服务，描述需要改变的业务方式，特别是人员方面。

案例学习 6

Azure 云中的急流

“我们全都在云里。”

——Steve Ballmer，Microsoft 公司 CEO，2010 年 3 月 9 日①

Ballmer 这句话到底是什么意思？当 CEO 对世界领先的软件供应商 Microsoft 说，他们全都在云里，这到底意味着什么？Microsoft 是如何花费 150 亿美元将服务器业务移到云端的？

我们既不清楚云究竟对 Microsoft 的收入带来什么影响，也不能确切得知道它的战略是什么，以及它打算如何实现。而且，我们也不清楚特定的产品通过特定渠道能够为 Microsoft 带来多少收入。甚至就算大致猜对了，我们仍无法确切地知道。尽管如此，我们还是可以仔细思考一番。

显然，Microsoft 有一个巨大的问题。变化已经开始了，云也出现了，苹果公司得到了年轻时尚客户的青睐。尽管 Microsoft 想回到 1995 年，那时他们控制一切，除了美国的反垄断诉讼，但这已经不可能了。Ballmer 在 2011 年又说道：

“云是一个流行词，实质上是使用互联网无缝地连接你和那些对你重要的人与信息。这大概是许多新公司出现的原因，而接下来的 5 ~10 年将会令人兴奋不已。”②

如果把 Ballmer 看作是一个喜欢冒险的资本家，我们就可以理解他为什么对于如此多的新公司充满热情。但他同时也是 Microsoft 公司的 CEO，而且 Microsoft 必须在动荡的时期不断成长与发展，从而战胜新老竞争对手。

Microsoft 不得不停止一大部分业务，以寻找一条能够赚钱的道路。在 2011 年 4 月公布的季度财务报告中，Microsoft 公司的首席财务官 Peter Klein 这样说道：

“尽管 PC 市场很复杂，但是，我们显示出了强劲的财务业绩，表现出了业务的广度和力度。客户以惊人的速度购买 Office 2010、Xbox 和 Kinect，而且不同规模的企业也纷纷购买 Microsoft 的平台和应用程序。”③

仔细分析这句话：“客户以惊人的速度购买 Office 2010、Xbox 和 Kinect。”业务依然只是“购买平台”，但是“以惊人的速度”这几个字会被错误地强调。下面举个简单的例子。

假设一家小公司拥有 20 名员工，使用 Office 365 处理业务。Office 365 的基本版包括 Exchange（Microsoft 的电子邮箱服务器）、Lync、SharePoint Online 和 Office 网络应用（基于浏览器的，功能有限的 Office 2010 版本）。每名员工每月在 Office 365 上支出 6 美元，那么 20 名员工每月要支出 120 美元，一年就是 1440 美元。

首先，Microsoft 能以这个价格获利吗？图 6-12 列出了 Microsoft 主要的云服务产品 Azure 的价格。如果你是门外汉，你会购买每小时 24 美分的中档服务器。假设运行该服务器的成本是 10 美分，毕竟 Rackspace 销售的裸机只需要每小时 1 美分或者半美分。24 美分中的

---

① “Ballmer on the Cloud: We're All In,” Microsoft. com, March 9, 2010.

② Sharon Pian Chan, “Steve Ballmer Pre-Announces 2011 Earnings for Microsoft,” Seattle Times, June 29, 2011.

③ “Microsoft Reports Record Third-Quarter Results,” Microsoft Press Release, April 28, 2011.

很大一部分用于 Windows Server 的使用许可，Microsoft 真正的边际成本很可能远远低于 10 美分，当然，我们一开始假设得比较高。

Windows Azure

- 计算
  - ·额外的小型实例：每小时 0.05 美元
  - ·小型实例（默认）：每小时 0.12 美元
  - ·中型实例：每小时 0.24 美元
  - ·大型实例：每小时 0.48 美元
  - ·额外的大型实例：每小时 0.96 美元
- 存储
  - ·每月 1GB 0.15 美元
  - ·每 10 000 条事务 0.01 美元
- 内容交付网络
  - ·从欧洲和北美传输数据每 GB 0.15 美元
  - ·每 10 000 条事务 0.01 美元

SQL Azure

- 网络版
  - ·每月 1 个最大 1GB 容量的数据库 $ 9.99 美元
  - ·每月 1 个最大 5GB 容量的数据库 $ 49.99 美元
- 商业版
  - ·每月 1 个最大 10GB 容量的数据库 $ 9.99 美元
  - ·每月 1 个 20GB 容量的数据库 $ 199.98 美元
  - ·每月 1 个 30GB 容量的数据库 $ 299.97 美元
  - ·每月 1 个 40GB 容量的数据库 $ 399.96 美元
  - ·每月 1 个 50GB 容量的数据库 $ 499.95 美元

图 6-11　位于北卡罗来纳州麦登市的苹果数据中心

一年有 365 天，也就是 8760 个小时，所以每年运行中型服务器的成本就是 876 美元，存储成本相对较小，可以忽略不计。Microsoft 能用这个中型服务器支持 20 名员工吗？根据一般的资源使用情况，它应该可以支持 200 人，可能甚至是 2000 人。所以，Microsoft 的边际收益就是 1440 美元减去 876 美元，等于 564 美元。这样看来，Office 365 确实可以赚钱。

除此之外，如果是一般的客户，Office 365 就会取代 Exchange 服务器。在同样的情况下，对于一个 20 人的公司来说，Exchange 服务器的典型安装费用是 12 000 美元，其中包括 3000 美元的硬件费用，4000 美元的 Exchange Microsoft 使用许可，以及 5000 美元的独立软件供应商（ISV）安装和支持费用。

Office 365 完全取代了它们。当然，这不仅对于戴尔公司来说是个坏消息，对于那些负责安装和维护服务器的 ISV 来说也是个坏消息，如果他们不能找到支持 Office 365 的赚钱方式，那么就得退出。

但是已经将 4000 美元的 Exchange 使用许可费用转化为 Office 365 所带来的 564 美元收益。为什么要这样做？

根据 Microsoft 公司 2010 年度报告，服务器和商务工具软件，包括 Windows Server、SQL Server、Exchange 和 Azure，带来 150 亿美元的收益，占总收入的 24%。如果 Azure 成

功的话，将会取代 Windows Server 和 SQL Server，而 Office 365 会取代 Exchange。

盈亏平衡？Microsoft 当然希望卖出更多的 Azure 和 Office 365。拥有 150 亿的身价，难怪 Ballmer 会说他们“全都在云里”了。

案例讨论

1. 请用自己的话总结 Microsoft 公司面临的问题。

2. 解释“你会购买每小时 24 美分的中型服务器。我们假设运行该服务器的成本是 10 美分，毕竟 Rackspace 销售的裸机只需要每小时 1 美分或者半美分。24 美分中的很大一部分用于 Windows Server 的使用许可，Microsoft 公司真正的边际成本很可能远远低于 10 美分”。

3. 如果 Office 365 的服务器运行成本是 1 美分而不是 10 美分，那么边际收益的分析会发生什么变化？

4. 如果 Office 365 的服务器支持 2000 人而不是 20 人，那么边际收益的分析会发生什么变化？

5. Microsoft 公司在 2012 年 8 月收购了 Skype，其原因很有可能跟本案例学习中所出现的问题有关。描述 Microsoft 公司的 Skype 战略是什么，以及它对本案例的分析有何影响。

6. 多年来，Microsoft 公司投入大量的资源和时间建立本地网络软件供应商（ISV）网络。它能够提供培训、销售支持、协商和奖励，甚至对于合作伙伴有金、银、铜的分类。根据本案例，Microsoft 公司好像抛弃了网络软件供应商。你认为是这样吗？为什么？如果你是一个 ISV，你会怎么办？

7. 如果你在 Microsoft 公司工作，并且负责价值 150 亿的服务器业务。现在受到了云服务的威胁，你会怎么办？

第三部分

利用信息系统获取竞争优势

在前 6 章中，已经学习到了信息系统的基础知识。有了这些基础知识，就可以在第 7 ~ 12 章中学习企业使用信息系统来实现自身战略的方法了。本书的第三部分，也就是第 7 ~9 章，重点讲解信息系统的应用；本书的第四部分，也就是第 10 ~12 章，重点讲解信息系统的管理。

第 7 ~12 章的内容是以一款用于医疗行业的移动软件为背景介绍的，这款移动软件的开发基于云技术。据我所知，这样的移动软件目前还不存在。但本书对该移动软件的构想是完全合理的，也许这是一个很好创业机会，因为这款软件让令人兴奋的、最新的科学技术应用在了医疗这个最终的行业上。医疗行业是公众辩论的焦点行业，因为这一行业利润高、成本高，同时还与许多政府和组织的基金问题密切相关。许多人认为科学技术的应用将是降低医疗行业成本的重要途径。

下页的图展示了医疗软件系统中的角色主要，该系统叫作 PRIDE 系统，是训练数据记录（Performance Recording）、数据整合（Integration）、信息推送（Deliver）和评价（Evaluation）的简称。在 PRIDE 系统中，患者的训练数据通过跑步机、健身自行车和心脏监护器等设备收集，这些健身设备的通信功能符合 ANT 通信协议。根据 ANT 协议，训练数据通过当地的网络或者手机传递到互联网上，然后被存储在数据库中。

训练数据存储至云数据库后，患者、医护人员、保健俱乐部、保险公司和员工都可以查询这部分数据并生成训练报告。医生可以据此确认患者的训练量是否适当；保健俱乐部可以根据个人训练数据合成每个训练班的数据；保险公司根据患者的健康状况调整保险政策；雇主则据此评估他们为提高员工身体健康而投入的资金是否是值得的。

当然，PRIDE 系统中各角色的隐私也是很重要的。PRIDE 系统中各角色可以设定数据的查看权限，本书将在第四部分仔细讨论这个问题。

Romero Flores 是一个心脏外科医生，正致力于开发卫生保健原型和 PRIDE 系统中患者的部分。他现在关注的焦点是患者是否乐意参与到该系统中以及他和他的团队能否从 PRIDE

系统获得预期的利益。只有搞清楚这两个问题，Flores 才会考虑如何在该系统中加入图中其他的组织机构。

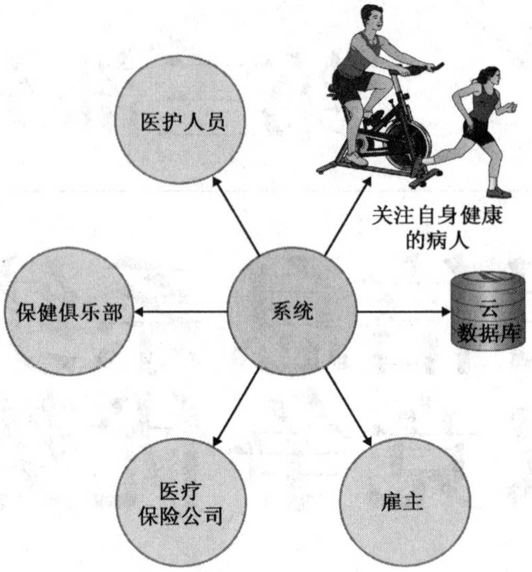

PRIDE 系统：训练数据记录、数据整合、信息推送和评价

PRIDE 系统是否物超所值呢？当前的技术能否支持这样一个系统呢？PRIDE 是否值得投资？如果你是一个投机资本家或天使投资者，你愿意为 PRIDE 系统的开发投资吗？在学习接下来 6 章内容的时候，你需要思考这些问题。一个成功的职业经理人需要在职业生涯中多次评估一些新兴技术，这项技术也可能出现在其他领域。

第 1 章提到，“未来商业方面的专业人士需要具备下面这项能力：发掘有潜力的信息技术并将其应用在商业领域中。”本书希望通过 PRIDE 系统的案例解释和锻炼你的这种能力。

第7章　企业与信息系统

Romero Flores，一个心脏病外科医生，正在给一位心脏病患者的女儿打电话：

"Lindsey，我是 Flores 医生"。

"我的母亲现在怎么样了？"Lindsey 听到 Flores 医生的声音后紧张了起来。

"一切顺利。你母亲刚才还在这里，她身体状况很好。目前我没有什么紧急的事情，不过我有些事情要和你说。"

"哦。"Lindsey 坐在桌子上，不再紧紧攥着手机。"什么事？是不是我母亲忘记把药带走了？"

"是这样的，虽然她现在没有生命危险，但身体不够健康。至少，她的健康状况可以更好些。她必须做更多的运动，需要开始走动和锻炼身体。她并没有按照我们计划的那样执行康复计划，现在我们需要让她锻炼起来。"

"Flores 医生，我知道。但是，她现在一个人住，而且从来就没有锻炼过身体。我劝过母亲，但是我不确定她能否听得进去。我也想每天过去督促母亲锻炼身体，但是我很忙，我还有孩子需要照顾……"Lindsey 的声音变得越来越小，她想着如何腾出时间和母亲一起去运动的时候。

"我有个办法，也许有效。"听起来，Flores 医生很乐观。

"什么办法？"

"我们开发了一个新项目，你母亲也许会是第一个参加这个项目的人。她那里有没有跑步机？"

"有，我和 Ted 星期二给她买了一台跑步机。"

"很好。我知道她有手机，所以现在她需要的东西就是心率监控器和运动手表来记录训练数据。"

"这些设备需要花多少钱？"

"我可以借给她这些设备。我们试试看，如果效果不错，你可以考虑购买。大概 100 美元。你觉得我们可以试验一下吗？"

"也许……虽然，我现在还不清楚你的计划是怎样实施的。"

"是这样的：你的母亲戴上心率监控器和专用的手表，按照我规定的运动量跑步。她的心率和运动情况都会通过网络传输到数据库中。每天早上我们根据你母亲的运动情况得出一个分析报告，这会帮助我们更好地了解她的恢复状况。如果她允许，我们就开始实施这个计划，你也可以得到一份分析报告。"

"哇！这听起来很有意思。"

"我们也觉得很有意思，所以投资开发了这个系统。但这只是个尝试，我们不确定系统是否能帮助病人更好地康复。"

“也许这是无用功，但至少可以让我们很快知道这条路行不通。”

“是的，我们可以再开发一些能帮助到你母亲康复的功能。”

“那我们现在该做些什么呢?”

“我们和她约个时间见面，我们会向她解释这个系统是怎么回事并安装好所有的设备。你可以尝试在家安装这些设备，如果需要帮助，我会派员工过去。”

“好的。”答应 Flores 医生的同时，Lindsey 也在想着如何说服自己的母亲加入到这个计划中来。

“另外，我们会根据她的心率调整她的运动量。我们需要你说服她开始运动，让她知道改变是必需的。”

“你的意思是，你无法在办公室里控制她的跑步机?”

“是的，至少现在还不能。”

学习目标

1. 信息系统的分类
2. 企业信息系统解决信息孤岛问题
3. CRM、ERP 和 EAI 支持企业信息系统
4. 跨企业信息系统解决企业间的信息孤岛问题

7.1 信息系统的分类

如表 7-1 所示，现代企业根据自身规模的大小使用 4 类信息系统，下面分别介绍每类信息系统。

表 7-1　不用应用范围的信息系统

应用范围	举例	特点
个人	药品销售人员	单用户；不规范的操作步骤；问题孤立；容易管理系统的改变
工作组	医生的工作关系	10～100 个用户；小组内部有规范的操作步骤；在小组内解决问题；系统不易改变
企业	医院	100～1000 个用户；规范的操作步骤；问题的解决可能会影响到整个企业；系统很难改变
企业间	PRIDE 系统	1000 个以上的用户；规范的操作步骤；问题的解决可能会影响到多个企业；系统很难改变

7.1.1　个人信息系统

个人信息系统(Personal Information System)适用于个体用户。iPhone 手机以及邮箱中的通讯录都是个人信息系统的例子。因为这样的系统只有一个用户，因此系统操作步骤简单，并且不规范。

个人管理信息系统的变动一般比较好管理。比如，你要把邮箱从 MSN 换成 Google，你需要做的是：把相应的通讯录从一个邮箱供应商转移到另一个供应商，并且把你的新邮箱地址通知所有联系人。在这个过程中，你可以控制信息系统转变的步骤。因为你是信息系统唯一的用户，所以如果系统有变化，只要自己适应就可以了。而且，系统出现了什么问题都可以自己解决。

表7-1以药品销售人员为例介绍个人信息系统。每个药品销售人员都有自己的个人信息系统来管理以下信息：医生、客户、会诊、产品描述与费用、药品公司等。这些信息独立地存在于每个销售人员的信息系统中。

7.1.2 工作组信息系统

工作组信息系统（Workgroup Information System）是辅助多人协作的信息系统。在医生的工作关系中，医生、护士以及其他工作人员利用信息系统管理每位病人的会诊时间、记录病人的相关信息、办公室的规章制度和设备的信息以及辅助团体工作。

支持一个特定部门的工作组信息系统也叫作**部门信息系统**（Department Information Systems），公司应付账款部使用的信息系统就是一个很好的例子。辅助一个特定业务功能的工作组信息系统叫作**功能信息系统**（Functional Information Systems），第6章中Zulily公司使用的销售软件就属于功能信息系统。最后，扩展章2中介绍的合作信息系统也属于工作组信息系统。

工作组信息系统，不论是部门、功能还是协同信息系统，都具有表7-1中所述的特点。工作组信息系统比较典型的特点是支持10～100个用户。组内成员都需要了解这类系统的操作步骤。而且在组内往往有成文的规定，来使信息系统的操作更加规范。有时，为了使用该系统，组内成员还会接受培训。

这类信息系统出现的问题往往在小组内部就可以解决。如果某一供应商的应付账款被重复记录了一遍，那么在应付账款小组内部就可以解决这个问题。如果网上商店的后台数据库把一些物品的库存记录错了，那么这条记录可以在网店小组内部修正。

另外，需要注意的是，小组内部信息系统出现的错误会影响到整个企业。因为每一个工作组都需要为企业的其他成员提供服务，因此组内的问题将影响到整个企业。不过，问题的解决可以在组内完成。

7.1.3 企业信息系统

企业信息系统（Enterprise Information System）是应用于整个企业并辅助多个部门工作的信息系统。在医院，医生、护士、医院厨师等等，使用这一级别的信息系统监护患者、照顾患者、为患者开药以及负责患者的饮食起居等等。

企业信息系统往往有成百上千的用户。信息系统的操作步骤规范，并且有成文的规定。信息系统用户也需要参加正规的培训。有些企业信息系统包含了对信息系统操作步骤的分类。根据专业技能的强弱以及系统权限，用户也会被分类。

企业信息系统中出现的错误往往会影响到很多部门。因为企业信息系统的应用范围涉及多个部门以及成百上千的用户，所以系统的变动往往比较困难。系统的变动往往需要周密的计划、谨慎的执行以及对用户的培训。有时，为了鼓励用户做出改变，组织会给用户一些好处。

7.1.4 跨企业信息系统

跨企业信息系统（Inter-enterprise information system）是应用于两个或两个以上独立企业的信息系统。前文介绍的PRIDE系统就是涉及患者、医务人员、保健俱乐部、保险公司的跨企业信息系统。所有这些企业都对患者的治疗计划、病情记录以及患者的康复训练数据感兴趣。

这类信息系统涉及成百上千的用户，而系统问题的解决往往需要不同的、独立的企业之间的合作。一般是通过会议、签订合同甚至是打官司，问题才得以解决。跨企业信息系统涉及的范围广，复杂性高，所以极难被改变。没有各企业信息系统的相互协调，跨企业信息系统无法正常运转。

每一级别的信息系统都有可能出现“信息孤岛”问题。接下来，我们把目光转向这类问题，并讨论在信息系统中如何解决“信息孤岛”带来的麻烦。

7.2 企业信息系统解决信息孤岛问题

数据孤立地存在于不同的信息系统中，我们称这种状态为**信息孤岛**(Information Silo)。当某一信息系统中的成员所生成的数据只满足该信息系统相应的功能和需求时，信息孤岛就产生了。例如，表 7-2 列出了 6 个企业中常设立的部门(工作组)以及支持这些部门工作的信息系统应用实例。

如表 7-2 所示，每一个信息系统应用实例都涉及用户、销售、产品等数据，但是每一个系统使用这些数据的目的不同，不同的业务流程生成的数据也不同。比如，销售部门会存储所有采购代理的联系方式，而会计部门更关注的是个人账户支付的相关数据。

企业各部门(工作组)仅为满足自身需求而开发信息系统，这看似合理，但是孤立的信息系统会导致信息孤岛，而信息孤岛会给企业带来巨大麻烦。

表 7-2 普通的职能型应用程序

业务流程	应用实例
销售和市场营销	● 潜在顾客开发流程 ● 潜在顾客追踪 ● 客户管理 ● 销售预计 ● 产品和品牌管理
运营	● 订单记载 ● 订单管理 ● 完工产品库存管理
生产制造	● 库存(原材料、半成品和产成品) ● 生产计划 ● 生产调度 ● 生产运作
顾客服务	● 订单追踪 ● 账户追踪 ● 客户支持和培训
人力资源	● 员工招聘 ● 薪酬和福利 ● 绩效评估 ● 开发和培训 ● 人力资源计划
会计	● 总分类账 ● 财务报告 ● 成本会计 ● 应收账款 ● 应付账款 ● 预算编制 ● 库存管理

7.2.1 信息孤岛带来的问题

图 7-1 以市场销售部门和会计部门为例，说明了信息孤岛在部门层面会导致的主要问题。第一个问题是数据冗余。市场销售部门和会计部门在各自的数据库上存储着相同的客户数据。我们都知道，数据存储的成本不高，因此数据冗余并不会导致数据存储空间的不足。但是，数据冗余会导致数据的不一致性。市场销售部门修改了用户的配送地址，这个操作可能需要几天才能反映到会计部门的数据库中。在这几天中，用户订购的货物还是会被正常送到，但发票就无法送到用户手里了，因为会计部门的数据库未能及时更新。**数据的完整性**(data integrity)问题，就是组织的信息系统中包含了不一致的冗余数据所致。

另外，当应用程序分离时，业务流程也连接不畅。假设公司规定，贷款订货额超过 20 000 美元的信用订单需要应收账款部门进行提前审批。从这个规定可以推断，销售流程中的信用审批(Get Credit Approval)活动需要和应收账款部门的同意顾客信用(Approve Custermer Credit)活动进行相互合作。如果相关的应用程序彼此分离，此时这两个活动的数据很难达到一致，活动被推迟甚至可能会造成错误。

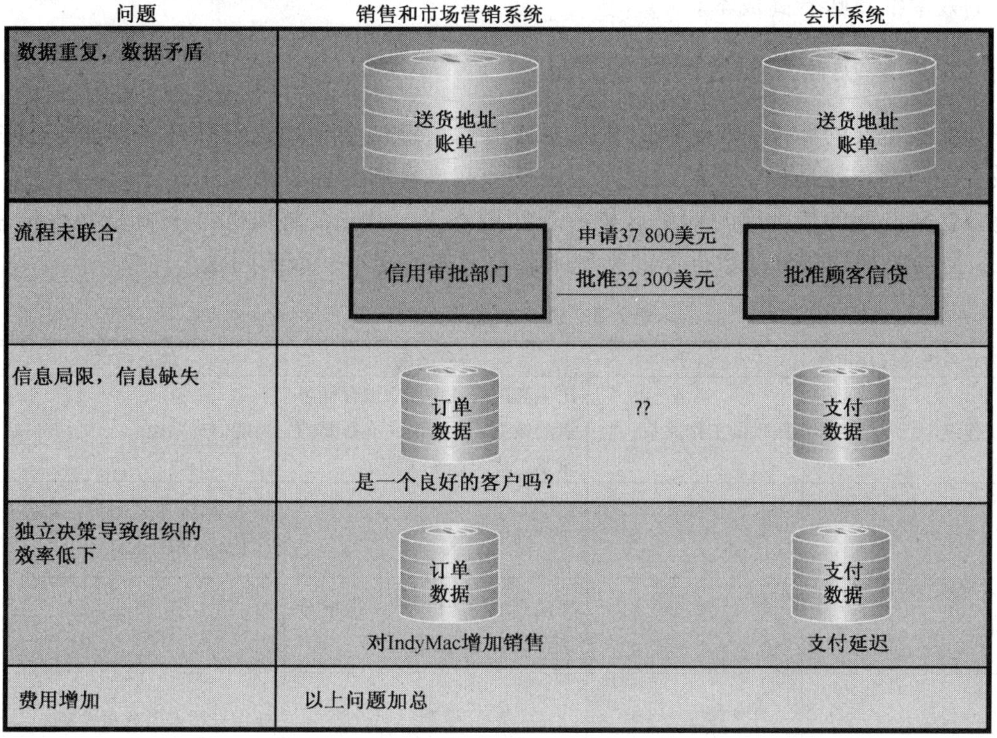

图 7-1　信息孤岛产生的问题

图 7-1 的第二行中，销售和市场营销部门想获得批准 Ajax 20 000 美元的订单。根据公司的数据库，Ajax 的当前余额是 17 800 美元，所以销售和市场营销部门申请的信贷额总数是 37 800 美元。然而，会计部门的数据库显示 Ajax 的当前余额是 12 300 美元，因为会计部门收到了 Ajax 的 5 500 美元的还款。根据会计部门的记录，他们认为要批准 Ajax 20 000 美元的订单，信贷额仅仅是 32 300 美元，因此会计部门只同意了这么多。销售和市场营销部门不明白为什么信用审批的结果是 32 300 美元。仅有 14 700 美元被批准了吗？为什么总数会是 32 300 美元？两个部门都想批准那个订单。然而，处理这样的事件需要大量的邮件和电话。在这个例子中，信息孤岛导致相互关联的业务流程出现矛盾而无法顺利完成。

第三，业务流程的矛盾会使子系统之间整合困难，进而导致企业集成信息的缺失。例如，假设销售和市场营销部门想确认 IndyMac 是否仍是一个良好的客户，做这个决定需要比较订单和支付货款的历史数据。然而，由于独立的职能型流程导致数据储存于两个不同的数据库中。在其中的一个数据库中，IndyMac 是以新名字 OneWest 记录的。这样导致数据整合非常困难。做这个决定本来只需要几秒钟，现在则需要必要的人工操作和大量的时间。

这些会导致分离系统的第四种结果是效率低下。当使用分离的职能型应用程序的时候，决策也是独立做出的。如图 7-1 中第四行所示，销售和市场营销部门决定对 IndyMac 增加销售。然而，会计部门可能知道 OneWest(IndyMac 的名)支付延迟，而且知道有更好的提高销售量的客户。但是由于系统的分离，一个部门并不清楚公司另一个部门所做的工作。还有，销售部门销售产品时并不知道生产部门已经不能继续生产，或者，信贷时终身消费 50 美元的顾客却得到了 1000 美元的信贷审批。

最后，分离的职能型系统会增加公司的成本。冗余的数据、不连贯的系统、有限的信息以及低下的效率都意味着高成本。

7.2.2 解决信息孤岛问题的方法

正如前文定义的那样，数据存储在孤立的信息系统中会导致信息孤岛的形成。解决这个问题最直接的方式就是将企业的数据库整合在一起，并修改企业的应用程序(以及业务流程)以适应整合在一起的数据库。如果这种方式实现不了，另一个解决的办法就是允许信息孤岛的存在，但需要加强对分散数据库的管理来避免诸如数据不一致的问题。

表 7-3 信息孤岛导致的问题

信息系统的应用范围	例子	信息孤岛	信息技术
工作组	医生的工作关系	医生和医院各自孤立地存储患者的数据，由此导致不必要的重复工作	功能信息系统
		⇩	企业网络平台的应用程序(CRM，ERP，EAI)
企业	医院	医院当地的药房为同一患者分别存储着不同的处方	
		⇩	使用云技术的分布式系统
企业间	跨企业的处方应用	医生、医院和药房共享患者的处方和其他数据	

表 7-3 的箭头给出了工作组以及企业层面解决信息孤岛问题的方法。首先，工作组信息系统中的孤立数据可以整合在一起，以便企业信息系统使用。

第二，企业信息系统中孤立的数据可以通过分布式应用程序(比如 PRIDE)整合在一起。分布式应用程序将数据整合在一个云数据库或者将孤立的数据库连接起来，这样各企业的应用都是基于一个整合后的数据库。我们将在 7.4 节中讨论跨企业信息系统如何解决信息孤岛带来的问题。

为了更好地理解信息孤岛问题如何解决，下面讨论应用在医院中的企业信息系统。

7.2.3 出院手续办理系统

图 7-2 所示为一些医院部门以及患者出院流程的一部分。出院流程的第一步是医生提交患者的出院单。然后出院单会递交给患者的护士、患者的家人以及医院餐厅那里，并由护士告知药房出院患者的信息。图中的一些流程最终会返回到护士。在图 7-2 中，虚线表示的活动均由企业信息系统完成。

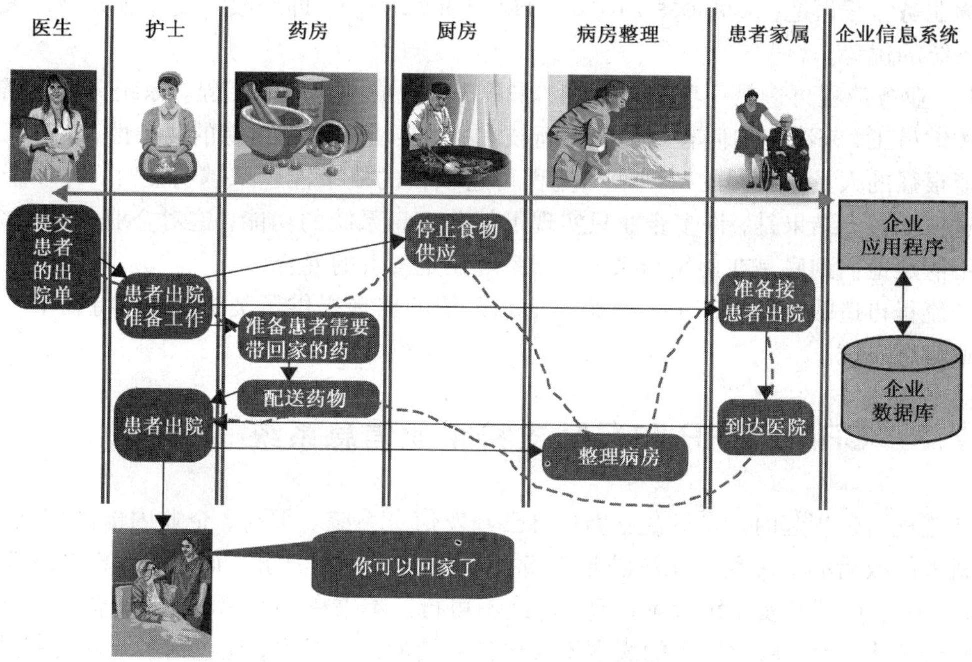

图 7-2　患者出院所涉及的部门

在上线信息系统之前，医院的活动还得利用纸质的文件以及非正式的信息交流方式，比如电话。医院的每一个部门都各自保存相关的记录。实施企业信息系统之后，医院各部门的数据被整合在一起，纸质的文件也被电子表格和报告代替。员工们也需要停止通过打电话这种非正式的方式讨论业务流程，转向利用信息系统发布消息。新系统的上线确实给企业带来了巨大的改变，在这个转变的过程中，组成成员也经历了不少的麻烦。

7.2.4　业务流程再造

直到 20 世纪 80 年代末和 90 年代初，网络、数据通信以及数据库技术足够成熟，图 7-2 所示的企业信息系统的开发才得以实现。从那时起，许多企业开始开发企业信息系统。

在开发信息系统的过程中，企业意识到业务流程也需要随之改变，比如企业内部各部门需要共享一个数据库，员工需要使用电子表格和报告。企业业务流程需要改变的一个原因是：整合的数据库以及信息系统为业务流程执行效率的提高提供了机会。借助信息系统，从前许多无法做到的事情都成为了可能。用波特的话来说，企业信息系统让价值链之间产生了更强、更快、更有效的连接。

例如，当医院还在使用纸质的文件完成业务流程时，医院餐厅会为每个前一天晚上还在医院的患者准备三餐，直到患者出院的第二天晚上，餐厅才能拿到病人出院的信息。结果是，餐厅为许多已出院的患者也准备了三餐，从而造成了巨大的浪费和损失。

上线企业信息系统之后，患者出院的信息可以在一天的任何时刻通知到餐厅，从而大大减少了食物的浪费。但是，系统应当什么时候通知餐厅呢？是患者申请出院后立刻通知餐厅吗？如果患者取消了出院，由谁来通知餐厅呢？这个业务流程有太多的不确定性。因此，为了上线企业信息系统并充分利用信息系统带来的便利，医院需要重新设计业务流程。我们将这样的活动称为**业务流程再造**(Business Process Reengineering)，即修改和设计业务流程来充分利用信息系统的优势。

不过，业务流程再造是一项非常困难、非常缓慢且成本很高的工程。系统分析员需要采访其中的关键员工，来决定如何有效地使用新技术。鉴于业务流程再造的复杂性，这项工程需要专业技能很强的人员和大量的时间。当流程再造项目的复杂性越来越明显时，许多企业会选择搁置这项工程。结果是，许多企业只实现了部分信息系统的功能，这对企业来说是个灾难。员工也不清楚他们到底是在使用新系统、旧系统还是两者的混合。

业务流程再造的需求为三个主要企业信息系统的出现提供了契机，我们将在下一节讨论这些企业信息系统。

7.3 CRM、ERP 和 EAI 支持企业信息系统

业务流程再造兴起时，许多企业仍是自己开发信息系统。那时，企业内部的职员意识到，现成的或者修改后的应用程序无法满足自身企业特殊的业务需求。而且，信息系统变得越来越复杂，靠企业内部开发系统成本很高，因此不可行。本书在第 4 章解释过，企业内部搭建信息系统耗资巨大，因为由此产生的成本不仅包括系统的开发成本，还包括系统在使用过程中的维护成本。在系统的使用过程中，业务需求的不断改变要求信息系统也要做出相应的修改。

20 世纪 90 年代早期，完成业务流程再造的同时也伴随着内部系统的开发，此时，许多企业开始认同“购买已有应用程序完成业务流程再造”这一观点。“毕竟，我们的业务可能没那么特殊。”

一些软件供应商很好的抓住了企业这一态度的转变，比如 PeopleSoft，授权其他企业使用其开发的工资和部分人力资源系统；Siebel，开发了销售信息的追踪和管理系统；SAP，开发了一种新的软件——企业资源管理系统。

这 3 个软件供应商，以及后来许多类似的供应商，不仅提供软件和数据库设计，还提供标准化的业务流程。这些**固有流程**(inherent process)是配合信息系统软件设计的，可以避免企业在业务流程再造上花费过多的时间和预算。企业可以购买这类信息系统软件并获取固有流程，这是和软件供应商的部分协议。软件供应商需要确保这些固有流程对于企业的业务来说是最优的。

软件供应商提供的这部分协议非常到位，很多公司对此难以置信，因为固有的流程对于特定的业务来说往往不是最优的。但是软件供应商提供的服务非常周全，以至于企业无法拒绝。随着信息系统软件的发展，3 类企业应用应运而生，它们分别是：客户关系管理系统、企业资源规划系统和企业应用集成系统。

7.3.1 客户关系管理

客户关系管理信息系统(Customer Relationgship Management，CRM)通过一整套应用程序、数据库和固有流程管理所有与客户互动的业务。这些业务包括从潜在客户管理到客户服务的所有业务。客户关系管理应用程序的供应商宣称，使用他们的产品能够帮助企业以客户为中心。虽然这种说法可能很夸张，但是它说明了客户关系管理系统的特征和功能。

注解：一些企业太过频繁地修改管理信息系统和企业的管理模式，这将引起员工的不满以及对企业管理方式变化的抵触。本章"学习指导"案例讨论了这个现象，阅读该案例并完成案例之后的讨论题。

图 7-5 中显示了**顾客生命周期（Customer Life Cycle）**的 4 个阶段：市场营销、获取客户、关系管理和流失。市场营销将信息输送至目标市场以吸引更多的潜在客户。当潜在客户订货的时候，他们就变成了需要支持的客户。此外，再次销售流程增加了现有客户的价值。无疑，随着时间的推移，公司最终会不可避免地失去一些客户。当发生这种情况的时候，重获客户流程会根据客户的价值将客户分类，并试图重获那些价值较高的客户。

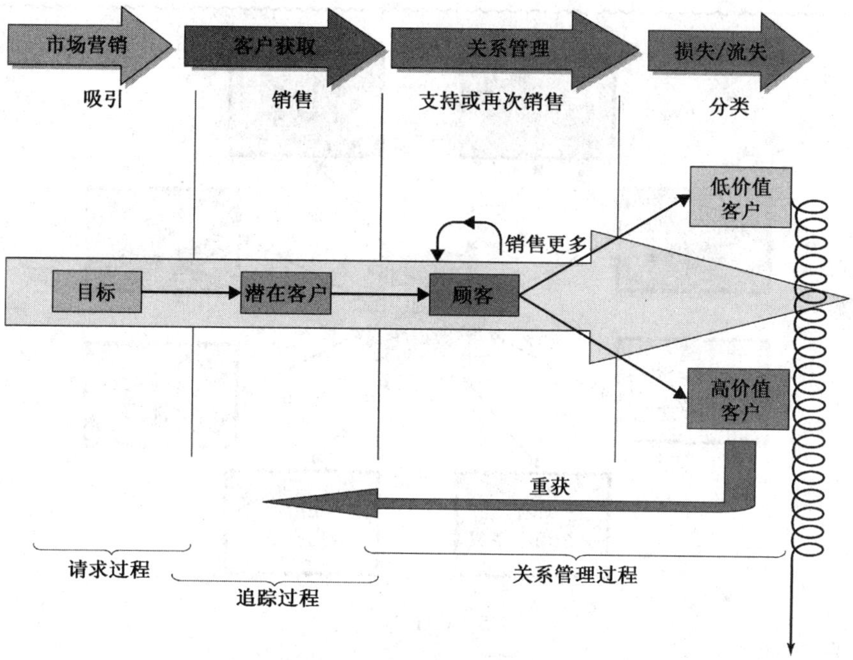

图 7-3　客户生命周期

图 7-4 显示了 CRM 应用程序的重要组成部分。请注意，顾客生命周期的每一个阶段都有特定的组成部分。如图 7-4 所示，所有的 CRM 应用程序均操作同一个数据库。这样的设计可以减少客户数据的冗余，而且不存在数据不一致的情况。这同样意味着每个部门都知道其他部门客户关系管理的情况。比如，客户支持中心不会为只带来 300 美元业务的客户提供 1000 美元的支持服务。他们会竭尽全力服务那些带来成百上千美元业务的客户。客户关系应用程序整合的结果是，客户会认为，他们在和一个系统而非多个系统交互。

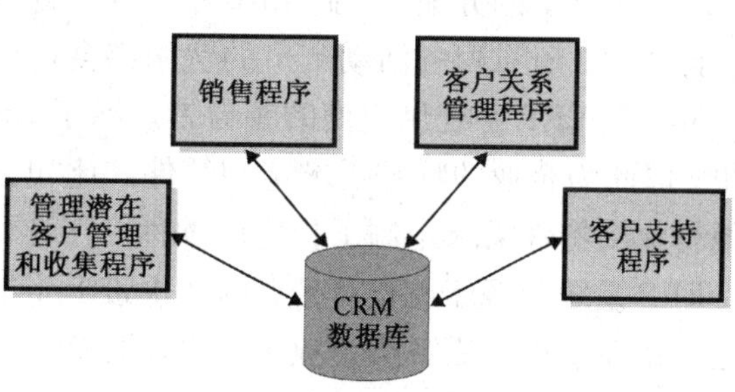

图 7-4　CRM 应用程序

不同的客户关系管理系统提供的软件功能不同。选择客户关系管理系统的主要任务就是：

确定企业在客户关系管理方面的需求，然后选择能够满足这些需求的软件。在你的职业生涯中，很可能涉及类似的项目。

7.3.2 企业资源计划系统

企业资源计划系统(Enterprise resource planning，ERP)包括一系列应用程序、数据库以及固有流程，并将企业所有业务操作整合在一个计算平台上。如图 7-5 所示，ERP 包含了 CRM 的功能，还包括以下几个方面的应用：会计、生产、库存和人力资源。

注解：尽管使用固有流程和 ERP 系统对企业非常有益，但同样可能造成一些无法预知的后续问题，本章“道德指引”案例讨论了这些无法预知的问题。

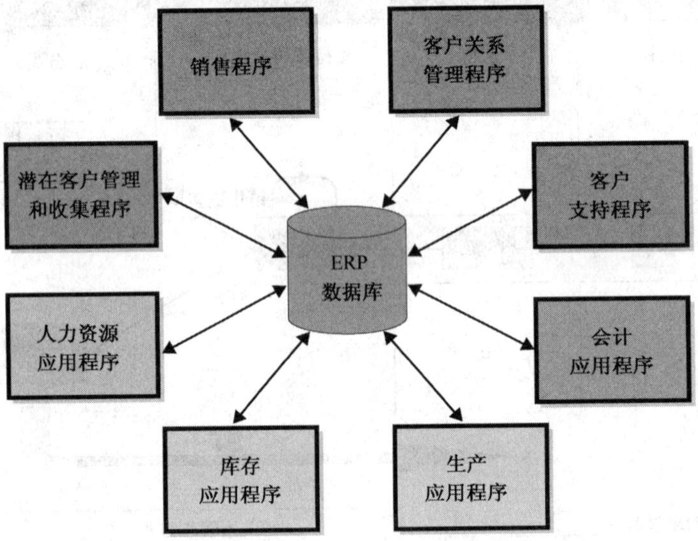

图 7-5 ERP 应用程序

ERP 系统可以预测销售需求，并据此制订生产计划。生产计划的制订需要考虑原料的采购、设备和员工的分配，因此 ERP 中包含了库存和人力资源管理的应用程序。ERP 系统还包括会计模块，所有财务活动产生的费用都会自动计入企业总账和其他会计方面的应用程序。

SAP 是 ERP 系统供应商的领导者。除了 ERP 系统的基本功能外，SAP 还提供了特定行业模块，以此为企业的特殊需求定制软件。比如，SAP 为汽车行业定制了汽车生产模块，也根据其他行业的特殊需求定制了相应的软件。

ERP 系统起源于制造行业，因此也带上了制造行业的味道。不过，经过修改后的 ERP 系统已经用在了许多服务类企业中，比如医院。

7.3.3 企业应用集成

ERP 系统并不适用于所有企业。例如，以生产制造为导向的 ERP 并不适用于非生产企业。甚至一些制造企业，对于从现有信息系统转换到 ERP 系统也没有信心。其他一些制造企业对于现有的制造系统很满意，因此没有上线 ERP 系统的意愿。

那些 ERP 系统不适用的企业仍然存在信息孤岛问题，其中一些企业选择使用**企业应用集**

成系统（Enterprises Application Integration，EAI）来解决这个问题。EAI 通过建立底层架构将企业的所有应用程序贯穿在一起。EAI 的功能如下：

- 通过构建底层软件/系统架构整合分散的系统
- 允许应用程序之间传递和共享数据
- 提供完整的信息
- 充分利用企业现有系统，保留已有的功能应用程序不做改动，并在应用程序顶层开发出整合后的界面
- 向上线 ERP 系统过渡

如图 7-6 所示，EAI 的软件层次设计使现有的应用程序能够互相传递信息和分享数据。例如，将 EAI 设置为自动转换系统数据，这样不同系统之间就可以进行数据通信了。当 CRM 系统将数据传递给制造系统时，CRM 系统首先将数据传递给 EAI 软件程序，EAI 程序完成数据的转换并将数据传递给 ERP 系统。ERP 系统传递数据给 CRM 系统也是这个流程。

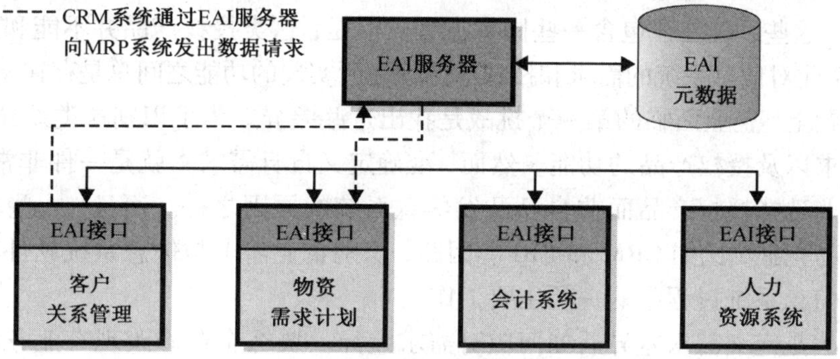

图 7-6　EAI 系统结构

尽管没有集成的 EAI 数据库，但是 EAI 软件存储了包含元数据的文件，其中描述了各类数据的地址。用户可以通过 EAI 系统找到他们需要的数据。有时候，EAI 系统会提供“虚拟集成数据库”，以便用户访问。

上线 EAI 的好处是，帮助企业整合已有的应用模块，避免分散系统带来的严重问题。上线 EAI 并不需要像上线 ERP 时那样对企业现有系统进行颠覆性改变，但能实现许多 ERP 的功能。一些企业将开发 EAI 应用程序作为最终上线 ERP 系统的跳板。

7.3.4　实施企业信息系统面临的挑战

实施的企业信息系统是一件有挑战性的、困难的、耗资巨大的并且有风险的事情。实施企业信息系统的成本远远超出预算，或者系统的上线比计划晚一年甚至更长时间，这些都不是什么稀奇的事情。成本和风险问题主要源自以下 4 个因素：

- 协同管理
- 需求差异
- 信息系统的转换问题
- 员工抵制变革

1. 协同管理

与部门信息系统由一个部门经理主管不同，企业信息系统没有明确的领导者。仔细查看图 7-2 描述的患者出院流程，就会发现这一流程没有管理者。这个出院流程是由许多个部门（包括患者）协同完成的。

企业信息系统没有一个确定的管理者，部门之间出现不可避免的分歧怎么办？所有的部门最终都会将问题反馈给 CEO，那么 CEO 就是整个系统的管理者，但是员工不可能向 CEO 报告护士和病房整理人员之间的矛盾。因为 CEO 会将他们赶出办公室的。因此，企业应当制定一些协同管理的规则来解决这些流程中出现的问题。

通常，企业此举意味着组建管理团队来解决协同管理的问题。虽然这是一种有效的解决方案，也许是唯一的解决方案，但是该团体的工作往往非常缓慢并且成本很高。

2. 需求差异

如今，很少有企业自己开发信息系统，而是购买那些提供具体功能的企业信息系统并获取系统使用的授权。这些系统往往包含一些固有流程。但是，这类授权产品并不能和企业的业务流程完美匹配，企业对信息系统的需求和授权应用程序所实现的功能之间总是存在差异。

在这个问题上，企业面临的第一个挑战是找出这些差异。为了识别这类差异，企业必须同时了解自身需求以及授权产品的功能。然而，准确定义自身需求本就是一件非常困难的事情，这也是许多企业选择授权产品而非自己开发信息系统的原因之一。而且，一些功能非常复杂的软件也不容易把握，比如 CRM 和 ERP。因此，识别企业需求与信息系统软件功能之间的差异是实施企业信息系统过程中的一项主要工作。

第二个挑战是定义需求差异后如何应对需求差异。要么企业修改现有业务流程来适应信息系统，要么软件供应商修改信息系统程序来匹配企业的现有业务流程。但每一种解决方案都会带来麻烦。企业员工会抵制业务流程的变动，但是定制信息系统又会耗费不小的成本，而且正如第 4 章提到的那样，在软件程序不断变化时，企业会致力于维护对业务流程的修改。面临这样的问题时，企业往往使用最小后悔值决策法做出选择。

3. 信息系统的转换问题

新旧信息系统的转换同样是困难的。企业必须在保证业务正常运营的同时，完成从零散的部门信息系统到企业信息系统的转换。这就像是在百米赛跑的同时进行心脏手术一样困难。

因此信息系统的转换需要细致的计划以及大量的培训。而且，转换问题还是不可避免地会出现。转换问题出现后，高层管理者需要向员工说明上线新系统的必要性，并且在解决问题的同时坚定地支持系统的上线。信息系统转换对于员工而言是一件压力很大的事情，本书将在第 10 章介绍信息系统的开发技术以及实施策略。

4. 员工抵制变革

人总是有拒绝变革的倾向。变革需要员工付出努力，也会给员工带来焦虑。已经有大量的文献研究了人们抵制变革的原因，以及企业消除变革阻力的方法。下面列出主要的研究成果。

第一，高层管理者必须向员工阐明企业信息系统变革的原因，如果必要的话，要在信息系统转换的过程中反复重申这一点。第二，员工害怕变革是因为企业变革会降低员工的**自我效能**（self-efficaces）。自我效能指人对自己是否能够成功地进行某一成就行为的主观判断。为了提升员工的自我效能感，管理者应对员工进行培训，来保证他们掌握新系统的使用。员工之间的口口相传是一个值得利用的因素，比如，提前培养关键员工对新系统的使用。这样做的好处是，关键员工在和同事的交流过程中会为新系统带来出不错的口碑。制作员工使用新系统的视频示范也是同样有效的。

第三，员工需要被激励。正如一位非常有经验的企业变革顾问所说，“表扬和金钱带来的成功是无可比拟的，尤其是金钱。”因此，对于企业变革最直接的激励方式是薪金奖励，但更有效的激励方式是，让员工或小组之间展开竞争，变革绩效好的员工或小组可以获得薪金奖励。

实施新系统可以解决企业现有的很多问题，提高员工的工作效率并降低企业运营的成本，但前提是要有实施新系统的决心。

体验 MIS 课堂练习 7

选择一款 CRM 产品

选择一款 CRM 产品的过程是复杂的。市场上现有的 CRM 产品很多，而且很难区分出它们在特征和功能上的不同，更不用说鉴别这些 CRM 产品的使用是否容易学习、上线是否困难等等。选择一款 CRM 产品需要了解企业的需求，而企业的需求往往无法全部获取，就算被全部获取，企业的需求也会随着企业的成长而不断变化。

设计这个案例是希望在选择 CRM 产品的过程中给你一些挑战。与其他同学组成一个团队，打开浏览器准备查阅资料，回答下面的问题：

1. Act！和 GoldMine 是两款低端 CRM 产品。最初这两款产品是为个人和小型办公室开发潜在用户追踪工具，之后转向做 CRM 产品。

(1)访问网站 www. act. com 和 www. goldmine. com 了解这两款产品。

(2)正如你所看到的，仅通过这两个网站的信息还很难对 Act！和 GoldMine 做出比较。因此，访问 Google 或者 Bing，搜索关键字“ACT vs. Goldmine”，阅读两款产品的比较信息。

(3)在其他同学面前做一个两分钟的展示，总结你们小组获得的信息，包括总结这两款产品的目标市场、实施成本以及它们的优势和劣势。

2. 与 Act！和 GoldMine 两款产品相比，Saleforce. com 和 Sugar 是两款用于大型企业的 CRM 产品。

(1)访问网站 www. salesforce. com 和 www. sugarcrm. com 了解这两款产品。

(2)这两款产品在定位上有所不同。为了了解其他人如何看待两款产品的差异，访问 Google 或者 Bing，搜索关键字“Salesforce vs. Sugar CRM”，阅读两款产品的比较信息。

(3)在其他同学面前做一个两分钟的展示，总结你们小组获得的信息，包括总结这两款产品的目标市场、实施成本以及它们的优势和劣势。

3. 当然，大的软件供应商都有 CRM 产品。Microsoft 通过收购其他公司和内部发展，开发出了 Dynamics CRM 产品。同时，Oracle 也通过收购 Siebel 和其他公司，开发出了一套 CRM 产品。

(1)访问网站 http://crm. dynamics. com/en - us/Default. aspx 和 www. oracle. com/us/solutions/crm/index. htm 了解这两款产品。你可能需要对这两个网站进行站内搜索来获取所需的信息。

(2)Oracle 开发出了一套 CRM 产品。列出并简要介绍这些产品。简要介绍 Microsoft 的 CRM 产品。为了获取更多的关于两款产品的比较信息，访问 Google 或者 Bing，搜索关键字"Microsoft CRM vs. Oracle CRM"。

(3)在其他同学面前做一个两分钟的展示，总结你们小组获得的信息，包括总结这两款产品的目标市场、实施成本以及它们的优势和劣势。

4. 以问题 1 ~3 的答案(包括其他小组的答案，如果你们已经进行了小组展示)为基础，考虑众多企业对 CRM 产品的需求是什么。具体来说，假如下面的企业请你从自己深入研究过的 CRM 产品中推荐两款，你会推荐哪两款产品？解释原因。

(1)一个独立的私人教练，是自己公司的老板。

(2)网上商店，比如 www. sephora. com。

(3)音乐会场，比如 www. santafropera. com。

(4)咨询机构，比如 www. hollandamerica. com。

(5)假日巡航游，比如 www. hollandamerica. com。

在其他同学面前做一个展示，总结你的收获。

5. 总结你阅读本案例得到的收获。把你的收获整理成面试官问你下面这个问题时你的答案："企业在选择软件产品时，会面临哪些困难?"

7.4 跨企业信息系统解决企业间的信息孤岛问题

7.2 节和 7.3 节介绍了如何利用企业信息系统来解决工作组的信息孤岛问题，本节将以 PRIDE 公司为例介绍跨企业信息系统是如何解决企业间的信息孤岛问题的。(表 7-3 中第二个箭头所表示的信息系统转换。)

如图 7-7 所示，医院、保健俱乐部以及患者之间存在信息孤岛问题。医护人员追踪患者的病史并记录下医院推荐的康复训练，即图 7-7 中的康复建议。保健俱乐部记录每一位会员的班级、私人教练和训练表现的信息。保健俱乐部通过训练设备和心脏监护器自动采集患者的训练数据，并将这些数据存储在俱乐部的数据库上。患者在家中进行康复训练时，训练数据同样是由训练设备和心脏监护器自动采集的，这些数据则通过运动手表存储在了移动设备上。

患者的训练数据孤立地存在于 3 个数据库中，这必然会带来麻烦。比如，医生希望得到患者的训练报告，而患者的训练数据分散在俱乐部的数据库与患者的移动设备中。患者则希望得到医生的康复建议以及在保健俱乐部训练时的数据，而这两部分信息分属两个不同的数据库。保健俱乐部则希望得到患者的康复建议和患者在家中训练的数据，并和俱乐部已有数据整合。三者都希望能整合患者的所有数据并生成分析报告。

图 7-8 所示的跨企业信息系统的结构可以满足医院、保健俱乐部和患者三者的需求。图中右下角的矩形代表本地或瘦客户机应用程序。应用程序在云服务器或者移动设备上运行，这个设计并未体现在图 7-8 中。如图 7-8 所示，PRIDE 信息系统假设患者通过移动设备接收分析报告，而医护人员需要通过个人电脑上传和管理康复建议，因为需要输入的信息量太大了。

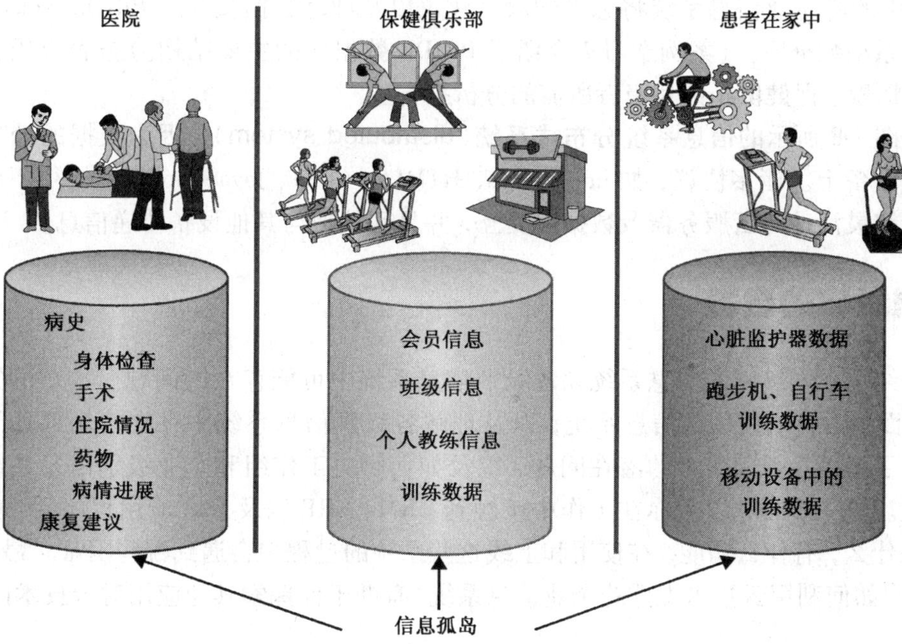

图 7-7　未实施 PRIDE 系统前存在的信息孤岛问题

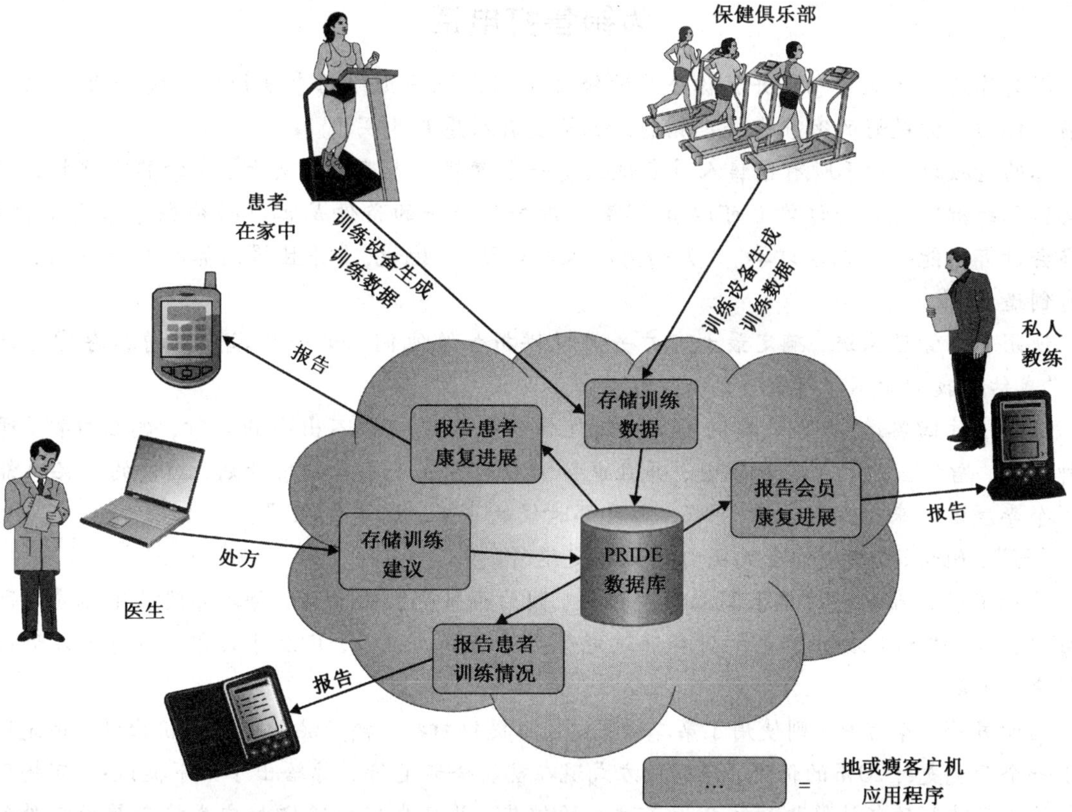

图 7-8　跨企业 PRIDE 系统

图 7-8 中的跨企业信息系统将患者的康复建议以及训练数据整合在 PRIDE 数据库中，该数据库为关系型数据库。（案例学习 7 介绍了 PRIDE 数据库的主要结构。）报表应用程序整合数据后生成医院、保健俱乐部和患者所需的分析报告。

类似于图 7-8 所示的信息系统**分布式系统**（distributed system），因为数据的处理分布在多台计算机设备上。诸多协议，如 http、https、HTML5、CSS3、JavaScript 等，使得不同而且分散的设备能够灵活地与云服务器及数据库交互，并且间接地与其他设备传递信息。

本章知识对你的启发

本章介绍了不同级别的信息系统和各级别信息系统中可能存在的问题。本章的知识帮助你正确、全面地看待所使用的信息系统，以及理解各级别信息系统中存在信息孤岛问题的原因。你应该了解信息孤岛带来的潜在问题，以及如何解决工作组和企业级别信息系统中的信息孤岛问题。进一步说，以后你在工作中接触到 CRM、ERP 以及 EAI 应用程序后，就会了解这些系统是什么，有什么功能，在使用和上线这些系统的过程中会遇到哪些困难。最后，理解“PRIDE 公司如何利用云技术支撑跨企业信息系统”有助于你探索其他应用对云技术的使用。

道德指引

为销售打电话

假如你是一名销售人员并且你公司的销售预测系统预测你的季度销售量将会大体上低于定额。你劝说你最好的客户来提高销售，但是没有人愿意购买。

你的老板说，对于所有销售人员来说这是一个糟糕的季度。事实上，真的非常糟糕，销售副总监已经批准在新的订单上可以有 20% 的折扣。唯一的条件是客户必须在季末之前提货，这样会计部门能登记此笔订单。“开始为收入打电话，”她说，“并且得到你所能得到的，一定要有创造力。”

使用客户管理系统，确定最大客户并且提供折扣给他们。第一个客户在增加存货时犹豫了，“我估计我们卖不了那么多。”

“好”，你回答道，“如果我们同意收回任何下个季度销售不出去的存货，怎么样?”（通过这种方法，增加当前的销售和佣金，并且也帮助公司完成了季度销售计划，额外的产品可能会在下个季度返回来，但是你想，“嗨，那是那时候的事情，这是现在。”）

“好”，她说，“希望你在购买订单上约定退货的权力。”

明知不能够在购买订单上写上那些条件，因为如果那样做的话，会计部门就不能登记所有的订单，因此告诉她关于那个约定会通过电子邮件告知。此时，增加了订单，同时会计部门登记了全部的数量。

对于另外一个客户，则使用了第二种策略：不提供打折，按产品的全额定价出售，但是同意在下一个季度支付 20% 的信用，用那种方式现在就能全部定价。你给出了如下提议：“市场营销部门使用了特制的新计算机系统分析了过去的销售，并且我们知道增加广告将会导致额外的销售。因此，假如现在订购更多的产品，下个季度我们将会返回 20% 的订单额去支付广告费。”

事实上，你怀疑客户是否将把钱花在广告上。但是，他们将接受信用并且有了更大的库存。那将会减少你对他们下季度的销售，到时候你将会解决那个问题。

甚至即便有这些额外的订单，你仍然没有完成销售定额。绝望中，你决定把产品卖给一个虚构的公司，该公司归你的姐夫所有。你建立了一个新的账户，并且当会计要求对你的姐夫进行信贷检查的时候，他配合了该计划。然后你卖了40 000美元的产品给那家虚构的公司，并且把产品运到你姐夫的车库。会计部门登记季度总收入，你终于完成了定额。还有一周就进入了下一个季度，你姐夫进行了退货。

与此同时，你不知道，公司的制造资源计划系统正在计划生产。建立生产计划的程序从你的活动中读取了你的销售（以及其他销售人员的销售）而且发现了产品需求的一个快速增长。因此，该系统生产了一个要求大幅度增长产量及工人需求的生产计划。物料需求计划系统建立了材料需求的计划，这个计划提高了原材料的购买量以满足增加产量的生产计划。

问题讨论

1. 写一封同意产品退货的电子邮件是道德的吗？如果那封电子邮件后来曝光，老板会怎么说？

2. 对于你来说，提供"广告"折扣是道德的吗？那些折扣将会对公司的资产负债表产生什么影响？

3. 运送货品到一个虚构的公司是道德的吗？那是合法的吗？

4. 描述你的行为对下季度库存的影响。

5. 不考虑道德问题的话，你认为本例中企业信息系统的使用是利大于弊还是弊大于利？

学习指导

俱乐部每月的特点

"哦，请过来。我在这里已经工作30年了，而且我已经听说了所有的一切。所有的这些管理计划……多年以前，我们有零缺陷，然后是全面质量管理，再后来就是六西格玛。我们从来自西半球国家的每个顾问那里知道了这些特殊理论。不，等一下，也有来自亚洲的顾问。

"你知道我们现在有什么特点吗？我们正在重新设计自己，使我们成为以客户为中心的公司。我们将把我们的职能型系统整合成CRM系统，目的是把整个公司转换成一个以客户为中心的公司。

"你知道这些计划将怎么进行吗？首先，我们在启动大会上有一个声明，在那次会议上首席执行官告诉我们新特点是什么以及它为什么如此重要。然后一群顾问和"变化管理"专家告诉我们他们将如何对我们授权。人力资源主管也在他的年度回顾里增加了一些新项目，例如，采取措施以达到以客户为中心的目的。

"因此，我们都计划出一些笨拙的事情，以使我们能往年度回顾里添加一些东西。然后我们会忘记那些，因为我们知道本月的下一个新特点在不久后会临近。更糟糕的是，如果他们强迫我们使用新系统，我们就会顺从，但那是不正确的。你知道，如果我们不愿意，系统可能工作不畅，这样反而阻止事情的发展。

"你认为我看起来很忧愁，但是我以前曾经多次见到这种状况。顾问和公司中的重要人物聚集起来设计某个计划，然后他们把它提交给高层管理者。那是他们犯的第一个错误：他们认为如果他们能把计划推给管理层，那么一定是个好主意。他们对待高层管理者像客户。他们不得不把想法卖给我们中的某些人，那些人在实际地销售、支持或做一些其他事。高层管理者仅仅是银行家；管理者应该让我们决定它是不是一个好的主意。

"如果某些人真的想对我授权，他应该倾听而不是对话。我们这些做实际事情的人对于如何做得更好有很多想法。现在是以客户为中心吗？好像我们很多年来都没有尝试那样做！

"无论如何，在CEO对新系统发表声明后，他忙于其他的事情而且暂时忘记了这件事情。6个月过后，我们要么被告知我们做得不够，不能变成以客户为中心(或者无论新特点是什么)，要么公司宣布另一个新特点。

"在生产制造方面他们谈论推式与拉式。你知道，对于推式系统，你生产产品并且把它们推向销售方及客户。对于拉式系统，你根据客户的需要把产品生产制造出来。当你在库存方面有漏洞的时候你去弥补。好，他们应该使那些想法适应他们所谓的变化管理。我的意思是，难道要有人管理真正的变化吗？难道有人有'使用手机程序'计划吗？难道要首席执行官宣布'今年我们将使用手机'吗？难道人力资源部门从调查我们使用多少次手机来衡量我们的年度评估吗？不，从头至尾都是客户在拉动手机的生产。我们需要它，所以我们购买并且使用手机。同样的还有彩色印刷机和无线掌上计算机。

"那就是拉式生产！你拥有一组工作人员，形成了一个网络，并且你使工作人员所做的事情进展得顺利。然后，你以此为基础获得了真正的组织变化。为什么他们不这样认为呢？

"无论如何，我已经着手去做了。我们已经召开了新开始的启动会议——有关业务流程管理的一些事情。现在他们授权我管理我自己的活动。30年后，我不知道该如何做。哦，还好，我计划不久后退休。

"噢，等一下。这里是两年前的知识管理计划中我的宣传运动衫。我从没穿过它。它上面印着'通过知识管理授权给你'。那个计划将不会持续太久。"

问题讨论

1. 显然，这个人对新计划和新想法感到苦恼。你认为他反对的原因是什么？他主要关心的是什么？

2. 对他来说，"不正当的"顺从是什么？给出一个你曾经经历过的类似案例。

3. 考虑他的"新计划的提议者对待高层管理者像客户一样"的 观点，他意指什么？对于一个顾问来说，高层管理者是客户吗？你认为他试图说什么？

4. 当他说："如果某个人想对我授权，他应该倾听而不是对话"，他意指什么？怎样通过倾听某个人来授权那个人呢？

5. 他的"拉式变化"的案例包括了新产品的使用。在新管理计划实施的过程中，如何运用"拉式"的思想呢？谈谈你的看法。

6. 你怎样认为管理层用某种方式将新计划拉入组织的做法？考虑一下他提出的建议以及你自己的想法。

7. 如果你管理一位持有这种态度的员工，你会怎么做使他对组织变化、新计划和创新表现得更积极？

小结

利用本小结来检查你是否理解了本章介绍的思想和概念。

1. 信息系统的分类

按照应用范围对信息系统分类并举例，不要使用本章中给出的例子。描述每类信息系统的特点。

2. 企业信息系统解决信息孤岛问题

定义信息孤岛，并解释信息孤岛是如何产生的。什么情况下，信息孤岛会给企业带来麻烦？定义并描述5个常见的应用程序。这5个应用程序使用的数据有没有重叠的部分？总结信息孤岛带来的问题。企业信息系统是如何解决工作组层面和企业层面的信息孤岛问题的？定义业务流程再造，为什么业务流程再造的实施很困难而且成本很高？

3. CRM、ERP 和 EAI 支持企业信息系统

为什么企业自己开发信息系统的成本很高？说出最主要的两个原因。使用固有流程的优势有哪些？定义并区分 CRM、ERP 和 EAI 系统。为什么说与 EAI 系统相比，CRM 和 ERP 系统更相似？描述企业信息系统实施过程中4种挑战的来源。为什么多个企业信息系统的管理需要各企业协同完成？定义需求差异的两个主要工作是什么？总结信息系统转换过程中的挑战。解释员工抵制变革的原因，并说出3种应对方法。

4. 跨企业信息系统解决企业间的信息孤岛问题

考虑患者的训练数据，说说医院、保健俱乐部以及患者之间存在的信息孤岛问题。这些信息孤岛问题会带来什么麻烦？图7-8所示的系统是如何解决信息孤岛问题的？

本章知识对你的启发

通过本章的学习，你有哪些收获？假如一个面试官问你，“你如何看待 ERP 系统？”你如何回答？

关键词和术语

业务流程再造
顾客生命周期
客户关系管理信息系统
数据完整性
部门信息系统
分布式系统
企业应用集成系统
企业信息系统
企业资源计划系统
功能信息系统
信息孤岛
固有流程
跨企业信息系统
个人信息系统
自我效能
工作组信息系统

知识运用

1. 就表7-1列出的4类信息系统分别举例，范围限定在你的大学中。描述3个工作组信息系统，要求这三个信息系统使用的数据有重叠部分。你给出的信息系统的例子与表7-1中对应的信息系统的特点是否符合？

2. 以问题1中给出的3个工作组信息系统为基础，解释这3个系统之间是如何产生信息孤岛问题的。信息孤岛问题又会给信息系统的运行带来怎样的麻烦？参考图7-1回答本问题。

3. 就问题2对信息孤岛问题的分析，如何通过实施企业信息系统解决信息孤岛问题？企业信息系统的实施需不需要业务流程再造？解释原因。

4. 你在问题3中给出的企业信息系统是不是CRM、ERP和EAI系统之一？如果是，你选择了哪一个系统？为什么选择该系统？如果不是，解释不选择这3个系统的原因。

5.7.3节讨论了实施信息系统的4项挑战，PRIDE系统的实施中是否会遇到这些问题？就每一种挑战，分别给出具体的例子。一般而言，跨企业信息系统与企业信息系统实施的过程中，比如PRIDE系统和CRM系统，哪类系统更难处理上述4种挑战？

合作练习7

在你开始这部分练习之前，阅读扩展章1和扩展章2，这两章介绍了合作的技巧以及管理合作任务的工具。特别是考虑运用Google Drive、Google +、Windows Live SkyDrive、Microsoft SharePoint或者其他合作工具。

某政府计划办公室颁布所有的建设工程需要同时拥有的建筑许可证、污水处理许可证及县道路出入口许可证。该计划办公室还对业主和建筑者颁布了一些许可证，包括新房屋或建筑的建设、改造工程（电、气、铅工业及其他公共事业等）和将未占用的地如车库改建成生活或办公场所。此外，还颁布了新的或升级中的污水处理系统许可证及县道路的车道入口许可证。

图7-9显示了多年来该县政府许可证的审批流程。承包人和业主都认为该流程缓慢而且烦琐。此外，他们也不喜欢该流程的审批顺序。仅有当工艺条件确认流程得到审批或者拒绝之后才发现还需要卫生部门和高速公路部门的审批。因为每一次审批都需要花3~4周的时间，申请者希望这些审批流程同时进行，而不是一项接一项。此外，许可证的申请者和县政府的人事部都很烦恼，因为他们不清楚某个具体的申请在许可证的申请流程中走到哪里了。承包人会被传去问申请多久了，这可能需要花一个小时甚至更长的时间来找到许可证在哪个办公桌上。

据此，县政府改变了许可证审批流程，如图7-10所示。在这个新的流程里，审批部门将申请材料复制3份给这3个部门。3个部门的审批同时进行，一位职员对审批结果进行分析，如果没有反对意见，就批准这个许可证。

但是，这样的流程也存在很多问题。第一，一些许可证申请书很长，有的仅图纸就有40~50页，这对县政府的人力和财力成本耗费很大。

第二，某些时候部门审批不是必要的。例如，如果高速公路部门拒绝了许可证申请，那么工艺审批及卫生部门的审批就都没有必要了。起初，县政府通过安排一个职员来解决这个问题，即当这个职员接收到拒绝通知时就通知其他两个部门停止审批。然而，这样并非是好办法，因为当一个审批由于某种原因被驳回后，申请人及时做了纠正，那么其他部门的审批又要重新开始。最终，审批才能通过。但是，这样往往会拖延5~6周。

取消一些审批也是不合理的，因为许可证审批工作必须重复进行。一个申请本来即将完成，但是由于某个部门的反对而将前功尽弃。当这个申请重新进行的时候，以前的很多审批工作又白费了。

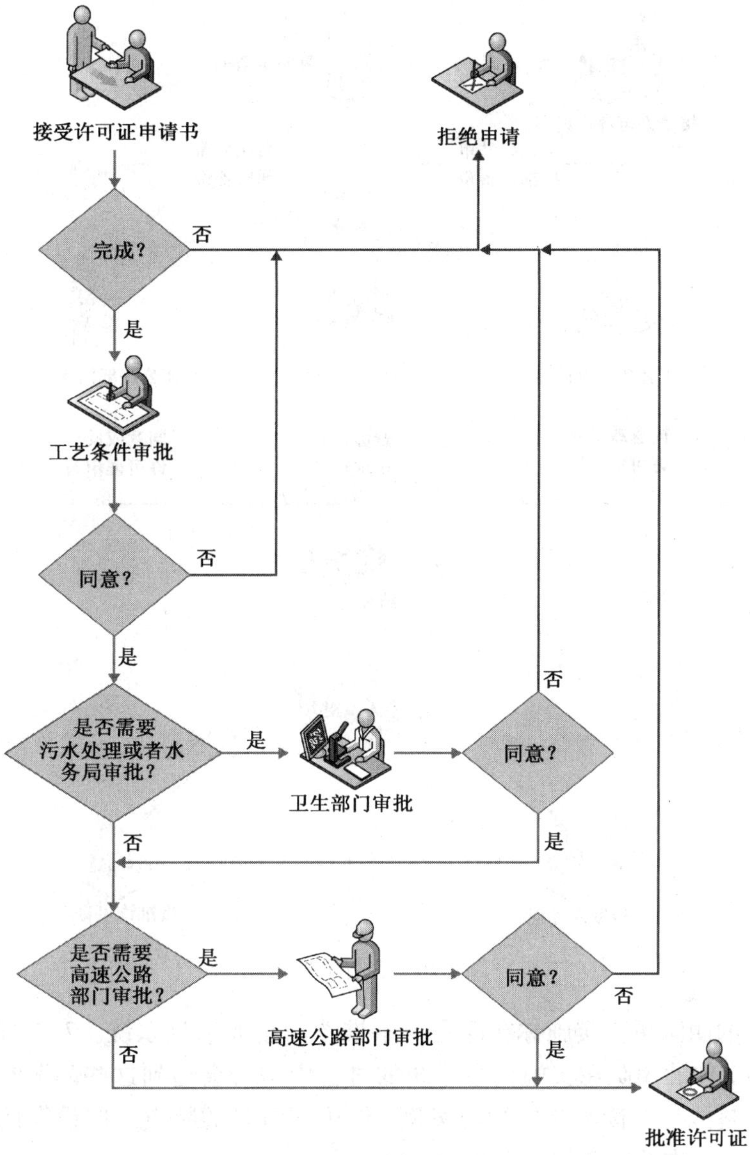

图 7-9　串行审批流程

1. 为什么图 7-9 和图 7-10 所示的业务流程属于企业级别的流程，而不是部门级别和跨企业级别的流程？

2. 以图 7-2 为例，引入企业信息系统后，重新规划图 7-9 所示的流程，要求各流程共享同一个数据库。基于信息系统的流程（重新规划后的流程）与基于纸质文件的流程（图 7-9 所示的流程）相比有什么优势？

3. 以图 7-2 为例，引入企业信息系统后，重新规划图 7-10 所示的流程，要求各流程共享同一个数据库。基于信息系统的流程（重新规划后的流程）与基于纸质文件的流程（图 7-10 所示的流程）相比有什么优势？

4. 假设该县放弃串行的审批流程（图 7-9），转而使用并行的审批流程（图 7-10），那么问题 2 和问题 3 给出的重新规划流程，你认为哪个更好？证明你的答案。

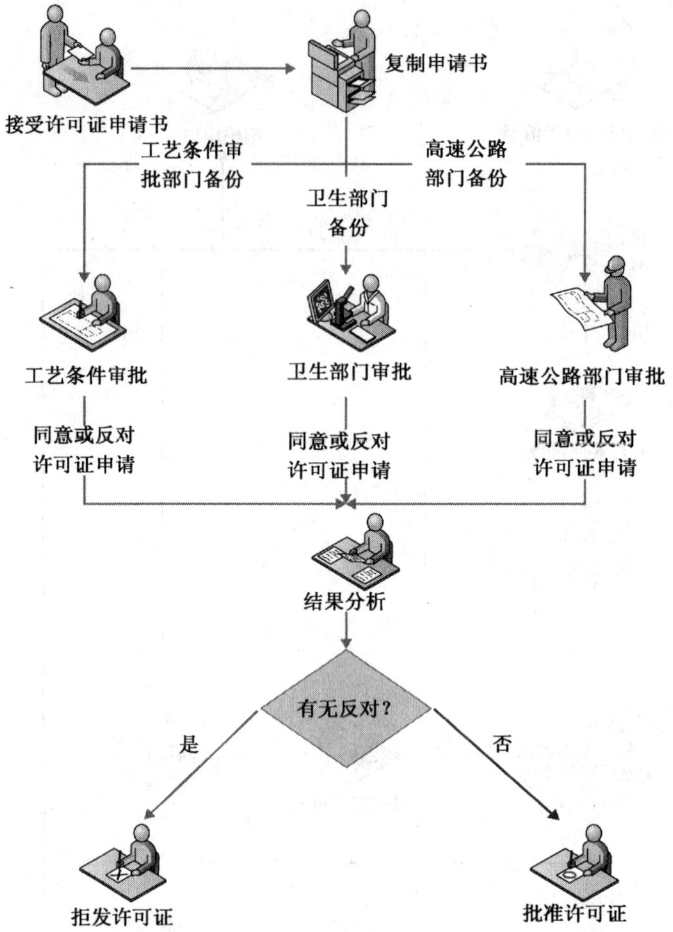

图 7-10　并行审批流程

5. 假设由你的团队负责实施你在问题 4 中推荐的企业信息系统。7.3 节讨论了实施信息系统的 4 项挑战，你的团队在实施信息系统的过程中是否会遇到这些问题？说说你的团队打算如何应对这些挑战。阅读本章的学习案例：俱乐部每月的特点。假设案例中抱怨的人是公司的核心员工之一，你的团队如何解决她的困惑呢？

案例学习 7

PRIDE 数据库的使用

图 7-8 中的 PRIDE 数据库位于云服务器中。该数据库有着极其复杂的数据库结构。为了让你更具体、更容易地理解 PRIDE 数据库，本案例将深入讨论 PRIDE 数据库的结构。为了更好地学习本案例，你需要了解第 5 章的部分知识。但是在阅读本案例时，不要尝试记住每个细节，而是努力从整体上理解现实世界中云数据库的结构和管理。

图 7-11 所示为 Microsoft 公司提供的瘦客户机应用程序，开发人员使用该应用程序创建和管理 SQL Azure 云数据库。该应用程序并不是用来处理数据库请求的。相反，使用图 7-11

所示的本地或者瘦客户机程序可以处理数据库的请求。如图所示，SQL Azure 云数据库平台中有一个名为 PRIDE V1 的数据库。点击数据库菜单区域的"Manage"图标，SQL Azure 将为该数据库创建瘦客户机应用程序。图 7-12 所示为瘦客户机应用程序处理数据库查询请求的一页程序。图中的 SQL 语句创建了一张名为"Workout"的表。开发人员需要为数据库中每一张表创建写出类似的 SQL 语句。

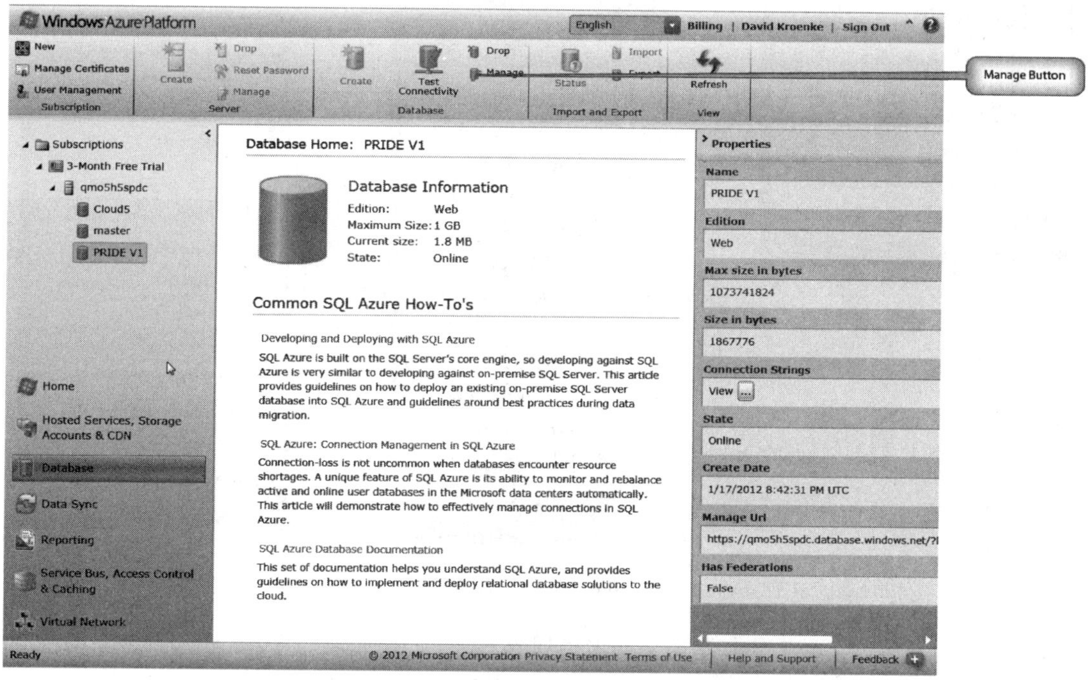

图 7-11　管理云数据库的瘦客户机应用程序

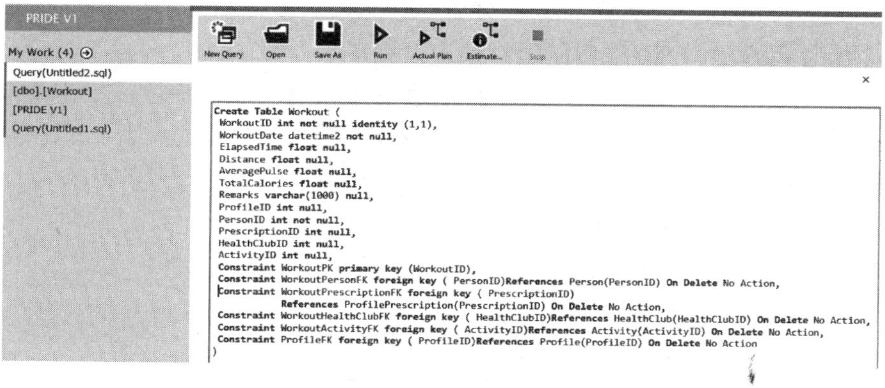

图 7-12　定义 Workout 表的 SQL 语句

图 7-13 所示为 PRIDE V1 数据库中的 3 张数据库表：Person、Workout 和 Performance。这些数据库简图是利用 Microsoft Visual Studio 软件创建的。Visual Studio 是胖客户端电脑应用程序，开发人员使用 Visual Studio 创建应用程序和管理数据库。Visual Studio 通过云服务器连接 PRIDE V1 数据库，读取该数据库的元数据并构建数据库中表和表之间关系的示例图。图 7-13 中"1… ∗ "表示两个数据库表之间是一对多的关系，因此 Person 表中的一行数据对应

Workout 表中的多行数据。同样，Workout 表中的一行数据对应 Performance 表中的多行数据。

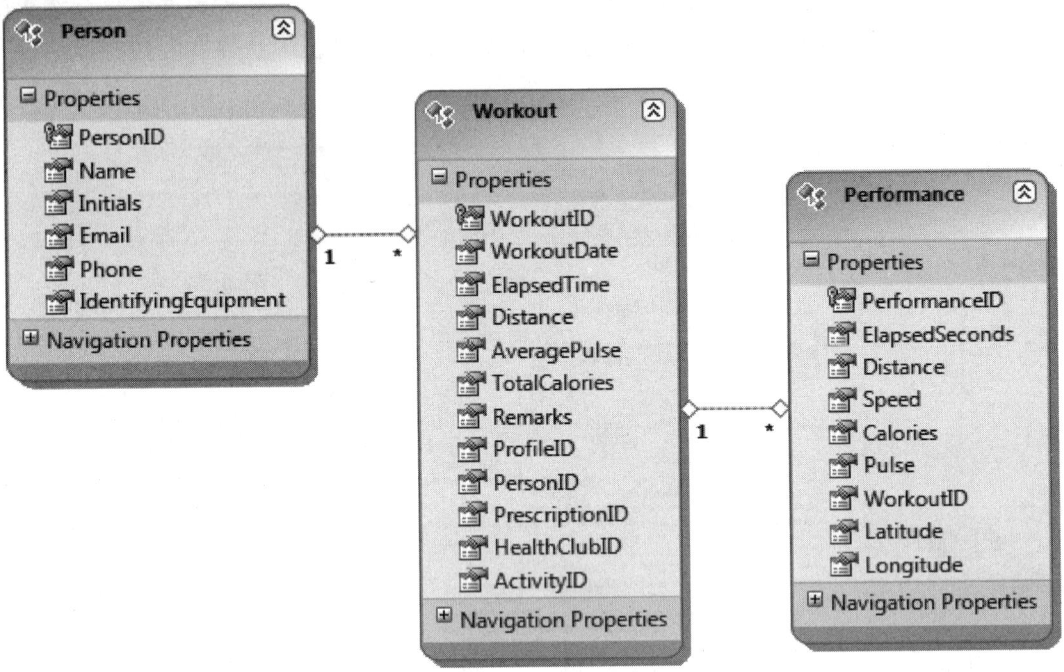

图 7-13　Person 表、Workout 表和 Performance 表的结构

这些数据库表在下述流程中使用：患者每进行一次康复训练，图 7-8 中的训练数据存储程序就向 Workout 表中存储一条记录。患者在进行康复训练的过程中，训练数据存储程序会定期地将训练数据存储在 Performance 表中，包括 Distance、Speed、Calories 和 Pulse 等字段。可选字段 latitude 和 longitude 用于记录户外训练，比如跑步和骑自行车。Workout 表中至少要有 100 条记录，Performance 表中的记录数应当更多。

图 7-14 所示的表与医护人员推荐给患者的康复建议有关。医护人员在 Profile 表中创建一条或多条标准康复训练建议。然后，这些康复建议会推送给相应的患者，患者根据康复建议进行康复训练。训练数据的生成和存储过程与上文描述的一致（图 7-14 中未列 Performance 表）。图 7-14 中，Workout 表和 Profile 表之间的“0..1”关系表示的含义是 Workout 表中的记录与 Profile 表中的记录不需要完全相同。这条规则是必要的，因此即使患者没有按照康复建议进行康复训练，训练数据也能存储在 Workout 表中。

图 7-15 所示为 PRIDE V1 数据库中的所有数据表。其中表名以 Terms_开头的数据库表中的数据决定了 PRIDE 公司可以将多少个人数据与特定的机构共享。例如，Terms_PersonHealthClub 表决定了哪些患者的数据可以与特定的保健俱乐部共享。以 Terms_开头的数据库表中的信息将被图 7-8 中的 3 个报告应用程序使用。通过这种方式为患者数据的访问设置权限，因为是否公开患者的数据要遵循患者的意愿。

案例讨论

1. 将 PRIDE 数据库置于云服务器中的优势什么？事实上，Flores 医生和他的同事可以将 PRIDE 数据库放在他们本地的服务器中，这么做不明智的原因有哪些？

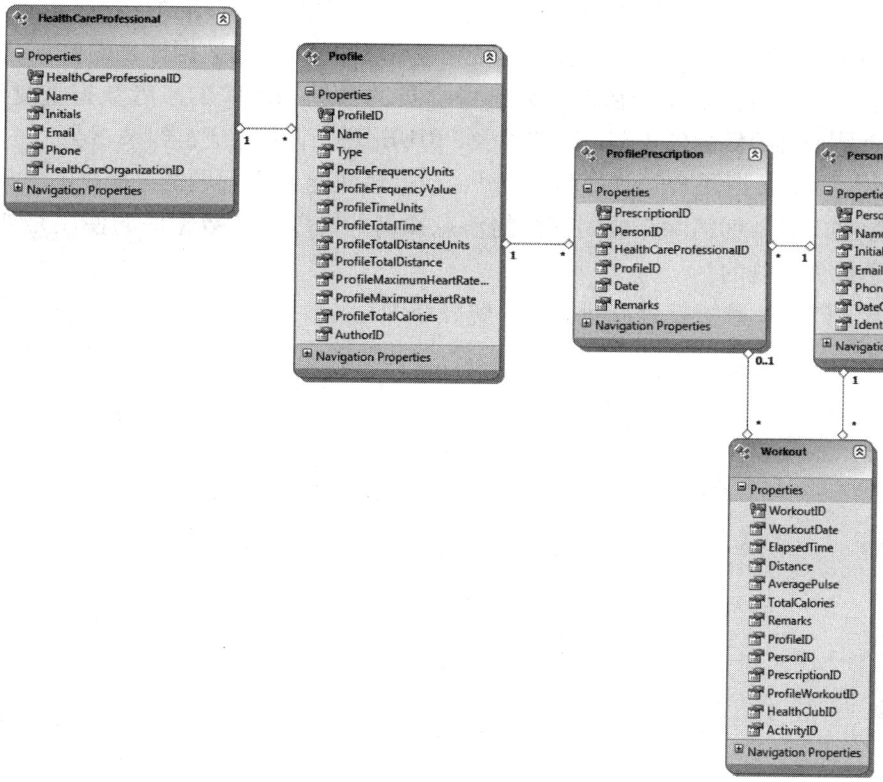

图 7-14　与康复建议有关的数据库表

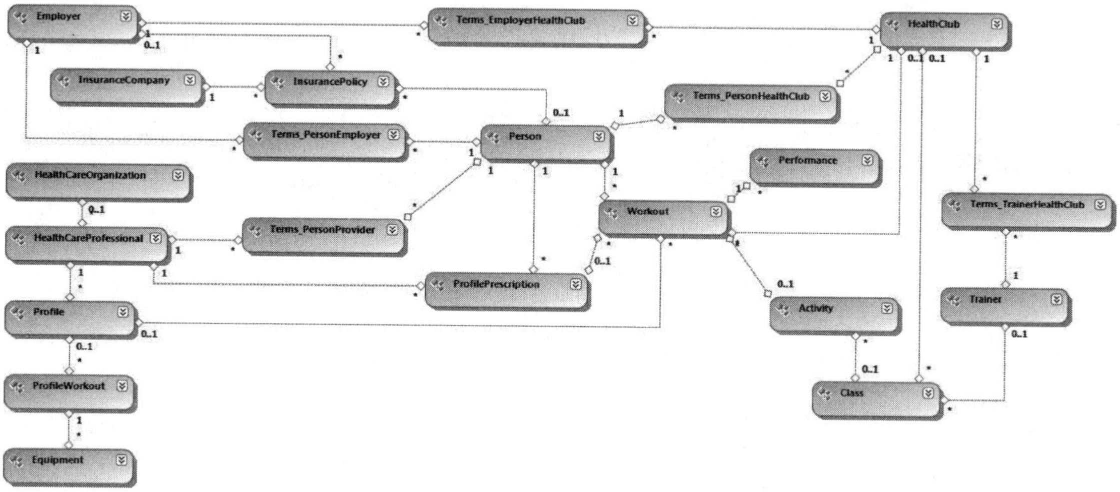

图 7-15　PRIDE 数据库中的所有表

2. 图 7-12 和图 7-13 所示数据库表中的记录是如何产生的？哪些应用程序生成了其中的数据？图 7-13 所示数据库表中的信息是如何收集的？根据你的直觉和数据库的知识，说说 Person 表和 Workout 表之间的一对多关系是如何在图 7-12 中的 SQL 语句中定义的？这条 SQL 语句中使用了什么语法来保证 Workout 表中的每一条记录均与 Person 表中的某条记录对应。

3. 图 7-8 中的“存储康复建议”程序是如何使用图 7-14 中的数据库表的？

4. 图 7-8 中的“存储训练数据”程序是如何使用图 7-14 中的数据库表的？

5. 图 7-8 中的“患者训练报告生成”程序是如何使用图 7-14 中的数据库表的？

6. Person 表中的数据很可能与保健俱乐部中会员的数据和医院的患者数据重复和冗余。患者的数据冗余是否会给保健俱乐部、医院以及 PRIDE 用户带来麻烦？如果不会，解释原因。如果会，给出该情形下数据冗余问题的两个例子，以及解决这两个问题的办法。

7. PRIDE 数据库是如何消除企业间存在的信息孤岛的？PRIDE 数据库的使用是如何带来其他形式的信息孤岛问题的？

8. 据你所知，PRIDE 系统能否成功应用？解释原因。

第8章　社会媒体信息系统

Romero Flores 医生，在第7章提到的心脏外科医师，正在与 Lindsey Garrett 小姐通话讨论她母亲（Flores 医生的一名心脏病人）的锻炼情况。

“能看到你母亲的运动报告吗？”Flores 医生指的是下图所示的浏览器界面报告。

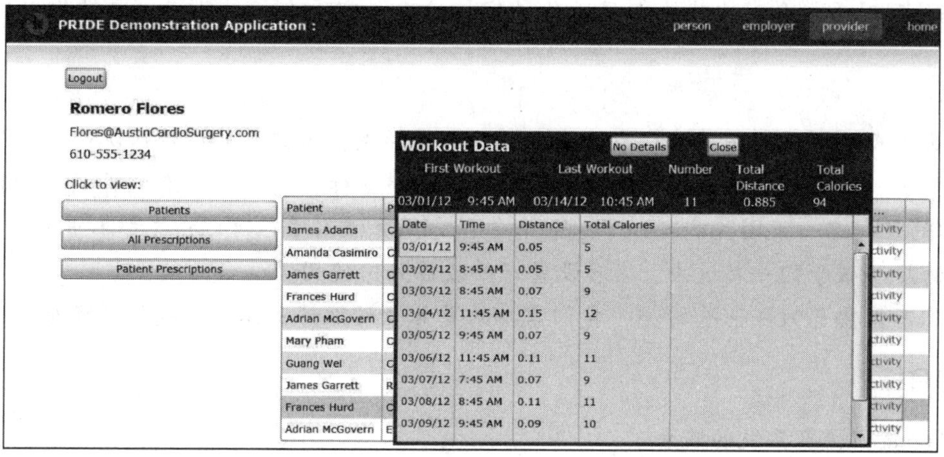

“我能看到，但是情况不太好，是吗？”

“恐怕是这样的，11 号跑步机记录的 94 卡路里达不到我们对她的要求。”

“对，我知道她什么都没有做。你知道嘛，奇怪的是关于这件事情她对我们撒谎。曾经教导我诚实是美德的母亲一次次对她的锻炼情况说谎。”

“Lindsey，关于这个我不会说太多，你母亲经历了太多，她感到困惑和害怕。”

“嗯，我知道。但是我们能做些什么吗？”

“首先值得庆幸的是我们已经得到数据，知道她真正做了什么和没有做什么。”

“是的，但是这些数据对我们来说有什么用呢？”

“我们有一个新的 PRIDE 专栏，它涉及到社交网络。”

“不知为什么母亲讨厌 Facebook，可能是一些奇怪的恐惧或其他原因。”

“我不是指 Facebook，我们实施了虚拟课程。你母亲注册进一个小组，然后我们的一位工作人员会进行集体指导，所有的参与者在自己家中使用仪器就可以了。”

“我不知道她会不会那样做。”

“访问 Endomondo. com，你会看到大家是如何共享他们的锻炼数据的。我们希望做一些不一样的事情，结合手机应用，可能会是 Facebook 应用，但还不确定。而且我们才刚起步，对它的前景还不确定，但是我们会提供专门员工进行管理，看看是否能够成功。”

“好的，我会和母亲沟通这件事情。”

当天晚些时候，Lindsey 给母亲打了个电话。下面是 Lindsey 的谈话部分：

“妈妈！我知道你对待 Facebook 的态度，还有推特(Twitter)，它不是痛苦的(Bitter)，它开头是字母 T!”

……

“妈妈，没有人会看到跑步机上你穿睡衣的照片。我们不谈论任何关于照片的事情。”

……

“听着，妈妈。这很简单。你去 Flores 医生的版块会遇到你班级的其他人，那些人和你一样，年龄相仿并且也都做过心脏手术。”

……

“对，我给你手机安装一个应用。在规定的时间你登录应用，我之后会教你这些。然后在进行锻炼的同时手机会对比其他人显示你的锻炼情况。它也会记录下来，这样你以后可以炫耀一下。”

……

“别告诉我炫耀有什么不好。有位女士试图向她的医生掩饰她的锻炼情况……”

“不提了。总之，在屏幕上有一个像图片一样的小图标。别人不会看到你的任何图片，只需要用你的姓命名一下图片就可以了。如果你愿意用个假名字也可以，这都不重要。”

“我随后和孩子们一起过去，然后设置好并教你如何使用。”

“我们不需要你做任何吃的……我们需要的是你开始锻炼身体。今晚见，好吗？”

学习目标

1. 社会媒体信息系统的概念。
2. 社会媒体信息系统如何推进组织战略。
3. 社会媒体信息系统如何增加社会资本。
4. 组织如何管理社会媒体带来的风险。
5. 社会媒体将把我们带往何处。

8.1 社会媒体信息系统(SMIS)的概念

在提出这个问题之前，需要明确本章不讨论 Facebook、Twitter、LinkedIn、foursquare、Pinterest 或者其他社会媒体服务的最新特征。关于这些你可能已经知道很多，而且它们发展如此之快以至于现在所学的知识在毕业时就会过时，在参加工作时就会被淘汰。因此，本章重点介绍随着社会媒体服务和科技发展一直存在的原理、基本概念和模型。这些对于将来你在职业生涯初期涉及社会媒体系统的机遇和风险时是有帮助的。

这些知识帮助你避免出错。每天你会听到一些商务人士说：“我们使用 Twitter”和“我们把公司主页和 Facebook 连接到一起。”或者那些设计广告和发布新闻的人说“在 Twitter 上关注我们”。问题是，这样做是为什么？变得现代？变得时尚？投入的成本是否值得？它们如何推动组织战略？

社会媒体(Social Media，SM)指利用信息技术实现网络中用户内容的共享。社会媒体使人们组成社区、部落或者蜂巢式人群，这些意思相近的词语指的是一群有共同兴趣的人。（后两个词语在商务和技术评论者中比较流行。）社会媒体信息系统（Social Media Information System，SMIS）是实现网络中用户内容共享的信息系统。

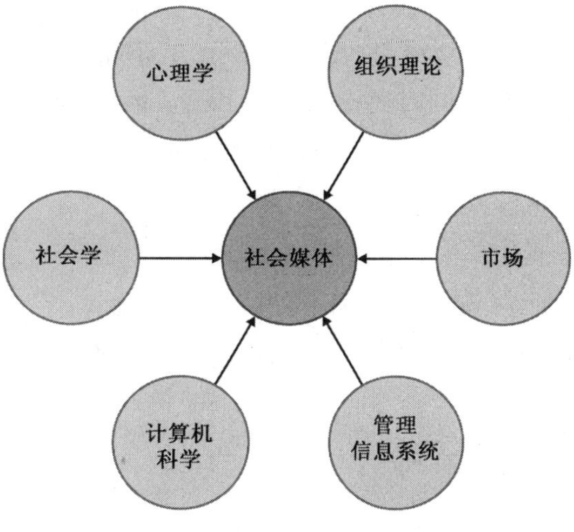

图 8-1 社会媒体：各学科的综合

如图 8-1 所示，社会媒体是许多学科的综合。本书重点通过图中管理信息系统（MIS）部分讨论 SMIS 以及它们是如何对组织战略做出贡献的。如果你决定将来成为社会媒体领域的专业人员，就需要具备这些学科的所有基本知识，计算机科学的知识可能除外。

8.1.1 SMIS 的 3 个角色

在讨论 SMIS 的组成之前，需要明确由 3 个组织单元所扮演的如图 8-2 所示的角色：

- 用户社区（User Communities）
- 社会媒体赞助商（Social Media Sponsor）
- 社会媒体应用程序供应商（Social Media Application Providers）

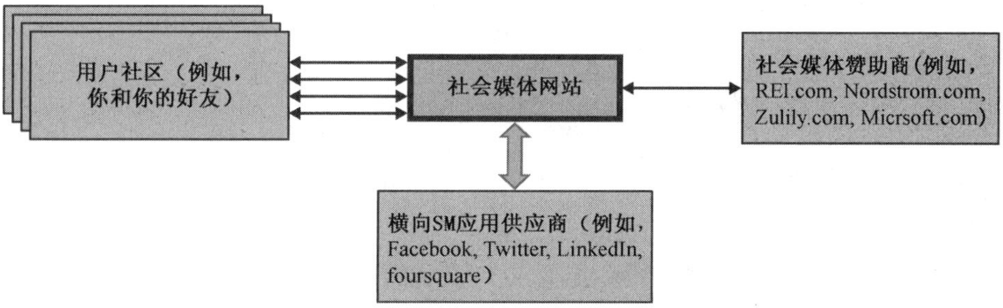

图 8-2 SMIS 的组织角色

1. 用户社区

组建社区是人类的自然特性，人类学家声称是这种能力促进了人类的进步。然而，过去的社区是建立在家族关系或者地理位置基础之上的，村里的每个个体共同组成一个社区。社会媒体社区的一个主要的不同点是它们建立在共同的兴趣爱好之上并且超越了家族、地理和组织的界限。

由于这种超越，大多数人归属于几个甚至许多不同的用户社区。当 Google + 创建了用户圈从而使用户能分类管理他们的关系（联系人，运用 Google + 术语）时就意识到这一事实。Facebook 和其他社会媒体应用程序供应商也以类似的方式进行改进。

图 8-3 扩展了图 8-2 中的社会媒体网站的社区部分。从社会媒体网站的角度来看，A 社区作为第一层社区包括了所有与网站有直接联系的用户。用户 1 依次属于 A、B、C（假设他们分别是同学、同事和朋友）3 个社区。再从社会媒体网站出发，社区 B ~ E 是第二层社区，因为这些社区是由第一层用户作为媒介与网站相连接。第二层和第一层的社区数量呈指数增长。例

如，每个社区有 100 个成员，社会媒体网站将有 100 × 100，即 10 000 个二层成员和 100 × 100 × 100 个三层成员(图 8-3 未示)。但是这样的描述不太准确，因为社区会有重叠，如图 8-3 所示，用户 7 同时属于社区 C 和 E。因此，通过这种计算方式得到的是社区的最大用户数量。

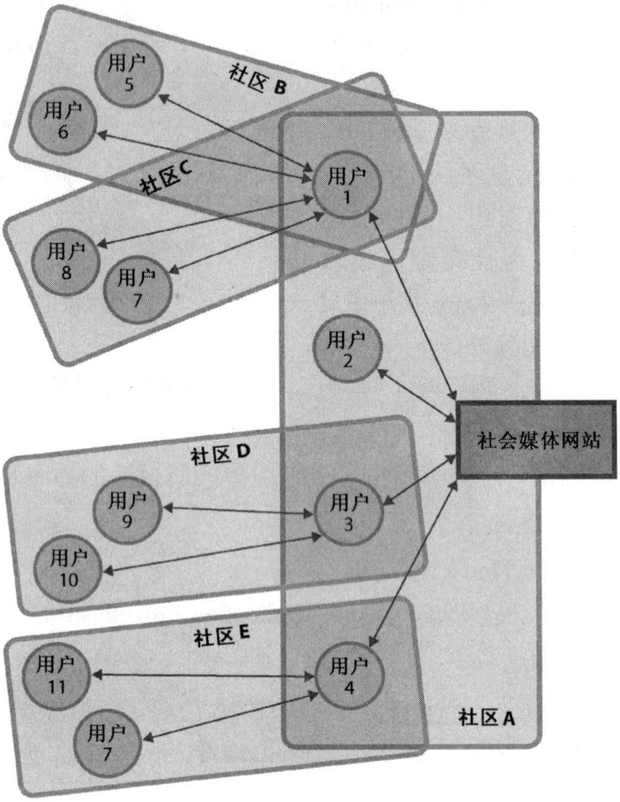

图 8-3 SMIS 社区

SM 网站采用何种方式与这些社区相连取决于它的目标。如果 SM 网站致力于纯粹的宣传，它会尽可能关联更多层社区。在这种情境中，它将建立一个病毒钩(viral hook)，作为层级之间进行传播的一种诱饵，例如奖品或者其他奖励。然而，如果 SM 网站的目标是解决一个棘手的问题，例如修复某一产品缺陷，那么 SM 网站的赞助商会尽全力限制社区 A 的传播。

社区的层级是呈指数展开的，这给赞助组织不仅带来了福音也带来了诅咒。作为社区 A 成员的某一员工能够真诚且自豪地与社区中成百上千人共享公司的最新产品或者服务。但是，她也能向同样的听众传播近期她对公司发展的不满，或者更严重的是无意中向那些在竞争企业工作的成员泄露机密和专有的数据。

社会媒体是一个强大的工具。为了更好地使用它，组织必须知道它们的目标和计划。

2. 社会媒体赞助商

社会媒体赞助商是指选择在一个或者多个 SM 网站上宣传的公司或者其他组织。如图 8-4 所示的 Microsoft 的 Office365. com 主页左下角设有与 Facebook、Twitter 和 LinkedIn 网站的链接。Microsoft 在宣传主页设计这些图标意味着它愿意投资大量的人力和成本支持社会媒体。正如下一节所介绍的，尤其需要开发程序和培养职员，训练专门支持网站的人员。

3. 社会媒体应用程序供应商

社会媒体应用程序供应商是指那些运营 SM 网站的公司。Facebook、Twitter、LinkedIn 和 Google 都是 SM 应用程序供应商。它们设计出网站的特色和功能，为的是与同行竞争来吸引用户社区和 SM 赞助商的眼球。

社会媒体已经朝着这一方向发展，即用户不需要支付注册费或者其他费用就可以使用 SM 应用程序。而赞助商是否支付费用取决于特定的应用程序以及用它们来做什么。例如，在 Facebook 上创建公司主页是免费的，但是当向喜欢公司主页的社区做广告宣传时，Facebook 会收取一定的费用。大多数 SM 应用程序是通过某种广告模式盈利的。

在一些社会媒体信息系统中(SMIS)，社会媒体赞助商自己开发应用程序而不是使用像 Facebook 或者 Twitter 这些专业的供应商。比如，针对公司的知识管理和员工激励方面，有的公司希望使用内部的社会媒体，因此会开发它们自有的应用供应商。例如，SharePoint 2013 或者其他能够提供 wikis、讨论组、图片共享等类似功能的软件。

图 8-4　谨慎的承诺

来源：Microsoft 公司

8.1.2　SMIS 的组成

由于 SMIS 是信息系统，因此它有着与信息系统(IS)相同的 5 个组成部分：硬件、软件、数据、程序和人员。并且本书针对每一个组成部分充分考虑了 3 个组织角色，即：用户、赞助商和应用程序供应商，如表 8-1 所示。

表 8-1 SMIS 的 5 个组成部分

组成部分	角色	描述
硬件	用户	任何用户能使用的计算机装置
	SM 赞助商	任何用户能使用的计算机装置
	应用程序供应商	灵敏的云端服务器
软件	用户	浏览器，iOS 以及其他应用
	SM 赞助商	浏览器，应用工具
	应用程序供应商	应用程序；NoSQL 或其他 DBMS
数据	用户	用户原创内容，关联数据
	SM 赞助商	赞助商内容
	应用程序供应商	内容和关系数据的存储和快速检索
程序	用户	非正式的，互相复制
	SM 赞助商	创建，管理，移除内容；从内容和关系中提取价值；管理风险
	应用程序供应商	运行及维护应用程序(不在本书设计的范围之内)
人员	用户	自适应；非理智的
	SM 赞助商	关键用户
	应用程序供应商	运行和维护程序的员工(不在本书设计的范围之内)

1. 硬件(Hardware)

社区用户和 SM 赞助商的员工都使用台式机、笔记本、智能手机、平板电脑、“HTML5”设备和其他智能通信设备访问 SM 网站。在大多数情况下，SM 应用程序供应商使用云中的弹性服务器来支持社会媒体。

2. 软件(Software)

用户通过使用浏览器和手机自带的应用，如 iOS 应用程序，读取和提交数据以及添加或删除与社区和其他用户的联系。SM 赞助商通过浏览器或者使用由 SM 应用程序供应商提供的专业支持应用程序进入此网站。例如，某些情形下 SM 赞助商通过 Facebook 应用程序创建自己的应用程序进而与 SM 网站进行交互。

SM 应用程序供应商开发和运营自有的定制软件、专有软件和社交应用软件。如本书第 4 章所述，长期支持企业的定制软件是昂贵的，因此 SM 应用程序供应商别无选择。因为从竞争策略考虑，那些应用程序的特征和功能必不可少。他们这样做可以把开发成本分散到给数百万用户带来的收益中。

如案例 5 所示，许多社交网络供应商使用 NoSQL 数据库管理系统获取数据，尽管他们也会使用传统的关系型 DBMS 产品。还记得 Facebook 起初开发的 Caddandra in-house 应用程序(案例学习 5)吗？但随后由于意识到维护的费用和义务，公司把它捐献给了开源社区。

3. 数据(Data)

SM 数据分为两类：内容和关系。**内容数据**(Content Data)是指由用户和 SM 赞助商创建的数据和数据响应。用户在自己的 Facebook 站提供源数据，他的朋友通过在页面留言、评论、圈人或者其他方式在其主页与之互动。

关系数据(Connection Data)是表示联系的数据。例如，Facebook 上与好友的联系就是关系数据，另外你和特别喜欢的组织的联系也是关系数据。关系数据区分了 SMIS 和网站应用程序。网站和社交网络都提供数据和数据响应，但是只有社交网络应用程序存储和处理关系数据。

SM 应用程序供应商从赞助商和用户社区的立场出发进行 SM 数据存储和检索。如案例 5 所述，为的是更好地在网络和服务器故障时进行操作，而且是快速响应。这样的问题很容易解决是因为 SM 内容和关系数据的结构相对比较简单。

4. 程序(Procedure)

对于社交网络用户，程序是非正式的、发展的和面向社交的。你和你的好友进行同样的操作。当你的朋友圈中有人学到一些新奇有趣的事情时，你会模仿他们。软件的设计就要便于学习和使用。

这种非正式特性虽然更便于 SMIS 的操作，但是也常常出现一些始料未及的结果。其中最主要的难题是用户隐私问题。例如，许多用户通过公用网站展示自家的高清电视，而不会随意上传有自家门牌号的照片，但是有些人还未意识到这一点。还有人明白不能随意发布数据以免丢掉工作，或者没有最先得到工作。详见本章学习指导案例介绍的社会招聘指南。

对于 SM 赞助商，社交网络程序需要正式一些。在启动一个社交网络之前，组织必须开发出一些程序，如创建内容、管理用户响应、移除废旧或者有异议的内容以及从内容中提取有价值的程序。例如，对最后一个程序(从内容中提取有价值的程序)而言，如果创建一个 SMIS 来收集有关产品问题的数据，除非这个程序能够从社交网络的数据中提取知识，否则它就是资本的浪费。组织也需要开发 SM 风险管理程序，如 8.4 节所述。

本书将不介绍操作与维护 SM 应用程序。

注解：人们在社会媒体上的忠诚度有多少？本章的“道德指引”案例讨论了由此带来的道德问题。

5. 人员(People)

社会媒体的用户行为取决于他们的目标和性格。他们以自己特有的方式进行操作得到结果，并且有些人可能会改变自己的行为方式。同时需注意的是，SM 用户不需要是理性的，至少不是纯粹的金钱主义。例如，从 Vernon Smith 的研究中可知，人们会远离意外之财，因为他们认为别人会得到更多![1]

然而，SM 赞助商不能这么随意。任何贡献于组织的 SM 网站或者利用他或她在公司的职位代表组织发言的人需要从 SMIS 用户程序和组织的社交网络政策两方面进行培训。我们将在 8.4 节讨论这些程序和政策。

社会媒体创造出了一些新的职位、新的职责和新的培训方式的需求。例如，什么是一个好的 Twitter 使用者？一个高效的留言板写手是什么样？哪种类型的人适合这种工作？他们需要具有什么学历？对于职位的应征者，面试官将如何评价？现今，这些问题受到热议，显而易见这是个热门领域。因为社会媒体强化了人的固有行为，SM 方面的职业在短期内也不可能消失。

6. 非免费(Not Free)

在继续讨论之前，有时你会发现 SMIS 是免费的。事实上 Facebook、Twitter、LinkedIn 和其

---

① Vernon Smith, Rationality in Economics: Constructivist and Ecological Forms (Cambridge, UK: Cambridge University Press, 2007), pp. 247-250.

他网站不收取硬件、软件或者数据存储等费用。然而，除非 SM 赞助商做出愚蠢且不负责任的行为，即让它的社交网站自生自灭，否则就需要专人去开发、实施和管理刚刚所描述的社交网络程序。此外，雇用员工管理社交网络将产生直接的劳动成本。

8.2 SMIS 如何推进组织战略

在图 3-1 中，我们学习到了有关信息系统与组织战略的联系。简而言之，战略决定了价值链，进而决定了商业流程，最终决定了信息系统。因此，当一个组织决定运用社会媒体时，应保证它知道社会媒体如何推进其战略发展。在这个问题上，我们重点讨论社会媒体如何促进主要的价值链活动。

Gossieaux 和 Moran 作为超社会性组织理论的提出者，定义了商业中两个重要的社区[①]：

- 信念的捍卫者
- 真理的追寻者

信念的捍卫者(Defender of Belief)分享共有的信念并且以此信念为中心建立自己的群体。他们追求一致性且试图用他们的信念使他人信服。例如，一个坚信 Google + 远好于 Facebook 的群体会身体力行劝说别人相信。当面对不利的证据时，他们不改变观点，并且更加坚信他们的信念[②]。信念的捍卫者群体能促进诸如销售和市场方面的活动，他们不适合参与创新和解决问题这类性质的活动。这种群体对组织有较强的忠诚度。

真理的追寻者(Seeker of the Truth)共同享有求知、解决问题或者创造新事物的欲望。心脏外科医师通过尝试激励病人合理地锻炼身体来寻求“真理”。他们有共同的难题，但是针对同一个问题有多个不同的解决方案。不足为奇，这些群体在解决问题方面的能力超乎寻常且创新力强。在客户服务活动方面他们发挥作用，只要他们不使用其他公司的产品来解决本公司产品的问题就可以，但他们也有可能会这样做，因为这样的群体对组织的归属感并不强。拥有组织归属感的真理追寻者只有在这种情况下才会出现，即组织表示要致力于解决社区共有的难题。

表 8-2 总结了社会媒体如何促进 5 个主要的价值链活动以及人力资源支持活动。

表 8-2　价值链活动中的 SM

活　动	社区类型	焦　点	动态过程	风　险
销售和市场	信念的捍卫者	外部前景	社会化客户关系管理 点对点销售	损失公信力 糟糕的公关
客户支持	真理的追寻者	外部客户	点对点支持	失控
入站物流	真理的追寻者	上游供应链提供商	解决问题	隐私
出站物流	真理的追寻者	下游供应链托运商	解决问题	隐私
制造与运营	真理的追寻者	外部用户设计；内部运营和制造	用户指南设计 Enterprise 2.0 Knowledge Management	效率与效果
人际关系	信念的捍卫者	应聘者；员工沟通	员工愿景，招聘和评价的 SharePoint & Enterprise 2.0 for employee-to-employee communication	失误 损失公信力

---

① Francois Gossieaux and Edward K. Moran, The Hyper-Social Organization (New York: McGraw-Hill), pp. 22,23-25.

② Daniel Kahneman, Paul Slovic, and Amos Tversky, Judgement Under Uncertainty: Heuristics and Biases (Cambridge, UK: Cambridge University Press, 1982), p. 144.

8.2.1 社会媒体和销售及市场活动

在过去，组织使用结构化流程和相关信息系统来控制与客户之间的关系。事实上，传统客户关系管理(CRM)的主要目的是管理客户关系。传统的CRM保证组织在面对客户时做到一致，它控制了信息、报价，甚至是基于某一特定顾客价值的客户支持。在1990年，如果想了解有关IBM产品的相关信息，则需要联系当地的销售办公室；办公人员会把你作为潜在客户并使用这种归类方式控制相关的材料、文件以及你与IBM员工的接触过程。

社会化客户关系管理(Social CRM)是动态的、基于社会媒体的客户关系管理过程。组织与客户的关系产生于一个双方不断创造和处理内容的动态过程。除了传统的促销形式，员工可以在组织中创建wikis、博客、讨论组、用户评论网站和其他动态内容以及提出常见问题。客户查找相关内容、发表评论、咨询更多的问题、创建用户组等等。有了社会化客户关系管理，每个客户可以自己处理与企业的关系。

社会化CRM挑战了传统的CRM。由于是双方共有的活动产生的关系，因此客户与企业有着同样的控制权。这一特征对那些试图控制客户所读、所看和所听到有关公司及其产品信息的销售经理来说无疑是不利的。

另外，传统CRM集中于终身价值。针对那些可能带来最大商业效益的客户，组织会给予重点关注，从而使这些客户产生的业务给组织带来最大的影响。然而对于社会化CRM，仅消费10美分却是一个高效的评论者或博客写手的客户比那些每年消费1千万美元的毫无动静的客户更具有影响力，这样的不均衡使得传统的销售经理感到困惑。

然而，传统销售经理乐于在信念的捍卫者团体中用点对点的推荐方式销售他们的产品。在Amazon网站上快速浏览产品及评论，你会发现客户频繁地对自己喜欢或者讨厌的产品写一些篇幅较长且用心的评论。Amazon网站和其他网上零售商允许读者对书评的有用性进行排名，这样一些劣质的评论由于草率就突显出来。

但是使用社会媒体进行销售和市场营销也存在着风险。2011年3月，Microsoft在日本发生地震后发表推文："如何支援日本 http://bingedit/fEh7iT。每转发一次且提到Bing Microsoft会给日本地震灾民捐1美元，直到捐够10万美元为止。"那个URL是关于如何使用Bing地图和其他的服务来支援这场灾难的详细页面。用户对Microsoft利用一个灾难来宣传自己搜索引擎的做法感到厌恶。几小时之后，Bing马上发表了另一个推文进行道歉："对于错误消极地使用Twitter我们表示抱歉，我们的出发点是提供一个渠道来帮助日本，目前10万美元已捐出。"①运用社会媒体进行销售和市场营销带来的风险是信誉的损失和公共关系的受损。

8.2.2 社会媒体和客户服务

产品用户乐于彼此互相帮助解决问题。他们甚至愿意提供义务性服务，事实上，当客户彼此之间有争执时支付费用有损支持体验。SAP意识到相比于给SAP开发者网络一定的奖励，以它们的名义向慈善机构捐款更受欢迎②。

---

① Greg Lamm, "Microsoft Apologizes for Bing Japan Earthquake Tweer," March 13, 2011, www.techflash.com/seattle/2011/03/microsoft-sorry-for-bing-quake-tweet.html, accessed September 7, 2011.

② Francois Gossieaux and Edward K. Moran, The Hyper-Social Organization (New York: McGraw-Hill), pp.8,9.

不足为奇的是那些商业战略中包含通过或者向开发者网络进行销售的组织在社会媒体客户支持方面已经非常领先和成功了。除了 SAP，Microsoft 长期以来通过合作伙伴的网络进行销售。它的 MVP（Most Valuable Professional）项目是一个典型的以奖励和荣誉来换取客户提供帮助的案例（http://mvp.support.microsoft.com）。当然，网络开发者们从商业激励的角度出发也乐于参加，因为这类活动能促进他们向自己参与的社区进行销售。

然而，那些没有商业激励的用户也乐于帮助他人。Amazon 网站推出了一个名叫 Vine 的项目，选择出来的消费者可以向购买者社区发布预售版和新产品的评价①。你需要心理学方面的课程来解释什么促使人们努力寻求这种认同，而 MIS 恰恰提供了这样一个平台！

点对点支持的主要风险是不容易控制。如上所述，真理的追寻者会寻求真理，即使那意味着他可能会推荐优于本公司的其他供应商的产品。本书将在 8.4 节阐述这一风险。

8.2.3 社会媒体和出入站物流

那些盈利能力取决于自身供应链的公司长期以来使用信息系统提高结构化供应链流程的效力和效率。由于供应链与结构化制造流程紧密结合在一起，对于像社会媒体这样动态且自适应流程带来的不可预测性是难以接受的。

然而，对于某些问题来说也会出现例外。2011 年春天发生在日本的地震给自动化行业的供应链带来了严重破坏，那时日本的主要制造商缺少能源和设施进行运作。社会媒体恰恰发挥了发布消息、减缓对于放射性产品的恐惧以及解决问题的作用。

真理的追寻者群体对于复杂的供应链难题能提供更好更快捷的解决方案。社会媒体的出发点是在网络用户中间产生内容创新和反馈，正是这一特征促进了对问题解决的需求的迭代和反馈，如扩展章 1 所述。

但是一个极大的风险是泄露隐私。求解问题需要对问题的定义、起因和方案约束进行公开讨论。供应商和托运商与多家公司合作，通过社会媒体解决供应链问题就意味着在同行的竞争者面前解决问题。

8.2.4 社会媒体和制造与运营

制造与运营活动受控于结构化流程。由于社会媒体的灵活性和自适应性，如果将其应用于生产线或仓库管理会引发混乱。但是，社会媒体在产品设计以及员工知识共享和管理方面确实扮演着重要的角色。

众包（Crowdsourcing）是指雇用用户来参与产品设计与再设计的动态社会媒体过程。eBay 网经常征求消费者的意见来提供他们消费体验的反馈。正如网站所宣传的：“没有比消费者更好的顾问团队。”用户指导性设计被用于电子游戏、鞋类以及其他产品上。

Enterprise 2.0 软件是促进组织内部员工合作的社会媒体应用。Enterprise 2.0 在制造与运营方面提供便于用户共享知识和解决问题的技术。

Andrew McAfee 作为 Enterprise 2.0 一词的发起人，用缩写 SLATES（见表 8-3）定义了他总

---

① http://www.amazon.com/gp/help/customer/display.html/ref=hp_200791020_vine?nodeId=200791020#vine, accessed October 8, 2012.

结 Enterprise 2.0 的 6 个特征[①]。员工希望像网络上搜索信息一样在组织内部进行搜索。多数员工发现搜索比用列表和表格定位内容更高效。他们通常希望像网络操作那样通过链接获取组织内容，并且用博客、wikis、讨论组、公共展示等方式来描述组织。

表 8-3 McAfee 的 SLATESEnterprise 2.0 模型

Enterprise 2.0 组成	备 注
搜索Search	相比从结构化内容中查找，采用 Enterprise 2.0 更有助于人们进行搜索
链接Links	企业资源的链接(例如在互联网上)
创作Authoring	通过博客、wikis、讨论组和展示等方式创建企业内容
标签Tags	灵活的标签(如美味)便于企业内容的大众分类
扩展Extensions	通过使用模式采用标签处理提供企业内容
信号Signals	通过订阅和提醒向用户推送企业内容

Enterprise 2.0 的内容同网页上的内容一样被标记，标签被整理成结构像 Delicious 网站上的页面那样(www. delicious. com)。这些结构采用与分类法类似的方式整理标签，但是与分类法不同的是，这种方法的标签不是预先计划好的而是随机出现的。大众分类法(folksonomy)是在处理大量用户标签的过程时呈现的内容结构。另外，Enterprise 2.0 的员工希望运用这个程序对标记的内容进行排名并且使用标签预测他们感兴趣的内容(如 Pandora)，如 McAfee 在**扩展**(extensions)特征中涉及到的流程。最后，Enterprise 2.0 的员工希望相关的内容都能推送过来，当组织内容中发生有趣的事情时能及时收到信号。

Enterprise 2.0 的潜在问题是其动态过程的质量。因为 Enterprise 2.0 的益处体现在处理突发情况方面，然而效率和效果不能同时兼顾。因此，这是个复杂且不可预知的过程。

8.2.5 社会媒体和人力资源

表 8-2 的最后一行涉及了社会媒体和人力资源的使用。社会媒体用于发现员工愿景、招聘以及某些企业中的应聘者评估。

社会媒体也用于员工沟通、采用内部员工网站如 SharePoint 中的 MySite 和 MyProfile 或其他类似 Enterprise 2.0 的工具。SharePoint 以“在线问答”的形式向员工提供了一个展示自己专业知识的平台。当员工试图寻找一名公司内部的专家时，他们能通过 SharePoint 搜索，找到能对咨询的内容进行解答的人员。SharePoint 2013 相比于早期的 SharePoint 版本大大扩展了对于社会媒体的支持。

社会媒体应用在人力资源方面存在风险，其中主要的风险是在使用类似 Facebook 这样的网站进行员工评价时会存在出错的可能。第二个风险是社会媒体网站像信念的捍卫者一样过于自我保护或者明显地传播一些不被普遍认可的管理信息。

表 8-2 展示的大致框架帮助组织使用 SMIS 支持性的动态过程实现他们的战略。之后我们将从经济视角介绍 SMIS 的价值和用途。

注解：社会媒体越来越多地被用于招聘和评价员工。本章的“学习指导”案例讨论了这种现象。

① Andrew McAfee,“Enterprise 2.0: The Dawn of Emergent Collaboration,” MIT Sloan Management Review, Spring 2006, http://sloanreview. mit. edu/the-magazine/files/saleablepdfs/47306. pdf, accessed August 2011.

8.3 社会媒体信息系统如何增加社会资本

商业方面的文献定义了3种资本类型。Karl Marx 把**资本**(Capital)定义为获取未来收益的资源投资。这一传统概念涉及到对工厂、机器、制造设备等资源的投资。**人力资本**(Human Capital)是为获取未来收益对知识和技能的投资。通过学习这门课程，你将学会投资自身的人力资本。通过金钱和时间的投入你希望能收获不同于其他同事的知识，并且最终获得高额的工资。

Nan Lin 认为**社会资本**(Social Capital)是市场中基于预期回报的社会关系投资①。当你以结交他人和巩固人际关系为目的出席商务活动时，就是在投资你的社会资本。同样，当你加入 LinkedIn 或者 Facebook 时，也是(可能是)投资社会资本。

8.3.1 社会资本的价值

依据 Nan Lin 的定义可知社会资本从以下4个方面增加价值：

- 信息(Information)
- 影响(Influence)
- 社交凭证(Social Credentials)
- 个人提高(Personal Reinforcement)

社交网络中的人际关系能提供一些**信息**(Information)，如机遇、备选方案、问题以及专业商务人士关注的其他因素。它们也创造机会去**影响**(Influence)那些对于成功比较关键的雇主或者其他企业的决策者，这些影响力超越了类似工作汇报关系的这种正式组织结构。再次，与一个高度重视关系的网站连接是**社交凭证**(social credentials)的一种形式。你能享受与你相关联的人的荣耀，而其他人得知重要的人物与你站在一起并提供资源支持你时，他们更倾向于与你共事。最后，加入社交网络促进了组织或者产业的专业形象和地位，它巩固了你向世界展示自我的途径。

社交网络因价值而有所差异。维系与高中朋友联系的社交网络相比与商业伙伴联系的网站价值较少，但也不一定如此。据 Henk Flap 所述，**社会资本价值**(value of social capital)由社交网络的关系量、关系的密切程度以及相关联系掌握的资源所决定②。如果你的高中同学恰巧是 Warren Buffett 或 Mark Zuckerberg，而且你通过高中社交网络与其保持着很密切的联系，那么这一社交网络的价值远远超过你工作接触到的社交网络。然而，对于我们中的大多数，现有职位联系人的社交网络提供了最多的社会资本。

因此，专业地使用社交网络需要考虑3个因素。你会通过添加更多的好友和巩固与现有好友的关系来增加社会资本。更进一步来说，你会通过添加好友和加强那些掌控你所需要的

---

① Nan Lin, Social Capital: The Theory of Social Structure and Action (Cambridge, UK: Cambridge University Press, 2002), Location 310 of Kindle Edition.

② Henk D. Flap, "Social Capital in the Reproduction of Inequality," Comparative Sociology of Family, Health, and Education, Vol. 20(1991), pp6179-6202. Cited in Nan Lin, Social Capital: The Theory of Social Structure and Action (Cambridge, UK: Cambridge University Press, 2002), Kindle location 345.

重要资源的人际关系来获取更多的社会资本。这种计谋看起来冷漠无情，甚至可能虚情假意。当利用社交网络进行娱乐时，它们可能不太合适，但是当你出于职业目的使用社交网络时，需牢记这些忠告。

8.3.2 社交网络如何增加商业价值

组织同个人一样也具有社会资本。从过去来看，组织通过销售人员、客户支持以及公共关系来创造社会资本。得到备受瞩目人士的认可是增加社会资本的一种传统方法，但也存在风险。

如今，先进的企业在 Facebook、LinkedIn、Twitter 以及其他网站上保持活跃。企业的网站主页会包含与这些社交网站的链接，方便客户和有兴趣的团体留言。多数情况下，这些联系是积极的，但是有时也会适得其反，例如客户给予一些过度批评性的反馈，详见 8.4 节。

为了更好地理解社交网络如何增加商业价值，需要认真思索社会资本的这几个因素：关系量、关系密度和“好友”掌控的资源。

8.3.3 使用社交网络增加关系量

在传统的商业关系中，例如当一个客户在一家餐馆消费后，他会在社交圈口述这些体验。然而，这些交流简短且不可靠：你很有可能只在经历了某次满意或者糟糕的体验后向朋友诉说。而且即使这样，你也只会同恰巧遇到的朋友说说最近的经历。一旦你说了，就只是说了，你的话语不会保留数天或数周。

图 8-5 展示了同图 8-3 一样的关系，但换成了一个专业举办婚宴餐厅的架构。本例中的用户 1 ~ 4 是与餐厅的社交网站(Facebook 或其他流行的网站)有直接联系的餐厅顾客。本图把图 8-3 中的社区 B ~ D 替换为婚宴。(用户 1 作为婚礼的策划者已经在此餐厅举办了两场活动。)

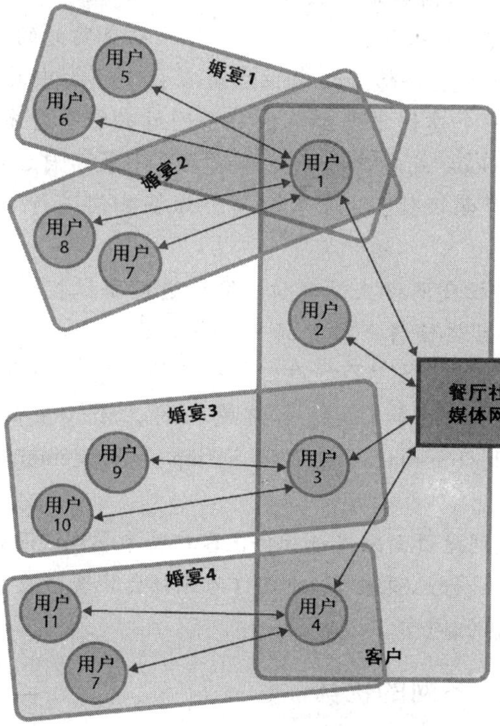

图 8-5　SM 社区

这张图表明婚宴创造的潜在价值很有可能大于收益。如果餐厅能找到一种方法诱使参与者与之形成直接的联系，婚宴将在此社交网络中持续性地增加关系量。依靠这些关系的优势和价值，餐厅的社会资本很有可能持续性地增长。

这种关系网的销售模式一直以来都以口头的方式延续着，与之不同的是采用 SMIS 使销售到达了一个过去不可企及的规模和层次，SMIS 也可以将这些可见且有用的关系用于其他用途。

体验 MIS 课堂练习 8

计算你的社会资本

社会资本不仅对于企业而言是一个抽象的概念，对于我们每个人也是这样。你和同学现在开始积累社会资本。这种资本的价值是什么？为了一探究竟，由教师指导组成一个小组完成以下部分：

1. 定义资本、人力资本和社会资本。解释这些术语的不同点。
2. “重要的不是你知道什么，而是你认识谁”这种说法与你在 1 中定义的术语有何种关系？
3. 你个人同意 2 中的说法吗？在小组讨论之前整理好自己的观点。
4. 以小组为单位讨论人力资本和社会资本的相关价值。在哪些方面社会资本比人力资本更有价值？针对 2 中的说法在小组内达成一致意见。
5. 访问小组每位成员的 Facebook、LinkedIn、Twitter 或者其他社交网站的页面。
   (1) 运用本章社会资本价值的定义，评估小组每位成员在社交网络中的价值。
   (2) 至少向小组每位成员提出一个建议来增加他们每个网站的社会资本。
6. 假设你们每个人都打算在 Facebook 或者其他社交网站主页上展示自己的专业简历。
   (1) 通过在问题 5 进行的个人页面评估，为了展示简历你将如何进行修改，使个人页面看起来更合适？
   (2) 描述 3 ~4 个你可能添加到社交网络上的职位，便于进行职位搜索。
7. 想象你是一个公司的 CEO，并且要销售一种产品——你自己。
   (1) 回顾表 8-3 展示的 Enterprise 2.0 SLATES 准则，来评估该准则的每一点与你所销售的产品（即获取一个你想得到的职位）是如何关联的。McAfee 的文章链接如下：http://sloanreview.mit.edu/the-magazine/2006-spring/47306/enterprise-the-dawnof-emergent-collaboration/
   (2) 解释你如何使用自己的社交网站页面来促进社会化客户关系管理进而销售自己的产品。
   (3) 设计一个创新且有趣的方法进行此项练习，使之作为你社会化客户关系管理的一部分。
8. 把 4 ~7 的答案展示给班里的其他同学。

8.3.4 使用社交网络增加关系网的优势

对于一个组织来说，关系网的优势是指在关系网中的个体（个人或者其他组织）做了一些事情可能有利于该组织的发展。你购买了某公司的产品，给出好评，上传了你使用该公司某产品或者服务的图片等等，这些均体现了你和这个公司有很紧密的关系。

正如前面提到的，社交网络提供了4种价值形式：影响、信息、社交凭证和个人提高。如果一个组织能吸引其关系网中的成员提供更多这4种形式中的任何一种价值，那么这个组织就强化了它的关系网。

在Benjamin Franklin的自传中，他提出了一个独到的见解①。他指出，如果你想加深与某位掌权者的关系，那么就请他帮助你。在Franklin建造公共图书馆之前，他邀请了一些有权势的陌生人把自己贵重的书籍借给他。同理，企业也学习到了通过邀请你给予它帮助来加深你们之间的关系。因此，许多组织开发了自己的SMIS来鼓励客户创建自己的内容，作为客户帮助它们的一种方式。在提供帮助的同时也加深了你与组织之间的关系。

传统资本会贬值，如机器磨损、工厂废旧、科技和计算机过时等等，那么社会资本也会贬值吗？关系网会因为使用而耗尽吗？到目前为止，答案似乎是不确定的。

显而易见，你只能请求掌权者给予你有限次的帮助。同样，一个公司也不能无限次地邀请用户评论产品、上传图片或者向朋友推荐关系。从某种意义上来说，关系网会因过度使用而变坏。因此，社会资本的确会贬值。

然而，频繁的互动可以加深关系并且进而增加社会资本。与一个公司的互动越频繁，你对其的承诺和忠诚度就越强烈。但是持续的频繁交互仅仅是在双方预见到延续这种关系的价值时才会产生。在此情况下，企业必须采取某项措施使客户愿意继续给予帮助。

所以，社会资本确实会贬值，但是可以通过在交互的过程中增加一些有价值的事物来减缓这种贬值，而且长时间维持一段成功的关系会从实质上加深彼此的关系密度。

8.3.5 联系那些拥有更多资产的人

第3个衡量社会资本价值的标准是与你有关系的那些人所控制的资产规模。一定程度上，一个组织的社会资本是与之相关联的那些人拥有的社会资本的函数。最易观察的衡量方法是关系的数量，一个拥有1000个忠实的Twitter粉丝关注量比只拥有10个的要更有价值。但是这种计算方式是微妙的，如果那1000名粉丝是大学生而这个企业的产品是成人尿布，那么这些粉丝的关系价值就比较低，从而与那10位在养老院的Twitter粉丝的关系就会更有价值。

没有公式能计算出社会资本，但是这3方面因素看起来似乎会带来加倍的效果而不仅仅是简单的叠加。或者用另一种形式表现，即：

$$社会资本 = 关系数量 \times 关系密度 \times 实体资源$$

而不仅仅是：

$$社会资本 = 关系数量 + 关系密度 + 实体资源$$

另外，不用原封不动地照搬这些公式，应在理解这3个因素互动时产生加倍效果的道理上使用这些公式。

---

① Founding father of the United States. Author of Poor Richard's Almanac. Successful businessman; owner of a chain of print shops. Discoverer of groundbreaking principles in th theory of electricity. Inventor of bifocals, the potbelly stove, the lightning rod, and much more. Founder of the public library and the postal service. Darling of the French court and salons, and now, contributor to social network theory!

社会资本的这种乘法性质意味着那些自身几乎没有资源但有着巨大关系网的人比那些自身有大量的资源但关系网较小的人占有的资本少很多。而且，这些资源必须与组织相关。有零用钱的学生与必胜客有关，但是它们与宝马经销商无关。

这个讨论把我们带到了社交网络实践的边沿。如今大多数企业忽略了实体资产而简单地努力与更多的人建立紧密的关系。这一领域的创新时机已经成熟，你将在下一章学习到一些企业是如何用名为 Hadoop 的 NoSQL DBMS 来获取社会媒体数据进而寻找模式和关系的。另外，数据汇总工具如 ChoicePoint 和 Acxiom 保存了全世界人们的详细数据。这些数据可通过信息系统来计算与某一特定个人或者一类人之间关系的潜在价值。这些应用程序可以帮助企业更好地了解它们社交网络的价值并进而针对特殊的顾客指导他们的行为。

请保持关注！因为社交网络存在诸多的可能性，有可能你的想法在某一天会变得非常成功。

8.4 组织如何处理社会媒体带来的风险

社会媒体代表了企业沟通方式的一种变革。20 年前，多数企业使用高度控制来管理所有公共的和内部的信息。每一场新闻发布会、每个新闻稿、公开访谈、甚至学术论文都需要通过法务和市场两个部门的预先审批，而且这些审批会花费几周或者数月的时间。

如今，先进的企业已经完全改变了这种模式，它们提倡员工参与社区并且在大多数企业中员工通过参与和管理者一起进行自我评价。然而，这些参与伴随着风险。在这个问题上，我们将重点考虑由员工沟通带来的风险以及非员工和用户原创的内容带来的风险。

8.4.1 管理员工沟通带来的风险

首先，任何意识到社交媒体的企业应该制定并发布一项社会媒体政策(social media policy)，即描述员工权利和义务的规定。在今日社交媒体(Social Media Today)网站主页你能发现 100 个不同政策的索引[①]。一般而言，越是高科技企业，其社会政策就越开放和宽松。但也存在例外，如曾经满腔热忱地支持社会媒体的美国军队由于保护机密数据的需要也平静了不少。

Intel 公司率先制定了开放且值得员工信赖的社会媒体政策，这项政策随着公司收集的更多员工社会媒体体验在不断地完善中。2012 年政策的 3 个主要内容是：

- 公开(Disclose)
- 防护(Protect)
- 使用常识(Use Common Sense)[②]

那些政策得到了进一步的拓展，如表 8-4 所示。访问 www.intel.com/content/www/us/en/legal/intel-social-media-guidelines.html，并仔细阅读这项政策，它包含了合理的建议和丰富的智慧。

---

① "Social Media Employee Policy Examples from Over 100 Organizations," Social Media Today, accessed June 2012. http://socialmediatoday.com/ralphpaglia/141903/social-media-employee-policy-examples-over-100-companies-and-organizations，收录于 2012 年 6 月。

② "Intel Social Media Guidelines," Intel,

以上列表中有两点值得注意。第一点是对于透明和诚实的呼吁。正如一位经验丰富且聪明的商业人士曾经告诉我:“没有什么比真相更持久。”它可能不便捷但却是长久耐用的。第二点,SM 的贡献者和其员工应该诚实且光明磊落。如果犯错了,不要含糊其辞,而是应该纠正、道歉和弥补。因为 SM 世界是开放的、宽广的、强大且不易欺骗的。

表 8-4 Intel 的社会媒体参与准则

公开	透明—真实的姓名和员工 诚实—指明你所拥有的既得利益 做自己—坚持专长并写下你了解的
防护	不能泄露秘密 不能独享所有荣誉 不能过度分享
使用常识	提升价值—使自我的贡献有价值 冷静—不能动怒或者对每一次的批评都反驳 承认错误—正直坦率且知错就改

来源:得到 Intel 公司使用许可

当歌手 Amy Winehouse 于 2011 年逝世时,Microsoft 和苹果公司同时发表推文说明在哪里可以买到她的音乐,对此 Twitter 圈表示厌恶和反感①。强烈抗议之后,这两家企业发表道歉声明,对她的家人和朋友进行赔偿,至此这个错误在当天结束时就过去了。但是如果他们没有这样做,我们后续还会听说此事。见本章知识运用的问题 5。

8.4.2 管理用户原创内容产生的风险

用户原创内容(User-Generated Content,UGC)是指那些出现在 SM 网站上由非员工用户创建的内容,它是 SM 关系的本质。然而同其他任何关系一样,UGC 评论也会出现不恰当的情况,在语气上过分消极或是存在其他的问题。企业需要在参与社会媒体之前决定如何处理这些内容。

1. 问题来源

UGC 问题的主要来源是:

- 垃圾式和怪人式的参与(Junk and Crackpot Contributions)
- 不恰当的内容(Inappropriate Content)
- 不恰当的评论(Unfavorable Review)
- 反叛的行动(Mutinous Movement)

当商业组织参与社交网络或在其网站应用 UGC 时,它可能面对一些被误导的人发布与网站目标不相干的内容。有些怪人可能会利用这种方式发布一些无关话题的过激言论,例如 UFO、政府假象和阴谋论等话题。因为存在出现这些不恰当内容的可能性,所以商业组织的员工必须实时监控网站,并及时删除不良内容。例如,Bazaarvoice 就有专门的服务人员在采集管理产品评价的同时监控网站,避免不相关内容的出现。

---

① Sarah Kessler, “Microsoft Apologizes for ‘Grass’ Amy Winehouse Tweet,” CNN. com, July 26, 2011, www. cnn. com/2011/TECH/social. media/07/25/apology. winehouse. tweet. mashable/index. html? iref = allsearch , accessed August 2011.

不恰当的评论是另外一种风险。相关调查表明，顾客的经验告诉他们几乎没有产品是完美无暇的。许多消费者在购买前都希望了解产品的不足之处，从而确定这些不足之处是否影响该产品的使用。但是，若有关产品的评价都是不好的，等级评价只得到 1 颗星（最高 5 颗星），那么该公司使用社会媒体就暴露了产品的问题。在这种情况下，就需要采取下文所描述的措施。

反叛的行动是进行差评的延续。当奥巴马总统在 2011 年 8 月发表推文对联邦预算争论中的某一点进行说明和辩护时反而弄巧成拙，结果他为此失去了 33 000 个粉丝。[①]

2. 应对社交网络的问题

处理社交网络风险的第一个任务是了解那些潜在问题的来源并监控网站有问题的内容。一旦发现类似内容，企业必须马上制订计划快速响应。下面给出 3 种可能的应对方式：

- 保留
- 应对
- 删除

如果问题性内容是对公司产品或服务的合理性批评，最佳的应对方式可能是把它留在原处。这些批评表明这个网站不仅只是企业的宣传手段，而且也会展示一些合理的用户内容。这种批评也可作为产品反馈的一种免费资源，有利于以后的产品开发。为达到 UCG 的有用性，开发团队需要了解评论。正如之前所提到的，确保找到批评性言论进而与开发团队沟通的过程是必不可少的。

第二个方案是对问题内容的应对，但是这一方案存在危险。如果响应的方式被理解为屈尊或者无礼对待内容的贡献者，那么这一响应会激怒社区成员而产生强烈的反应。另外，如果响应看起来是具有防御性的，它会对其公共关系带来负面影响。

在大多数情况下，针对问题内容企业最终采取一些积极措施的时候，响应才会保留下来。例如，某一用户发布了他或她等待了 45 分钟的客户支持的消息。如果企业采取措施减少等待时间，那么企业面对批评采取一个有效的响应是重要且受到认可的。

如果一个合理的、难以防御的响应产生了持久且不合理的 UGC，企业最好什么都不做。就好比永远不要和猪搏斗，因为你会弄得脏兮兮但是猪却很享受。反之，让社区对用户进行约束会好一些。

因为不恰当的内容是由怪人创造出来的，所以需删除这些本应保留下来内容。它们与网站没有一点联系，甚至涉及淫秽或其他不合适的内容。但是，如果删除了合理的负面评论则会激怒用户。雀巢在其 Facebook 主页上对使用棕榈油差评的应对方式是公关界的一个噩梦。因为一些用户为了抗议更改了雀巢的商标，雀巢就删除了所有替换商标的 Facebook 参与者，采取了傲慢且严厉的应对方式。结果在 Twitter 上引发了抗议的热潮。[②]

商业中一个明确的原则是永远不要问你并不想知道答案的问题。我们将这一原则扩展到社交网络中，即永远不要创建一个对其产生的内容没有有效应对方式的网站。

---

① http://nation.foxnews.com/president-obama/2011/07/29/Obama-twitter-spams-usa-loses-10000-followers

② Bernhard Warner, "Nestle's 'No Logo' Policy Triggers Facebook Revolt," Social Media Influence, March 19, 2010, http://socialmediainfluence.com/2010/03/19/nestles-no-logo-policy-triggers-facebook-revolt/ accessed August 2010.

8.5 社会媒体将把我们带往何处

变化不断发生：近乎免费的存储空间和便捷的沟通使人们和企业之间的联系成为可能，这在5年前是不可思议的。Facebook雄心勃勃，在首次公开募股时就进行高价和多售股规模，而它仍然筹集到了1040亿美元的资金。到目前位置，是否还存在像Facebook一样的企业，我们还不知道。但是，移动设备的更新同基于云计算的动态且敏捷的信息系统一起带来的巨大变化将在你未来职业生涯初期一直持续。PRIDE系统或其他类似系统在不远的将来会成为可能。

如今，社会媒体应用只是被想象力所限制。在巴西，Unilever在50包奥妙清洁剂中放置了GPS设备，[①]当消费者将清洁剂从货架取下时GPS设备就被激活。Unilever通过该设备知道了消费者的家庭住址，从而让员工上门与这些消费者联系并赠送便携式摄像机。此举的重点是什么呢？促销，但接下来呢？Starbucks设立了一个名叫首席数字官（CDO）的职位并给予高度重视，这一职位负责开发和管理一些创新性的社会媒体项目。[②]

假想10年后，你是公司某一重要新产品系列的产品市场经理……假设是一系列最新的智能家电产品。你打算如何进行促销？派一组人通过GPS定位，跟随消费者回家？不，你必须采取更具创新性的举动，这些行动甚至涉及到现在并不存在的社会媒体。

想象10年后作为经理，你拥有一个10人的团队，其中3个人向你汇报，2个人向其他经理汇报，另外5个人在其他公司工作。你的公司使用Office Gizmo 2011，并增加了Google Whammo ++ Star，员工通过使用它们的许多功能在博客、wikis或通过视频以及其他可能的途径发表他们的观点。只有极少数员工由于特殊的职位必须使用公司的电脑，部门的其他员工都是使用自己的移动设备连接到自己支付的因特网。偶尔的情况下，他们不得不使用公司的网络。当然，部门的员工经常活跃在他们自己的Facebook、LinkedIn、Twitter、foursquare和其他社交网站。

你将如何管理这个团队？如果“管理”意味着计划、组织和控制，那么如何在这一新兴的员工网络中实现这些职能？然而，如果你和公司紧随像Intel这样的高科技公司，就知道既不能禁止员工的SM生活，也不能有这个想法，而是应该通过加强员工的社会行为能力并与之共同促进公司战略的发展。

在CRM的环境下，采用社会媒体意味着供应方不能控制与消费者之间的关系。消费者通过使用他们所能发现的供应方的所有接触点来创造自己的关系。社会媒体在管理情境中的出现还意味着失去对员工的控制。不论10年后是什么样，员工自己维系着与老板的关系。当然这就意味着失去控制，且准备好完全对外公开。

20世纪60年代，当某人要给Sterling Cooper公司的Don Draper寄信时，他或她的秘书给Sterling Cooper公司寄信并在信封底部标注“收信人：Don Draper”。这封信寄给了Sterling

---

① Laurel Wentz, “Is Your Detergent Stalking You?” Advertising Age, July 29, http://adage.com/globalnews/article?article_id=145183, accessed August 2010.

② Jennifer van Grove, “How Starbucks Is Turing Itself into a Tech Company,” VB/Social, June 12, 2012, http://venturebeat.com/2012/06/12/starbucks-digital-strategy/, accessed June 2012.

Cooper 公司的同时，顺带也发给了 Don Draper。

Email 改变了这种方式，如今某人如果给 DonDraper@ SterlingCooper. com 或者只是给 Don @ SterlingCooper. com 发一封邮件，邮件将直接投递给特定的人然后才给公司。

社会媒体还将改变将来的发送方式。若 Don Draper 创建了自己的博客，人们回复 Don 博客的同时会不经意间在"关于 Don"这一栏发现他在 Sterling Cooper 公司上班。简而言之，焦点在这 50 年间已经从企业信息包含员工的姓名发展到员工信息包含企业的名称。

这是否意味着企业离我们远去？其实不然，它们需要筹集和保持资本进而管理大量的人力和项目。一组松散的人是不能设想、设计、开发、制造、市场定位、销售和支持 iPad 这一产品的，因此，企业是必不可少的。

既然这样，那么接下来呢？我们也许可以从生物学界得以领会。螃蟹有外骨骼，鹿在进化链的后期有了内骨骼。在螃蟹的成长过程中，它们必须艰难地忍受生理上痛苦的过程，即脱落小的外壳从而生长出更大的外壳。在过渡时期它们是脆弱的。在鹿的成长过程中，骨骼在其体内随着它生长，不需要经历难忍的蜕变。那么考虑到灵敏性，你认为螃蟹是否超越了鹿呢？

20 世纪 60 年代，企业是员工周围的外骨骼。但在未来 10 年，它们会成为内骨骼，支持外部员工的工作。

这一类比在将来是否值得借鉴？也许存在可能性。

本章知识对你的启发

你已经知道如何从个人用途角度出发使用 Facebook、Twitter 以及其他社交网站了。本章介绍了如何应用理论促进企业发展；了解了社会媒体信息系统的组成以及当企业在其主页设置 Facebook 或 Twitter 链接时意味着要信守承诺；学习了企业如何使用 SMIS 促进其战略，通过 5 个主要的价值链活动 SMIS 如何增加社会资本；最后，介绍了企业应如何处理社会媒体带来的风险以及未来社会媒体将带来何种挑战。

如果 Flores 医生聘用你为心脏病人创建社会媒体网站，你需要运用所有的知识帮助他和他的病人。但请继续保持关注，因为故事仍在发展。将来你读到有关社会媒体发展方面的文章时，要思考对企业的用处而不仅仅是对你自己的用处。

道德指引

是否要隐藏事实

你不会在 Facebook 的主页放一张很丑的照片，但是为了展示一个良好的形象你应该做到何种程度？如果你的臀和腿不好看，那么站在一辆很酷的车后拍张照片是不对的吗？如果你与社交圈中某位很出名的人一同出席一场活动，你上传一张合照暗示你们经常见面，这样的行为也不对吗？当然你没有必要发布一些在无聊场合和一些普通人的合照来平衡那些你不切实际的额外引人注目和受欢迎的照片。

用来维系个人关系的 Facebook 或 Google + 账户上出现的所有信息都有它存在的理由，但是下面考虑的是商业领域中的社交网络：

(1)假设一家漂流公司在社交网络上创建一个小组宣传漂流项目。Graham，一名15岁且希望自己看起来更成熟的高中生，上传了一张帅气十足的22岁男性的照片作为自己的头像。他在网络上写下诙谐机智的评论，声称自己会玩吉他并且是一位小有成就的按摩师。他的行为是否是不道德的？假如某人做决定时部分原因是由于Graham的帖子决定参加漂流的，那么漂流公司有责任退回这个人支付的费用吗？

(2)假设你拥有并经营这家漂流公司。鼓励自己的员工写一些积极的评论，这是不道德的吗？如果你要求员工用一个Email地址而不是他们工作使用的Email地址，你会如何评判呢？

(3)同样，假设你拥有并经营这家漂流公司，员工每介绍一位客户参加漂流你就会给他发奖金。没有规定其他特殊的技术，你鼓励员工在如何获取客户方面有所创新。一名员工邀请他Facebook的好友参加一个派对，期间向他们展示了漂流的图片。在去参加派对的途中，其中一个好友发生车祸不幸逝世。她的配偶起诉这家漂流公司。公司应该负责任吗？如果你事先知道这次展示活动的话，事情会有什么不同吗？如果你没有鼓励员工进行创新的话，情况又会有什么不同呢？

(4)假设漂流公司有专门的网站进行客户反馈。尽管在露营的清洁方面公司尽力做到最好，但在一次(总数超过12次)旅行中你的员工不小心提供了受污染的食物，所有成员由于食物中毒生病。那次旅行中的一名客户写下了差评。如果你从网站删除这个评论是否是道德的呢？

(5)假定你的老师出了一本广受好评的书籍。你因为他那门课给了你低分而闷闷不乐，所以你在Amazon网站上对那本书进行了恶意性的差评。你的行为是道德的吗？

(6)假设你曾受雇于这家漂流公司，但是你被开除了，感觉很冤枉。为了报复，你利用Facebook在你的朋友圈(大多数是水上导游)散播该公司安全方面的谣言。你的行为是道德的吗？是否合法呢？你能看出这种情境下和(4)情境下的道德有什么区别吗？

(7)同样，假设你曾经受雇于这家漂流公司并被不合理地辞退。你发现该公司的老板没有Facebook账户，因此你为其注册了一个账号。你很了解她并且有很多关于她的图片，其中一些照片是在派对上照的，是不太优雅且暴露的。你发帖在这些照片下评论她曾经对员工和客户的恶言恶语。多数话是在她疲惫和感到受挫时说的，这些话是伤人的，但是由于她的机智，听起来也是风趣的。你向她熟知的人发出邀请，这些中的许多人曾经受过她辛辣的和批评性的言语。你的行为是不道德的吗？

问题讨论

1. 阅读(1)～(7)的情境，回答其中的每个问题。

2. 在问题1答案的基础上，为用于商业用途方面的社交网络的创建和使用制定道德准则。

3. 在问题1答案的基础上，为用于商业用途方面的用户原创内容的创建和使用制定道德准则。

4. 总结公司选择赞助用户原创内容时需要承担的风险。

5. 总结公司为了商业用途而使用社交网络时需要承担的风险。

学习指导

社会招聘

社会招聘合情合理。招聘一直以来是一个社会过程——对应聘者的期望，依据应聘者的条件匹配合适的工作，进行面试来判定他们是否符合企业文化，背景调查——这些都具有通过社会媒体可以得到加强的社交成分。

如今，一些企业使用社区进行愿景的定位。在最近的经济低迷时期，一些企业创建了“校友”型员工社区，跟进那些下岗的员工，当有合适的机遇出现再把其中优秀的人返聘回来。专业的招聘人员也创建并使用现有社区对他们的前景进行定位。

除了前景，雇主还使用应聘者的社交网站，尤其是通过 LinkedIn、Facebook 和 Twitter 来了解应聘者并发现其潜在的行为或态度方面的问题。然而，使用社交数据暴露了**受保护的数据**，其中包括应聘者的性别、种族、信仰、性取向以及是否残疾等，使用这些信息决定是否雇用应聘者是不合法的。在大多数情况下，需明确这些数据是不会影响决定的，但是这一问题也模棱两可。企业可以因为某一项工作需要经常走路而拒绝一位坐轮椅的残疾人吗？法律的判例也不明确。

然而我们清楚的是企业购买数据后就失去了针对有偏见诉讼的防御能力：“我们不知道。”但其实企业的确是知道的，它必须足够小心且合理地使用这些数据使之看起来像是并未购买过这些数据。

基本准则是对每位应聘者一视同仁。如果使用社会媒体调查某一应聘者，那么就要对所有的人进行调查。如果仅仅是在第一轮面试结束后使用社会媒体，那就应该对所有应聘人员进行同样的流程操作。另外，保存对每一个聘用通知的网页进行截图。最后，当企业在 SM 网站发现令其担忧的信息时，它们可能会在面试过程中给应聘者解释的机会。那些看起来有问题的数据可能是有害的或者错误的。

现在考虑这种情况，作为一名应聘者你应该做些什么？首先，至少到目前为止，注册 LinkedIn 并用于求职目的。填写个人简介中的职业信息，力求这些信息显示了你对所选择领域有强烈的兴趣。建立你的关系，使用类似 JobsInsider 这样的 LinkedIn 工具从你的联系人中获取某企业内部的参考消息。

其次，假定未来的老板会使用关于你的所有 SM 数据。移除网页上那些可公开获取到的不合适的内容，你也应该料想到未来的老板会利用你所有的公共 SM 数据。为了避免他们可能要求看一些私人数据，这在以前发生过①，一些学生创建了一个假的页面。这个页面有关于你的非常专业与权威的社交数据。采用一个不同的姓名和身份注册你的真实社交网页。另一方面，你会觉得那些想获取私人社交网络数据的公司并不值得你为之工作。

顺便提一下，那些对你和你的朋友来说有趣或者无所谓的事情对你将来的老板来说可能并非如此。如果你心存疑虑，咨询那些长你 10 年或者 20 年的专业人士来评价一下你的社交数据。

---

① http://finance.yahoo.com/news/job-seekers-getting-asked-facebook-080920368.html, accessed May 2012.

最后，牢记社会媒体是把双刃剑。查看那些在目标公司工作的员工的博客、评论和其他帖子，例如在 www. GlassDoor. com 网站上的员工留言。没有必要特意寻找企业的不足，而是要寻找到你和企业文化之间的一个平衡点。假如某一个员工的博客或者社交数据显示该公司员工频繁地出差，这点对于你来说是好还是坏取决于你是否希望出差，但是至少你的消息是可靠的。人力资源的员工可能会说："我们工作时间很灵活，"员工的确也同意这个说法，"的确如此，一周之内任意工作65 个小时。"如果这些员工的社交数据让你有所顾虑，那么在面试的时候选择恰当的时刻以礼貌的方式谈论担心的问题。

问题讨论

1. 定义受保护型数据。你认为哪种受保护型数据不能用来决定是否聘用？给出 3 个情境并加以描述，即针对是否能使用此类数据而引起尽量少的争议。

2. 想出两个你愿意工作的企业。假定这两家公司均在初选阶段部分使用应聘者的 SM 数据来进行评判。

(1) 给出这两家公司都用来评价申请者的 3 个确定性标准并加以描述。如果你认为这两家公司可能会使用不同的标准，请解释这些不同点。

(2) 给出这两家公司都用来评价应聘者的 3 个不确定性标准并加以描述。如果你认为这两家公司可能使用不同的标准，请解释这些不同点。

(3) 如果你因为在(1)中由于缺乏社交数据支持你的标准或由于在(2)中没有社交数据展示那些标准而遭到拒绝，你会发觉吗？

3. 根据问题 2 的答案评估你自身的社交数据。

(1) 描述支持确定性标准的那社交数据。

(2) 描述显示不确定性的社交数据。

4. 邀请他人在问题 2 的标准上评价你的社交数据。你可以邀请朋友，但如果挑选和你不太熟悉的人可能会得到更好的信息。多数人力资源的主管在员工 30 多岁时对其进行筛选。如果可以的话尝试挑选一位这一年龄段的人对你进行评价。

5. 根据问题 3 和 4 的答案选择出最消极的社交数据。假设你正在进行一场面试，期间被问到不确定数据，请予以解答。

6. 考虑你毕业后最可能从事的工作。假定你是这份工作的最终决定者，给出 5 个能超越其余应聘者的标准并加以描述。

7. 如果你没有 LinkedIn 的账户，那么现在就注册一个，根据问题 6 的答案建立一个个人简介。

小结

利用本小结来检查你是否理解了本章介绍的思想和概念。

1. 社会媒体信息系统(SMIS)的概念

定义社会媒体、社区、部落或者蜂巢式人群以及社会媒体信息系统；给出 3 个 SMIS 的组织角色并加以描述；解释图 8-3 中的要素；解释为什么在公司主页设置 LinkedIn 链接标志不是个草率的决定；用自己的语言解释 3 个 SMIS 组织角色各自的 5 个组成部分。

2. SMIS 如何推进组织战略

解释信念的捍卫者和真理的追寻者两个术语；这两种类型社区的目标有什么不同？总结社会媒体如何有益于销售和市场、客户支持、入站物流、出站物流、制造与运营以及人力资源；说明每一种活动带来的 SM 风险；定义社会化 CRM、众包和 Enterprise 2.0；解释 SLATES 模型的每个要素。

3. SMIS 如何增加社会资本

定义社会资本并解释社会资本增加价值的 4 种方式；给出 3 个决定社会资本的因素并解释为什么说“这三方面因素带来加倍的效果而不仅仅是简单的叠加”。

4. 组织如何管理社会媒体带来的风险

说明两种 SM 风险；描述 SM 政策的目的并总结 Intel 公司的 6 个指导性准则；描述一个本章未提及的 SM 失误，并解释应如何机智地进行应对；给出 UGC 问题的 4 个来源，说出 3 种可能的应对方式并给出每种方式的优缺点。

5. 社会媒体将把我们带往何处

概述职业生涯初期你可能遇到的管理方面的挑战；描述本书建议的应对方式；在商业领域 20 世纪 60 年代至今的邮件地址变更如何体现出员工和企业之间变化的关系？根据螃蟹和鹿之间的不同解释这一关系的改变。

本章知识对你的启发

了解了如何使用 Facebook 和 Twitter；说明了本章讲述的问题如何帮助你及你的老板更好地使用社会媒体；总结了社会媒体呈现给你（一个未来的经理人）的一些挑战（和机遇）。

关键词和术语

资本	人力资本	社会媒体信息系统（SMIS）
社区	超社会化组织	社会媒体政策
关系数据	受保护型数据	社会媒体赞助商
内容数据	真理的追寻者	关系密度
众包	SLATES	部落式群体
信念的捍卫者	社会资本	用户原创内容（UGC）
Enterprise 2.0	社会化 CRM	社会资本价值
大众分类法	社会媒体（SM）	病毒钩
蜂巢式群体	社会媒体应用程序供应商	

知识运用

1. 针对你喜欢的（或你会选择的）某一公司的 Facebook 主页，填写图 8-5 的表格。尝试用特定的短语填写表格中有关 Facebook、你喜欢的公司以及你和你所认识的用户的信息。例如，如果你和朋友们通过装有 Android 系统的手机访问 Facebook，请填写该设备的信息。

2. 给出一个你想进入的公司。使用图 8-6 作为指导，尽可能具体地描述这家公司如何使用社会媒体，包括社区类型、特定焦点、涉及过程以及其他可能观察到的信息。

(1)销售和市场

(2)客户服务

(3)入站物流

(4)出站物流

(5)制造与运营

(6)人力资源

3. 访问 www. lie-nielsen. com 或 www. sephora. com 网站。在你选择的网站上找到与社交网站的链接。那些网站是通过何种方式与你共享它们的社会资本的？它们又是通过何种方式诱导你与之共享你的社会资本的？描述你选择公司的社交网络的商业价值。

4. 根据 Paul Greenberg 所述，Amazon 网站是一种 2 分钟关系的掌控者，而波音公司是 10 年关系的掌控者。[①] 访问 www. boeing. com 和 www. amazon. com 网站。从 Greenberg 和这些网站的界面上可发现波音公司致力于传统的 CRM 而 Amazon 网站致力于社会化 CRM。给出每个网站的实例来证明这一观点是正确的。解释为什么这两家公司的产品和商业环境会引发这种不同点。Amazon 网站是否存在传统的 CRM？为什么？波音公司是否存在社会化 CRM？为什么？在这两家公司的基础上，考虑是否有公司可能在支持 Enterprise 2. 0 的情况下不采用社会化 CRM 呢？请加以解释。

5. 访问 http://socialmediatoday. com/ralphpaglia/141903/social-media-employee-policy-examples-over-100-companies-and-organizations，找出一家有着严格的员工 SM 政策的公司。给出这个公司并说明为什么其政策严格。这一政策让你感觉到这是一家积极的、消极的还是中性的公司？请加以说明。

合作练习 8

在开始这部分练习之前，阅读扩展章 1 和扩展章 2，这两章介绍了合作的技巧以及管理合作任务的工具。特别是考虑运用 Google Drive、Google +、Windows Live SkyDrive、Microsoft SharePoint 或者其他合作工具。

与一组同学合作回答下列问题。在这一部分练习中不需要面对面，仅采用邮件及邮件附件的形式与小组成员合作即可。你的答案要代表这个小组的观点而不是其中一人或者两人的观点。

你可能并不了解 Flores 医生和他的合伙人及员工创建用来激励心脏病患者坚持锻炼的社会媒体小组的目的和目标。因此，现实中你不能为此目的创建一个社会媒体网站的原型。但是，假设你和你的小组为了使校足球队或者其他体育团体在夏天保持良好的体形，就要创建一个社会媒体小组用来激励他们保持锻炼。或者，如果小组成员更倾向于创建一个进行节食的小组或者其他由社交群体制定规则协助完成的项目，通过反复和反馈操作，回答以下问题：

1. 尽可能详细地描述小组的特定目标。

---

① Paul Greenberg, CRM at the Speed of Light, 4th ed. (New York: McGraw-Hill, 2010), p. 105.

2. 确定5种社会媒体备选方案来帮助维持小组所选活动的纪律。一个明显的选择是 Facebook 小组，还请找出其他方案。访问 www. socialmediatoday. com 获取更多想法，并总结每个方案。

3. 列出一系列标准来评价你的方案。使用重复和反馈的方法找到创新性的标准。

4. 在以上标准的基础上评价你的方案并选择一个方案加以实施。

5. 着手实现网站的原型。例如，你选择了 Facebook 小组，那么就在 Facebook 上创建一个原型页面。

6. 描述你创建小组 SMIS 的 5 个部分，并详细叙述过程和人员部分，目标是要使学校中任何受启发的学生都能操作完成。

7. 评价你的成果，你认为它是如何帮助小组成员实现 1 中目标的？如果你找到改进的方法，请予以说明。

8. 撰写一份小组工作总结(两小段)，小组成员在今后的面试中可以用它来陈述如何运用社会媒体知识进行员工激励。

案例学习 8

Sedona 式的社会

Sedona，一个位于美国亚利桑那州拥有一万左右人口的小城镇，坐落于 Cocoino 国家森林之中。海拔 4500 英尺，远高于 Phoenix 和 Tucson 这些河谷型城市，但是比 Flagstaff 市低 2000 英尺，其位于中部的海拔提供了温和的气候，即夏天不热冬天不冷。Sedona 周围环绕着绚丽的红岩/橙岩和极美的红岩峡谷，如图 8-6 所示。

图 8-6　Sedona 红岩

来源：© David Kroenke

这座美丽的城市是 60 多部电影的取景地，其中大多数是发生在 20 世纪 30 年代到 50 年代之间的西部电影。如果你曾经观看过一部老式的黑白系列西部电影，它很有可能是在 Sedona 拍摄的。比较出名的电影有 *Stagecoach*、*Johnny Guitar*、*Angel and the Badman* 以及 *3:10 to Yuma*。

许多游览过 Sedona 的游客相信这片土地存在着一种安静却又令人充满活力的能力，据 VisitSedona. com 网站介绍尤其是在能量圈聚集点。

“能量圈聚集点是强大的能量聚集地，它有助于祈祷、冥想、心灵和身体治愈以及领悟与灵魂和神的关系。它们既不是电力的也不是磁力的感应。”①

科学检测仪器并未证实这里有任何已知形式的能量，然而许多有宗教信仰的人相信Sedona存在一种特殊的能量有助于人们进行精神修炼。与以Sedona城市规模相近的城市相比，它拥有其他城市无法超越的教会数量，其中包括天主教的圣十字教会，不同统治下的新教教会，后期圣徒(摩门)教会，当地犹太教会以及新时期Sedona式的创意生活中心(见图8-7)。

Sedona作为一个相对年轻的城市没有Santa Fe、Taos以及New Mexico那样悠久的历史。尽管如此，那里有一片位于Tlaquepaque周围的新兴艺术区，而Tlaquepaque是20世纪80年代以Mexican同名的城市为模型建立的商业区。

图8-7　圣十字教堂
来源：© David Kroenke

同许多旅游胜地一样，Sedona热闹非凡。粉红色的吉普观光车每天载着络绎不绝的游客游览修行者占据的能量聚集点。由于Sedona拥有好莱坞式的过去，因此它吸引许多洛杉矶人来此定居。在当地的保健食品商店，你能看到50岁左右身着紧身裤、配有珠宝首饰、脚踩一双刚从Rodeo大道购买的新式凉鞋的金发女人正在与头扎小辫、身穿扎染衬衫的年迈嬉皮士争抢最后一点有机芦笋。

新兴的艺术区憧憬未来能朝着庄严的艺术道路发展，而住宅区的观光游客(见图8-8)渴望领略游览时带来的刺激与享受(我们也希望如此)。徒步旅行者想游览古老的岩石画，但是自然保护者不希望这些地方被人发现。那些寻找精神指引的人们想安静地寻找启迪，然而当地人却想将其拒之门外，只要他们的财产价值一年年稳定增长就可以。同时，一些好莱坞明星乘坐私人飞机出入峡谷圣地后面的住宅。小镇的商业方面希望每年能有可靠固定的收益，同时也不会带来太多的竞争。

① http://www.visitsedona.com/article/151

图 8-8 粉红吉普观光车

来源：© David Kroenke

综合考虑以上因素，假设 Sedona 商会刚刚雇用你作为它们新开设的社区社交媒体的经理，他们希望你能借助社会媒体网站为当地商业提供指导和帮助，同时也管理好他们的社会媒体活动。

案例讨论

1. 在 Facebook 上搜索 Sedona，Arizona，浏览显示出来的与 Sedona 相关的页面。运用本章学到的知识以及个人社交网络的经验，评估这些页面并列出每个页面的几处优点和不足，给出改进的建议。

2. 用另外一个社交网站重复问题 1 的过程。可以选择 Twitter、LinkedIn 以及 Pinterest，也可以选择其他的社交媒体提供商。

3. 商会的目标是为本社区的所有商业提供一个良好的商业环境。考虑到这一点，结合问题 1 和 2 的答案以及本章知识，为当地企业合理发展社会媒体活动提供一个 7 ~ 10 条的指南。

4. Sedona 存在着许多有潜在冲突的商业群体。给出商会可以采用的 3 种通过社会媒体可以解决的方法来管理这些冲突，从而维系一个良好的商业环境。

5. 结合图 8-6 描述每个主要价值链活动是如何与商会有关联的。如果存在不相关的，请解释原因。在答案中请详细说明商会的客户群。

6. 结合问题 5 的答案，考虑你管理商会社会媒体活动的职责，阐述图 8-6 的每一行是如何指导你所创建的社交媒体网站的。

7. 结合之前所有问题的答案，写一份工作总结。

8. 用两段文字综述本练习，便于在将来的面试中描述你如何在商业中使用社会媒体的知识。

第9章 商务智能系统

Flores 医生正在与开发 PRIDE 系统的专家 Maggie Jensen 交谈。

“Flores 医生，来看看这个。”Maggie 高兴地向他展示着什么。

“这是什么？”总是很忙的 Flores 很好奇。

“好吧，这是我们新的……，我猜你会称它为一份报告，但它不只是一份报告。这是今天早些时候从我手机屏幕上截的图，当时我正在健身车上进行最后 4 个练习。”Maggie 给他一份手机屏幕的打印件。

“所以，自行车图标移到平屏幕上方了？”Flores 看着手机。

“没错。这个蓝色的图标是我之前的练习，绿色的是今天早上的。我超越了自己。”Maggie 解释道。

“我们能用它做什么呢？”Flores 医生表示怀疑。

Maggie 回答：“首先，我们可以利用它来激励患者。他们会与自己过往的锻炼记录进行比较。”

“是的，虽然我们可能想要对其施加一些控制。一些病人过度地求胜心切，但我讨厌鼓励他们走极端。”Flores 医生点了点头，像是一个从考场走出来的 65 岁的好斗者。

“好的。其次，另一个选择是记录一个康复阶段中最好的练习成绩。也许每个阶段有 3 个或 4 个良好训练的版本……并将最好的成绩显示在指定的屏幕上。”Maggie 的热情感染了 Flores 医生。

“我喜欢这个选择。你能做个雏形给我吗？”

“当然。”在 Maggie 说这话的时候她在想如何完成这个任务，但是她知道这是可能的。

“同时，我有另一个问题。”

“什么问题？”Maggie 喜欢这样的对话。

“关键是度。我们希望患者在一个小范围内进行锻炼；太小的努力不会有任何收获，然而过量的努力会危机他们的健康。”从 Flores 脸上的表情来看，他真的很担心。

“我明白。”

“当他们在康复设施上锻炼时，我们会加以管理。但是在这里，我们不能。作为补偿，医生或护士要检查每位患者前一天的锻炼情况。如果发现问题就会打电话或发邮件通知患者。”

Maggie 好奇这个事情可以朝什么样的方向发展。“我认为这是你想要的。”

“是我想要的。但是，人们说‘要对你所要的东西非常谨慎’。既然现在这个项目启动并开始运行，我们每天需要花太多的时间来监控患者的训练。”

“嗯，”Maggie 停顿了一下，“你想要一份异常报告？”

“不确定到底是什么。”

"听起来很像。我们设定了锻炼的上限，按百分比来表示。然后，我们每个早上要为每个锻炼超标的患者创建一份报告，我们将把这份异常报告传给你。"

"我喜欢这个主意，但是必须要等到早上吗？我的意思是，对于懒人，我们可以等到早上。但是如果有人过度运动，我真的希望立刻就知道。"Flores 看着患者监察室再次点头。

"你希望在事情发生时立即获悉？"

"可以吗？"

"当然，这只是指令集的问题。我们可以利用指令集产生任何报告，但是你必须为其买单。"

"啊，一如既往。"

"一如既往。"Maggie 轻笑地说道。

学习目标

1. 企业如何使用商务智能(BI)系统
2. BI 流程中包括哪 3 个主要的活动
3. 企业如何使用数据仓库和数据集市来获得数据
4. 处理 BI 数据的 3 个技术
5. 发布 BI 的备选方案

9.1 企业如何使用商务智能(BI)系统

商务智能(Business Intelligence，BI)系统是一个通过处理业务和其他数据来分析过去的业绩并做出预测的信息系统。BI 系统定义的模式、关系和趋势称作**商务智能(Business Intelligence)**。作为信息系统，BI 系统有 5 个标准的组成部分：硬件、软件、数据、程序和人。软件部分称为**商务智能应用程序(BI Application)**。

企业在每天的日常运作中会产生大量的数据。根据 McKinsey&Company 的统计数据，截至 2009 年，在美国几乎所有经济部门中拥有超过 1000 名员工的公司都有至少平均 200TB 的存储数据①，商务智能就在这些数据中，而 BI 系统的作用就是提取数据，然后提供给需要的人。

如图 9-1 所示，一个 BI 系统的源数据可以是企业自己的操作数据库，可以是企业从数据供应商购买的数据，也可以是社会媒体 IS 产生的社会数据。BI 应用程序处理数据，产生的商业智能由知识工作者使用。如下面将要介绍的，这个定义涵盖了报表应用程序、数据挖掘程序和大数据程序。

如表 9-1 所示，商务智能用于扩展章 1 中的 4 个协作任务。从这个表的最后一行开始，商务智能只用于传递信息。医务人员可以使用 PRIDE 来获知患者使用新系统的情况。在分析的同时，医务人员心里也许没有任何目的，只是为了以后的或者未知的目的而浏览 BI 结果。在第 1 ~6 章中提到的 GearUp，Kelly 也许只是想了解目前的销售情况相较于预测的差距；也许她心里并没有一个特定的目标，只是想知道"我们目前做得怎么样"。

---

① "Big Data：The Next Frontier for Innovation，Competition，and Productivity，"("大数据(BigData)：是下一个前沿创新、竞争力和生产力")，McKinsey&Company，2011 年 5 月。来源于 www. mckinsey. com/mgi/publication/big_data/index. asp，访问于 2012 年 7 月。

在表 9-1 中的倒数第二行，一些管理者使用 BI 系统来做决策。在本章开头，Flores 担心一些患者锻炼得太多，他可以使用 BI 来确定是否有人做了过多的训练以及这些人是谁。GearUp 公司的 Addison 也许有机会购买 1000 个足球，她需要利用商务智能来判断 GearUp 公司在她与供应商谈判之前可以卖多少。

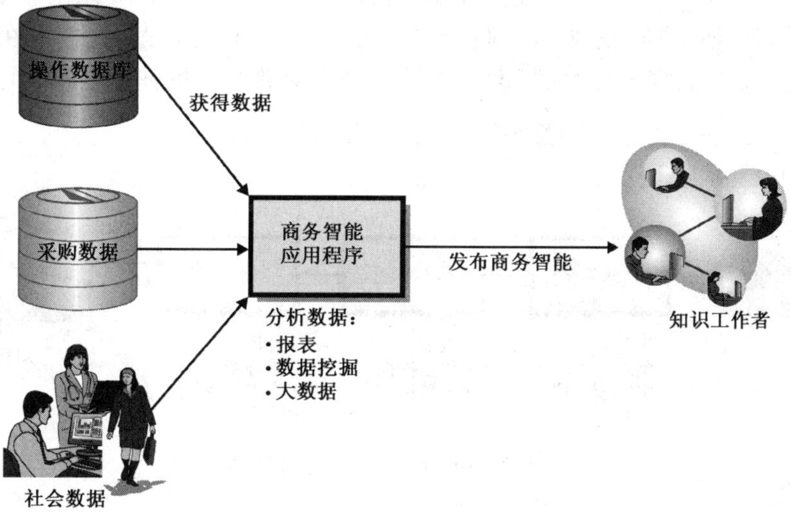

图 9-1　商务智能系统的结构

表 9-1　商务智能的应用举例

任　务	PRIDE	GearUp
项目管理	通过 PRIDE 减少医疗成本	创建 GearUp 欧洲公司
解决问题	怎么使患者更好地谨遵医嘱？	怎么削减运营成本？
决策	哪些病人锻炼过度？	可以卖出多少足球？
传递信息	患者通过什么方式使用新系统？	实际销售情况如何与预测销售对比？

（一些作者将 BI 系统定义为只提供决策支持，在这种情况下，他们将原来的长期决策支持系统等同于决策 BI 系统。我们在这里以更广泛的角度包含了表 9-1 中所有的 4 个任务，而不使用决策支持系统。）

解决问题是商务智能的另一个功能。这里再强调一遍，一个问题就是介于实际是什么和应该是什么之间的认知差异。商务智能可以用于这个定义的两个方面：确定实际是什么和应该是什么。Flores 和他的搭档可以利用 BI 来解决患者根据他们的计划如实地完成锻炼这一问题，Emily 和 GearUp 公司的员工可以使用 BI 来找到削减运作成本的方法。

最后，商务智能还可以在项目管理的过程中发挥作用。PRIDE 可以通过减少办公室访问来削减一个项目的医疗成本。当 GearUp 公司决定开设其欧洲的办公室时，它可以使用商务智能来决定先卖哪种齿轮以及联系哪些供应商来获得这种齿轮。

当你研究该图时，回忆这些人物的层次性：决策需要传递的信息，解决问题需要决策（和传递信息），项目管理需要解决问题（和决策、传递信息）。

注解：数据挖掘和其他商务智能系统对辅助企业决策大有裨益，但也不是完美无缺的。本章“学习指导”案例讨论了商务智能系统存在的问题。

9.2 BI 的 3 个主要处理活动

图 9-2 显示了 BI 的 3 个主要处理活动：获取数据（Acquire Data）、执行分析（Perform Analysis）和公布结果（Publish Results）。这些活动直接对应图 9-1 中的 BI 元素。**数据采集（Data Acquisition）**是对源数据进行获取、整理、组织、关联和编目的过程。我们将在本节中演示一个 GearUp 公司的简单数据采集案例，然后在下一节中对数据采集进行更详细的讨论。

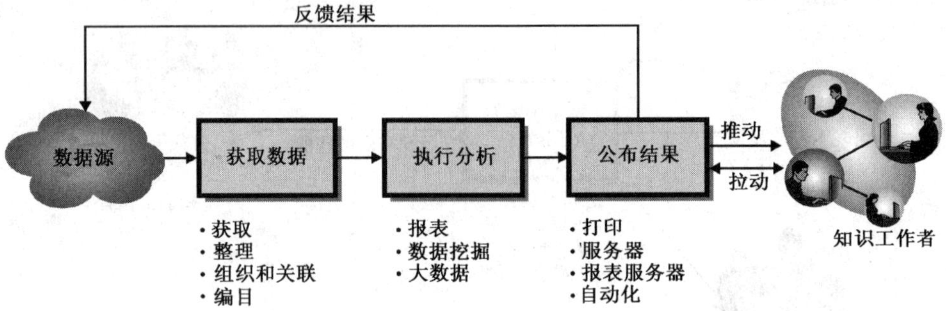

图 9-2　BI 的 3 个主要处理活动

BI 分析（BI Analysis）是产生商务智能的过程，BI 分析的 3 个基本类型包括报表、数据挖掘和大数据。本节稍后将介绍一个 GearUp 公司的简单报表系统，然后在下一节中进一步描述 BI 分析的 3 个类别。

发布结果（Publish Results）是将商务智能交付给需要的知识工作者的过程。**推动出版（Push Publishing）**是在用户没有任何需求的情况下将商务智能交付给用户；BI 结果根据一个时间表，或作为一个事件或特定的数据状态的结果发布出去。**拉动出版（Pull Publishing）**要求用户对 BI 结果有一定的需求。发布媒介包括打印、通过 Web 服务器进行在线内容传送，如报表服务器等专业的服务器，以及通过自动化传送到其他程序。我们将在 9.5 节对这些发布选项进行更深层次的探讨。

现在，我们以 GearUp 公司的报表分析为例更好地说明 BI 分析的三个阶段。

9.2.1 利用商务智能解决 GearUp 公司存在的问题

在第 5 章的开始部分，GearUp 公司的工作人员试图降低运营成本。采购商和运营人员认为一些运送量不达标的供应商是引起 GearUp 公司销售损失以及增加额外成本的原因，导致 GearUp 公司不得不取消或减少客户订单。除了这个问题，还有一些供应商的货物在运送过程中受到损坏，而且损坏概率远远高于其他供应商。然而，除了一般情况，一些供应商有很大的问题或者完全没有问题，他们不知道这个问题的严重性，也不知道每个供应商的特定模式。下面总结了这个过程和潜在的问题：

1. GearUp 公司从一个供应商那里获得了一个以给定价格提供最多物品的承诺，可达 10 000 个足球，15 美元一个。
2. GearUp 公司经营一项有这样承诺的销售活动。
3. GearUp 公司尽量在每个活动中卖出最多的商品，在 3 天内达到承诺的数量（这里指 10 000 件）。

4. 活动最后，GearUp 公司以实际卖出的数量向供应商订购(10 000 件或者更多)。
5. 通常，GearUp 公司会收到其所订数量的商品。但是，一些供应商不能提供所承诺的数量，或者一些商品在运输过程中受到损坏。
6. 如果实际的收货量少于订货量，GearUp 公司会试图削减客户的订货量。例如，如果一个客户(比如足球队)订购了 20 双足球鞋，GearUp 公司会通知该客户削减订货数量，比如 15 双。这样做可以通过满足更多的订单来弥补商品数量的短缺。
7. 一些客户收到削减订货量的请求后，就会取消之前的整个订单。

采购商 Addison 和业务经理 Drew 与同意向他们提供分析数据的信息技术总监 Lucas 会面。根据图 9-2，Lucas 从他的客户订单和发货数据库、应付账款系统提取数据，并将采集的数据传送到 Addison 的 Microsoft Access 数据库。

9.2.2 数据采集

图 9-3 第一部分展示了 Luces 生成采集数据的操作数据库中的 3 个表。订单_项目表包括客户订单的项目记录。活动项目编号(EventItemNumber)是一个数字，用来标识特定项目期间出售的来自特定供应商的物品。例如，活动项目编号 10 代表从 San Diego Sports 购买足球，用于 2013 年 7 月 14 号开始的销售活动。

操作数据库中的源表：
订单_项目(发货单号，项目行编号，活动项目编号，订货量)
运输_项目(运单号，活动项目编号，发货单号，运货量)
项目_接收(购买订单号，收到的数据，供应商编号，活动项目编号，接收量，接受量)

Lucas 在一个 Access 的 BI 数据库中建立如下表格：
项目_出货(发货单号，活动项目编号，订货量，运货量)
项目_未发货(发货单号，活动项目编号，订货量)
数量_接收(供应商编号，活动项目编号，总接收量，总接受量)
订单_项目(发货单号，项目行编号，活动项目编号，订货量)

Addison 在 Access 的 BI 数据库中建立一个新的表格：
项目_结算_数据(供应商编号，活动项目编号，订货总量，总接收量，损坏总量，取消总量，净销售量)

图 9-3 用于 BI 分析的 GearUp 表

运输_项目(Shipment_Item)与订单_项目(Order_Item)相似，不过包含的内容是 GearUp 公司运往客户的项目记录。如果所承诺数量的商品保质保量地运往 GearUp 公司，订单_项目中的订货量(QuantityOrdered)这一属性将和运输_项目中的发货量(QuantityShipped)相等。

当 GearUp 公司的装卸平台接收到供应商的货物时将产生项目_接收(Item_Received)中的数据。该数据显示了收到的商品数量和接收的商品数量，两者之差即为运输过程中受损的商品数量。

Lucas 使用这些源表中的数据创建项目_出货(Item_Shipped)表、项目_未发货 Item_Not_Shipped)表和数量_接收(Quantity_Received)表，如图 9-3 中间部分所示。他把这些表和订单_项目表一起放入数据采集数据库。

在接收到这个数据库后，Addison 从 Lucas 给她的表中结算数量以创建项目_结算_数据(Item_Summary_Data)表，如图 9-3 的最后一部分。此处将不详解 Addison 所用的 SQL 语句，但需要核实所给的源数据是否足以创建该表。详见本章知识运用的问题 1 和问题 2。

9.2.3 数据分析

表 9-2 是项目_结算_数据(Item_Summary_Data)表中的部分数据。事实上，该表包含了不少于 700 行的数据，这里只截取一部分进行分析。订货总量(TotalOrdered)是 GearUp 公司卖给客户的商品数量，同时也是向供应商订购的商品数量。接收总量(TotalReceived)是包括受损商品在内的供应商发货量。损坏总量(TotalDamaged)是接收到的损坏商品的总量。净销售量(NetSold)是实际运往客户的商品量，该数据从运输记录中获取。

表 9-2　项目_结算_数据(Item_Summary_Data)表提取

Item_Summary_Data

活动项目编号	供应商编号	总订货量	总接收量	损坏总量	净销售额	取消总量
100	1000	7500	7500	800	5200	1500
200	2000	11000	11000	0	11000	0
300	4000	10000	9000	100	8500	1400
400	1000	10500	10500	6500	3800	200
500	4000	7500	7500	400	6800	300
600	3000	27000	15000	0	9750	17250
700	2000	700	700	0	700	0
800	4000	12000	12000	0	12000	0
900	1000	6300	6300	0	6300	0
1000	2000	19800	19800	600	19800	-600
1100	3000	8000	6500	200	5800	2000
1200	4000	8000	7800	0	7800	200
1300	5000	14500	14500	0	14500	0
1400	1000	900	900	400	475	25
1500	4000	7500	7200	0	6800	700

为了区分因损坏而丢失的订单和因取消而丢失的订单，GearUp 公司需要计算取消总量(TotalCancelled)，但是必须间接地进行。用表 9-2 中的第三行数据来说明，GearUp 公司从运输记录中得知实际运往客户的商品数量是 8500 件，所以单位净销售亏损是 1500 件(10 000 件的订货量 - 8500 件的运输量)。GearUp 公司知道这 1500 件的商品中有 100 件是受到损坏的商品，所以，其余的 1400 件净亏损是因为 GearUp 公司或客户请求取消订单而导致的。

为了确定由于出货量短缺或商品损坏导致的销售损失的严重程度，Addison 创建了一个 Access 报表(表 9-3)来合计项目_结算_数据(Item_Summary_Data)表中的数据。订单总量合计(SumOfTotalOrdered)是向各个供应商订购的商品数量。净销售合计(SumOfNetSold)是每个供应商实际向其客户运输的商品总量。销售损失合计(SumOfLostSales)是前两者的差值。Addison 从这个报表中可以看出，供应商 5000 和 2000 从未出现商品数量或质量问题。供应商 4000 的问题不大，而供应商 1000 和 3000 由于数量短缺或商品损坏导致了很大的销售损失。事实上，供应商 3000 的多一半的商品销售受到了损失(19 450/35 000)。

表 9-3　销售损失汇总报表

销售损失汇总

供应商编号	订单总量合计	净销售合计	销售损失合计
5000	14500	14500	0
2000	31500	31500	0
4000	45000	41900	3100
1000	25200	15775	9425
3000	35000	15550	19450

Drew 想知道这些销售损失发生在一两个活动中，还是一个经常性的问题。为了对此进行调查，Addison 创建了如表 9-4 所示的报表。从这个表中可以看出，供应商 3000 的问题虽然严重，但主要归因于项目编号(EventItemNumber)为 600 的活动。然而，供应商 4000 的问题比较普遍，几乎每个项目都存在商品数量短缺或损坏的问题。为了了解该问题，Addison 创建了更多的报表，具体如下。

表 9-4　销售损失明细表

销售损失明细				
供应商编号	活动项目编号	总订货量	净销售量	销售损失量
1000				
	100	7500	5200	2300
	400	10500	3800	6700
	900	6300	6300	0
	1400	900	475	425
2000				
	200	11000	11000	0
	700	700	700	0
	1000	19800	19800	0
3000				
	600	27000	9750	17250
	1100	8000	5800	2200
4000				
	300	10000	8500	1500
	500	7500	6800	700
	800	12000	12000	0
	1200	8000	7800	200
	1500	7500	6800	700
5000				
	1300	14500	14500	0

首先，注意到这些报表很难诠释，因为报表里所用的是供应商编号而不是供应商名称。而且，表 9-4 用活动项目编号(EventItemNumber)来表示项目，而不是用项目名称和日期。作为业务经理，Drew 具有保存着项目数据的 Microsoft Excel 电子数据表，其中包含了供应商和项目的名称。该数据表的示例如表 9-5 所示。

表 9-5　项目数据表

	A	B	C	D	E	F	G
1							
2		活动：	7/11/2013	Addison			
3							
4			Items:				
5							
6			Soccer Balls	General Sports	$ 12.75	$ 27.00	100
7			Orange Cones	San Diego Sports	$ 17.00	$ 35.00	200
8			Coaching Manuals	Green Lake	$ 3.50	$ 7.00	300
9							
10		活动：	7/12/2013	Julie			
11							
12			Items:				
13							
14			Mountain Tent	General Sports	$ 112.00	$ 185.00	400
15			Camp Stove	Americana Sports	$ 37.50	$ 85.00	500

如果 Drew 的数据表是表格形式的，那么将该数据从 Excel 导入 Access 是件很简单的事情。然而它不是，必须人为地将这个数据表输入表格，或是从其中提取数据并且手动输入到 Access 数据库的。这种情况是商务智能所需要的典型的数据转换和集成活动，然而我们将暂且放下该问题转向下一个。

Drew 想确定有多少销售损失是由供应商运输量短缺造成的，又有多少是由商品损坏造成的。为此，Addison 建立了如表 9-6 所示的报表。从中可以看出，供应商 1000 的所有问题均由商品损坏引起，即供应商总是按订购量进行发货。这种损坏可以发生于单批货物运输，也可能是一个持续的问题。Addison 准备了如表 9-7 所示的报表以确定两种情况的可能性，从表中可以确定供应商 1000 有持续的损坏问题。未来 Addison 和其他采购者可以利用这些知识与供应商进行谈判。

表 9-6　短缺或损坏货物汇总

短缺或损坏化物汇总		
供应商编号	缺货总量	损坏总量
5000	0	0
2000	0	600
1000	0	7700
4000	1500	500
3000	13500	200

表 9-7　短缺或损坏货物明细表

短缺或损坏货物明细			
供应商编号	活动项目编号	缺货量	损坏量
1000			
	100	0	800
	400	0	6500
	900	0	0
	1400	0	400
2000			
	200	0	0
	700	0	0
	1000	0	600
3000			
	600	12000	0
	1100	1500	200
4000			
	300	1000	100
	500	0	400
	800	0	0
	1200	200	0
	1500	300	0
5000			
	1300	0	0

然而，仔细阅读后可以发现一个问题。根据表 9-3 所示的报表，供应商 2000 从未发生过运输量短缺。可是表 9-6 中的报表指出供应商 2000 有 600 件的货物因损坏被拒收，图 9-10 说明这些损坏物品发生于项目编号为 1000 的活动。

回顾表 9-2 中数据的提取，你会发现问题所在。在活动项目编号 1000 所在的行(倒数第六行)，取消总量(TotalCancelled)的属性值被计算为 -600 件。得出这个错误的结果是因为运营数据显示订单量为 19 800 件，出售量为 19 800 件，然而损坏数量为 600 件。很明显，有些步骤出现了问题。可能是装卸平台的人工输入错误，或是未对补发货物付款，所以没有出现在 Lucas 查询的应付账款数据库里，也可能有其他原因。

对于 BI 分析来说这样的偏差很常见。当从几个或者很多个数据源集成数据时，产生的结果常常是不一致的。对此，唯一的防范方法是需要分析员和知识工作者了解这种不一致发生的可能性，时刻留意它们并以审视的眼光看待 BI 结果。

9.2.4 结果发布

Addison、Drew 和 Lucas 将使用类似于以上讨论的过程来完成他们的分析工作。他们有可能把成本项加入已经收集到的数据中，并对其进行分析，从而产生每个供应商的单位商品成本和类似的其他结果。这里不讨论细节问题，只需知道他们将以类似的方式完成分析工作。

根据图 9-2 总结的流程，他们将发布其结果。其中，存在以下几种可能性：

- 打印结果，通过电子邮件或协作工具发布结果
- 通过 Web 服务器或 SharePoint 发布
- 在 BI 服务器上发布
- 通过 Web 服务器自动发布结果

我们将在第 5 节对这些方案进行仔细的探讨，在本节中只需了解 GearUp 公司将根据其自身需求在这些方案中进行选择。如果商务智能只用于向采购商提供指导，Addison 和 Drew 也许会满足于打印结果并通过电子邮件发送给采购商或者通过协作工具共享。作为另一种选择，他们也可能在 HTML 上创建报表然后将其存入 Web 服务器。这个选择也可以扩展为使用 SharePoint 来发布结果。虽然我们在扩展章 1 和 2 中并未提及，但 SharePoint 对 BI 报表来说拥有丰富的特性和功能。Addison 和 Drew 可以利用这些特性和功能来整合他们的分析成果，以便客户登录 SharePoint 网站查看最新的数据。再者，他们可以通过一个 BI 服务器来发布结果，BI 服务器是专门用来发布 BI 结果的 Web 服务器应用程序。最后，Lucas 可以指派部门中的一个程序员去创建一个 Web 服务，使其他程序也可以通过编程的方式获得 BI 结果。以他们目前的情况，最有可能选择打印结果并通过电子邮件发布或通过一个协作工具共享该结果。

学习该案例后，我们将更详细地讨论图 9-3 中的各个元素。

9.3 企业如何使用数据仓库和数据集市来获取数据

虽然基本的报表和简单的 OLAP 分析可直接利用业务数据来完成，但是一些较为复杂的报表及数据挖掘应用程序则不能这样。由于安全和控制问题，IS 专家不想要处理运营数据的 Addison 那样的业务分析师。如果 Addison 发生错误，这个错误将对 GearUp 公司的业务造成严重的破坏。同时，运营数据的格式是为了快速和可靠的交易处理而设计的，这种格式很少支持 BI 分析。最后，BI 分析可能需要相当多的处理工作，在操作服务器上安装 BI 应用程序会大幅度降低系统性能。

由于这些原因，大多数企业为 BI 处理工作提取运营数据。对于像 GearUp 这样的小企

业来说，数据提取就像使用 Access 一样简单。然而大一点的企业通常成立一个小组并为其配备人员来管理和运行**数据仓库(Data Warehouse)**，数据仓库用于管理企业 BI 数据，它有如下功能：

- 获取数据
- 清理数据
- 组织和关联数据
- 集成数据

图 9-4 显示了数据仓库的组成结构。计算机程序读取业务数据，并为 BI 程序提取、清理和准备数据。运用数据仓库技术将准备好的数据存放在数据仓库的数据库中，这个数据库与企业经营所用的 DBMS 不同。例如，某公司的业务处理可能使用 Oracle，而数据仓库则使用 SQL Sever。另外一些公司的业务处理使用 SQL Sever，数据仓库则可能使用统计软件包供应商(如 SAS 或 SPSS)提供的数据库管理系统。

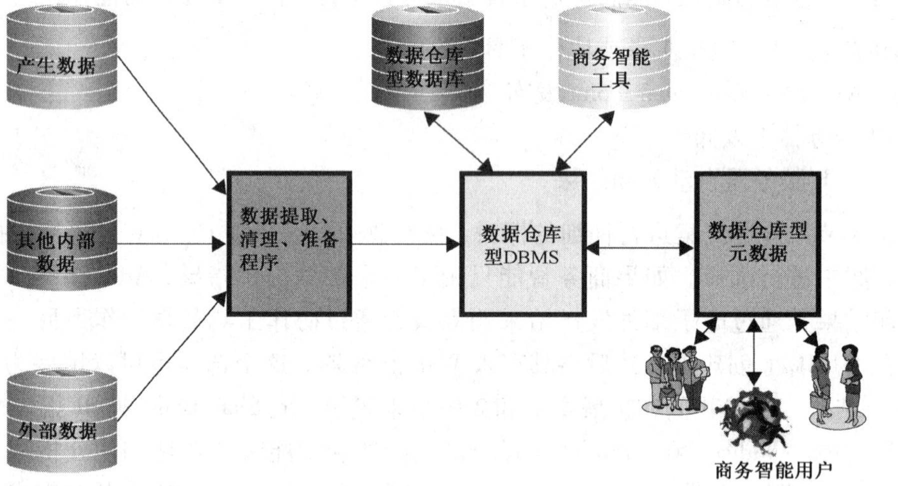

图 9-4　数据仓库的构成

数据仓库包含从企业外部购买的数据。购买有关其他企业的数据是一件很平常的事情，不涉及隐私问题。然而，像 GearUp 这样的一些公司也许会选择向 Acxiom Corporation 这样的数据供应商购买消费者的个人数据(如婚姻状况)。表 9-8 列出了一些消费者的数据，现在这些数据可以从商业供应商那里购买到，而且可以购买的数量相当惊人(从隐私的角度讲是令人害怕的)。

表 9-8　从数据供应商处购买的消费者数据

● 姓名、地址、电话	● 房屋所有权
● Age 年龄	● 交通工具
● 性别	● 杂志订阅
● 种族	● 爱好
● 宗教信仰	● 订购目录
● 收入	● 婚姻状况、生活状况
● 教育	● 身高、体重、头发和眼睛颜色
● 选民登记	● 配偶姓名、出生日期
	● 孩子姓名、出生日期

元数据是关于数据来源、格式、假设、约束条件及其他特征的数据，其存放于一个数据仓库型的元数据库中。数据仓库的 DBMS 提取并提供数据给 BI 应用程序。

9.3.1 业务数据存在的问题

大多数业务数据和购买的数据都存在着一些限制其在 BI 中的效用的问题，表 9-9 列出了主要的几类问题。第一，尽管对成功经营至关重要的数据必须是完整和准确的，但有的不是很重要的数据则不需要这样。例如，一些系统在订货程序中收集人员资料，由于这些数据不需要填写订单、发送订单和开具订单，因此它们的质量受到了影响。

表 9-9 使用交易数据进行分析和数据挖掘存在的问题

● 不良数据 ● 价值丢失 ● 不连续数据 ● 不完整数据	● 错误间的间隔 - 过于精细 - 不够精细 ● 太多的数据 - 太多属性 - 太多数据点

有问题的数据被称为**脏数据**(Dirty Data)。例如，消费者性别为 B，消费者年龄为 213。还有例如值为 999-999-9999 的美国电话号码，颜色为一个不存在的字，地址为 WhyMe@ GuessWhoIAM. org 的电子邮箱等。在应用 BI 时，所有这些属性值都有可能出现问题。

购买的数据中经常缺失一些属性值。大多数数据供应商都会说明他们所出售的数据中每一个属性缺失数值的比例。公司购买了此类数据，是因为就某些方面来说有数据总比没有数据好，尤其在某些项目数值很难获得的时候。如家庭成年人的数量、家庭收入、房屋类型以及低收入者的教育背景。但是这里应该考虑到，因为对于一些 BI 应用程序来说，几个丢失或者错误的数据可能使分析工作产生严重的偏差。

表 9-9 中的第 3 个问题是数据的不一致性，这是由于长时间收集数据所产生的一个常见问题。例如，一个区域的区号发生改变后，客户的电话号码与区号变化前的电话号码不匹配。同样，销售区域的代码也可能发生改变。在这些数据被使用前，必须确保在研究期间的数据记录是一致的。

某些数据的不一致性是由于商业活动的特性而产生的。考虑一个全球消费者使用的网上订单输入系统。当网络服务器记录订单的同时，使用的是哪个时区？服务器系统的时间和消费者行为分析是没有关系的。调整为国际时间(即格林尼治时间)也没有任何意义，网络服务器的时间必须调整为消费者所在时区的时间。

另一个问题是非集成数据。一个特定的 BI 分析需要从一个 ERP 系统、电子商务系统以及社交网络应用程序中获取数据。分析员希望集成企业的数据和购买的消费者数据。这样一个数据采集可能有未在主/外键中表现出来的关系。这也从某种程度上说明了人在数据仓库整合这样数据的时候所发挥的作用。

数据还会存在数据**粒度**(Granularity)方面的错误，粒度是代表一个数据详细程度的术语，可以过于精细或者过于粗略。就前者而言，假设我们要分析订单输入网页中的控件和图形位置布局，就需要获取消费者的点击行为，即**点击流数据**(Clickstream Data)。然而，这些数据包含了消费者在网站上做的所有事情，在订单流中也包含了点击新闻、电子邮件、即时聊天和查询天气等数据。尽管这些数据在研究消费者使用计算机行为时可能有用，但若研究消费者对屏幕上不同位置的广告会有何种反应的话，数据就太多了。为了展开分析，分析人员就需要剔除数以计百万的点击流数据。

有时，数据会过于粗略。例如，区域销售总额不能用来研究一个地区特定商店的销售额，而一个商店的总销售额也不能用来确定其特定商品的销售情况。因此，我们需要获得足够精细的数据来创建最基本的报表。

一般来说，粒度过于精细要好于过于粗糙。如果粒度过于精细，通过数据求和与数据整合，可以使其变得粗略一些。这只需要分析员的劳动和计算机处理。然而，过于粗略就没办法将数据细分了。

如表 9-9 所示，最后一个问题是数据过多，要么数据属性过多，要么数据点过多。如第 5 章所述的表格，存在太多的行或太多的列。

思考第一个问题，即属性过多。假设想知道影响消费者对促销做出反应的因素。若将企业内部的消费者数据和外部购买的数据结合到一起，则会有上百个不同的属性要考虑。该如何选取呢？由于**维数灾难**(Curse of Dimensionality)现象，属性越多，建立符合样本数据的模型就越容易，但作为预测模型却没有任何价值。减少属性数量的其他重要原因是，数据挖掘的主要任务之一就是运用高效和有效的方法选取数据属性。

造成数据过多的另一个原因就是数据点过多。假设要分析 CNN 在线的点击流数据，网站每个月的点击有多少呢？亿万次！为了对这些数据进行有意义的分析，我们需要减少数据的数量。抽样统计是一种很好的解决方法。在那样的情况下，公司不会不愿意进行数据抽样。

9.3.2 数据仓库与数据集市的区别

数据集市(Dtat Mart)是一个数据集，比数据仓库小，用于指定的业务单元或者功能模块。如果说数据仓库是供应链中的经销商，那么数据集市就是供应链中的一个零售商。数据仓库从数据制造商(业务系统和购买的数据)那里获得数据、清理和处理这些数据，并将数据放到“书架”上，即数据仓库中。这些工作人员都是数据管理、数据清理和数据转换方面的专家，但他们不是特定业务方面的专家。

如果数据仓库是一个供应链中的经销商，那么数据集市就是供应链中的零售商店。数据集市的使用者可以获得来自数据仓库中特定业务中的数据。这些使用者不需要具有专业的数据管理技术，但是他们是特定业务方面的专家。

图 9-5 描述了数据仓库与数据集市之间的关系。数据仓库取得数据并将其传送至 3 个数据集市中。第一个数据集市是为了网页设计而进行点击流数据分析。第二个数据集市是为了分析商店的销售数据，以确定哪些商品容易被一起购买。这些信息可以用来训练销售人员获得主动销售的最佳方法。第三个数据集市是用于分析消费者订单数据，以减少从仓库中提货的人力。例如，Amazon 公司花了很大力气对仓库进行合理的布局，从而降低提货方面的开销。

正如你所想的，数据仓库和数据集市的建立、人员配备和运营成本是非常昂贵的。只有财力雄厚的公司才能建立如图 9-5 所示的系统。像 GearUp 这样的小公司虽然只需智能运营该系统的一个子集，但是也必须找到数据仓库所要解决的基本问题的解决方案，即使是非正式的方案。

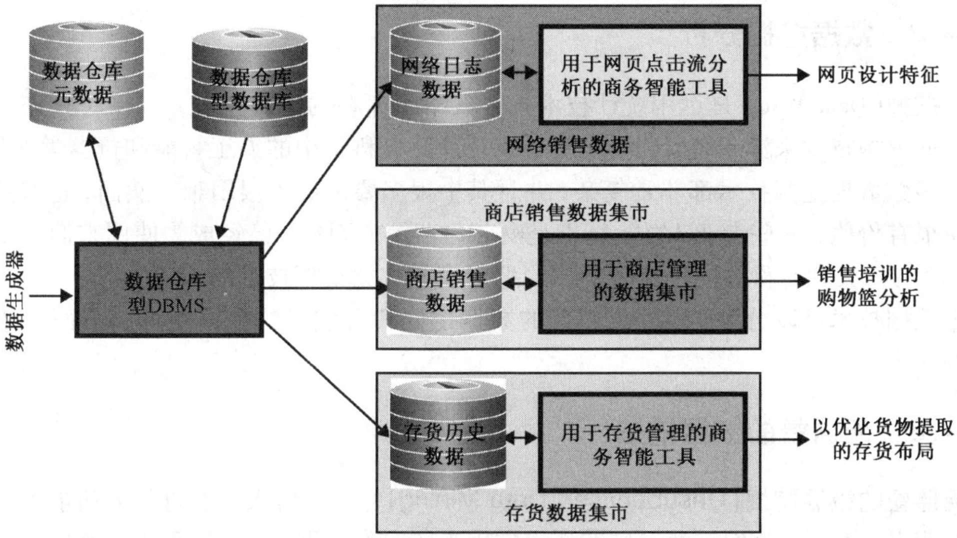

图 9-5　数据集市样例

9.4　处理 BI 数据的 3 个技术

表 9-10 总结了 3 个基本 BI 分析的目标和特征。一般情况下，报表分析用于创建过往业绩的信息，而数据挖掘主要用于分类和预测。虽然也有例外，但这些表述都是合理的经验法则。大数据分析的目的是在从社会媒体网站或 Web 服务器日志中形成的大量数据中找到一定的模式和关联，大数据技术可以包括生成报表和数据挖掘。下面将对每个类别的特征进行研究。

表 9-10　处理 BI 数据的 3 个技术

BI 分析类型	目　标	特　征
报表	创建过往业绩信息	通过排序、分组、求和、筛选和格式化处理结构化数据
数据挖掘	分类和预测	使用复杂的统计技术挖掘模式和关联
大数据	挖掘大数据中的模式和关联	MapReduce 技术的规模大、速度快、多样性等各种力量的使用。 一些应用程序也采用报表和数据挖掘

9.4.1　报表分析

报表分析（Reporting Analysis）是排序、分组、求和、筛选和对结构化数据进行格式化。**结构化数据（Structured Data）**是行列形式的数据。通常，结构化数据指的是关系数据库中的表，但也指代电子表格数据。

9.2 节中的 GearUp 公司分析是报表分析的一个例子。本章开头中 Maggie 所指的**异常报告（Exception Reports）**就是当事件超出限制时产生的报告。当 Dow Jones 股票跌到一定水平后产生的报告就是异常报告。

以前的报告需要打印，所以必须是静态的。然而，随着移动通信系统的增强，很多像 Maggies 智能手机里的锻炼进展那样的报告都可以是动态更新的。

9.4.2 数据挖掘分析

数据挖掘(Data Ming)是运用统计技术找出数据间存在的模式和关系，并对其进行分类和预测。数据挖掘技术来源于统计学和数学，以及计算机科学中的人工智能和机器学习领域。

绝大多数数据挖掘技术都非常复杂，并且其中很多要用好也很困难。然而，这些技术对于企业来说很有价值，一些专业人才，特别是财务与营销方面的，已经成为使用它们的专家。实际上，很多有意义和有价值的工作是提供给那些懂得数据挖掘技术的人才的。

数据挖掘技术可以分为两类：无监督的数据挖掘和有监督的数据挖掘。下面介绍这两类数据挖掘技术。

9.4.3 无监督的数据挖掘

在**无监督的数据挖掘(Unsupervised Data Mining)**中，分析人员在进行分析前不需要建立模型或者假设。相反，他们将数据挖掘技术应用于所有的数据，并对结果进行观察。采用这种方法时，分析人员在对结果进行分析后再建立模型，以解释所发现的模式。

聚类分析(Cluster Analysis)是一个常用的无监督的数据挖掘技术。它运用统计技术将数据分为由具有类似特征的实体组成的多个类别。聚类分析的一个常见的运用是从消费者订单和人口数据中找出具有类似特征的消费者群体。

例如，假设聚类分析找到了两个完全不同的消费者群体。第一个群体平均年龄 33 岁，至少拥有一个笔记本计算机和一个掌上计算机，有一套豪华的家庭娱乐系统，开 Lexus 品牌的 SUV 汽车，并且常常购买昂贵的儿童游戏玩具。第二个群体的平均年龄 64 岁，在亚利桑那州拥有房产、打高尔夫、购买昂贵的葡萄酒。假设分析人员还发现这两个群体都购买名牌儿童服装。

这些发现完全是通过数据分析获得的，这里不存在已有的模式和关系的模型。分析人员根据发现的事实提出假设，用以解释为什么两个不同的群体都购买名牌儿童服装。

9.4.4 有监督的数据挖掘

在**有监督的数据挖掘(Supervised Data Mining)**中，数据挖掘人员在分析之前提出一个假设，并运用统计技术分析数据来估计出模型中的参数值。例如，假设一家通信公司的营销专家认为，周末手机的使用量取决于消费者的年龄和消费者使用手机账户的时间。数据挖掘人员据此进行分析，来估计消费者的年龄和消费者手机账户使用时间所产生的影响。

这样用一组变量来衡量另一组变量的方法称为**回归分析(Regression Analysis)**。手机案例的调查结果是：

$$\text{周末手机使用时间} = 12 + (17.5 \times \text{消费者年龄}) + (23.7 \times \text{手机账户使用的月数})$$

利用这个公式，分析人员就能够预测出周末手机的使用时间。

正如你在统计课上所学的，判定模型的质量需要一定的技术。回归分析能够创建一个如上例所示的公式。但是该公式能否很准确地预测未来手机的使用量则取决于统计参数，如 t 值、置信区间及相关统计技术。

9.4.5 大数据

大数据(BigData，也可拼写为 Big Data)是一个以规模大(volume)、速度快(velocity)、多样性(variety)等为特征的数据集合。数量大指至少是 PB 级的数据集，而且通常情况下要更大。此外，大数据速度快指的是可以快速生成。(从物理的角度来说，这里使用速率(speed)这个词更加准确，但是这个单词并不以 *v* 开始，*vvv*(volune、velocity、variety)已经成为描述大数据的常见方式)。Google 在仅仅一天内产生的搜索数据是过去几个月甚至几年产生的那么多。

最后，大数据是多种多样的。其中包含结构化数据，但也会有任意格式的文本、几十种不同格式的 Web 服务器和数据库日志文件、关于用户相应页面内容的数据流以及图像、音频和视频文件等。

9.4.6 MapReduce

由于大数据的规模大、速度快和多样性等特点，导致不能使用传统技术对其进行处理。MapReduce 借用了数千台并行计算机力量的技术，其基本原理是将大数据的收集分成若干段，用数百甚至数千个独立的处理器在每段中搜索感兴趣的内容。该过程称为**映射阶段(Map Phase)**。如图 9-6 所示，一个包含 Google 搜索日志的数据被分成若干段，指示每个独立的处理器搜索和计算检索关键词。当然，图中只显示了该数据的一小部分，从中可以看到一部分以 H 开头的关键词。

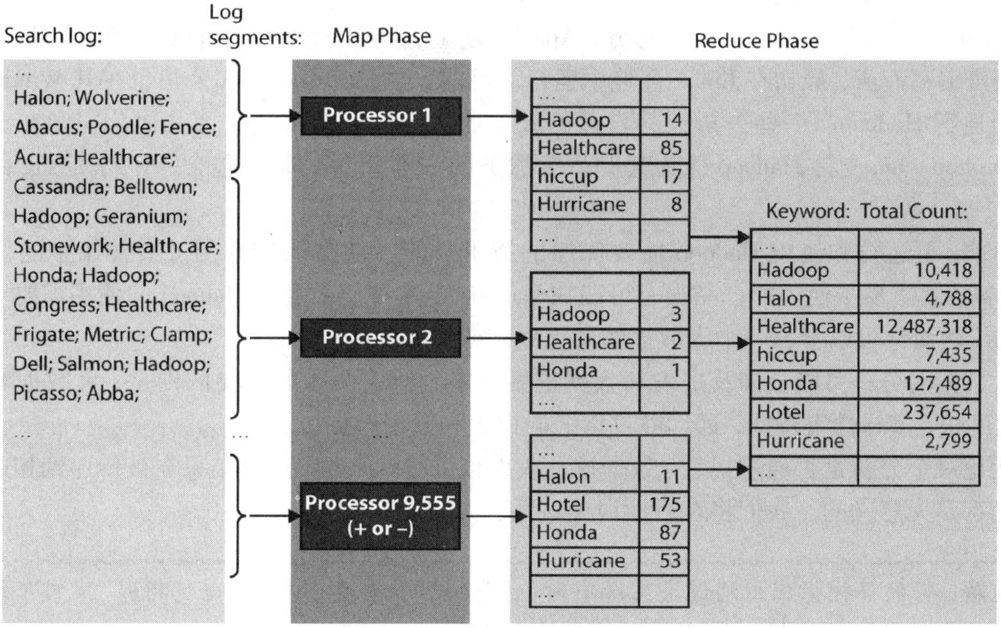

图 9-6　MapReduce 处理汇总

当处理器完成以上任务后，结果将由**归纳阶段(Reduce Phase)**进行合并。该结果是某一天内的搜索词及其搜索量的清单。归纳阶段的过程比此处叙述的要复杂得多，这里只是描述其中心思想。

你可以访问Goole Trends看到一个MapReduce应用程序，从那里可以获得某个词或词组的搜索次数曲线。图9-7显示的是Web 2.0这个词的搜索趋势。纵轴进行了缩放，值1.0表示整个周期内的搜索次数。这条特殊的趋势线验证了Web 2.0正在离我们远去这个说法。登录www.Google.com/trends，输入关键词Big Data、BigData和Hadoop，就会知道我们为什么要了解它们了。

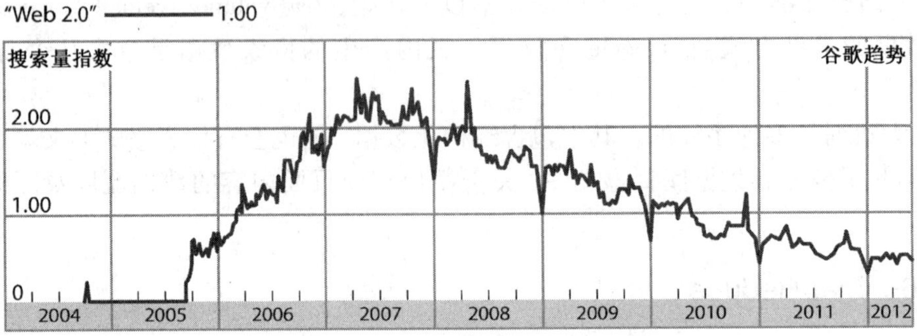

图9-7 术语Web 2.0的Google趋势图

9.4.7 Hadoop

分布式计算(Hadoop)是一个由Apache基金会[①]提供支持的开源程序，其管理着数千台计算机，也是执行**映射阶段**的程序。Hadoop可以执行查询和计算Google检索项这一过程，但是Google也可以使用自己的专有版本进行这一过程。

Hadoop开始是Cassandra的一部分，Apache基金会将其分化成为自己的产品。Hadoop由Java语言编写而成，最初在Linux环境中运行。目前，据报道Microsoft公司也在其Windows服务器上运行Hadoop。一些公司在其自营的服务器群上运行Hadoop，而其他公司则在云端运行。Amazon.com支持Hadoop作为其EC3云服务的一部分。Hadoop包含一个称为Pig的查询语言。

目前，要运行和使用Hadoop需要深厚的技术技能。从其他技术在过去几年中的发展来看，更高级的、易于使用的产品很有可能在Hadoop上实现。而现在Hadoop的使用需要专业的程序员，然而你可以参与一个大数据的研究规划或结果的解析。

大数据的分析可能会涉及报表和数据挖掘技术。然而两者的主要区别是，大数据有规模大、速度快、多样性等特征，远远胜过传统的报表和数据挖掘。

无论一个分析是否通过报表、数据挖掘或大数据技术来执行，其结果在被传递到相应的用户之前都是无意义的。我们将在后面讨论该话题。

注解：将数据挖掘应用到现实生活中时，会遇到很多窘境。本章“道德指引”案例介绍了在现实生活中进行数据挖掘工作时可能会遇到的困难。

① 一个支持开源软件项目的非营利组织，起初只支持Apache互联网服务器的开源软件项目，但目前也支持很多其他的主要软件项目。

体验 MIS 课堂练习 9

我们创造了什么奇迹?

2012 年 5 月 18 日，Facebook 以 1040 亿美元的估价公开上市。很多投资者认为这样的估价对于一个只有 8 年且尚不能证明可以持续获得利润并生产产品的公司来说不切实际。然而，以 2012 年 3 月的 9 亿访问量来说，Facebook 的能力不容置疑。

下一件大事是什么呢? 如果能够预知将要发生的事，你可以投资下一个 Facebook 或 Google 或到这样的公司就业，甚至是自己创建一个这样的公司。当然，没人能够预知将来会发生什么，但我们要学有所用。

图 1 将计算机行业的历史映射到一个信息系统的 5 个组成部分的框架中。IBM 引领了硬件时代，硬件客户的关注点在于编写自己的软件来实现一些功能，如常见的工资和会计功能。接下来是 Microsoft 以 Windows 系列主导的软件时代，但像 Oracle 和 SAP 这样的公司致力于软件许可的实现。软件客户的关注点在于创造数据。

	硬件	软件	(大)数据	程序	人
引领者	IBM	Microsoft Oracle SAP	Google Facebook Linkedln	下一个领导者	
客户焦点	编写软件➡	创建数据➡	指导行为➡	关于人的一些???➡	➡ ?
时代	1955 ~ 1985 (30 年)	1985 ~ 2005 (20 年)	2005 ~ 2015??? (10 年?)		

图 1

数据，真正的大数据，是当前的热门话题。Google、Facebook 和 Linkedln 等都是数据公司。Facebook 开发了 Cassandra 和 Hadoop，并将其开源以证明自己是数据公司。显然，Facebook 认为数据是其获得价值的来源而不是制作软件。那么，大数据的客户焦点是什么? 回答该问题是下一个重要问题的关键。

注意到客户的关注焦点在每个阶段都指向下一个组成部分。硬件客户关注软件，软件客户则关注数据，数据客户则关注行为或过程。那么过程客户的焦点会是人吗? 与小组协同合作并回答以下问题:

1. 讨论“客户的关注焦点在每个阶段都指向下一个组成部分”这句话的意思并用自己小组的语言重述。
2. 你同意大数据时代的焦点是指导行为这一理念吗? 对当今时代的焦点诠释还可能有哪些?
3. 假设计算机行业在下个时代将关注过程，而焦点是人。**裁员(Eliminate Jobs)**是一个可能的焦点。若假设成立，这对企业、经济和个人来说有什么意义? 组内讨论并将结果汇报给其他小组。

4. 如果过程客户的焦点是**提升人类生活品质**(Enhance Human Life)而不是不是**裁员**(Eliminate Jobs),则讨论其可能发生的方式。若假设成立,这将为你创造什么机会?组内讨论并将结果汇报给其他小组。
5. 组内协作,确定2~3个不同于**裁员**(Eliminate Jobs)和**提升人类生活品质**(Enhance Human Life)的过程性重点语句。
6. 从问题5的答案中选择一个你认为最有可能实现的,说明你这样选择的原因。通过该语句描述能够引领下一件大事的3个商业机会。
7. 一个重要的问题是在人作为重要部分的时代将会发生什么?最右面的箭头将指向哪里?Ray Kurzweil 提出一个称为**奇点**①的概念,在这一点上,计算机系统应经足够成熟以至于在无需人类的辅助下可以调节和创建自己的软件,从而调节自身的性能。他声称在这一点上,成千上万无休止工作的计算机组成的机群将加速远离人类的协助,那么人类将充当什么角色?小组讨论并说明你认为**奇点**(The Singularity)可能导致的结果。
8. 如果存在一个比MIS更令人兴奋、更重要、更有潜在回报的领域,你认为这个领域应该是什么?

9.5 发布BI的备选方案

BI结果必须及时地公布给响应的用户以保证其价值能够充分被利用。本节将讨论主要的发布方案和BI服务器(一种特殊类型的Web服务器)的功能。

9.5.1 BI发布方案的特征

表9-11列出了4个发布BI的服务器方案。**静态报告**(Static Reports)是创建后不再发生变化的BI文档,打印出来的销售分析就是一个静态报告。在BI环境下,大多数静态报告以PDF的形式发布。

表9-11 BI发布备选方案

服务器	报表类型	导出选项	需要的技术水平
电子邮件或协作工具	静态	手工	低
Web服务器	静态 动态	Alert/RSS	静态:低 动态:高
SharePoint	静态 动态	Alert/RSS	静态:低 动态:高
BI服务器	动态	Alert/RSS 订阅	高

动态报告(Dynamic Reports)是在要求时间内进行更新的BI文档。用户访问Web服务器时所获得的销售报告就是当前的动态报告。在大部分情况下,发布一个动态报告需要使用BI应用程序在将报告传送给用户的同时访问一个数据库或其他数据源。

① www. Singularity. com

表9-11中每个服务器的导出选项(Pull Option)是一样的。用户登录网站，点击连接(或打开一个电子邮件)以获得报告。4种服务器的导出选项(Pull Option)一样，所以不在表中赘述。

不同服务器的导入选项(Push Option)不同。电子邮件和协作工具的导入是人工操作的，如一个经理、专家或者管理者通过在电子邮件中添加附件的方式(或者协作工具中的URL)将报告传送给相应的用户。对于Web服务器和SharePoint，当服务器内容被创建或更改时，用户可以创建邮件和RSS提醒以在给定的时间或特定的时间间隔内获得服务器推送内容。SharePoint工作流也可以推送内容。

一个BI服务器可以扩展邮件和RSS提醒功能以支持**用户订阅(Subscriptions)**，即用户对特定时间表中的BI结果或特定事件响应结果的需求。例如，用户可以订阅每日销售报告，要求每天早上进行交付。或者，用户可以要求服务器每次发布新的结果时都发送一份分析报告，如Flores医生可以订阅因患者过量锻炼而产生的异常报告。

创建一个发布应用程序所需的技能或高或低。静态内容只需一些小技能，BI作者创建内容，发布者(通常和BI作者是同一个人)将该内容附加到电子邮件或者发布到Web和SharePoint站点即可。而发布动态BI更加复杂，这需要发布者在文档被使用的同时设置数据库访问。以Web服务器为例，发布者需要开发或拥有一个程序员为此编写的代码。在SharePoint和BI服务器的例子中，程序代码并不是必需的，但是需要创建动态数据连接，制定动态BI解决方案所需要的知识超出了本课程的范围，若要完成该任务，则需选修更多的IS课程或者主修IS专业。

9.5.2 BI服务器的两个功能

BI服务器(BI Server)是一款专为发布商务智能的Web服务器应用程序。Microsoft公司的SQL Server Report Manager(Microsoft SQL Server报表服务的一部分)就是目前最流行的BI服务器，当然，还有一些类似的其他产品。

BI服务器提供两个主要的功能：管理和传送。管理功能维护有关将BI结果分配给授权用户的元数据。BI服务器可以追踪哪些结果是可用的，哪些用户有权查看这些结果以及提供给授权用户的结果计划表。它可以在可用结果变化以及用户发生变化时重新调整分配。

如图9-8所示，任何BI服务器所需的一切管理数据都被存储在元数据里。当然，这类数据的数据量和复杂性取决于BI服务器的功能性。

BI服务器利用元数据来决定将什么样的结果在什么样的时间表发送给什么样的客户。目前的期望是可以将BI结果传送到“任何”设备。事实上，**任何(any)设施**是指计算机、移动设备、Microsoft Office等应用以及云端服务。

对于未来的业务专业人员，商务智能是一项关键的技能。SAS的投资者Jim Goodnight说道：

> 如果你想在企业中取得成功，就要了解一些分析学原理并且知道什么时候使用它们。可以使用数据挖掘和预测等分析学把原始数据转化为更好的商业决策的人一直是炙手可热的。随着人们对“大数据”的广泛议论，各行各业的企业都需要能够使用分析学来使大数据变得有意义的人才。我鼓励应届毕业生去了解分析学可以如何以及怎样去辅助他们进行决策①。

---

① http://lifeinc. today. msnbc. msn. com/_news/2012/06/05/12008767-ceo-advice-for-grads-travel-learn-follow-your-passion?lite, accessed June 18, 2012.

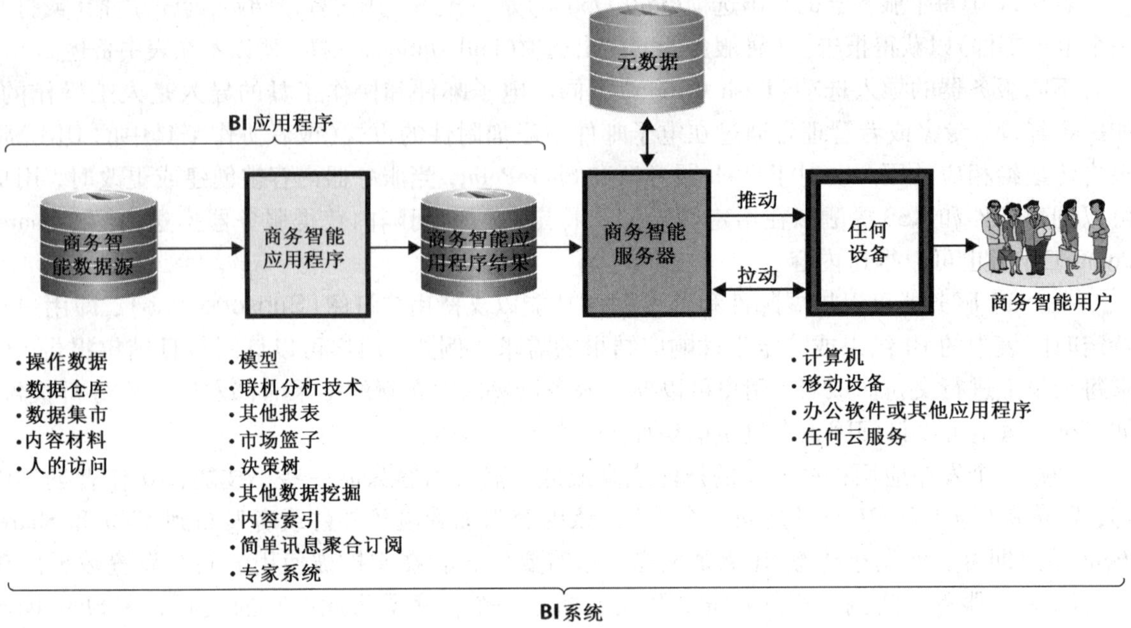

图 9-8　BI 发布备选方案

本章知识对你的启发

本章学习了 BI 分析的 3 个阶段和获取、处理及发布商务智能的通用技术。通过这方面的知识，你可以开发由雇主产生的数据的创新用途，也知道这些用途的使用限制。在 PRIDE，本章的知识可以帮助你了解锻炼数据的可能的用途。如果 PRIDE 成为一个拥有上百万用户的成功产品，那么大数据技术可以用于分析实时的锻炼数据。然而，能否在这样的 BI 中挖掘出有价值的用途完全取决于你！

道德指引

现实世界里的数据挖掘

我不是一个真正的数据挖掘的反对者，我相信它。毕竟，这是我的职业。但是现实世界里的数据挖掘和教科书上所描述的方法有很多不同。

这些差异是由多种原因造成的。一个原因是数据总是存在遗失属性值、属性值超过了可能的范畴以及时间属性值没有意义等不良因素。例如，某个人设置服务器系统的时间不正确，而服务器带着这个错误运行了一段时间。当他们注意到这个错误的时候，他们将服务器的时间改正过来。但是在那段期间发生的交易都存在着结束时间早于开始时间的问题。当我们进行数据分析、计算运算时间时，那些交易的结果就是负的。

遗失属性值是一个普遍的问题。考虑一个只有 10 笔交易的记录，假设其中有两个记录丢失了客户编号，还有一个记录丢失了交易日期的年份。因此，你将这 3 个记录扔掉，这占了数据的 30%。接着你发现还有两个记录存在不良现象，因此你也将它们给扔了出去。现在你失去了一半的数据。

另一个问题是当你开始研究的时候你知道的很少，因此努力工作了几个月以后，你认识到，如果要有其他的变量，例如客户的邮政编码、年龄或者其他数据，你就能更好地进行分析。但是这些其他的数据没有现成的。为了获得这些数据你不得不重新处理上百万的交易，而你没有时间也没有预算去做那些事情。

过度拟合是另一个很大的问题。我能建立一个适合你拥有的任何一套数据的模型。给我100个数据点，在几分钟的时间里，我能给你100个不同的公式用于预测那100个数据点。运用神经网络，你能建立一个你想要的任何复杂程度的模型，只可惜那些模型没有一个能准确地预测新的情况。当使用神经网络时，你必须非常仔细，不要过度适应数据。

还有，数据挖掘是有关概率的，是不确定的。这样一来就可能碰到坏运气。假设我建立一个预测客户购买概率的模型，将这一模型使用到新客户的数据上，我发现有3位客户的购买概率为0.7。这是一个好数字，可能性超过了一半，但是仍然存在3个人什么也不购买的可能性。事实上，谁也不购买的可能性是0.33×0.33×0.33或者说是0.027，也就是2.7%。

现在假设我将那3个客户的名字给了一个销售人员，他给他们打了电话，果然，我们有一连串的坏运气，他们中没有一个购买的。这个糟糕的结果并不意味着模型是错误的。但是销售人员会怎么想呢？他认为模型没有用，凭他们自己就能做得更好。他将他的想法告诉了他的经理，经理告诉了她的助理，而助理告诉给了东北地区的人，毫无疑问，模型在这个公司就有了一个糟糕的名声。

另一个问题是季节性。假设你所有的训练数据都来自夏天，你的模型在冬天也有效吗？也许有，也许没有。你甚至可能知道用模型预测冬天的销售额是无效的，但是如果你没有冬天的数据，你怎么办呢？

当你开始一个数据挖掘项目时，你从来都不知道它会是什么样子。我曾为一个项目工作了6个月，当我们完成的时候，我不认为我们的模型有任何好处。数据有太多的问题：错位、不良和缺失等。我们没有办法事先预知会发生这样的事情，但是它确实发生了。

当到了要将结果呈献给高级管理部门的时候，我们能做什么呢？我们该如何说我们花费了6个月的时间和大量的计算资料，就建立了一个糟糕的模型？我们有一个模型，但是我不认为这个模型能做出准确的预测。但我只是项目组的基层人员，不是由我去做决策的。我闭上嘴巴，但是并没有因此而感觉好一点。幸运的是，后来这个项目因为其他的一些原因被取消了。

不过，我讲的是一些糟糕的经历。我的一些项目还是很出色的。在很多时候，我们都发现了一些有趣和重要的模型与信息，并且有几次我建立了非常准确的预测模型。但是，这并不容易，你必须非常小心。同时，还要有运气。

问题讨论

1. 总结反对者所担心的问题。

2. 你认为这里所担心的问题足以用来反对数据挖掘项目吗？

3. 如果该员工严重怀疑团队的结论但什么都不做，这样是否违背道德伦理？

4. 假设他向老板提出异议，但老板要求他放下异议继续工作。那么，他和他的老板这样做是合乎道德的吗？

5. 如果你是一个数据挖掘项目的基层人员，你认为开发出来的模型是无用的，甚至可能是错的，你将做些什么呢？如果你的老板不同意你的看法，你会向企业的更高层反映吗？那样做的风险是什么？你还有可能做什么？

6. 假设你是他的老板，你会怎么回应他的疑虑？你将怎么做？

7. 根据该应用是否能够预测购买汽车或预测心脏病来回答问题 5 和 6。如果能，问题 5 和 6 的答案将如何变化？无论如何，证明你的观点。

学习指导

语义安全

安全是一个难以解决的问题，而且风险年年递增。我们不仅仅拥有了越来越便宜、高速的计算机（回忆一下摩尔定律），同时还拥有了越来越多的数据、数据查询、报表系统以及更方便、更快捷和覆盖面更广的通信工具。所有这些都增加了我们无意识泄露个人隐私和财产信息的可能性。

物理安全问题很难：我们怎么知道以名字 Megan Cho 注册的人就真的是 Megan Cho？我们使用密码以确保安全，但是密码文件也有可能被窃取。先不考虑这个问题，我们现在想了解的是给 Megan Cho 的权限是否适当。假设 Megan Cho 在人力资源部门工作，因此她可以接触到公司其他员工的个人隐私数据。我们需要设计这样一个系统，该系统可以提供给 Megan Cho 工作所需的所有数据，而不提供非工作所需的数据。

传输系统也必须确保安全。对任何一个可能的入侵者来说，应用程序服务器都是一个有诱惑力的目标。有些人能闯入系统并篡改访问权限，或者一个黑客能伪装成他人窃取报表。应用程序服务器帮助获得授权的用户快速获得更多的信息。但是，若没有适当的安全措施，应用程序服务器很容易被非法用户入侵。

所有这些问题都与物理安全有关。另一个安全问题同样重要，这就是语义安全。**语义安全（Semantic Security）**是指由于披露与保密信息有关的、独立的非保密信息，而导致的保密信息的无意泄露。

就以上课为例。假设我布置一个分组作业，我将分组名单发给学生，学生将自己的名字填到相应的小组上。然后，在作业完成并给出成绩之后，我将成绩单提交到学校网站上。根据大学隐私政策的有关规定，我不能将学生的姓名或学号写在成绩单上，因此，我提交的是每个小组的成绩。如果你想知道每个学生的成绩，你需要做的就是将表格结合到一起。你可能认为成绩的泄露并没有什么真正的危害，毕竟，这只是一项作业的成绩而已。

但是，回到在人力资源部门工作的 Megan Cho 的例子。假设 Megan Cho 负责评估员工的薪酬计划，公司的首席运营官认为，随着时间的推移，公司薪酬的发放并不一致，并且部门之间的差异也很大。因此，首席运营官让 Megan Cho 收集一份薪酬发放金额和发放日期的报表，以及一份部门平均工资的报表。

这些报表看起来无害并都和她的工作有关。但是 Megan Cho 意识到她可以利用报表中的信息获取她没有的并且她也没有权利去收集的员工个人工资信息。Megan Cho 为此做了下面这些事情。

像所有的员工一样，Megan Cho 访问了企业网站上的员工名录，获得了一份各部门员工的名单。她运用曾用过的非常有用的报表编辑系统的相关功能，将这份部门员工名单与部门平均工资组合到一起。现在，Megan Cho 有了一份包括各部门员工名单以及部门平均工资的列表。

Megan Cho 的老板喜欢招聘新员工到公司，因此，公司每周都发表一篇关于新雇用员工的文章。文章对新员工进行了赞赏，鼓励老员工要欢迎新员工并多与新员工交流。

然而，Megan Cho 另有想法。由于文章是发表在公司网站上的，她可以得到一份电子版。文件采用 Acrobat 格式，通过使用 Acrobat 便捷的检索功能，她很快就能得到一份有关雇员和他们被雇用日期的明细单。

现在，为了达到她的目的，她检查了一下收到的关于薪酬发放金额和发放日期的报表，并进行了分析。在 7 月 21 日这一周，增加了 3 份工资：一份是 35 000 美元，一份是 53 000 美元，一份是 110 000 美元。同时，她注意到在新员工报表中，这一周新增加的员工是营销策划主管、程序测试工程师和接待员。110 000 美元不太可能是付给接待员的薪酬，很可能是营销策划主任的薪酬。所以，现在她“知道”(推理得出)了这个员工的薪酬。

接下来，回到部门报表和员工名录，她发现营销策划主任隶属于营销策划部门。该部门只有 3 个员工，他们的平均工资是 105 000 美元。通过数学计算，她知道了其他两个人的平均工资是 102 500 美元，如果她能找到那两个人被雇用的日期，那么她就能找到那两个员工的薪酬。

现在你有了一点直观的认识。为了工作，Megan Cho 只是得到了两份报表。但是她通过将这些报表的信息与公共场所获得的信息结合到一起，就可以推算出至少部分员工的薪酬。而这远超过她应该知道的。这就是语义安全的问题。

问题讨论

1. 用你自己的话解释物理安全和语义安全的区别。
2. 为什么报表系统增加了语义安全问题的风险？
3. 公司能做些什么来防范由语义安全问题造成的意外损失？
4. 公司有哪些法律责任去防范语义安全问题？
5. 假设语义安全问题不可避免，你认为保险公司有开发新产品的可能性吗？有的话，请描述一下该保险产品；没有的话，请解释为什么。

小结

利用本小结来检查你是否理解了本章介绍的思想和概念。

1. 企业如何使用商务智能(BI)系统

定义商务智能和 BI 系统。利用图 9-1 解释 BI 系统的各个元素。举例说明，企业可以在表 9-1 中的任何一个协作任务中使用商务智能。

2. BI 过程的 3 个主要活动

列出并描述了 BI 过程中的 3 个主要活动。总结了 Adison 和 Drew 如何使用这些活动产生 BI 结果。

3. 企业如何通过数据仓库和数据集市来获取数据

描述数据仓库和数据集市的必要性和作用；定义和描述数据仓库的主要组成部分；举例并说明数据挖掘和复杂报表中数据可能存在的问题；利用供应链的例子来说明数据仓库和数据集市的区别。

4. 处理 BI 数据的 3 个技术

列出并描述处理 BI 数据的 3 个技术以及各自的目标和特征；总结报表分析；定义结构化数据；总结数据挖掘；解释有监督的和无监督的数据挖掘的区别；区分报表分析和数据挖掘；列出并解释大数据的 3 个特征(3 个以字母 v 开头的单词)；描述 MapReduce 如何工作并解释 Hadoop 的目标。

5. 发布 BI 的备选方案

列出 4 个用于发布商务智能的备选服务器类型；解释静态和动态报告的区别；解释术语订购；描述为什么动态报告很难创建。

本章知识对你的启发

总结你在本章学到的知识，作为一个未来的业务专业人员，解释你将如何使用这些知识，解释你的知识将如何有利于 PRIDE 项目并描述大数据和 PRIDE 的一个应用。

关键词和术语

BI 分析	数据仓库	回归分析
BI 应用	决策支持系统	报表分析
BI 服务器	动态报告	语义安全
大数据	异常报告	奇点
商务智能(BI)	粒度	静态报告
商务智能(BI)系统	分布式计算	结构化数据
聚类分析	MapReduce	订阅
Cookie	Pig	有监督的数据挖掘
数据采集	结果发布	第三方 cookie
数据集市	导入发布	无监督的数据挖掘
数据挖掘	导出发布	

知识运用

1. 使用 SQL 以外的语言解释 Lucas 利用图 9-2 顶部的内容创建中间部分所示的表的逻辑步骤。确认所有必要的数据都是存在的。如果有需要，做出并证明你的假设。

2. 使用 SQL 以外的语言解释 Addison 利用图 9-2 中间部分的内容创建 Item_Summary_Data 表的逻辑步骤。确认所有必要的数据都是存在的。如果有需要，做出并证明你的假设。

3. 回顾报表系统和数据挖掘系统的区别。两者的相似点和区别各是什么？各自的成本差异是什么？各有什么用处？一个企业会如何在这两个 BI 工具中进行选择？

4. 假设你是 Audubon 社团的成员，你所在地区的分社委员会请你帮助他们分析社团成员的数据。委员会希望以成员的行为为基础分析成员的人口统计数据，包括参加的活动、参加的学习、志愿者活动和捐赠等行为。描述他们可能开发的两种不同的报表程序和一个数据挖掘程序。注意要包括对每一个系统目标的详细描述。

5. 假设你是学校的学生会主席。最近，一些学生指责你的部门资源分配不公，他们声称，分配是基于过时的学生喜好。大部分资金给了只有少数同学感兴趣的活动，而大部分同学希望参加的新活动只分得少量的资金。说明你将如何运用报表或数据挖掘系统去评估这一主张。

6. 描述大数据的特征。描述你所在的大学中满足大数据特点的学生相关的应用程序有哪些。描述该数据中可能存在的模式和关系。

合作练习 9

在你开始这部分练习之前，阅读扩展章 1 和扩展章 2，这两章介绍了合作的技巧以及管理合作任务的工具。特别是考虑运用 Google Drive、Google +、Windows Live SkyDrive、Microsoft SharePoint 或者其他合作工具。

与一组同学合作并回答以下问题。不要面对面，只能通过电子邮件和附件进行小组间的协作。你的答案要能反映出整个小组的思想，而不是一两个人的个别意见。首先，请阅读案例 9。

不可否认的是，第三方 cookie 为网上卖家提供了优势，也增大了消费者接触到感兴趣的网络广告的可能性。这样，第三方 cookie 也可以向消费者提供服务。但是，对于个人隐私来说有什么代价？为此应该做些什么？小组合作并回答以下问题：

1. 总结创建和处理第三方 cookie 的方式。尽管 cookie 不应该包括个人身份识别数据，解释如何轻松获取这些数据？（见案例学习 9 的问题 4）

2. 目前有许多浏览器功能、加载项和其他工具都可以用来组织第三方 cookie。在网页中搜索“阻止 × × × 的第三方 cookie”，在 × × × 位置上填写你的浏览器的名称和版本。阅读说明并总结查看给定网站的 cookie 问题所需要的程序。

3. 在很大的程度上，Web 免费使用内容甚至网站本身产生的费用都是由广告来支付的。如果很多人由于害怕泄露隐私而阻止第三方 cookie，将会失去主要的广告收入。小组讨论这样的一个行为如何影响 Facebook 和其他以广告收入为主的公司的估价，如何影响 Forbes 或其他免费在线内容供应商的在线交付。

4. 许多公司与第三方 cookie 有利益方面的冲突。一方面，这样的 cookies 可以间接产生利润并补偿互联网内容所需要的成本。而另一方面，非法窥探用户隐私可能成为一个公关灾难。如 9.2 节中提到的，浏览器有阻止第三方 cookies 的功能选项。然而在大多数情况下，这些选项在浏览器的安装过程中是默认关闭的。讨论这样做的原因是什么。如果要求网站在获得用户许可后才能安装第三方 cookies，你将如何决定是否给予授权？列出你的团队认为你会真正使用的选择标准（而不是团队认为你应该怎么做），然后对该决策的有效性进行评估。

5. 第三方 cookies 的处理过程是隐藏的，我们不知道在显示屏背后它对我们私人的行为数据如何进行操作。因为这些处理过程太复杂且涉及到多方组织，即使有相关的使用说明也很难理解。如果你的隐私是由 7 个独立运作的不同公司的相互作用组成的，哪个公司要承担窃取用户隐私的责任？总结这些事实对消费者产生的影响。

6. 总结第三方 cookies 给消费者带来的好处。
7. 基于对第三方 cookies 的了解，你的团队认为应该做些什么？
(1)什么都不做
(2)要求 Web 网站在安装第三方 cookies 之前询问用户
(3)要求浏览器屏蔽第三方 cookies
(4)要求浏览器默认屏蔽第三方 cookies，但允许用户将其打开
(5)其他
8. 小组讨论各选项，进行选择，并证明你的选择。

案例学习 9

安装信息记录截取程序(Hadoop the Cookie Cutter)

信息记录(cookie)是一个 Web 网站在个人计算机上存储的交互记录数据，其中可以包括类似于最后访问日期、用户当前是否处于登录状态或者其他一些用户与网站进行交互的相关数据，也可以包括用户过往交互信息数据库中一个或多个表的关键值。在这种情况下，当你登录一个网站时，服务器会利用 cookie 的值来查找你的访问历史。这样的数据可能包含你以前的购买记录、未完成交易的部分或者你对网页的数据或外观设置信息。大多时候，cookies 能够使用户更轻松地与网站进行互动。

cookie 中的数据包含其所有者网站的 URL。比如，当你登录 Amazon 网站时，它会要求你的浏览器在电脑上存放一个包含其网站名称 www. Amazon. com 的 cookie。如果你没有将 cookies 关掉，它会按照网站的指示进行操作。

第三方 cookie(Third-party Cookie)是由一个网站创建而不是用户访问的 cookie。这类的 cookies 可以通过多种方式产生，但最常见的是当网页包含多个来源的内容时产生 cookie。例如，Amazon 将其页面设计成能够使一个或多个部分容纳广告服务公司 DoubleClick 提供的广告。当浏览器构建你的 Amazon 页面时，会与 DoubleClick 联系以获得相应部分的内容(本例中指的是广告)。在浏览器获得内容响应的同时，DoubleClick 会指示浏览器存储一个 DoubleClick 的 cookie，这就是一个第三方 cookie。通常，第三方 cookies 不会包含用户姓名或者能够验证其身份的任何属性值，然而，其中会包含内容传送的 IP 地址。

DoubleClick 在创建 cookie 的同时会在自己服务器的日志上记录该数据，如果你点击广告链接，它也会将该点击操作记录在日志上。每次 DoubleClick 显示出广告，日志都会进行一次记录操作。cookie 的使用期限由创建者设定并可以持续很多年。所以，随着时间的推移，DoubleClick 和其他第三方 cookie 的拥有者将会得到一个历史记录，其中包含网页展示内容、哪些广告链接被点击过，以及交互间隔期是多少。

但是，机会不止如此。DoubleClick 不仅与 Amazon 签署了合作协议，还与其他很多公司进行了合作，如 Facebook。一旦 Facebook 网站中包含任何 DoubleClick 的内容，DoubleClick 就会在你的计算机中存放另一个 cookie。这个 cookie 与通过 Amazon 存放的 cookie 有一定的区别，但是两者都包含了你的 IP 地址以及其他一些数据，这些数据足够充当数据源以连接同源的第二个 cookie。所以，DoubleClick 目前在两个网站上都有你的广告响应信息。随着时间

的推移，这个 cookie 日志不止会包含你对广告信息的响应，还会包含你对各种包含 DoubleClick 广告的 Web 站点的访问模式。

你也许会惊讶于自己到底有多少第三方 cookies。Firefox 浏览器有一项可选功能，称为 Colusion。该功能可以追踪并用曲线表示出电脑中所有的 cookies。图 9-9 展示了访问各种 Web 网站时存储在电脑中的 cookies。如图 9-9a 所示，当我启动电脑并打开浏览器时没有产生任何 cookie。而图 9-9b 显示的是我访问 www. msn. com 后产生的 cookies。这时已经产生了 5 个用于追踪我的访问行为的第三方 cookies。当我访问 www. yahoo. com 和 www. amazon. com 后，产生了 12 个第三方 cookies，如图 9-9c 所示。最后，图 9-9d 所示是我访问 Seattle Times、Facebook 和 LinkedIn 后产生的无数个 cookies。而图 9-9e 说明当我关闭浏览器窗口后仍然被第三方 cookies 监视着。

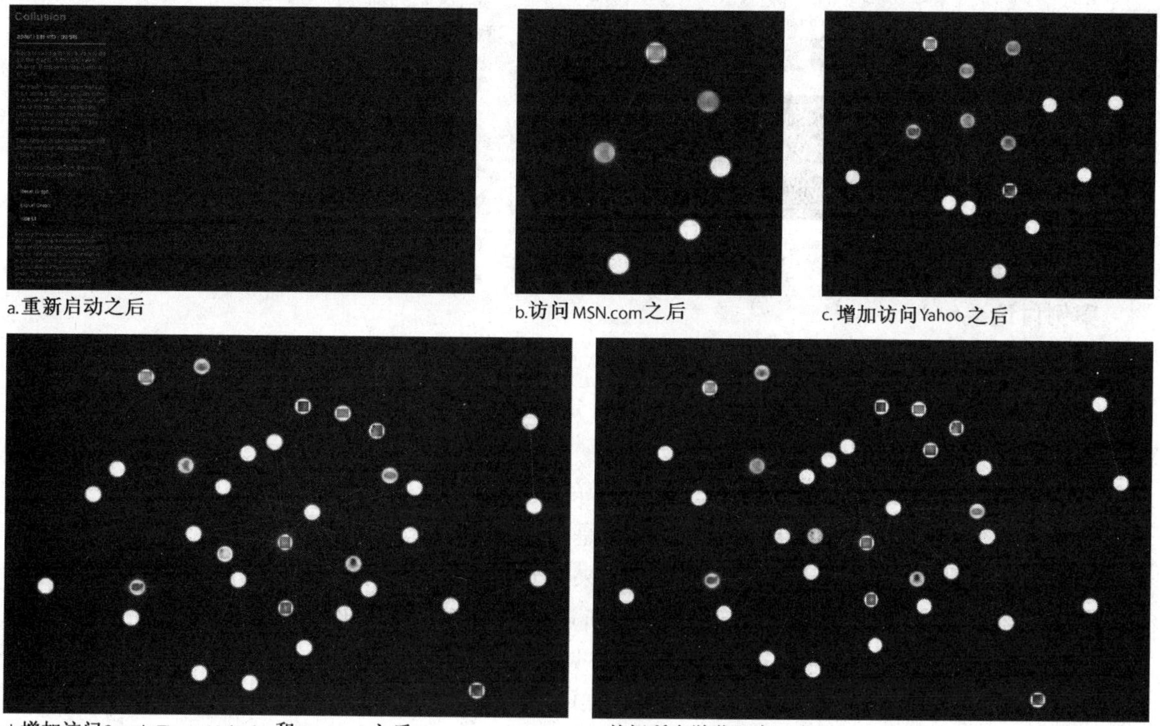

a.重新启动之后　b.访问 MSN.com 之后　c.增加访问 Yahoo 之后

d.增加访问 Seattle Times, LinkedIn 和 Facebook 之后　e.关闭所有游览器窗口之后

图 9-9

是哪些公司在收集我的浏览器行为数据？你可以通过浏览器的另一个附加功能 Ghostery®（www. ghostery. com）来解决这个问题。图 9-10 显示的是浏览 zulily. com 后被该网站安装的 10 个第三方 cookies。点击第三方 cookie 所有者的名称，将会显示图中所示的弹出窗口。点击“What is...”可以查看公司的名称以及他们的行为。

第三方 cookies 可以产生不可估量的日志数据。例如，假设一家类似 DoubleClick 的公司在一台给定计算机上显示 100 个广告，时间为 1 天。如果该计算机正在向大概 1 千万的电脑中显示这些广告，那么每天会产生 10 亿条日志记录，或 3650 亿每年。这就是所谓的大数据。

存储基本上是免费的，但这些公司如何处理所有的数据呢？怎么解析日志以找到特定电脑中的记录呢？怎么集成同一 IP 地址中不同 cookie 的数据？如何分析这些记录才能知道用户点击了哪条广告？又是如何刻画每条广告的差异来判定对某个用户来说哪些特性是最重要的？如9.4节所述，答案是使用并行处理。利用一个MapReduce算法将该工作分配给成千上万并行工作的处理器。将这些独立处理器的结果汇总，然后可能会转移到分析的第二阶段，再执行一遍该过程。对于这个处理过程来说，9.4节提到的开源程序Hadoop是最适用的。也难怪Amazon提供Hadoop MapReduce作为EC3的一部分。起初他们只是为了自己使用，现在考虑到其价值，为什么不将其租赁出去呢？

（参见本章的合作练习，继续考虑第三方cookie还有哪些问题或机会？）

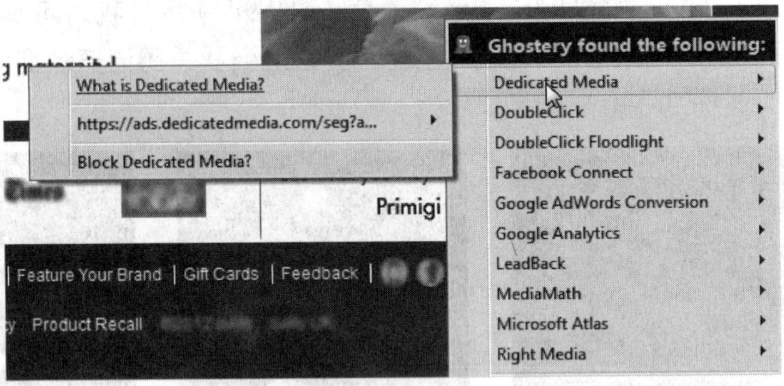

图9-10　浏览zulily.com后被安装的10个cookies

案例讨论

1. 用自己的话解释第三方cookies是如何产生的。

2. 假设你是一个广告服务公司，为一个特定的网页供应商（如Amazon）维护广告日志或cookie数据。

（1）你怎么利用数据来判断哪个广告是最好的？

（2）你怎么利用数据来判断哪个广告形式是最好的？

（3）怎么通过过往广告记录和广告点击量来决定给一个特定IP地址发送什么样的广告？

（4）怎么利用数据来说明你在问题（3）中所用的技术是如何工作的？

（5）怎么利用数据来判断一个IP地址是否只有一个用户？

（6）拥有这个数据使你比其他广告服务公司有什么优势？

3. 假设你是一个广告服务公司，拥有所有网页客户（Amazon、Facebook等）的广告cookie数据的日志记录。

（1）概括地说明你如何处理cookie数据，将其与一个特定IP地址的日志记录相关联？

（2）鉴于本题给出的额外的数据，你在问题2给出的答案将如何变化？

（3）描述你可以如何利用这个日志数据来判断哪些用户始终追求最低价？

（4）描述你可以如何利用这个日志数据来判断哪些用户始终追求潮流新品？

（5）解释为什么问题（3）和（4）中的应用只能通过MapReduce或类似的技术来实现？

4. 如上所述，第三方cookies通常不会包含能够辨别特定用户身份的数据。然而，Amazon、Facebook和其他第一方cookie供应商却可以通过用户的注册来辨别用户身份。只需要其中一方将你的身份透露给广告服务器，然后，你的身份就会与你的IP地址相关联。这时，广告服务器和其所有的潜在用户都可以辨别你的身份。你担心第三方cookies侵犯自己的隐私吗？试解释你的答案。

第四部分

信息系统管理

第四部分分别在第 10、11 和 12 章提出了信息系统的开发管理、资源管理和安全管理。即使你不是信息系统专业的学生，你也需要知道这些，这样你才能够成为一个在信息系统服务方面成功且卓有成效的客户。下面的例子用来解释其中的原因。

Romero Flores 医生正在和 Maggie Jensen、Jason Weber 面谈。Maggie Jensen 是一个商业分析人士，同时也是开发 PRIDE 系统团队的成员，Jason Weber 是办公室管理员。

“非常糟糕，我们的确不知道我们正在做什么。”Jason 听起来很沮丧。

Flores 医生加入进来，“由于我们自己的成功而导致失败，我怎么也想不到。”

“坚持住，伙计。我不会说失败的。我们距离失败还很远，但是我们的确需要将我们的注意力转向程序和管理。”Maggie 不想让这次会议走太远的下坡路。

“我说说吧。我们已经要求患者遵从如何在跑步机上锻炼的原则。好的，那是没有用的。他们中间很多人觉得心脏监测器有问题，认为我们应该了解有关心脏监听器的一些问题，因为我们是按照一个心脏外科手术的做法来进行的。”

“好的，我们作为一个原型来启动这个项目，我们想要知道它是否会起作用并且患者对它是否产生回应。同时现在我们已经知道它的确在工作，并且实际上许多患者，但不是全部，多于 3/4 的患者将会积极地使用 PRIDE 设备。”Maggie 以一种乐观的方式总结了这种情况。

“好的，我们知道他们无论如何将会在未来几个月的时间内使用这个设备，但是我们不知道他们会使用多久。”从 Jason 的话中可以很清楚地知道他希望他们永远也不要启动这个项目。

“所以，我们这个原型项目已经取得了成功，我们需要决定下一步做什么。很明显，我们需要查看我们的程序和训练情况，更好地管理我们的用户。我们也许需要增加一些新的播放机和资源，例如设备供应商的服务中心等，还有一些当地的健康俱乐部。”

“健康俱乐部？为什么？”

“你不是告诉我你有许多关于下一步练习要做什么的问题吗？或者，如何从一个不同的练习当中获得同样的效益？现在春天就要来了，大家想要出去锻炼，甚至慢跑，而不是在室内用他们的跑步机。”

“还有另外一个问题……”Flores 医生带着沉重的叹息进入到谈话当中，“我们需要决定我们要去的方向。”

“你是什么意思?”

“我需要和我的医疗合作伙伴见面，了解他们想要做什么。我们已经说明了这是一个原型，现在我们只想使这个系统为我们的练习和我们的患者服务吗？我们想要和其他人分享吗?我们是否想要成立一个独立的公司，并且将这种服务提供给更多的外科手术？Maggie，我会在下周同一天和他们见面，大概是 6 点半，我想让你也参加。”

Flores 医生和他的合作伙伴需要决定他们的新发明能够做些什么。很明显，他们需要知道在他们的实践中如何更好地使用它，这就意味着他们需要完成系统的所有 5 个部分，而不仅仅是软件和数据库部分。之后，我们将会在第 10 章讨论。除此之外，他们是如何长期支持呢？如果他们成立一个独立的公司，这个公司如何运行像 PRIDE 的基础设施？我们会在第 11 章讨论信息系统的管理。最后，像 PRIDE 这样的系统，安全和隐私是非常的重要的，并且这不仅是因为患者的要求，医疗行为对于保护病人的数据是有法律要求的。第 12 章通过讨论安全性来结束信息系统管理的学习。

从 PRIDE 的例子中可以得出，不论是不是一个信息系统专业人员，你都需要这些知识。

第 10 章 管理开发

根据本书第四部分的案例中所描述的会议，Maggie、Flores 医生、Christine Lomar 医生和 Chris Vesper 医生下周还会再次见面。这 3 个医生是奥斯汀心脏手术中心的合作者，见面开会的主要目的是决定下一步该做什么。

Flores 医生首先发言说，“PRIDE 模型已经在工作，患者也在反馈，现在的问题是，我们下一步该做什么？对于我们来说，项目并没有完成，完成它或许会花费比我们的预算更多的资金，所以现在该怎么做呢?”

Vesper 医生看着 Flores 医生说，“Romero，这个是你的小项目，而我只是跟着你做。我知道你认为我的想法很可笑，但是我只关注手术而已。我对这些术后的护理和技术方面的东西都没有兴趣，而且我也觉得我们没必要在这些方面花费太多的资金。”

“那你的意思是放弃它?”

“也许是，如果你想还在这方面花费时间和金钱那也可以，但是我真的不想作为合作伙伴参与或者与它有任何合作关系。”

“好吧，我非常遗憾听到你这么说。Christine，你怎么想?”

“我的想法在你们两人的中间。我认为这么做是值得的，而且我倾向于在手术后更有效地照顾好患者。但是，我们是一群医生而不是一个技术公司，如果我们想完成这个项目，需要花费多少呢?”

“Maggie 你说呢?”

“Flores 医生让我做出一个完整的系统实施计划。我们至少要在这里合作完成业务流程的定义并记录下来，之后我们需要对员工进行培训，包括我们的合作伙伴。我估计这要花费 2 万 5 千美元，也许会更多，但肯定不会超过 5 万美元。”

“啊?”

“还有另一件事。目前我们支持的设备包括 Garmin 训练手表、iPhone 和 iPad。为了让 PRIDE 系统适用范围更广，我们需要支持其他手表和移动设备，至少要支持 Android 手机。”

“成本是多少呢?”Lomar 显得小心翼翼。

“这取决于支持哪些设备……”

Vesper 无法继续忍受这样的讨论。“我不关心这些问题，我甚至不想支付培训员工的最低费用，就是那 2 万 5 千美元！支付这么多钱实在太疯狂了，我们还是讨论手术的事情吧。”

会议在 3 名外科医生的讨论中陷入嘈杂声中。最后，Maggie 开口插话了。

“我有一个想法。我们先在这里确定 PRIDE 系统的业务流程，然后你们就都有了目前我们支持的设备的工作台系统。”

“然后寻找外部投资商，进一步开发系统、引入先进的技术并成立一个公司，你们将成为新公司的主要股东或者掌握系统的使用许可权。”

"2 万 5 千美元怎么样?"Vesper 并没有降低需要投入的资金。

"这个由你决定。如果 Flores 和 Lomare 都愿意投资这个工程，那么他们将得到更多或者新公司全部的股份。你们可以权衡一下再做决定。"

"Maggie，谢谢你。在我们做出决定之前可能还得麻烦你。"

"我明白。我要回家了，不过有任何问题都可以给我打电话。"

"谢谢，Maggie"，Flores 和 Lomar 在 Maggie 离开会议室时满意地点了点头。

学习目标

1. 系统开发的定义
2. 系统开发面临的困难和挑战
3. 系统开发生命周期(SDLC)的 5 个阶段
4. 系统定义的实现
5. 用户在需求阶段扮演的角色
6. 信息系统五要素的设计
7. 信息系统的实施
8. 系统实施的任务
9. 系统开发生命周期(SDLC)中的问题

10.1 系统开发的定义

系统开发(Systems Development)，有时也称为**系统分析和设计(Systems Analysis and Design)**，是建立和维护信息系统的过程。注意，这个过程关注的是信息系统，而不只是计算机程序。开发一个信息系统涉及 5 个组成部分：硬件、软件、数据、流程和人，而开发一个计算机程序则涉及软件程序，可能还有一些数据和数据库。图 10-1 显示，系统开发比计算机程序开发具有更广的范围。

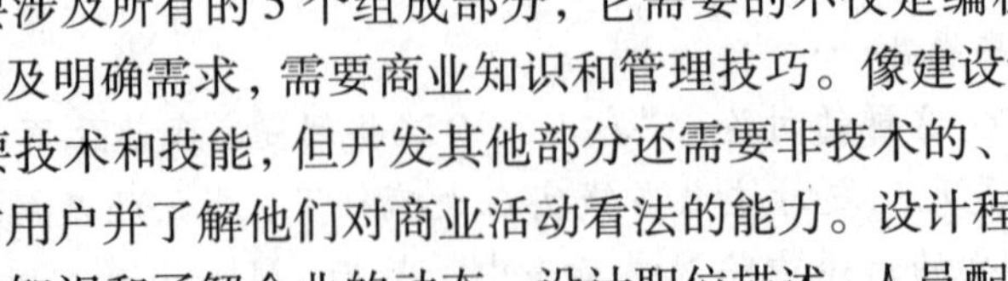

图 10-1　系统开发和程序开发

因为系统开发需要涉及所有的 5 个组成部分，它需要的不仅是编程或技术专长。建立该系统的目标、设立项目及明确需求，需要商业知识和管理技巧。像建设计算机网络和书写计算机程序这样的任务需要技术和技能，但开发其他部分还需要非技术的、人际关系的技巧等。建立数据模型，需要采访用户并了解他们对商业活动看法的能力。设计程序，特别是那些涉及企业行为的，则需要商业知识和了解企业的动态。设计职位描述、人员配备和培训都需要人力资源和相关的专业知识。

因此，不要认为系统开发完全是一项由程序员和硬件方面的专家承担的技术性任务。相反，它需要由专家和有商业知识的非技术专家组成的团队合作。

在第 4 章中，你已经知道软件有 3 个来源：现成的软件、带备选方案的现成软件和定制化开发的软件。虽然所有3个来源都涉及软件，但只有2个涉及信息系统。与软件不同，信息系统永远没有现成的。因为信息系统涉及你公司的人和业务流程，所以不论你如何获取计算机程序，都必须建立或调整程序来适应人和业务流程。

作为一个未来的业务经理，你将在信息系统的开发中起到关键作用。为了完成部门的目标，你需要确保在信息系统中程序的有效性。你需要确保这些人员受过适当训练，并能有效使用信息系统。如果部门没有适当的流程，以及训练有素的人员，则必须采取纠正行动。虽然你可能会把硬件、程序或数据等问题转交给信息技术部门，但你不能把流程或人事问题转交给这些部门，这些是你的问题。信息系统成功的最重要的一个标准，是用户对他们的系统有所有权。

10.2 系统开发面临的困难和挑战

系统开发是困难而且有风险的，许多项目是从来没有完成过的。在那些完成的项目中，有些是200%或300%地超过预算；还有其他项目，虽然在预算和时间计划之内，但从来没有圆满完成目标。（参见案例学习10。）

你可能会为如此多的信息系统开发失败项目感到吃惊，你可能会认为在过去几年中计算机和系统的开发已经有了很大进步，现在一定有成功的方法来开发系统。事实上，的确有系统开发的方法可以带来成功，我们将在这一章中讨论最常用的方法。不过，即使有能力的人按照这些方法之一进行操作，失败的风险仍然很高。因此，正如你将会学习到的，还需要强有力的项目管理。

在以下各节中，我们将讨论图10-2所示的系统开发的5种主要挑战。

10.2.1 确定需求的困难

首先，需求是难以确定的。PRIDE系统从一个原型图开始构建，你将要学习到这是一个常见的好的开始方式。但是对于他们现在考虑的这个手术系统，什么是真正的需求？系统只包括心脏外科医生和患者？或者还需要考虑养生机构、保险公司和雇主等角色？他们需要系统支持哪些移动设备？程序需要有哪些功能？回答最后一个问题需要他们决定是否需要瘦-客户端或本地应用支持。

但是这些都属于广义上的需求。为了能够完成系统，需要定义需求的细节。医生接收到的报告应该设置成什么样子？他们是否会同时需要标准和异常报告？这些报告在结构上是固定的还是允许用户修改它？如果用户需要修改，该如何操作？

PRIDE系统总共支持多少个手术案例？一个案例中可支持多少个患者？这类问题的答案决定着需要考虑多大的云存储空间。在细节处理上，隐私权意味着什么？谁来设置用户隐私权限？谁可以对其修改？需要多大的许可权？有经验的系统开发者都知道，毫无疑问这些都是非常重要的问题，然而却没有人会提出来。也许这些需求是在10.1节中被指定的，而且那是年终报告的需要，这些需求现在没有人会记得。

问题会一个接着一个，系统开发流程的一个主要的目的就是建立一个这些问题都能够被提出和解决的环境。

图 10-2　系统开发的重大挑战

10.2.2　需求的变化

更困难的是：系统开发的目的是一个变动的目标。在系统开发过程中需求是在变化的，系统越大，项目耗时越久，需求改变得也就越多。例如，在项目的发展中，主要合作方健康俱乐部给 Flores 提出了一个有丰厚利润的方案，但是这一提议在很大程度上改变了已经制订好的需求计划。

当需求发生变化时，开发团队应该做什么呢？停止工作并按照新的规定重建系统？如果他们这样做，那么该系统将开始但可能永远无法完成，或者开发小组在开工的那天就知道完成系统那天将是不理想的一天，并将因此需要立即维护？

10.2.3　调度和预算编制困难

其他的挑战涉及调度和预算编制。建立一个系统需要耗时多久？这是一个不容易回答的问题。假设你正在开发新的 PRIDE 数据库系统，案例学习 7 中建立的数据库足够使用了么？如果不够使用，你需要设计新的数据模型吗？如果需要，则要花费多少时间创建数据模型？即使你知道需要多久才能建立一个完整的数据模型，但客户可能并不满意，你需要重建数据模型多少次才能使他们满意？你计划使用多少工时完成数据库的设计？

考虑数据库应用，你需要多久建立表格、报表、查询和应用程序？需要多久去测试它们？流程和人员呢？什么样的流程需要开发？应花费多少时间创建和归档、开发培训项目并进行人员培训？

此外，所有这一切的费用将是多少？劳动力成本由劳动小时直接计算；如果你无法估计劳动小时，你就无法估计劳动力成本。此外，如果你无法估计系统的成本是多少，那么你怎么执行财务分析以确定系统是否产生了一个适当的回报率？

10.2.4 日新月异的技术

然而，另一个挑战是，该项目正在进行中，但技术却在不断变化。例如，你正在开发PRIDE 程序，Apple、Microsoft 和 Google 公司都发布了非常流行的移动设备，这些设备的界面和动画都得到了大幅度改进。有了这些新设备，你可以为比较训练做出更好的动画。

你要停止你的开发并转向新技术吗？根据现有计划完成开发是否会更好？这样的决策非常困难。为什么要开发一个过时的系统？你能支付项目变化需要的预算吗？

10.2.4 规模不经济

遗憾的是，当开发团队变得越来越大，平均每名工作人员的贡献将减少。这是真的，因为工作人员的人数增加，将需要更多的会议和其他协调活动来使每个人都能同步运行。当规模经济达到一个临界点时，超过一定的组织规模，比如 20 名雇员，之后则开始变为规模不经济。

布鲁克斯定律（Brooks' Law）提出一个著名的观点：加入更多的人到已经延迟的项目，会使项目更加延迟。① 这不仅是因为较多的工作人员需要加强协调，而且是因为新加入的人需要进行培训。唯一可以培养新员工的人是现有团队的成员，而他们需要承担生产任务。培训新人的成本可能超过他们的贡献。

简而言之，软件开发项目的经理面临一个两难的局面：他们可以增加每个人的工作来保持团队规模很小，但在这样做时，他们延长了该项目的时间表。或者，他们可以增加工作人员来减少项目时间，但由于规模不经济，他们将要新增 150 个小时或 200 个小时的劳动获得 100 个小时的工作效果。并且由于布鲁克斯法则，一旦项目延期，这两个选择都是不好的。

进一步讲，时间表只能被有限地压缩。正如人们常说的：“9 个妇女也不可能在 1 个月之内生出一个小孩来。”

10.2.5 系统开发真的那么暗淡吗

系统开发真的如所列举的那些挑战那样暗淡吗？既是，也不是。刚才提到的所有挑战确实存在，并且它们都是每一个开发项目都必须克服的重大障碍。如前所述，一旦项目延迟和超出财务预算，那就没有很好的选择了。“我不得不后悔，”一位由于项目延迟而被围攻的经理说。

---

① 弗雷德·布鲁克斯是 20 世纪 60 年代 IBM 公司一位非常成功的高级管理者。从 IBM 退休后，他撰写了一部有关信息系统项目管理的名著，*The Mythical Man-Month*，1975 年由 Addison-Wesley 出版。这本书就现在而言仍是有意义的，每一位信息技术或信息系统项目管理者都应该读一读，这也是一本非常有趣的书。

信息技术产业已有超过50多年开发信息系统的经验，这些年来涌现出的方法成功地处理了这些问题。在接下来讨论的问题中，我们将会考虑系统开发生命周期(SDLC)，这是不同系统开发中最相同的部分。

10.3 系统开发生命周期(SDLC)的5个阶段

系统开发生命周期(System Development Life Cycle，SDLC)是用来开发信息系统的标准的流程。信息技术行业在“挫折营”(School of Hard Knock)时期开发了系统开发生命周期。许多早期项目遇到了灾难，公司和系统开发者通过详查这些灾难的点点滴滴来确定是什么发生了错误。20世纪70年代，许多经验丰富的项目经理们对于基本任务达成了一致意见，这些基本任务是成功建立和维护信息系统所必需的，这些基本任务涉及系统开发的各个阶段。

不同的专家和组织把这些任务分成不同数目的阶段。一些组织使用8阶段的过程，其他有使用7阶段的过程，还有一些使用5阶段的过程，在本书中将使用5阶段的过程：

1. 系统的定义
2. 需求分析
3. 组件设计
4. 执行
5. 维护

图10-3显示了这些阶段是如何相关的。系统开发始于业务计划流程确定了对一个新系统的需求。我们把系统规划过程放在下一章讲述。现在，假设管理层决定以某种方式建构一个新的信息系统，以使本组织能够更好地完成其宗旨和目标。

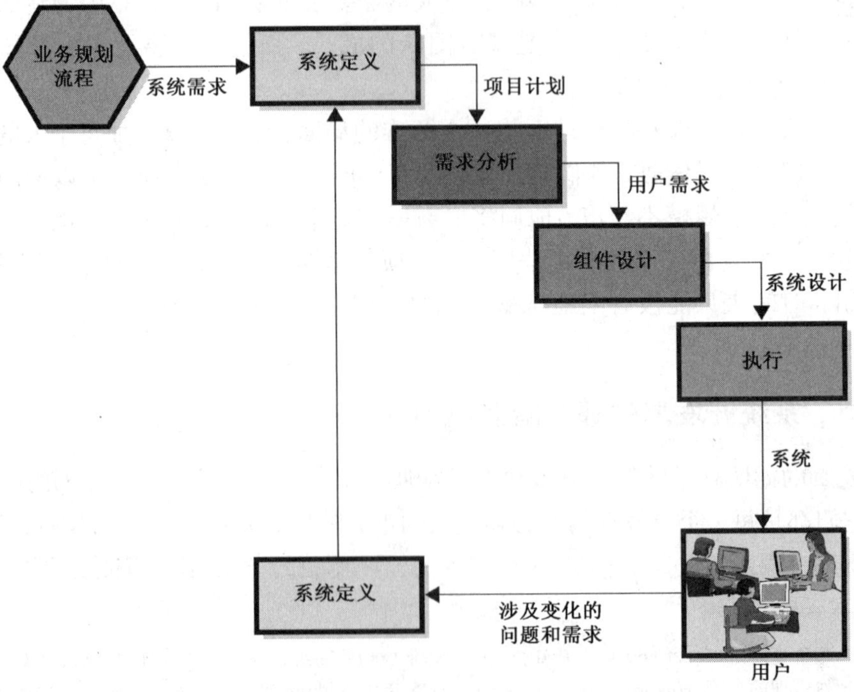

图10-3　信息系统/信息技术的规划利用

在系统开发生命周期的第一阶段——**系统定义**，开发者根据系统的管理需要来设计和规划新的系统，并将结果输入到第二阶段(需求分析)。这时，开发者需要确定新系统的具体特点和功能。这个阶段的成果是一系列经证实的用户需求，它是设计系统组件阶段的基本输入。在第四阶段，开发者实施、测试和安装新的系统。

随着时间的推移，用户将发现某些错误和存在的问题。他们也会考虑他们需要的新特点，这些需求方面的变化是系统维护阶段的输入。维护阶段之后重新开始这个全部过程，这就是为什么开发过程被认为是一个周期。

以下各节将详细讨论系统开发生命周期的每一个阶段。

10.4 系统定义的实现

为了满足新系统的需求，组织将会安排一些新的雇员，这些雇员也可能是兼职的。他们负责定义新系统，评估其可行性，规划开发项目。通常情况下，由信息技术部门的员工来领导初期团队，但初期团队的成员既有用户，也有信息系统方面的专业人士。

10.4.1 定义系统的目标和范围

如图10-4所示，第一步是定义新系统的目标和范围。回想一下第2章和第3章，信息系统的开发是为了增进合作、协助决策、解决问题和管理项目，以获取竞争优势。在这一阶段中，团队确定新系统的目标或者目的也是围绕这些原因中的一个或者多个。

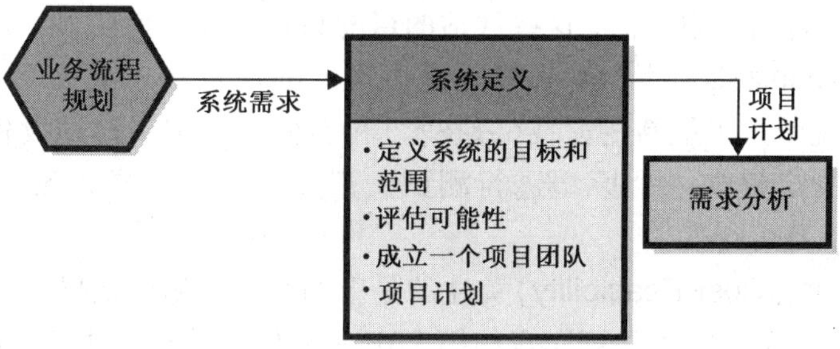

图10-4 系统开发生命周期：系统定义阶段

注解：本章的“道德指引”案例介绍了项目评估中涉及的道德问题。

考虑PRIDE系统。系统的目标是整合病人的康复训练数据并使用这些数据生成PRIDE系统中各使用者需要的报告。但这些使用者是谁呢？Flores医生认为PRIDE系统可以将患者、医生、保健俱乐部、保险公司和雇员的活动整合起来。但在PRIDE系统开发的过程中，这些角色都需要被考虑吗？开发团队可以选择将系统范围限制在患者和医疗实践活动内，或许还可以加入保健俱乐部。

在其他系统中，系统范围可以通过指定系统包括的用户、包括的业务流程或包括的工厂和办公室等来确定。

10.4.2 评估可行性

一旦确定了项目的目标和范围，下一步就是评价可行性。这一步将回答“这个项目是有意义的吗”这个问题。这里的目的是在成立项目小组和投资大量的人力之前删除明显没有意义的项目。

可行性有4个方面：成本(cost)、时间(schedule)、技术(technical)和组织(organizational)。因为进行信息系统开发项目的预算和时间估计是十分困难的，成本和时间计划只能是一个大概，目的是尽可能快地删除不可行的项目。

成本可行性(Cost Feasibility)是指对工程的成本进行评估。对于PRIDE系统，成本评估是很困难的(见案例学习10)。显然，成本的评估取决于工程的范围。但是，即使在系统范围很明确的前提下，作为一个跨企业信息系统，PRIDE系统也涉及了多个不同目标的成员。有哪些是成员认为很关键但Flores医生和Maggie还不知道的需求？他们将要使用本地应用程序还是瘦客户端程序？如果是前者，系统需要支持多少台移动设备？会有多少用户使用PEIDE系统？这些用户会产生多少存储在云服务器上的数据？

因此，开发团队能做的就是对成本进行粗略的估算。显然，任何潜在的投资者都会考察系统的成本估算，所以Maggie需要做的不仅仅是猜测。开发团队也不需要给出一个准确的成本预算，他们仅需要给出一个成本的范围。

像成本可行性一样，**时间可行性(Schedule Feasibility)**也是很难确定的，因为很难估计建立所需花费系统的时间。但是，团队可以尽力制定一个适合的时间规划，并增加可能的时间延迟，比如30%，然后决定是否能够接受这个估计的完成时间。在项目的这个阶段，公司应该既不依赖成本也不依赖时间规划评估，这些评估的目的只是排除任何明显不可接受的项目。

技术可行性(Organizational Feasibility)是指现有的信息技术是否可以满足新系统的要求。因为PRIDE系统引入了最新的科技(云技术)和创新地使用了移动设备(训练设备和其他设备)，Flores医生决定建立一个原型进行测试。正如你在本章导入案例中了解到的那样，PRIDE系统在技术上是可行的。

最后，**组织可行性(Cost Feasibility)**关注的是新的系统与组织的顾客、文化、许可或与法律要求是否相适应。例如，医生是否愿意使用PRIDE系统？他们是否会将PRIDE系统视作对自己工作的威胁？进一步说，PRIDE系统的关键用户可能是年老的患者，而这些人对新技术可能有些恐惧。Flores医生需要使用系统的原型来证明系统能够与用户互相适应。

10.4.3 成立一个项目团队

如果这个被定义的项目是可行的，下一步就是成立项目团队。通常这个团队既要有IT人员，也要有客户代表。项目经理或者IT人员既可以是内部人员，也可以是外聘的人员。我们将在下一章讨论信息系统管理时，描述从外部获得IT人员的多种方式，并讨论从外部获得IT人员的利弊。

一个项目团队中需要的典型人员有经理(对于一个大的项目可能是许多经理)、商业分析员、系统分析员、程序员、软件测试员以及用户。**商业分析员**专注于理解商业需求、策略和目标以及帮助实现商业系统并完成竞争策略。**系统分析员(System Analysts)**是既懂得技术又懂得管理的IT专家。

系统分析员接触 IT 较多而且具有一点技术，他们同时兼有商业分析员和程序员的目标和责任。他们贯穿于整个系统的开发过程，并在推动系统开发过程中扮演着重要的角色。商业分析员更多跟经理和主管打交道；系统分析员整合了程序员、测试员以及用户的工作。根据项目的特点，团队可能还需要硬件和沟通专员、数据库设计员、管理者以及其他 IT 专家。

团队的组织随着时间变化而变化。在需求界定期间，团队中的系统分析员占很大比重。在设计和实施阶段，程序员、测试员以及数据库设计员所占的比重较大。在集成和谈判阶段，团队中测试员和商业用户则比较多。

在系统开发过程中用户参与是很关键的。根据项目的规模和特点，参与的用户既可以是全职的也可以是兼职的，有时用户需要参加审查和监督的委员会并定期开会，尤其是在项目完工阶段和其他取得阶段性成果的时候。用户参与项目的方式有很多种，重点是在整个项目开发过程中用户的积极参与和对项目的所有权。

成立项目小组的首要任务是对项目进行规划。项目团队成员需要确定要完成的任务、组织人员、决定项目的依赖因素和设定时间表。

10.5 用户在需求阶段扮演的角色

需求分析的首要任务是确定和记录新系统的特征和功能。对于大多数项目开发，这个阶段要求采访大量用户并记录许多潜在的业务需求。因此，确定业务需求是很费钱的，而且正如你将会看到的那样，它也是很困难的。

10.5.1 确定需求

确定系统的需求是系统开发过程中最重要的一个阶段。如果需求是错误的，那么系统必然也是错误的。如果需求被完全正确地确定下来，接下来的设计和实施将会变得更简单，而且系统成功的可能性也更大。

举个例子，关于生产业务的需求可以记录在报告中或者填写在表格里，记录时不仅要包括将要生产什么，而且包括以什么样的频率或多快的速度生产。有些需求还需要指定存储和处理的数据量。

如果你参加系统分析和设计课程的学习，你将会花许多时间来学习确定需求的技术。这里，我们只简要地说一下这个过程。通常，系统分析员采访用户并连续地以统一的方式记录结果。好的采访技巧是关键的，因为有时用户不能够分出哪些是他们需要的，用户常常把注意力放在那些在采访时正在进行的工作。如果采访是在一个季度的中期，那么这个季度的后 1/4 任务则会被用户忽视。有经验的系统分析员知道如何通过采访，使得这些容易遗忘的任务需求呈现出来。

如图 10-5 所示，需求的来源有现存的系统、表单、报告、查询，以及新系统的特征和功能，安全是另一个重要的需求。

如果新系统包含一个新的数据库或者对现有数据库有较大的改变，那么开发团队则要创建一个数据模型。就如第 5 章中学到的，那个模型必须反映出业务活动中用户的观点。因此，这个模型的构建是基于对用户的访问而且必须通过用户的认证。

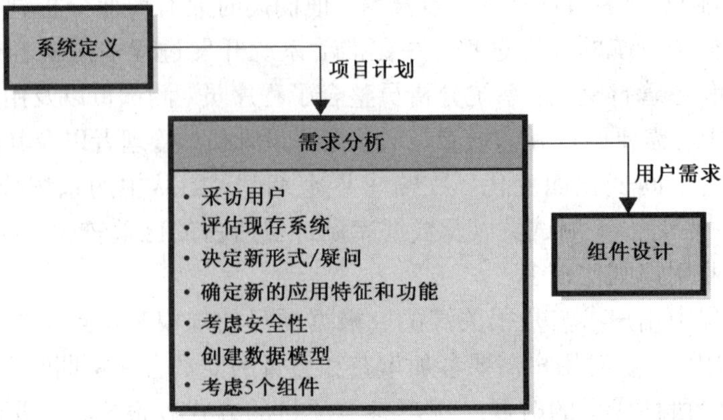

图 10-5　系统开发生命周期：需求分析阶段

有时候，需求的确定非常关注于软件和数据，以至于遗忘了其他的组成元素。有经验的项目经理确保考虑到信息系统的 5 个组成元素，而不仅仅是软件和数据。关于硬件，团队可能会问：对硬件有特别的需求或限制吗？有没有一个标准来衡量哪些硬件可用，哪些不可用？新系统必须使用现在的硬件吗？对通信、网络硬件或云服务有什么要求？

同样，这个小组需要考虑程序和个人的需求：是不是会计部门需要任务和权利分离的程序呢？是否存在只能由特定部门或特定人员来完成的工作？简而言之，需要从新系统的方方面面来考虑需求。

这些问题只是所有问题中的一些例子，必须在需求分析阶段提出和解答。

10.5.2　获得用户批准

一旦需求被确定下来，用户必须在项目推进前了解和批准这些需求。最容易而且最省钱的调整信息系统的方式是在需求分析阶段。在这个阶段调整需求，只是改变描述，这样的问题很简单。在实施阶段调整需求就需要花比较多的时间来修改应用程序和数据库。

10.5.3　原型的作用

因为系统的需求是很难具体化的，所以建立一个 PRIDE 系统的原型是非常有益的。使用文字和草图描述的系统需求往往让用户非常难以理解，系统原型可以提供直接的体验。使用系统原型后，用户可以评估系统的可用性并记住系统的特点和功能。另外，原型为系统的技术和组织可行性分析提供了依据。进一步说，原型创造出的数据也可以用于开发成本和运营成本的评估。

为了使原型有用，原型需要正常工作，模拟的表格和报表虽然对需求的理解很有帮助，但不会产生上文描述的效益。原型需要将用户带到使用 PRIDE 系统完成他们工作的体验里。

然而，开发原型的成本可能很高，这不仅仅是因为原型的设计必须体现更加清晰和完整的需求，而且还因为原型的部分功能将在实际系统中得到使用。第 9 章中在智能机上运行的 PRIDE 系统中的很多代码将在实际系统中得到使用。

原型系统开发的资金不足往往是一个令开发人员苦恼的问题。原型的开发成本产生于信息系统开发进程的早期，有些时候工程资金还未完全到位。“我们需要原型展示系统来吸引资金，但我们也需要资金来开发原型。”遗憾的是，这个问题没有常规的解决方案，除非原型系统由比较有经验的开发人员建立。我们又一次看到了掌握解决问题的非常规技能的必要性。

体验 MIS　课堂练习 10

Garden Tracker

假设你和两个或三个同学决定创办一家公司提供园艺绿化服务。你的目标是吸引客户购买该项服务，并为客户提供持续性的服务，例如割草、除杂草和清洁池塘等，或者为用户提供一次性服务，例如修剪树枝、花园整地、除树和喷洒器的安装与检修等。

实施信息系统对你的成功是非常关键的。该信息系统可以追踪客户和企业已有服务的相关信息。作为一个新创建的小企业，你只需要一个简单的、能负担的起的信息系统，这个信息系统可以基于 Excel 和 Access 开发。你为该系统取名为：Garden Tracker。

在 3 ~4 人的小组里，分享自己关于园艺绿化的了解以及自己的业务知识，完成下面的任务：

1. 说说你将如何使用系统开发生命周期的思想开发 Garden Tracker 系统。
2. 定义 Garden Tracker 系统的适用范围。
3. 对 Garden Tracker 系统进行可行性分析的步骤是什么？你需要哪些数据对该系统进行评估？列出这些数据并说明如何获取和预测这些数据。
4. 仅考虑对持续性服务的追踪，列出实现该服务的所有功能和需求。尽可能具体地给出该服务的功能并回答下面的问题：
   (1)你需要哪些数据？
   (2)如何将这些数据输入系统？给出一个数据输入界面的模型，并描述数据如何输入。
   (3)根据建立好的模型，描述修改服务数据的方式。
   (4)根据建立好的模型，描述用户取消一项持续性服务的方式。
   (5)把你列出的每一项功能都具体化，这些功能应当对持续性服务非常重要。
5. 将问题 4 的答案展示给班里其他同学，并收集他们的反馈意见。
6. 根据其他同学的反馈意见修改问题 4 的答案。
7. 仅考虑持续性服务的功能，使用 Excel 和 Access 软件后是否可以使该服务的功能更好地实现？给出原因。如果在这款软件上选择不当会造成怎样的后果？
8. 从这篇剪短的练习中你学到了哪些开发信息系统的知识？将本题的答案作为你将来面试的素材，以此证明自己具有批判性思维。

10.6　系统开发生命周期 5 个部分的设计

信息系统的 5 个组成部分中的每一个都在此阶段设计。通常，开发小组为每一个组成部分设计出供选择的不同组件，然后评价这些组件是否满足需求，最后选择适合的组件。这里需要准确的需求，如果需求不完整或不准确，那么评价将会被误导。图 10-6 显示了关于信息系统 5 个组件的设计任务。

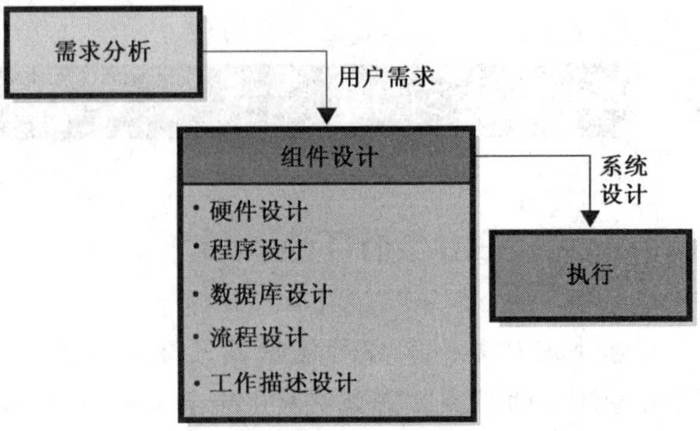

图 10-6　系统开发生命周期：设计阶段

10.6.1　硬件设计

对于硬件，开发小组决定他们想要的硬件规格。他们可以购买硬件、租借硬件或者从云服务中租借时间（这个小组并不自己设计 CPU 或者硬盘）。

在 PRIDE 系统中，数据将存储在云服务器中，一些应用程序也会在云服务器中运行。从这个角度看，硬件设计的任务与云资源相关。另外，PRIDE 系统的用户还需要确定系统支持的移动设备。选择系统支持的移动设备时还需要考虑软件程序的设计，如果将 PRIDE 系统的程序设计为瘦客户端程序而不是运行在 iOS、Android 和 Windows RT 系统上的本机应用程序，那么 PRIDE 系统可以支持更多的移动设备。

10.6.2　程序设计

程序设计取决于程序的来源。对于现成的程序，开发小组必须确定候选的产品和评价它们是否符合需求。对于需要二次开发的程序，开发小组要确定所需的现成产品以及所需要的二次开发。对于客户自定义开发的程序，开发小组要为编写程序代码提供设计文档。

对于以云技术为基础的信息系统，比如 PRIDE 系统，程序设计方面一个很重要的问题就是程序在哪里运行。程序可以全部在移动设备上运行，也可以全部在云服务器上运行或者是这两种运行方式的混合。进一步说，对于移动系统工程，比如 PRIDE 系统，系统开发团队需要在程序设计阶段确定是开发瘦客户端程序还是本机程序。

10.6.3　数据库设计

如果开发人员正在构建数据库，那么他们在这个阶段可以借助第 5 章描述的技术将数据模型转化为数据库的设计。如果开发人员使用现成的程序，那么只有很少的数据设计需要完成，这个程序将控制它们自己的数据库处理过程。

10.6.4　流程设计

商业信息系统的开发者和组织者必须为用户和操作者设计相应的流程。如表 10-1 所示，这些流程包括一般业务处理、备份、故障恢复等。通常，系统分析师和关键用户组成小组来确定这些流程。

表 10-1 流程设计

	用 户	操 作 者
一般流程	● 使用系统完成商业任务的流程	● 开始、停止、操作系统的流程
备份	● 备份数据和其他资源的流程	● 备份数据和其他资源的操作流程
故障恢复	● 当系统出故障时继续操作的流程 ● 恢复到原系统的流程	● 确定故障根源并修正的流程 ● 恢复与重启系统的流程

10.6.5 工作描述设计

考虑到人的因素，设计还应包括为用户和操作人员设计工作描述。有时新系统意味着新的工作。如果是这样，新工作的任务和责任设计需要与组织的人力资源政策相一致。不仅如此，组织还增加新的任务和责任到现在的工作中。在这种情况下，开发者需要在这个阶段定义新的任务和责任。有时候，个人设计任务简单得就像：“我们的主管(现在是 Jason)负责备份工作。”与流程设计一样，系统分析师和关键用户组成小组来确定工作描述和功能。

10.7 信息系统的实施

一旦设计完成，在系统开发生命周期(SDLC)的下一个阶段就是实施。这个阶段的任务是建立、测试和使客户转换到新的系统(见图 10-7)。开发人员单独地开发系统的每一个组成部分。他们获得、安装和测试硬件。他们获得许可后安装现成的程序，并在需要时编写应用程序和客户程序。他们构建一个数据库并填入数据，记录、检查和测试各个流程，并创建训练程序。最后，组织雇用并训练所需的人员。

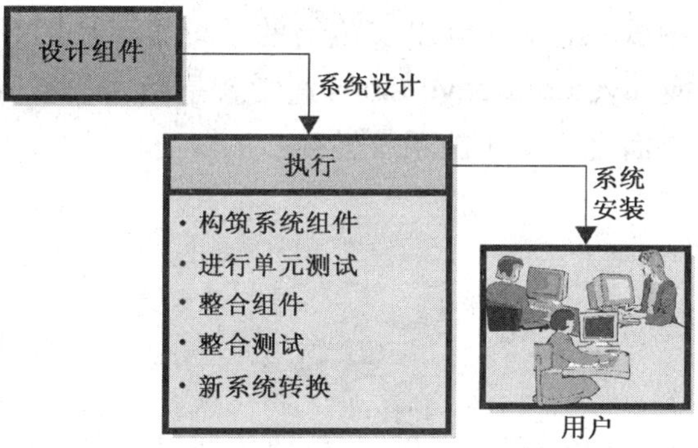

图 10-7 SDLC：实施阶段

10.7.1 系统测试

一旦开发人员构建和测试好所有的组件，他们就将这些独立的组件整合在一起，并开始测试系统。到目前为止，我们还没有提及测试工作，似乎并不需要这项工作。而事实上，软件和系统的测试是困难、耗时且复杂的工作。开发人员需要设计和开发测试计划并记录测试的结果。他们需要制定一个系统，将各种应急措施布置给有关人员，并证实这些措施是正确的和完整的。

一个**测试计划**(Test Plan)包括一系列用户在使用新系统时将会采取的步骤。测试计划不仅包括用户会采取的一般行动，还包括不正确的行动。一个综合的测试计划应该使程序中的每一行代码都被执行，因此测试程序应该使每条错误的信息都暴露出来。测试，测试，再测试，这耗费了大量的人力。通常，开发人员可以通过编写能自动调用系统特征的程序来减少测试阶段的人力耗费。

现在，有很多的IT专业人员在做测试员的工作。测试通常被称为**产品安全保证**(Product Quality Assurance，PQA)，是一个很重要的工作。PQA专业人员通常用从用户那里得到的建议和帮助来构建测试计划。PQA测试工程师自己执行测试，并指导用户的测试活动。很多PQA专业人员本身就是编写自动测试程序的程序员。

除了IT专业人员，用户也应该参与系统测试工作。用户参与测试计划和测试案例的开发。他们也可以成为在PQA专业人员指导下的测试小组的一员。对于系统是否可以投入使用，用户有最终的决定权。假如你被邀请作为一名测试人员，那么你就要认真地承担起相应的责任。如果系统投入运行，再对问题进行修改就是非常困难的事情了。不管你跟进哪个系统，非常重要和明确的一点是，你需要和测试人员一样参与测试用例的开发。对于系统开发团队而言，如果你一直坐视不理，直到开发完成才来抱怨失误和忽略的地方，这样的做法既不专业又不明确，同时也不公平。

试用版测试是指允许未来的系统用户自己对系统进行测试的过程。软件开发商，如Microsoft，经常将产品的试用版交给用户，让他们自己去尝试和测试。这些用户将问题反馈给软件开发商。试用版测试是测试阶段的最后一个环节。通常，在试用版测试阶段，产品已经完成并具有全部的功能，但它们也会有一些严重的问题。开发一个大型的新信息系统的组织有时候会像软件开发商那样进行试用版测试过程。

10.7.2 系统转换

一旦系统通过了整合测试，组织就可以安装新的系统了。从旧系统转换到新系统必然伴随业务上的变动，**系统转换**(system conversion)通常就是做这些事情的。

组织可以从以下4个方面之一来实施系统转换：

- 试点
- 分期
- 并行
- 投入

信息系统专家推荐前3个中的任意一个，具体要依情况而定。在多数情况下，公司要避免冒“立即投入”的风险。

试点安装(Pilot Installation)是指组织在业务有限的部分来运行整个系统。Dr. Flores对PRIDE系统需要做的就是选择一部分客户来试用新系统。试点运行的一个优势是，就算系统失败了，这个失败也被限制在一个很小的范围，从而减少了系统的支出并保护系统不会在整个组织里或所有客户中产生不好的声誉。

顾名思义，**分期安装**(Phased Installation)是新系统在组织中分阶段地安装。一旦一个给定的系统部分地正常工作，就组织安装和测试系统的其他部分，直到整个系统全部安装完成。一些系统是高度集成的，它们是不可以被分期安装的。这样系统的安装就要用到另外的技术。

并行安装(Parallel Installation)就是新系统与旧系统并行运行，直到新系统被测试完并完全可操作。并行安装是很昂贵的，因为组织需要同时运行两套系统。如果你愿意运行两套系统，那么作为用户的你就需要花费两倍的时间。接着还需要做大量的工作来确定新系统的结果是否与旧系统一致。

然而，有些组织会认为并行安装的成本是安全的一种保证。这是最慢的也是最昂贵的一种安装方式，但是如果新系统失败的话，它提供了一条简单的退路。

最后一种方式是**立即安装**(Plunge Installation)，有时也称为**直接安装**(Direct Installation)。使用它的话，组织关闭旧的系统并开启新的系统。如果新系统失败，则组织陷入困境，即什么也不能做直到新系统调试好或者旧系统重新安装好。由于风险太大，组织应尽量避免这种转换方式。一种例外情况就是，新系统提供的新能力失败并不影响组织的正常运作。

表 10-2 总结了在设计和实施任务阶段 5 个组件的任务。这个图可以用来检验你对每个阶段任务的知识的掌握。

表 10-2　5 个组件的设计和实施

	硬　件	软　件	数　据	流　程	人
设计	决定硬件	选择现成的程序；设计按需转换和个性化程序	数据库和相关结构的设计	用户和运营程序设计	开发用户和操作者的工作描述
实施	获取 安装 硬件测试	许可和安装现成程度； 编写改建和定制程序； 测试程序	数据库创建； 存储数据； 测试数据；	文字程序； 创建训练程序； 反馈和测试程序	人员雇用和培训
	集成的测试和转换				

10.8　系统维护的任务

系统开发生命周期的最后一个阶段就是维护。实际上，维护一词用得并不恰当，在这个阶段既要修正系统使其正确运转，又要让它适应需求的变化。

图 10-8 显示了维护阶段的任务。首先，需要有一种手段来追踪缺陷①和加强对新需求的满足。对一个小系统，组织可以通过语言过程记录来追踪缺陷和加强对新需求的满足。然而，当组织变得越来越大时，缺陷和加强要求的数目增加了，很多组织发现开发一个追踪数据库是很有必要的。这种数据库包含对缺陷和加强需求满足的一种描述。它还记录了是谁报告问题，谁将修正缺陷或加强对需求的满足，工作的状态是怎么样的，以及修正和加强是否已经经过测试和核实。

① 缺陷是系统所做的和应该能做到的之间的差距造成的。有时会使用错误这个词来代替失败。经营一个处理重大失败的组织机构几个月就能深刻体会到这两个词的区别。

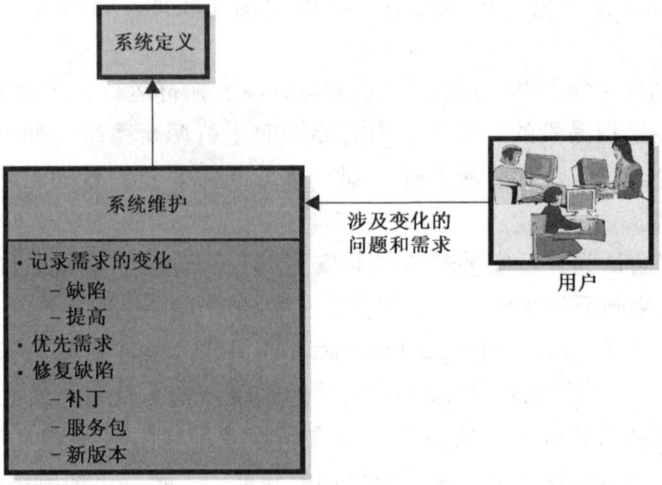

图 10-8　SDLC：系统维护阶段

通常情况下，信息系统人员对问题的排序由其严重程度决定。尽快落实修复高优先级项目，在时间和资源可以获得的时候再落实修复低优先级的项目。

对于软件组件，软件开发组将高度优先的缺陷修正成为一个**补丁(patch)**程序，它适用于特定产品的所有副本。正如第 4 章所述，软件开发商提供补丁来修正安全和其他严重的问题。他们通常将一些低优先级的问题捆绑成一个大的组再进行修正，这称为**打包服务(service pack)**。用户申请打包服务和申请补丁一样，不过打包服务包括修正成百上千的问题。

顺便说一下，你对此也许很惊讶，但是所有的商业软件产品都有大家知道的问题。通常开发商测试其产品并修正那些最严重的问题，但是极少修正所有已知的问题。交付产品的时候还有缺陷是实际的行业问题，Microsoft、Adobe、甲骨文、RedHat 等都有交付后还有问题的产品。

因为加强对需求的满足是对新系统的适应，开发者通常优先考虑这一点，而将修复缺陷问题放在第二位。加强对需求的满足包括一个商业的决策，这个决策将会产生可以接受的回报率。尽管最小的加强需求满足是进行服务打包，而主要的加强要求是完成一个新版本的产品。

当读到这里时请注意，虽然我们通常将修复缺陷和加强需求满足应用于软件，但是它们也可以被应用于其他的组件。硬件和数据库可能存在缺陷或者是加强需求满足的要求。在程序和人方面也有可能存在缺陷和加强需求满足的要求，只是后者更多地是用人类的语言来表示，但是潜在的意思是一样的。

如前文所述，维护阶段开始了 SDLC 的另一个循环。做出加强系统的决策是重启系统开发过程的决策。即使是一个很小问题的修正也要贯穿整个 SDLC 的所有阶段。如果是一个小的修正，一个人也许以一个简短的形式通过所有阶段的工作，然而所有阶段都要重复。

10.9　系统开发生命周期(SDLC)中会遇到的问题

尽管行业在系统开发生命周期上取得了显著的成功，但是它依然还有很多问题。

注解：本章的“学习指导”案例阐述了项目评估过程中会遇到的挑战和困难。

10.9.1 SDLC 瀑布特征

SDLC 的一个问题是由于它的**瀑布(Waterfall)**特征。就像瀑布一样，这个过程以一个连续的不重复的运作方式进行。例如，开发小组完成需求阶段进入到设计阶段，接着再到实施和维护阶段(见图 10-3)。

然而，系统开发几乎不会如此流畅，通常会折回并重复工作。更常见的是，当设计工作开始并且开发小组开始评价选择时，他们发现一些需求是不完全的或者是有被遗漏的。这个时候，开发小组就要做更多的需求分析，但是在 SDLC 的过程中这个阶段已经结束了。在一些项目上，开发小组在需求分析和设计阶段反反复复很多次，这让项目看起来超出了可以控制的范围。

10.9.2 需求记录的困难性

另一个问题是，以有效的方式记录需求是很困难的，尤其是对于复杂的系统。我曾经在波音公司管理过一个软件项目的数据库部分，我们投入了超过 70 人年来做需求描述，文档有 20 卷，堆放起来足有七尺高。

当我们进入设计阶段时，没有人真正知道涉及某一特定功能的所有需求。只有当我们发现没有考虑到淹没在众多需求文件里的一项需求时，我们才会开始设计这一功能。简单地说，需求文件如此庞大和笨重，以至于几乎是无用的。不仅如此，在需求分析阶段，航空公司的业务在不断改进。当我们开始设计阶段的工作时，许多需求文件已经不完整了并且有一些已经过时了。需要花费如此多的时间来进行需求分析工作的项目，有时候被称为**分析瘫痪(Analysis Paralysis)**。

10.9.3 时间规划和预算的困难

对于一个新的大规模系统，如果能把时间规划和预算评估到很精确，那几乎是可笑的。对于时间规划和预算，管理试图很严谨地去对待。但是当你开发一个大型的、耗时多年的、耗资巨大的项目时，评估消耗的劳动力和完成的日期只能是个大概。这个项目的雇员负责评估，他们自己清楚他们对还要多久、有哪些事情会发生等知之甚少。他们知道总的预算和截止日期是每个人相似的猜测的汇总，许多大型的项目预算和截止日期只是存在于幻想的世界之中。

事实上，软件共同体已经在提高软件开发预测方面做了很多工作。但是对于有很长的 SDLC 的大型项目，技术上的太多未知使得进程不能如预期进行。因此，除了 SDLC 方法，还有一系列其他方法，如快速应用开发(RAD)、面向对象的开发(OOD)和极限编程(XP)。这 3 种方法的讨论不在本书范围内，如果你想了解更多这方面的知识，可以在线进行搜索。

本章知识对你的启发

GearUp 公司的 Kelly、Emily、Addison 和 Drew 都需要了解本章的知识。如果他们掌握了本章的知识，就可以细化工程的开发范围，在构思如何开发 iOS 或其他移动程序前先确定应用程序的需求。同样，Flores 医生、他的合作伙伴和潜在投资者需要知道系统开发的基本流程，目的是了解开发信息系统的困难和风险，尤其是开发跨企业信息系统，例如 PRIDE。

你将会在职业生涯的某个时间点用到本章的知识。你将会掌管一家公司、一个部门或者负责一个工程的实施，这些工作都需要使用信息系统。你需要知道如何推进信息系统的实施，本章的知识将帮助你在开发信息系统的过程中走在正确的道路上。

道德指引

评估伦理

当一个公司计划生产一个系统或产品时，如果它对这个项目的需求知道得不足，这时就会发生买进(buy-in)行为。一个PRIDE系统例子是，Maggie同意花费1万5千美元开发新的系统，而先进的评估技术显示需要3万5千美元。如果系统或者产品的合同上注明的是“时间和材料”(工料合同)，客户最终为完成该系统会花费3万5千美元。或者，客户一旦知道真实的成本数，客户将会取消项目。如果系统或者产品的合同注明的是固定成本，那么开发者将会承担额外的成本。后者的战略适用于，如果合同能够带来其他的利益超过2万美元的商业机会。

买进常常有骗局。大多数人认为，先签订工料合同，然后再用全部的成本牵制客户的买进做法是不道德和错误的。关于固定价格合同的买进有各种各样的观点。你知道你会有损失，但是为什么呢？为了某种好处？或者一些其他的不道德原因？一些人会说因为买进总是有欺骗的，所以应该避免发生这样的情况。另一些人说，这仅仅是众多不同商业战略中的一个。

关于内部项目又是怎样的情况呢？如果内部开发团队为了内部使用开发系统，那么伦理会改变吗？如果团队成员知道预算只有5万美元，那么当他们相信真正的成本是7万5千美元时，他们还会开始这个项目吗？如果开始的话，那么高层管理者将不得不承认这一错误并且取消项目，或者寻找额外的2万5千美元。项目发起人为了这样的买进能够找出各种各样的借口，例如，“我知道公司需要这个系统。如果管理者认识不到这一点并合理地提供资金，那么我们将迫使他们这样做。”

如果团队成员对于项目所要花费的费用意见不一致，那么这些问题会变得更为复杂。假如团队中的一些人认为项目将会花费3万5千美元，另一些人估计会花费5万美元，还有人认为会花费6万5千美元，那么项目发起人会取平均值吗？或者，他们应该描述估算的范围吗？

其他的买进更为微妙。假如你是一个新项目的项目经理，而且这个项目可能是你谋求发迹的机会，你会变得非常忙碌，每周工作6天，每天工作很长时间。你的团队已经为项目做了估算，约5万美元。你脑海中可能会想：也许项目的每一部分成本并没有全部包含在估算之中。你会不断地抱有这种想法，但是计划表中更多紧急的事务需要优先处理。不久你先于管理者发现花费超出了估计的5万美元，这时你可能需要调查之前的估计哪里出了问题，但是实际上你并不会这样做，那么你的行为是不道德的吗？

或者，假设你在这种困境中遇到更高一级的管理者。“我想可能还有其他成本，但是我知道5万美元是我们所有的钱，我应该怎么办？”如果高层管理者说类似这样的话，“好吧，那我们继续，别的事情你并不知晓，如果不得不增加预算的话我们会寻找其他的途径。”你怎么回答？

你可以在计划表以及成本上买进，如果市场部门说，“为了贸易展览会，我们必须开发新的产品。”即使你知道这是非常不可能的，你会同意吗？如果市场部门说，“如果我们现在不开发新产品，那么只有取消项目了”，你会怎么样呢？假如并非不可能制订那样的计划表，只是开发新产品是非常不可能的，这时你会怎么回答？

问题讨论

1. 你同意在成本和材料项目上的买进常常是不道德的吗？解释原因。有可能存在非法行为的情况吗？

2. 假设你从小道消息得知，在竞争投标中你的对手在工料合同中进行了买进，那么你是否会改变第 1 个问题的答案？

3. 假设你是一个项目经理，正在准备一个成本和材料系统开发项目的需求，那么为了防止买进你会怎么做？

4. 你认为在什么情况下固定价格合同的买进是道德的？这一战略的威胁是什么？

5. 解释为什么内部开发项目常常是工料合同项目。

6. 考虑第 5 个问题的答案，一个内部项目的买进常常是不道德的吗？你认为在什么样的情况下它会是道德的？在什么样的情况下会是合理的，即使是不道德的？

7. 正如上文中所描述的，假设你向一个高层管理者征求建议，他的回答会开脱你的罪恶感吗？如果你询问了管理者但却并没有按照他的指导执行，会产生什么样的问题？

8. 解释在计划表以及成本上买进的方式。

9. 对于一个内部项目，当市场经理说如果项目不能为贸易展览会做好准备，那么该项目就必须取消，这时你会如何应对？在你的回答中，假设你反对这一观点，你知道不管是否是为了贸易展览会，该系统都是有价值的。

学习指导

真实的评估过程

“我是一个软件开发人员，用面向对象的语言 C#(发音为 C#)编写程序。我应该算是一个熟练的面向对象程序设计员。12 年来，我在几个软件公司工作过，完成了很多重大项目。在过去 4 年来，我一直是团队的领导者。我经历了网络泡沫时期，现在工作在一个处于全盛时期的大型制药公司 IT 部门。

“所有这些评估理论都只是理论，这不是真正起作用的东西。当然，在项目中，我们尝试了不同的评估技术，但这才是真正发生的：你用你想用的任何技术进行评估。你的评估与所有其他团队的评估汇总在一起。项目经理将所有这些评估进行总结，然后生成项目的全面评估。

“另外，在我的项目，时间是比金钱更重要的因素。在我曾经工作过的一个软件公司，你可以超过预算的 300%，这没什么。但是，如果项目延期两个星期，你就失败了。

“无论如何，项目经理带着项目计划表向高级管理人员呈报，并请求批准，会发生什么呢？高级管理人员认为他们在谈判。‘噢，不’他们说，‘这太长了，你需要消减一个月。我们可以批准这个项目，但我们希望 2 月 1 日完成项目而不是 3 月 1 日。’

“现在，又有什么理由？”他们认为，紧张的时间计划是高效率工作的保证。他们知道，所有人会加倍努力以满足更严格的时间表。他们知道，帕金森定律——完成任务需要的时间总是长于可以用于完成任务的时间。因此，他们担心过于宽松的计划表会浪费时间，因此就裁掉了1个月。

“评估就是这样，任何时候，你都不能毫无原因地歇工一两个月。结果是，项目会延后，然后管理部门期望我们每天的工作时间越来越长。就像他们早些年在Microsoft说的，“我们有灵活的工作时间，你可以随意安排你每周工作的65小时。”

“我们的评估并不都是那么伟大。大多数软件开发人员是乐观主义者，他们制订计划，好像任何事情都会按照计划进行，然而事实却很少这样。而且，计划表没有考虑到假期、病假、去看牙医耽搁的时间、新技术的培训、同行审查和其他我们在写软件之余会做的事情。

“因此，我们以乐观的时间表开始，然后管理了一两个月就失败了，瞧，我们还没开始，项目就拖延了。过了一段时间，因为项目延期太多，管理失败了，他们在官方的时间表后再加上一个月甚至更长时间。然后，双方都工作在幻想的世界里，没有人相信时间表，但每个人都假装他们相信。

“我喜欢我的工作，我喜欢软件开发。这里的时间管理不比其他地方好，甚至更糟糕。只要我有有趣的工作要做，我就会留在这里。但是我不会按照这些虚幻的最后期限工作。”

问题讨论

1. 你如何看待这个开发员的态度？你认为他过于悲观还是觉得他说的有些是正确的？请解释。

2. 你对他的观点“管理部门认为他们在谈判”有什么想法？是否需要管理部门就时间表进行谈判？为什么？

3. 假设一个项目实际上需要12个月完成。您认为哪一个可能花费更多：(1)有一个11个月的官方时间表，可以有至少1个月的延期。(2)有13个月的官方时间表，根据帕金森定律，项目将可能花13个月。

4. 假设你是一个部门经理，一个信息系统正在为你开发。你检查规划文件，看到计划用于休假、病假和其他项工作的时间很少。你会怎么做？

5. 描述使一个组织相信时间计划总是不合理的无形成本。

6. 如果这个软件开发者为你工作，你将如何处理他的有关时间计划的态度？

7. 你认为在规划信息系统发展项目时与规划其他类型的开发项目有什么不同？什么样的特点使这些项目具有独特性？它们在哪些方面与其他项目是一样的？

8. 根据你对问题7的回答，你觉得经理人应该怎么做？

小结

利用本小结来检查你是否理解了本章介绍的思想和概念。

1. 系统开发的定义

给出系统开发的定义，解释系统开发与程序开发的不同并描述了系统开发所需要的专业型人才。解答了Flores博士需要本章知识的原因。

2. 系统开发面临着困难和挑战

解释系统开发面临的风险；列举系统开发过程中面临的5个主要挑战，并且对每个挑战进行总结；陈述布鲁克斯定律，并解释它如何适用于信息系统开发；解释为什么有4个不同的开发方法。

3．系统开发生命周期(SDLC)的5个阶段

简要介绍SDLC的起源；说出SDLC的5个阶段，并列出每个阶段的主要任务和业务用户在每个阶段中的作用；列举和说明可行性的4个方面；描述系统分析师所需具备的知识，并且总结它们的责任；定义测试计划和PQA；列举和描述4种类型的系统转换；解释系统维护的主要任务，并且给出补丁和打包服务的定义；总结SDLC存在的3个主要问题。

4．系统定义的实现

以图10-4为指导，描述系统定义的工作。定义并描述可行性的4要素。(提示：可行性的4要素为成本、组织、时间和技术，英文首字母为COST。)

5．用户在需求阶段扮演的角色

总结信息系统开发过程中需求分析阶段的工作和任务；描述用户在该阶段扮演的角色；如果用户不参与需求分析阶段或者并没有认真对待这个阶段的工作，那么信息系统在开发过程中会发生哪些问题呢？描述用户在需求批准过程中扮演的角色。

6．信息系统五要素的设计

总结信息系统五要素方面的系统设计活动；解释需要设计的6类程序。

7．信息系统的实施

定义系统实施过程中最主要的两个任务；总结信息系统测试的流程；描述系统测试和软件测试的区别；对信息系统五要素的测试工作分别有哪些？举例描述4种系统转换方式；要求在具体的例子中，描述的转换方式应当是4种方式中的最佳选择。

8．系统维护的任务

系统开发生命周期的最后一个阶段就是维护，为什么说“维护”一词用得并不恰当？总结系统维护阶段的任务。

9. 系统开发生命周期(SDLC)中的问题

为什么系统开发生命周期思想有瀑布特征？为什么瀑布特征会带来麻烦？在使用系统开发生命周期模型进行需求分析过程中会遇到哪些问题？总结系统开发生命周期模型在系统总体时间规划和预算方面呈现出的困难。

本章知识对你的启发

Kelly、Emily、Addision和Drew是如何运用本章的知识的？Flores医生、他的团队成员和PRIDE系统潜在的投资者又是如何将本章的知识应用到实际问题上的？在未来的职业生涯中，你可能会需要本章的知识，列出两种使用本章知识的方法。

关键词和术语

分析瘫痪补丁	系统转换	测试版分段安装
系统定义	布鲁克斯定律	试点安装系统

分析员	商业分析员	立即安装
系统开发	部件设计	产品质量保证系统
开发生命周期	成本可行性	PQA
SDLC	实现	需求分析
技术可行性	组织可行性	打包服务
瀑布流	平行设置	

知识运用

1. 假设你是一个与专家 Maggie 一起工作的实习生，现在你们与 Flores 医生进行第一次讨论。Maggie 要求你帮助她评估眼前与 Flores 医生合作的这个机会。

(1)利用系统开发生命周期理论为 PRIDE 工程的实施制订一个工作计划，概括地描述系统开发生命周期中每一个阶段的任务。

(2)将系统定义阶段的任务具体化。

(3)给 Maggie 写一个备忘录，解释如何从成本、组织、时间和技术 4 个方面对 PRIDE 工程进行可行性分析。

2. 回答问题 1。假如 Flores 医生否定了 Maggie 的可行性报告，理由是 Maggie 把 PRIDE 工程考虑得过于复杂，可能会增加她咨询工作的范围。写出一页的备忘录，向 Flores 医生解释为什么根据系统开发生命周期或类似的系统开发流程来实施 PRIDE 系统是很重要的。

3. 登录 Google 或者 Bing 网站，搜索关键字“什么是业务分析员?”(What is a business analyst?)阅读你找到的链接并回答以下问题：

(1)业务分析员的主要工作职责是什么?

(2)业务分析员应具备什么知识?

(3)成功的业务分析员需要哪些专业技能和个人特质?

(4)你对业务分析员这个职业感兴趣吗? 为什么?

合作练习 10

在开始这部分练习之前，阅读扩展章 1 和扩展章 2，这两章介绍了合作的技巧以及管理合作任务的工具。特别是考虑运用 Google Drive、Google +、Windows Live SkyDrive、Microsoft SharePoint 或者其他合作工具。

Wilma Baker、Jerry Barker 和 Chris Bickel 在 2013 年的一个度假景点和旅游经营者的会议上碰面，他们在等待发表演说时正好挨着坐。相互介绍之后，他们都笑了。他们惊奇地发现他们管理的业务很类似。Wilma Baker 住在墨西哥的圣菲，向游客提供房屋和公寓出租；Jerry Barker 住在大不列颠哥伦比亚惠斯勒市，向滑雪者和其他游客提供惠斯勒和布莱克姆度假村的租赁公寓业务；Chris Bickel 住在马萨诸塞州的查达姆，专营向科德角人提供租赁房屋和度假公寓的业务。

这 3 人约定在听完演说后共进午餐。用餐期间，他们都讲了获得新客户的困难，特别是在当前经济不景气的情况下。

随着谈话的进一步深入，他们开始猜测是否有某种方式可以将他们的力量联合起来(他们正在寻求联盟的竞争优势)。因此，他们决定跳过第二天的一个演讲，当面讨论如何形成一个联盟。他们希望进一步讨论客户数据共享的想法，共同发展预订服务，以及交流房产清单。

讨论中，他们没有兴趣合并他们的业务，每个人都希望保持独立。他们还发现在保护各自现有的客户群上，每个人都十分自我，甚至偏执。然而，冲突并没有像开始以为的那么糟糕。Barker 的业务主要是冬季的滑雪交易；Bickel 的业务时间主要是科德角人的假期，她在夏季最繁忙；Baker 的旺季是夏季和秋季。因此，他们各自业务的旺季相差太多，所以他们没有必要自相残杀。

他们面临着如何继续谈下去的问题。他们渴望保护自己的客户，也不想发展一个共同的客户数据库。最好的想法似乎是共享有关房产的数据，这样他们既可以控制各自的客户群，又可以有机会为其他房产招揽客户。

他们讨论了几个方案，每一个方案都需要开发房产数据库，然后3 家可以在互联网上分享这个数据库。或者，他们可以建立一个中心房产数据库，各方都可以使用。或者，他们可以找到一些其他的方式来分享房产清单。

由于我们不知道 Baker、Barker 和 Bicker 的详细需求，所以无法为这个系统制订具体的计划。然而，一般来说，他们首先需要决定如何描述他们想要建设的信息系统。有以下两种选择可供参考：

① 他们可以建立一个以电子邮件为中心的简单系统。每家公司通过电子邮件将房产描述发送给其他公司。然后，每家公司向自己的客户单独发送这些描述，也是使用电子邮件。当一个客户预订某个公寓时，这个预订通过电子邮件反馈给业务经理。

② 他们可以构建一个基于网络的更加复杂的共享数据库，其中包含所有房产信息和预订情况的数据。由于跟踪预订是常见的业务任务，他们很可能购买具有这种功能的应用程序的授权。

1. 根据以上描述，对项目进行定义。

2. 考虑两个方案的技术可行性：

(1)定义和描述你使用方案①的标准。

(2)定义和描述你使用方案②的标准。

(3)不考虑未来的投资，你认为哪个方案是技术可行的？为什么可行或不可行？

3. 考虑组织可行性：

(1)结合上下文，解释企业系统中组织可行性的定义。

(2)列出你需要用来评估不同方案的标准。如果你认为有必要，可以给两个方案列出不同的标准。

(3)方案①还是方案②更具有组织可行性？请给出解释。

4. 考虑时间可行性：

(1)列出你需要用来评估不同方案的标准。如果你认为有必要，可以给两个方案列出不同的标准。

(2)方案①还是方案②更具有计划可行性？请给出解释。

5. 考虑成本可行性：

(1)列出方案①中主要的资源开发成本。

(2)列出方案①中主要的资源运营成本。

(3)列出方案②中主要的资源开发成本。

(4)列出方案②中主要的资源运营成本。

(5)哪种方案的开发需要的钱更少？

(6)列出并描述能使①的运营成本更低的因素。

(7)列出并描述能使②的运营成本更低的因素。

6. 根据问题5考虑并给出问题2的答案，你认为哪个方案是可行的？也许两个都可以，也许只有一个，也许都不可行，解释并证明你的答案。

7. “这个方案是否还值得我继续考察？”如果案例的三人中的一个人问你这个问题，你会怎样回答呢？解释原因。因为没有更多的数据，你无法做出准确的评估，但你可以充分运用所学的知识、经验和直觉来回答这个问题。

案例学习 10

PRIDE 系统的成本

假如 Flores 医生、他的团队以及外部投资人继续实施 PRIDE 工程，他们需要评估该工程的投资潜力。Flores 医生也许愿意为了给病人提供专业的服务而承担一些损失，但从本章导入案例的对话中可以看出，他的伙伴也乐意承担损失。而且，成功的投资者不会考虑将资金投入到一个会亏损的项目中去。

为了评估 PRIDE 系统的投资潜力，我们需要知道这个系统的收入潜力和开发与运营成本。PRIDE 系统的业务模型我们不得而知，因此无法评估 PRIDE 系统的收入潜力。收入的评估属于企业管理课程的内容而不属于管理信息系统课程的内容。

不过，我们可以讨论 PRIDE 系统的成本。到目前为止，你已经拥有足够的知识识别出 PRIDE 系统主要的成本因素，虽然具体的成本数额你还不清楚。

表 10-3 列出了 PRIDE 系统在组成信息系统的五要素方面的开发任务和成本来源，大部分成本来源都在本章介绍系统开发生命周期理论时讨论过，不过有些成本还没有讨论过。比如，图中有一项成本来源是软硬件开发基础设备费用。开发人员需要计算机来编写和测试代码，他们还需要开发软件，例如 Microsoft Visual Studio。这一项成本可能还包括花费在网络、服务器和云服务上的费用。开发人员还需要各种型号的移动设备，因为信息要在这些移动设备上运行，例如 iOS 设备、Andriod 设备和 Windows RT 设备。

表 10-3　PRIDE 系统的成本

	硬　件	软　件	数　据	流　程	人
开发	● 硬件开发基础设施 ● 云服务器的开发	● 软件开发基础设施 ● 处方录入程序 ● 运用设备应用程序 ● 绩效报告程序(用户包括：医生、患者和保健俱乐部) ● 安全/隐私程序	● 数据模型 ● 数据库设计 ● 测试数据录入 ● 设置系统运行的初始数据 ● 开发云存储的费用	● 为以下用户编写系统的使用文档：医生、患者和保健俱乐部	● 编写职位描述 ● 招聘运营和技术支持人员 ● 对员工进行培训
	整合与测试费用				

续表

	硬件	软件	数据	流程	人
运营	● PRIDE 服务器 ● 用于系统维护的硬件设施 ● 用户系统维护和测试的云服务器	● 软件维护费用	● 运营数据云存储成本 ● 数据备份和数据恢复成本	● 客户支持成本	● 工资 ● 承包商 ● 新员工培训 ● 对员工的后续培训

在 PRIDE 系统的例子中，软件是客户定制的，因此软件开发成本是一笔不小的费用。预测这笔费用是比较困难的。本书将在第 12 章讨论 PRIDE 系统的安全性，目前你应该意识到在 PRIDE 系统中应该开发应用程序以保证用户可以进入安全系统并更新安全设置。

数据开发费用的来源显而易见。正如本章导入案例所说，在数据建模和数据库设计上耗费的时间往往是无法确定的。不过 PRIDE 系统的开发已经有了原型，因此这种不确定性会降低。

为最终系统的用户编写系统使用文档是必须完成的工作，这部分工作需要的费用往往比预期要高，因为系统开发人员往往认为系统的使用比较简单，但事实并非如此。使用文档的编写必须比开发人员设想的使用步骤更加详细。最后，业务工作需要被定义，职位描述需要包括操作和技术支持岗位。如果还有后续的开发工作，则职位描述还应包括开发岗位。招聘到这些岗位的人员后还要对他们进行培训。

本章的内容提到，系统的测试计划必须给出书面形式，系统整合后必须进行整体测试。测试活动也许需要专职的产品质量保证人员。

信息系统的非维护成本和运营成本的主要来源是花费在云技术设施、工资和承包商上的费用。依据 PRIDE 系统的流行程度和使用的困难程度，客户支持费用可能非常客观。当然，运营费用的多少取决于用户的适量和用户使用系统的频率。开发人员需要评估系统的常用数据，可能的话，可开发一个活跃用户数量驱动的运营成本模型。

信息系统的维护费用是未知的，因为维护费用取决于软件的质量、系统开始运行之后返工的工作量以及 PRIDE 系统面临的使用环境发生的变化。同行业的竞争者会促使系统加入新的特点和功能，医疗费用、保险政策和政府规定的变化同样会促使信息系统发生改变。当然，信息系统这些改变只有在具体环境中才能确定。

案例讨论

假设你被一个潜在的投资者雇用来评估 PRIDE 团队预测的系统开发成本是否合理，该团队使用了类似表 10-3 的成本来源模型。

潜在投资者向你提出了以下问题：

1. PRIDE 系统的开发费用是怎样的？（选择）

（1）是费用中最多的一项

（2）很难做出预测

（3）表 10-3 中的成本来源模型未包括该项成本

2. PRIDE 系统的运营费用是怎样的？（选择）

（1）是费用中最多的一项

（2）最难做出预测的

（3）表 10-3 中的成本来源模型未包括该项成本

3. 在 PRIDE 系统的运营费用中：

（1）哪一项运营成本取决于医生的数量和他们使用系统的频率？哪些运营成本不取决于这两个因素？

（2）哪一项运营成本取决于患者的数量和他们使用系统的频率？哪些运营成本不取决于这两个因素？

（3）哪一项运营成本取决于保健俱乐部用户的数量和他们使用系统的频率？哪些运营成本不取决于这两个因素？

（4）潜在投资者如何根据问题（1）、（2）、（3）的答案评估 PRIDE 系统成功实施后的长期成本？

4. 假设 Flores 医生告诉你的投资者他将雇用 Maggie 和其他专家全面地评估任意两项的成本。

（1）在表 10-3 所示的成本来源中，你选择哪两项成本让专家进行评估？为什么？

（2）你将使用什么标准来判断专家的评估是否全面且准确，列出并描述这些标准。

5. 假设你判断出 PRIDE 系统上升的潜力足够证明投资是有风险的（如果专家对成本的评估很准确）。这个判断可能是准确的，但投资风险也可能被其他 3 个或 5 个因素的影响降低。这种情况下，你会给雇用自己的投资者怎样的建议呢？

6. 假设雇用你的投资者告诉你，如果在成本评估中没有考虑影响投资风险的那 3 ~5 个因素中的任何一个，就不算完成了自己的工作。你将如何回应呢？

7. 假设在对成本进行分析时，有些成本连费用专家都无法预测，无论这些专家的专业技能有多强。比如，当医疗法案修改后，PRIDE 系统应做出相应的调整，由此而产生的费用就是无法预测的。你在回答问题 4 的时候选择这类费用了吗？如果选择了这类费用交给专家评估，这是不是在浪费 Maggie 专家的时间和 Flores 医生的资金？对于这类无法预测的成本，你会对雇用你的投资者给出哪些建议？

第 11 章　信息系统管理

“我以前和他一起工作过，但不是关于 HTML5 的项目。”Maggie Jensen 站在 Romero Flores 医生会议室的白色写字板前，他们正在讨论将 PRIDE 的开发外包给印度的好处和坏处。

“但它只是一个手机应用程序？”Flores 刚做完 3 个小时的心脏手术，现在他正尽力从手术的世界转换到高科技的世界。

“是，但这个是原生 iOS——”Maggie 不知道他是不是明白 iOS 是什么，“这是 iPad 和 iPhone 的应用程序。”

“好吧，那我们为什么不做呢？”Flores 还没有集中精神。

“我们当然能做。但是这样做了之后，当开发 Android 和 Windows 8 手机的应用程序时，我们不得不重写很多代码。”

“如果使用 HTML5，我们就不需要这样了？”Flores 逐渐进入了状态。

“没错。”

“那为什么大家不用？”他问道。

“这个技术比较新，而且如今的浏览器对 HTML5 的实现并不相同，所以我们必须做一点定制。”Maggie 希望自己不是以一个技术人员的身份在说话。

“你是说它不同于 IE，更不同于 Chrome？”Flores 在跟着 Maggie 的思路。

“是的，它还不同于 Safari 和 Opera，而且不同的手机都不相同……”

“那为什么不把它们都做成一样的？”

“我也希望我知道原因。这让我们所有人都很沮丧。事实上，这个问题在于它们对 CSS3 的实现方式比对 HTML5 更……”当她说到此，她意识到已经跑题太多了。

“行了！够了！我本以为心脏手术已经很复杂了……那么跟我说说这个人吧。”

“他叫 Ajit Barid，至少这是他公司的名字。”Maggie 看上去有一点不好意思。

“这不是他的名字？”

“我不知道，可能是吧。你知道 Ajit Barid 是什么意思吗？”她开始微笑……

“不知道，是什么？”

“无敌云。”

“嗯……可能这个名字不是她母亲取的……或者她是个预言家。Maggie，这让我很不安。我一点儿也不清楚如何在印度做生意，要是这个家伙拿着我们的钱跑了，我们该怎么办？”Flores 现在更关心生意了。

“好吧，我们直到他完成了才付钱……或者至少不用付太多。但是我之前和他有过不错的合作经历，而且他的意见也不错。”

“那如果他把我们的代码或者创意给了别人呢？如果我们在他的代码中发现了一些严重

的问题，或者我们不能找他修改呢？如果他就是消失了呢？如果他在做完2/3的工作之后失去兴趣了……或者为别人做项目呢？”Flores不停地提问。

“我承认，这些都是风险。但是如果我们开发它那将花费4～6倍。”她开始在白色写字板上列举这些风险。

“我的经验告诉我生活中只有付出才有收获……”

“你想让我帮你找些本地的开发人员？”Maggie认为本地的开发人员并不是一个好的选择，但是她不想为难Flores做决定。

“是的，不，我是说不。我不这么认为。你是怎么认识他的？”

“在一个会议上，那时他还在海德拉巴的实验室为Microsoft公司工作。他正在编写SharePoint的云特征。当在iPad上的应用程序成功时，他离开了Microsoft公司并组建了自己的公司。我就是在这个时候聘请他开发iOS应用程序的。”

“它运行得还顺利吗？”Flores想要更加确定。

“是的，因为这是他第一份工作中的一个项目……他不得不为我们好好做。”

“你怎么认为？你会怎么做？”

Maggie对这个问题很吃惊……这不是她期望从一个成功的心脏外科医生那里想听到的问题。“好吧，我想最大的风险就是他的成功。你知道的，一个能够吸引很多回头客的餐馆之后会有新的顾客涌入，然后厨房就该崩溃了。”

“他现在没有更多的员工吗？”

“不，他有，而且我知道他是一个优秀的程序员，但我不知道他是不是一个优秀的管理者。”

“好的，还有什么吗？”Flores只关心他的工作。

“嗯，HTML5和CSS3技术比他用于iPad的Objective-C要新，但是他们也更简单。另一方面，CSS很棘手。我认为对于这个开发环境没有经验将会是另一个风险因素。”

“那对于费用呢？”

“嗯，像我所说，我们拟订协议，直到确定它们都在运行后才会付费。”

“那你还有什么担心的？”他被Maggie的专业技术吸引住了。

“浪费时间。可能他会分心，不能完成这个应用程序，或者聘请其他人来做，或者他们没有能力完成。并且9月份一过，虽然我们发现没有费用的支出，但是却浪费了大半年的时间。”

“我可不喜欢听到这个。”

“我也不喜欢，”Maggie在回答时将进度的风险也考虑了进来。

“你觉得我们是不是应该坚持聘请自己的程序员呢？”

“天哪，不要！绝对不要！那对我们来说将会是一笔难以估量的费用，我们不能让他们一直干活儿，又不知道如何管理软件人员，那将会是个灾难。”Maggie十分确定，并且她表达得很清楚。

“但是长期怎么办？”

“长期的话，我们需要很少的运营人员。一部分人员负责程序运行，解决顾客的问题，解决安全问题等等。但是我认为将开发外包需要很长一段时间。”Maggie又一次以命令式的口吻说话。

“所以?”Flores 的语气表明他想结束这次的对话了。

Maggie 总结道,“我会尽快完成需求文档,然后拿到 Ajit 和国内本地开发人员的提案和出价。之后,我们再根据这些做决定。但是还有一个问题……”

“是什么?”

“不管怎样,本地的开发人员也会把它外包出去的。”

“你的意思是我们付钱给本地的开发人员,让他们雇用 Ajit 或其他公司?”Flores 摇了摇头。

“差不多是这样的。”

Flores 站了起来,“这太疯狂了。”

“也可能不会,让我们看看能得到什么吧。”

学习目标

1. 信息系统部门的功能和组织
2. 规划信息系统的使用
3. 外包的优势和劣势
4. 用户的权利和责任

11.1 信息系统部门的功能和组织

信息系统部门①的主要功能如下:

- 规划信息技术的使用以完成组织的目标和战略;
- 处理外包中的各种关系;
- 保护信息资产;
- 开发、运行和维护企业计算机设施;
- 开发、运行和维护企业应用系统。

本章在下面几节中将详细讲述前两个功能,保护信息资产功能将在第 12 章中进行介绍。最后两个功能虽然对信息系统专业人士很重要,但是对于其他商务人员来说并不重要,所以不在这里讨论。在此之前,先要理解信息系统部门是如何组织的。

11.1.1 信息系统部门的构成

图 11-1 显示了典型的高层报告关系。就像在管理学课程中学到的,组织结构取决于组织的规模、文化、竞争环境、所在行业和其他因素。具有独立部门的大型组织会有很多高级管理人员,就像图中所示的每个部门。小一些的公司可能会将一些部门合并。

信息系统部门的主要管理人员的名称在组织与组织之间不同。一个普遍的名称是**首席信息官**(**Chief Information Officer, CIO**),其他常见的称呼是信息服务副总裁、信息服务主管,以及不太常见的计算机服务主管等。

在图 11-1 中,首席信息官和其他高级管理人员一样,向**首席执行官**(**Chief Executive Of-**

① 通常,我们所说的信息系统部门也是组织机构中的 IT 部门。之所以名不副实是因为 IT 部门不仅仅管理技术,而且还有系统。如果再听到 IT,不要认为这个部门只局限于技术的范畴。

ficer, CEO)报告工作。有时这些高级管理人员先向**首席运营官**(Chief Operating Officer, COO)报告，COO 再向 CEO 报告。在一些公司，首席信息官要向**首席财务官**(Chief Financial Officer, CFO)报告工作。如果企业主要的信息系统只是支持会计和财务活动的话，那么这种报告制度可能是有用的。像制造业这类操作重要的非会计信息系统企业中，图 11-1 所示的报告制度更为普遍和有效。

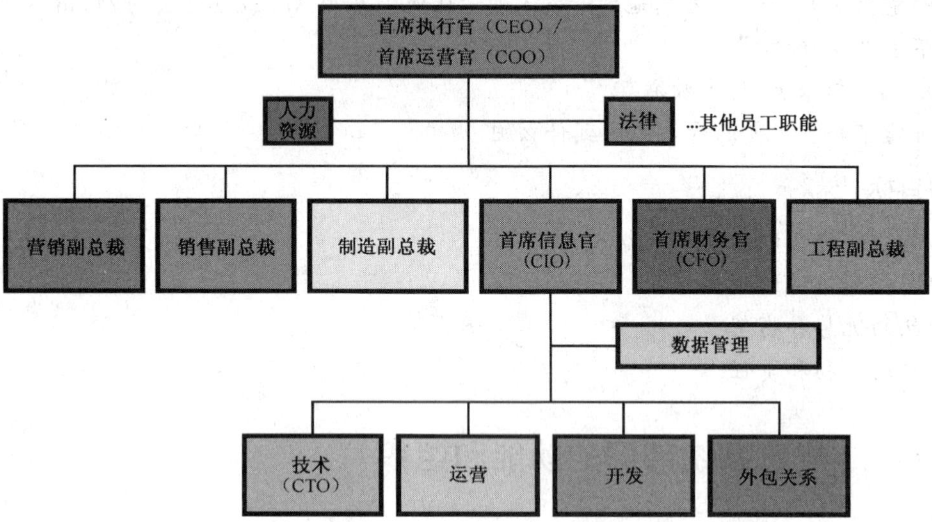

图 11-1　典型的高层报告关系

信息系统部门的结构在组织之间也有所不同。图 11-1 显示了典型的信息系统部门，它由 4 个小组组成，并且具有数据管理员的功能。

大多数信息系统部门都包括一个技术小组，负责调查研究新的信息系统技术和确定企业如何从这些新的技术中获益。例如，现在很多企业都在研究社交媒体和弹性云技术，并且规划如何最有效地使用该技术，以实现他们的目标。技术小组的领导通常被称为**首席技术官**(Chief Technology Officer, CTO)。首席信息官评估新的技术、新的想法和新的能力，并在其中找到和组织最相关的内容。首席技术官的工作需要有渊博的信息技术知识，以预测随着时间的推移新的信息技术将如何影响企业的能力。

图 11-1 中的第二个小组是运营，负责管理计算机设施，包括个人计算机、内部服务器群、网络和通信媒体等。这个小组由系统和网络管理员组成。正如将要讲到的，该小组的一个重要功能是监测用户的操作，并对用户的问题做出响应。

信息系统部门的第三个小组是开发，负责管理新信息系统的开发过程和现有信息系统的维护。(回顾第 10 章信息系统的相关内容，维护是指修复问题或者调整现有的信息系统以支持新的特征和功能。)

开发小组的规模和结构取决于程序是否由组织各自开发。如果不是组织自己开发，那么开发小组主要配备需求分析师和系统分析师，他们与用户、操作人员和供应商一起工作，获取和安装正版软件，并围绕着这些软件建立系统组件。如果组织自己开发应用程序的话，那么该小组应该包括程序员、测试工程师、技术文档工程师和其他开发人员。

最后一个小组是外包关系，负责与其他公司谈判协议，为组织提供设备、应用程序或其他服务，之后将有更多关于外包的内容。

图 11-1 中还包括一个数据管理员功能。这个小组的目的是通过建立数据标准和数据管理规范和规定来保护数据和信息资产。

在实际中，图 11-1 所示信息系统部门的结构会有很多的变化。在较大的组织中，操作小组可能自身就包含几个不同的部门。有时，企业还会有独立的数据仓库和数据集市部门。

请记住信息技术和信息系统的区别。信息系统的存在是为了帮助企业实现自己的目标。信息系统由 5 个部分组成，这个概念贯穿了整本教材。信息技术只是一项技术，是指基于计算机技术的产品、技术、程序和设计，它只有放到信息系统结构中去才能被组织使用。

11.1.2 信息系统的相关工作岗位

信息系统部门提供的是兴趣广泛和薪水较高的工作。许多上 MIS 课的学生认为信息系统部门只包含程序员和计算机技术员。如果考虑到信息系统的 5 个组成部分，就可以理解这为什么是错误的了。由数据、程序和人组成的信息系统也需要具有良好沟通技巧的专业人员。

表 11-1 总结了信息系统行业的主要工作岗位。除了计算机技术员和 PQA 测试工程师，所有这些职位都需要有 4 年的学士学位。此外，所有这些职位都需要商业知识，许多事例说明成功的专业人士都取得过管理学位，而且很多职位需要良好的口头和书面沟通能力。商业，包括信息系统是一个社会活动。

表 11-1 信息系统行业的工作岗位

工作岗位	职　　责	知识与能力要求	2012 年美国薪金范围（美元）
需求分析师	与业务领导和规划人员一起制定流程和开发系统，实现业务战略和目标	掌握企业规划、战略、流程管理方面的知识和技术； 解决复杂问题的能力； 顾全大局的同时工作细致； 较强的人际交流和沟通能力	75 000 ~ 125 000
系统分析师	与用户一起工作确定系统需求，设计职务说明和开发程序，帮助确定系统测试计划	较强的人际交流和沟通能力； 掌握业务知识和技术； 适应能力强	65 000 ~ 125 000
程序设计员	设计和编写计算机程序	逻辑思维和设计能力； 擅长一种或多种编程语言	50 000 ~ 150 000
PQA 测试工程师	制订测试计划，设计和编写自动化测试脚本，执行测试	逻辑思维能力； 基本编程； 高超的组织能力； 仔细	40 000 ~ 95 000
技术文档工程师	书写项目文件、帮助文本、程序、职务说明、培训材料等	快速学习能力； 明确书写技巧； 良好的人际交流和沟通能力	40 000 ~ 95 000
用户支持代表	帮助用户解决问题，提供培训	人际交流和沟通能力； 产品专业知识； 耐心	40 000 ~ 65 000
计算机技术员	安装软件，维修计算机设备和网络	大专文凭； 诊断技术	30 000 – 65 000
网络管理者	监测、运行、维护、调整计算机网络	诊断技术； 深厚的通信技术和产品知识	75 000 ~ 200 000

续表

工作岗位	职　　责	知识与能力要求	2012 年美国薪金范围（美元）
顾问	活动范围广泛：编程、测试、数据库设计、通信和网络、项目管理、安全和风险管理、战略规划	快速学习能力； 创业精神； 人际交流和沟通能力； 抗压能力； 与工作相关的专业知识	每小时 35～500
销售人员	销售软件、网络、通信技术和咨询服务	快速学习能力； 产品知识； 卓越的销售技能	65 000～200 000
小规模项目经理	启动、规划、管理、监测和终结项目	管理和人际能力； 技术知识， 高超的组织能力	75 000～150 000
大规模项目经理	启动、规划、管理、监测和终结复杂项目	执行和管理能力； 深厚的项目管理知识	150 000～250 000
数据库管理者	管理和维护数据库	外交技巧； 数据库管理技术	75 000～250 000
首席技术官	对于新兴技术向 CIO、执行小组和项目经理提出建议	快速学习能力； 良好的交流沟通能力； 拥有商业背景； 精通 IT 专业知识	125 000～300 000
首席信息官	管理 IT 部门，就 IT 和 IS 的相关事宜与执行人员沟通，是执行小组成员	卓越的管理能力； 深厚的业务知识与技术； 良好的业务判断能力； 良好的交流沟通能力； 顾全大局，沉着冷静	150 000～500 000

表 11-1 中的工作岗位具有广泛的薪金范围。经验有限、工作在小公司或从事小项目的员工获得的工资比较低，而经验丰富、工作在大公司并且从事大规模项目的人得到的工资就很高。不要期待刚开始工作就从事这些范围内的高端职业。正如表中所示，所有的薪金都是美国工作岗位所能提供的，并且以美元为单位。

（顺便说一下，除了最重要的技术岗位外，商务专业知识也可以增加薪酬。如果有时间和精力，双学位是一个很好的选择，最受欢迎的双学位是会计和信息系统、市场营销和信息系统、管理和信息系统。）

11.2　规划信息技术的使用

从规划职能开始对信息系统的职能进行探讨，图 11-2 列出了信息系统的主要规划职能。

11.2.1　信息系统应与组织战略保持一致

信息系统的目的是帮助组织实现自己的目标。为了实现这一目标，信息系统必须与组织的战略保持一致。

回顾第 3 章，根据波特竞争战略模型，一个组织可以成为整个行业或行业内某一领域的成本领先者，或者在整个行业或某个领域里提供差异化的产品和服务。无论组织的战略是什么，CIO 和信息系统部门都必须随时注意保持信息系统与组织战略的一致。

保持信息系统定位与组织战略之间的一致性是一个连续的过程。当战略发生变化时，当组织与其他组织合并时，当某些部门被出售时，信息系统必须与组织一起变化。

然而，遗憾的是，信息系统基础设施没有可塑性。改变一个网络需要时间和资源，整合不同的信息系统程序甚至更慢、更昂贵。这一事实在管理层中并不受欢迎，如果没有一个有说服力的 CIO，信息系统可能会被当作组织发展机会的一个拖累。

11.2.2 与管理层沟通信息系统的问题

最新的研究引出了图 11-2 所示的信息系统规划职能的第二点。CIO 是管理人员中信息系统和信息技术问题的代表，在问题解决方案、建议和新计划的讨论中提供信息系统的有关情况。

- 保持信息系统与企业战略的一致性；当企业发生变化时保持一致。
- 与管理层沟通 IS/IT 的问题。
- 在信息系统部门内，明确 IS 重点并有力执行。
- 发起指导委员会。

图 11-2　规划 IS/IT 的使用

例如，在考虑并购方案时，信息系统的整合对于企业是非常重要的。这种考虑需要在评估并购机会时加以解决。但是，通常这类问题在合同签订之前是不会被考虑的。这样的延迟考虑是个错误，因为这种整合成本应该属于并购成本中的一部分。在高层讨论时，CIO 的加入是避免此类问题的最好方法。

11.2.3 在信息系统部门内明确重点并有力执行

如图 11-2 所示，信息系统规划职能的第三项更重要。CIO 必须明确与组织整体战略相符的工作重点，并将其传达给信息系统部门。同时，CIO 还必须确保本部门能够根据这些传达的重点来评估使用新技术的计划和项目。

技术具有诱惑力，尤其是对信息系统专业人员。CIO 可能热情地宣布：“将我们所有的报表服务移动到云端，我们能做这个、这个还有这个。”尽管这是真的，但是 CIO 必须不断地问自己，使用那些新技术是否与企业的战略目标和定位是一致的。

因此，CIO 不仅要建立和传达这些重点，更要有力地执行。信息系统部门必须在尽可能早的阶段评估每一个项目，考虑其是否与组织的目标相一致，是否与组织的战略相一致。

而且，没有组织能够实施每一个好的想法。即使项目与组织战略是一致的，也必须确定重点。信息系统部门内每一个员工的目标是必须在给定的时间和资金限制内，确定最适合的系统。认真思考和清晰地传达重点是最重要的。

11.2.4 发起指导委员会

图 11-2 所示的最后一个规划职能是发起**指导委员会**(Steering Committee)。一个指导委员会是由来自主要业务部门的高层管理人员组成的一个小组，他们和 CIO 一起工作，确定信息系统的重点，并在主要信息系统项目和可选方案中做出决策。

指导委员会在信息系统和用户之间起到了重要的沟通功能。在指导委员会中，信息系统人员可以和用户讨论可能的信息系统提议和定位。同时，指导委员会为用户提供了一个表达需求、不满以及向信息系统部门提出其他问题的平台。

通常，信息系统部门制订指导委员会的工作计划和时间表并主持会议。指导委员会的成员由 CEO 和管理层的其他人员决定。

体验 MIS 课堂练习 11

设立 PRIDE 系统的 IS 部门

假设医生 Flores 能够得到足够的投资来实现面向医疗实践、患者和健康俱乐部的 PRIDE 系统，在他和他的投资人将保险公司和员工归入之前，他们选择等待，直到那部分业务运作起来。

显然，将新的手术和他的外科实践整合在一起是没有意义的。但是，假设投资团队建立了一个名为 PRIDE System 的新公司，该公司聘请经理、销售、营销和客服人员。此外，该公司选择自己员工和外包相结合的方式来配置信息系统部门。

假设公司要求你来规划这个新的部门，建立小组讨论并回答以下问题：

1. 阐述信息系统部门的主要功能，并解释本章中定义的每个功能是如何适用于 PRIDE 的。
2. 假设与 Ajit Barid 公司有很好的合作经历，而且投资人希望和该公司继续开发应用程序。请说明投资人可能需要考虑的问题，并解释你将如何回应。
3. 假设 PRIDE 系统公司会雇用云供应商来提供平台作为服务的(Platform as a Service, PaaS)功能，请说明这意味着什么，特别是对该公司意味着什么。
4. 根据第 2 题和第 3 题的答案回答：
   (1)运营小组的功能和目标是什么(见图 11-1)？
   (2)开发小组的功能和目标是什么？这个小组的工作需要什么样的人员？
   (3)外包关系小组的功能和目标是什么？
   (4)PRIDE 系统公司需要首席技术官吗？请说明理由。
5. PRIDE 系统公司是一个刚起步的小公司，需要节约投资。你是否还会建议该公司外包下列几个职能？如果是，请说明这样做的风险；否则，请解释你如何判断配备这些职能所需人员的费用。
   (1)首席技术官
   (2)运营部门
   (3)外包关系
6. 根据 Drucker 的分析，信息系统部门是 PRIDE 系统公司的“后院”还是“前台”？
7. 请用一分钟总结在这个练习中你的收获，特别是在小公司面试时可以用到的知识。

11.3 外包的优势和劣势

外包(Outsourcing)是指聘请其他组织提供某项服务的过程，进行外包是为了节约成本、获取专业知识和节省管理时间。

注解：信息技术使用的规划中，一个额外需要完成的任务是制定在公司使用计算机的政策。本章“道德指引”案例讨论了相关问题。

现代管理之父彼得·德鲁克(Peter Drucker)有句名言：“你的后院是他人的前台。”例如，在很多公司里，经营咖啡屋不是其商业成功的一个必要职能，因此员工的咖啡屋就是一个“后院”。Google 希望成为搜索引擎和移动计算硬件与应用程序的全球领先者，这需要不断增加的广告收入作为支持。它并不想以经营咖啡屋而闻名。根据德鲁克的名言，Google 聘请其他专门从事食品服务的公司来经营咖啡屋会更好一些。

因为食品服务是某个公司的“前台”，该公司能够以合理的价格提供高质量的产品。聘请这样的公司也能使 Google 的管理工作从关注咖啡屋中解放出来。食品的质量、厨师的安排、塑料叉子的购买和垃圾的处理等等，都将成为另一个公司需要关注的问题。Google 可以集中精力于搜索、移动计算和广告收入的增长上。

11.3.1 信息系统外包

现在很多公司已经选择将部分信息系统业务外包出去，图 11-3 列示了外包的原因。

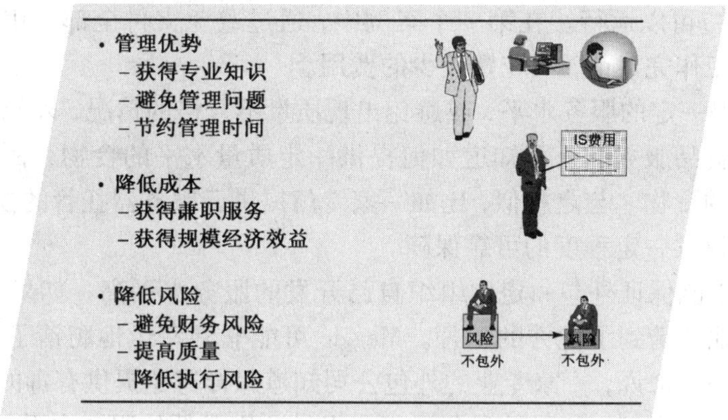

图 11-3 外包信息系统服务的主要原因

1. 管理优势

首先，外包是获得专业知识的捷径。Maggie 和 Flores 医生都不知道如何开发 iOS 或者 HTML5 应用程序。Maggie 可能学会，但是这与她想要从事的业务和职业方向不一致。而且，他们也不知道如何为 PRIDE 报表创建和管理一个基于云端的报告服务器。外包这些应用程序的开发是获得专业知识的一种途径。

外包的另一个原因是避免出现管理方面的问题。正如 Maggie 所说，聘请自己的程序员和测试人员对于 Flores 和 PRIDE 来说都是灾难。Maggie 想成为一名需求分析师和顾问，Flores 想继续进行手术。没有人知道，也没有人想知道该如何管理开发人员。将开发功能外包使他们不用了解这方面的专业知识。

同样，一些公司选择外包以节约管理的时间和精力。GearUp 公司的 Lucas 有能力管理一个新的软件开发项目，但是他可能也不会在这上面花时间。

请注意，占用的管理时间不仅仅是 Lucas 直接管理这项业务所用的时间，它还包括更高层管理人员批准该项业务的采购和招聘人员的时间。并且，像 Kelly 这样的高层管理人员还需要花费一定的时间去了解 Web 知识以批准或拒绝申请。外包节省了直接和间接的管理时间。

2. 降低成本

选择外包的其他常见原因是为了降低成本。通过外包，企业可以获得兼职服务。外包的另外一个好处是可以获得规模经济效益。如果 25 个组织各自开发本企业的工资程序，当税法改变时，这 25 家公司将不得不学习新的税法，根据法律修改软件，对修改进行测试，并编写文件说明修改内容。但是，如果这 25 家公司外包给同一家工资软件供应商，那么该供应商可以一次性地进行所有的调整，而且修改成本可以在这些公司之间分摊(从而降低了供应商收取的成本)。

3. 降低风险

外包的另一个原因是降低风险。首先，外包可以避免财务风险。在一个典型的外包合同中，外包供应商会同意固定价格合同的服务，比如，当公司将硬件外包给云供应商时。正如 Maggie 所建议的，另一种避免财务风险的方式是延期支付大部分的费用，直到工作完成并且软件(或者其他组件)可以运行。在第一个案例中，通过避免支付全部费用来降低风险；第二个案例中确保直到工作完成前，只花费较少的费用。

其次，通过确保一定的服务水平，或避免出现质量不合格的情况，外包也能降低公司的风险。一个专门从事食品服务的公司知道如何提供一定质量水平的食物。例如，它有专业的技术以确保提供健康的食物。与之相似，比如一家专门提供云服务器托管的公司，它知道如何就某一特定的工作量提供一定程度的可靠保障。

注意，这里并不能保证外包一定比组织自己开发的服务水平高。如果 Google 不外包咖啡厅，那它可能幸运地聘请到了优秀的厨师。Maggie 可能非常幸运地聘请了世界上最好的软件开发人员。但是，一般来说，一家专业的外包公司知道怎样避免提供有毒的食物，或者怎样开发新的移动应用程序。并且，如果外包公司不能提供这样最低的服务水平，那么比起解雇和重新聘请内部员工，聘请新的外包供应商要容易得多。

最后，公司为了降低实施风险也会选择外包信息系统。聘请外部云供应商降低了选择错误的硬件或软件、使用错误的网络协议或者错误地执行税法的风险，外包将这些风险集合成了选择正确的外包供应商的风险。一旦公司选择了供应商，那么进一步的管理风险就该由这个供应商负责了。

11.3.2 国际化外包

选择在印度进行外包开发对 PRIDE 而言并不奇怪，很多总部设在美国的公司都会选择海外外包。例如，Microsoft 和 Dell 公司都将它们大部分的客户支持业务外包给了美国之外的公司。印度是主要的外包国家，因为它有着庞大的、教育良好的、讲英语的人口，而且劳动力成本只有美国的 20% ~30%。中国和其他一些国家也是外包的主要国家。事实上，使用现代电话技术和网络服务数据库，一个服务请求可能来自美国，在印度进行部分处理后，接着转到新加坡，最后由英国的一名员工完成，而客户只知道他等待了一小段时间而已。

国际化的外包对客户支持和其他必须提供每天 24 小时服务的业务来说尤其有用。例如，Amazon 在美国、印度和爱尔兰各有一个客户服务中心，当美国处于夜晚时，由印度的客户服务代表处理客户电话，因为那里正是白天。当印度的夜晚降临时，由爱尔兰的客户服务代表处理清晨从美国东海岸打来的电话。通过这种方法，公司不需要员工上晚班就能够提供每天 24 小时的服务。

顺便说一下，正如在第 1 章了解到的，保住工作的关键在于擅长做非常规分析的工作。具有发现新技术创新应用能力的人在工作中不会输给海外员工。

11.3.3 外包方案

一些组织已经找到了上百种外包整个信息系统和部分信息系统的方法。图 11-4 根据信息系统的构成整理了几种主要的外包方案。

注解： 并不是所有人都认可将公司的信息系统开发、维护等工作外包，本章的"学习指导"案例给出了一些例子来介绍外包的风险。

一些组织将计算机硬件的采购和运营外包出去。**电子数据系统(Electronic Data Switching，EDS)**是将硬件设施外包给供应商，并且已经取得了 30 多年的成功。图 11-4 说明了另一个方案，通过设施即服务(Infrastructure as a Service，IaaS)在云端外包计算机。

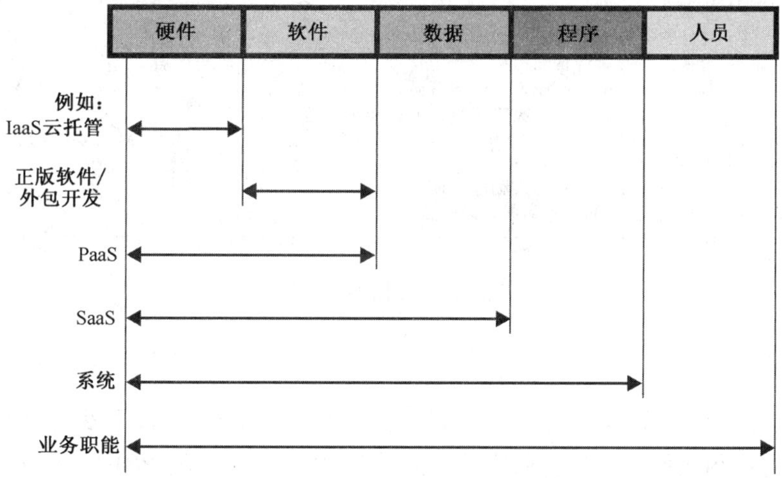

图 11-4 IS/IT 外包方案

第 4 章和第 10 章谈到的获取正版软件是外包的另一种形式。组织不是自己开发软件，而是从其他供应商那里获取正版软件的使用许可。这种许可能够让软件供应商在所有用户之间分摊软件的维护成本，从而降低了用户的成本。还有一种方式是采用平台即服务(PaaS)，即租用安装了操作系统和数据库管理系统的硬件。

一些组织选择外包软件的开发工作。有的可能像 PRIDE 一样，外包整个应用程序；有的是对正版软件进行个性化的调整，比如在 ERP 的实施中会经常用到。

另一种外包方案是软件即服务(Software as a Service，SaaS)，即不仅租用硬件，还租用操作系统和应用软件。Saleforce. com 是提供 SaaS 的典型公司。

还有一种方案是外包整个系统。Peoplesoft 公司(现在归 Oracle 所有)通过提供完整的薪酬系统获得了优势地位。如图 11-4 中箭头所示，在这种方案中，由供应商提供硬件、软件、数据和一些应用程序，公司只需要提供人员和工作信息，剩下的事都由薪酬系统外包供应商来做。

最后，一些组织选择将整个业务职能外包出去。这些年来，很多公司已经选择把安排员工旅行的业务外包给旅行社。一些外包供应商甚至在公司内部办理业务。最近，一些公司甚至将更大、更多的业务外包出去。当然，这种合同比外包信息系统涉及的内容更广泛，但是，信息系统是被外包的应用程序的重要构成部分。

11.3.4 外包的风险

面对这么多的好处和这么多不同的外包方案，你可能会疑惑，为什么还有公司自己开展 IS/IT 业务呢？事实上，如图 11-5 所列，外包存在着很大的风险。

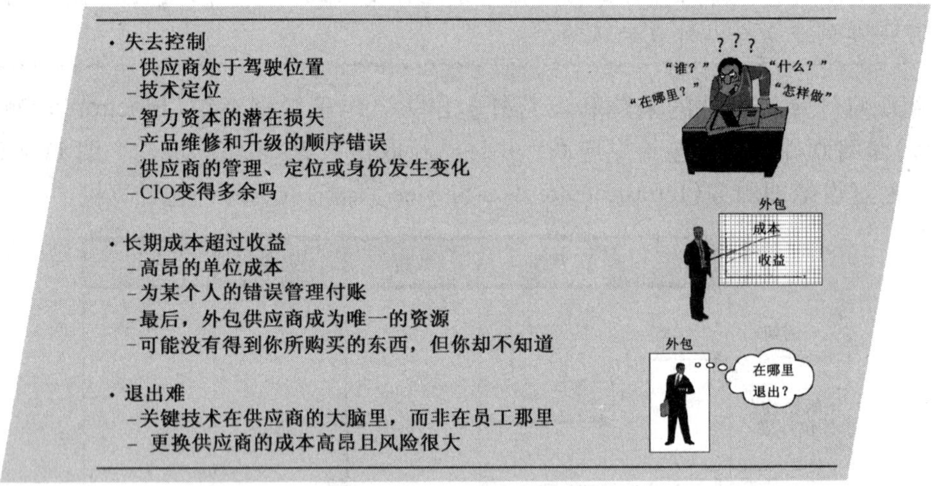

图 11-5 外包的风险

1. 失去控制

外包的第一个风险是失去控制。一旦 Flores 和 Ajit 签订了合同，至少在几个星期或者几个月内，由 Ajit 负责 PRIDE。如果他和他的员工能全力地优先开发 PRIDE 的项目，那么很快就可以完成。但是，如果他在开发工作开始不久，又签订了更大且更具吸引力的项目，那么就会出现进度和质量问题。Flores 和 Maggie 对此完全没有办法。如果他们选择最后支付费用，那么他们不会损失资金，但是却浪费了时间。

对于面向服务的外包，比如 IT 基础设施的外包，供应商就像驾驶员一样。每一个外包供应商都有自己的服务方式和程序。组织和员工将不得不遵守这些程序。例如，一家硬件设备供应商要求计算机有记录和处理计算机问题，或提供定期计算机维护的标准程序和规范。一旦供应商开始负责，员工们就必须遵守这些规程。

当外包咖啡厅时，员工只能选择供应商提供的食物。同样，在获得了计算机硬件和服务后，员工们只能选择供应商所支持的东西。想得到供应商名单以外设备的员工就不太走运了。

除非合同另有要求，否则外包供应商有权选择将要实施的技术。如果出于某些原因，供应商推迟采用一个重要的新技术，那么聘用他们的组织也将推迟获得这一新技术所带来的好处。组织会发现由于自己和竞争对手提供相同的信息系统服务而处于了劣势地位。

另一个要关注的问题是智力资本的潜在损失。公司可能需要向外包供应商的员工透露公司的商业秘密、方法或流程。作为正常经营的一部分，供应商可能会将员工调到竞争对手的企业中，而当这种事情发生时，公司可能会失去它的智力资本。这种损失不一定是知识的窃取，可能只是供应商的员工在你的公司学会了如何采用一个新的更好的方法工作，而他们会将这些带给竞争对手。

另外，所有的软件都存在缺陷和问题。高质量的供应商会跟踪这些缺陷和问题，并根据一系列的优先顺序进行修复。若一家公司外包了一个系统，它就不再控制着修复问题的优先顺序，控制权就属于供应商了。一个对组织来说是非常重要的修复工作，在供应商看来可能不太重要。

另外的问题是外包供应商可能会改变管理方法，采取不同的战略方向或者被收购。当任何一个变化发生时，其工作重点可能也会发生变化。这个外包供应商之前可能是个不错的选择，但当它改变方向后可能就是一个糟糕的选择了。此时更换外包供应商是十分困难并且费用昂贵的。

失去控制的最后一点是公司的 CIO 可能会变得多余。当用户需要一个已经被外包出去的重要服务时，CIO 必须向供应商寻求答复。最后，用户发现直接和外包供应商打交道会更快一些，因此 CIO 就被抛到了交流范围之外。到那时，供应商基本上就取代了 CIO，成为公司的代表人物。但是，外包供应商的员工是为另一家公司工作的，是偏向雇主的。因此，关键管理人员不会像其他管理团队那样分享共同的目的和目标。偏见和错误的决策就由此产生了。

2. 长期成本超过收益

外包最初带来的收益看起来是非常多的，防范财务风险、节省管理时间和精力、消除许多管理和人员配备问题等都是有可能实现的。（很有可能是外包供应商承诺了这些好处。）外包看上去好得令人难以置信。

事实上，外包的确好到令人难以相信。首先，尽管一个固定的成本确实能够规避风险，但它同时也失去了规模经济的好处。如果 PRIDE 的需求增长，GearUp 突然需要 200 台服务器而不是 20 台，那么组织支付的将是支持一台服务器固定成本的 200 倍。但是，由于规模经济的影响，支持 200 台服务器的成本很可能比支持 20 台服务器成本的 10 倍少得多。如果他们自己管理，而不是让供应商负责这些服务器，那么他们自己将会受益。

同时，随着时间的推移，外包供应商可能会改变价格策略。最初，组织从几家外包供应商那里获得了一个有竞争力的报价。但是，随着获胜的供应商对企业的了解越来越多，企业员工与供应商员工之间的关系进一步发展，其他竞争对手很难获得未来的合同。供应商成为了唯一的资源，如果没有竞争压力的话，它很可能会抬高价格。

另一个问题是企业发现自己在为其他企业的管理不善付账，但其实很难了解实际情况。如果 PRIDE 将自己的服务器外包出去，它就很难知道供应商是否管理得好。PRIDE 的投资人可能会为一个不佳的管理付出代价，甚至承受由此而带来的严重后果，如数据丢失等。但是 PRIDE 难以得知这样的管理不善。

3. 退出困难

外包的最后一种风险涉及合同的终止，即不容易退出。首先，外包供应商的员工掌握了企业的重要知识，他们知道了客户支持对服务器的要求，知道了使用的模式，也知道了从数据仓库下载经营数据的最佳流程。因此，相关知识的缺乏使得收回被外包出去的服务变得非常困难。

同样，因为供应商和企业之间变得如此紧密，拆分公司将会非常危险。将员工咖啡厅关闭几周并寻找另一家食品供应商可能会不受欢迎，但员工还是能够生存下来。将企业互联网关闭几周是不可能的，企业也将无法存活。由于这种风险的存在，当企业要更换供应商时，就必须投入大量的工作、重复的努力、管理上的时间和费用。事实上，选择外包供应商就像是一条单行道。

在开始开发应用程序之后，如果 PRIDE 公司的团队决定更换供应商，这可能是非常困难的。新的供应商不仅不了解程序的代码，也不知道当前的代码是谁编写的。考虑换一个更好而且成本更低的供应商或许在费用上是不可行的。

选择外包是一个困难的决定。事实上，正确的选择可能并不清晰，但是时间和实际情况迫使公司不得不做出决定。

11.4 用户的权利和责任

作为信息系统未来的用户，你既拥有权利，也应该承担责任。图 11-6 中列出了你的权利和责任。

用户的权利：	用户的责任：
-熟练开展工作所需的计算机硬件和程序	-学习基本的计算机技术
-可靠地网络和互联网连接	-学习你所使用程序的标准技术和步骤
-安全的计算机环境	-执行安全和备份程序
-防范病毒、蠕虫和其他威胁	-保护你的密码
-提出所需的新系统特性和功能	-根据公司的计算机使用政策使用计算机和移动资源等
-可靠的信息系统开发和维护	-不进行未经许可的硬件修改
-对问题、关切和投诉的快速处理	-只安装经许可的程序
-修复和解决问题的正确顺序	-获得指令后，安装软件补丁和修补程序
-有效的培训	-当需要时，投入足够的时间对所需的新系统的特性和功能做出仔细和全面的答复

图 11-6　信息系统用户的权利和责任

11.4.1 用户的权利

用户有权利获得开展工作所需的计算机，有权利获得需要的计算机硬件和软件。如果需要为数据挖掘程序处理大量的文件，也有权利获得大容量硬盘和高速处理器。但是，如果只是收发邮件和在公司网络中做一些咨询工作，那么只能提出适度的要求（把更为强大的资源留给企业中需要它们的人）。

用户有权利获得可靠的网络服务。这里的可靠性是指，几乎在任何时候都可以顺利地进行操作。它意味着绝不会碰到这样的工作疑虑：“今天的网络能用吗？”网络问题应该是非常罕见的。

用户同样有权利获得一个安全的计算机环境。组织应该保护计算机和其中的文件，并且一般情况下你不用考虑安全的问题。随着时间的推移，组织可能会要求你采取特殊的措施保护计算机和文件，那么你应该接受并采取这些措施。但是此类针对具体外部威胁的要求应该较少出现。

用户有权利参加针对将要使用和正在使用程序进行重大修改的需求会议。你可以选择将这项权利委托给他人，或者部门可能代表实行这项权利。即便是这样，你也有权委托他人表达想法。

用户有权利要求可靠的系统开发和维护。尽管在许多开发项目中，时间延误 1 ~ 2 个月十分常见，但是没有必要容忍长达 6 个月或更长时间的延误。这种延误是系统开发不合格的表现。

另外，用户有权利获得关于信息服务问题和投诉的快速回应，有权利拥有报告问题的途径，并且有权利知道信息部门已经收到或者至少已经登记了的问题，有权利要求根据既定的顺序解决你的问题。这意味着因能力而不能工作的问题，比在已经开展的工作中遇到的其他问题的优先级要高。

最后，用户有权利接受有效的培训。这种培训能让用户理解信息系统，并帮助他们使用系统来完成特定的工作。组织应当以恰当的形式并在恰当的时间提供培训。

11.4.2 用户的责任

对于信息系统部门和组织，用户同样负有一定的责任。特别是有责任学习一些基本的计算机技术，以及所使用的应用程序的基本技术和操作流程。不要期望对于基本操作可以得到手把手的培训，也不要期望对同一个问题得到反复的培训和帮助。

用户有责任遵守有关安全和备份的规程，这是非常重要的。因为如果没有执行这一措施，就很可能会给同事、组织和你自己带来麻烦。特别是有责任保护自己的密码安全。在下一章将介绍这不仅对保护计算机非常重要，而且由于系统间认证，这对于保护企业的网络和数据库也是非常重要的。

用户有责任根据公司的计算机使用规定来使用计算机资源。很多雇主允许员工在工作时间收发仅限于家庭重要问题的邮件，但是不允许频繁地、长时间地收发临时邮件。你有责任了解雇主的规定并遵守它。另外，如果雇主对于工作时个人移动设备的使用也有规定，你同样有责任遵守它。

用户也不可以对计算机进行未经许可的硬件修改和安装未经许可的程序。制定这个规定的原因是，公司的信息系统部门建立了自动维护程序以升级计算机。未经许可的硬件和程序可能会阻碍这些自动维护程序。另外，安装未经许可的硬件或程序可能会带来麻烦，而信息系统部门不得不去修复它们。

当要求安装计算机补丁和修复程序时，用户有责任去安装它们。如果补丁涉及安全、备份和恢复程序，这就显得尤其重要。当要求对新系统和已有系统提出需求时，用户有责任花足够的时间对所需的新系统的特性和功能做出仔细和全面的答复。如果确实没有时间，应该委托给其他人提出需求。

最后，用户有责任以专业的态度对待信息系统专业人员。每个人都在同一个公司工作，每个人都渴望成功，专业精神和礼貌在各个方面都将大有帮助。专业的一个表现是学习基本的计算机知识以避免报告琐碎的问题。

本章知识对你的启发

现在你不仅知道了部门的基本责任，还了解了为什么信息系统部门需要规范和规定。你应该明白信息系统的规划职能以及它们是如何与组织中其他部门合作的。另外，你也应该理解外包信息系统服务的原因，最流行、最常用的外包方案，以及外包的风险。最后，你应该明白对于信息系统部门所提供服务的权利与责任。

所有这些知识都会帮助你更好地理解信息系统部门提供的服务。如果你在一家没有或几乎没有信息系统支持的小公司工作，你就会知道这类工作的必要性、优点、缺点以及如何选择合适的外包。如果你发现自己和 Flores 的处境相同，那么你应该明白外包软件开发的优点和不足。最后，了解用户的权利和责任能够使你成为更有效率的商务人员。通过制定合理的预期，你可以从信息系统部门得到你所期望的，同时，也可以得知该部门对你的期望。

道德指引

使用公司的计算机

假设你所在的公司对计算机使用有以下规定：

计算机、电子邮件、社交网络和互联网主要用于公事。在朋友及家人之间发送少量的电子邮件是可以的，偶尔使用一下互联网也是允许的，但是不能影响到工作。

假设你是一名经理，你了解到自己的一名员工做了以下的事情：

1. 在工作时间内玩计算机游戏。
2. 在工作前或工作后用公司计算机玩游戏。
3. 与生病的父母来往邮件。
4. 在午餐或其他休息时间看 DVD。
5. 发邮件组织大部分的同事聚会。
6. 发邮件组织聚会，但没有本公司的员工。
7. 为了购买新车而浏览网页。
8. 在 CNN 在线上浏览新闻
9. 通过互联网查看股票市场。

10. 在 eBay 上购买私人产品。

11. 在 eBay 上销售私人产品。

12. 在线支付个人账单。

13. 为公司业务出差时，在线支付个人账单。

14. 通过互联网为生病的父母购买机票。

15. 修改个人网站主页的内容。

16. 修改个人商务网站的内容。

17. 通过互联网为自己的假期购买机票。

18. 回复个人 Twitter 信息。

问题讨论

1. 说明你将如何应对以上各种情况。

2. 假设信息系统部门的人员告诉你，你的一名员工每天花 3 小时在 Twitter 上发信息，你将如何应对？

3. 针对问题 2，假设你询问信息系统部门如何得知员工的情况，他们告诉你，“我们秘密地监控计算机的使用情况。”你会反对这种监控吗？请说明原因。

4. 假设信息系统部门的人员提醒你，你的一名员工发送了大量的私人电子邮件。当你询问他们如何知道是私人邮件时，却得知信息系统会评估用户账户的活动，而且当可疑邮件的数量被怀疑时，信息系统部门就会阅读员工的邮件。你认为这是合法的吗？是道德的吗？你将如何应对？

5. 作为一名员工，如果你知道公司会偶尔阅读员工的电子邮件，你会改变现在的行为吗？如果会，这是否说明公司阅读你的邮件是合理的？这种情况与某个人阅读在工作时间寄给你的个人信件有什么不同吗？请说明原因。

6. 写出你认为公司在工作时间内个人计算机使用的最佳规定，特别是针对 Facebook、Pinterest、Twitter 以及其他个人的社会网络活动。

学习指导

外包是虚假的黄金吗

“人们都在欺骗自己。这听起来如此诱人，只需支付给供应商一笔固定的已知费用，你所有的问题就都将解决了。每一个人都会拥有他们所需要的计算机，网络绝不会崩溃，你再也不需要忍受与网络协议有关的可怕会议，以及最新的蠕虫病毒，你会进入信息系统的天堂。

但是它并不是那样工作的，你要面临一个又一个的问题。考虑一下外包计算机设施。外包供应商做的第一件事是什么呢？它雇用了所有正在为你工作的员工。还记得公司原来那个似乎从没有完成过任何工作、懒惰的、没能力的网络管理员吗？他作为外包公司的员工又回来了。这时他就有了借口，“公司规定不允许那么做。”

“因此，外包公司通过雇用你的员工得到了他们的一流员工。当然，外包公司声称他们将提供管理监督，如果员工不工作，他们将被开除。你真正外包的是 IT 员工的中层管理，但是无法得知外包公司所提供的管理人员是否比公司原有的员工要好。

“另外，以前你认为公司有官僚问题吗？每一个供应商都有一系列的形式、程序、委员会、报告和其他的管理‘工具’。他们将告诉你，你必须按照标准蓝图去做。他们不得不那样说，因为如果他们允许每一家公司都有所不同，他们就无法获得重复利用的机会，并且他们也绝对不可能盈利。

“所以你是在给以前员工的服务支付佣金，这些人现在被由外包供应商支付酬金的陌生人管理着，而这些管理人员是否很好地遵循了外包供应商的赚钱过程？他们是否会迅速地将你的业务流程转换成其他客户的翻版？你真的想这样吗？

“假设你发现了所有这些问题并决定解决它们，那现在你又该做什么？怎么做才能撤销外包协议呢？所有的关键技术都在外包公司员工的大脑里，但是他们并没有为你工作的动力。事实上，他们的劳动合同很可能禁止他们这么做。因此，现在你不得不考虑公司内部已有的经营流程，招聘员工从事这项工作，并且重新学习你一开始就应该学习的知识。

“外包是愚人的黄金，是逃避责任的昂贵的跳跃。这就像是说：‘我们不知道如何管理公司的这个重要职能，所以你来做吧！’你不能通过雇用他人管理信息系统，从而逃避信息系统的问题。你至少应该关注你的底线。”

问题讨论

1. 当开始一个新的外包任务时，聘请公司现有的信息系统工作人员是一种常见的做法。这个对外包供应商有什么好处？对公司又有什么好处？

2. 假设你为一家外包供应商工作。针对你的经理只关心在雇主面前的表现，而没有不真正为公司工作的指责，你该如何应对？

3. “我们不知道如何管理公司的这个重要职能，所以你来做吧！”你是否同意这句话的观点？如果真是这样，它一定是坏事吗？为什么？

4. 解释为什么外包供应商能够获得规模经济效益，而雇用外包供应商的公司却无法获得。这种现象能够证明外包比较成功吗？为什么？

5. 外包信息系统的基础设施和外包公司的咖啡厅在哪些方面相同？哪些方面不同？你能从外包基础设施中得出怎样的结论？

6. 在这个学习指导中假设公司外包了计算机设施。如果像 PRIDE 一样，外包软件开发而极少直接参与其中，那么对于软件外包而言，第 2 ~5 题的答案会有什么不同？

7. 如果外包协议只是针对 PaaS 资源，第 2 ~5 题的答案会有什么不同？

小结

利用本小结来检查你是否理解了本章介绍的思想和概念。

1. 信息系统部门的功能和组织

列举信息系统部门的 5 个主要功能；定义 CIO 并解释 CIO 的典型报告关系；说出典型的

信息系统部门的4个小组，并解释每个小组的主要责任；定义CTO并解释CTO的主要责任；解释数据管理职能的目的。

2. 规划信息技术的使用

解释信息系统与组织战略保持一致的重要性，并解释保持一致的困难性；描述CIO与其他执行人员的关系；解释CIO有关事项优先顺序方面的责任，并解释这项任务的挑战；定义指导委员会，并说出CIO在其中的任务。

3. 外包的优势和劣势

给出外包的定义；解释德鲁克的名言“你的后院是他人的前台”是如何与外包思想一致的；总结外包的管理优势、成本优势和风险；解释为什么全球化外包有特别的优势；举例说明IaaS、PaaS和SaaS的区别；列出可以防止你的工作被外包出去的技巧；解释在外包中失去控制、长期成本和退出策略的风险。

4. 用户的权利与责任

用自己的语言介绍图11-6中列举的每一项权利和责任。

本章知识对你的启发

假如你分别是大公司和小公司的员工，或者你发现自己和Flores的处境相同，请说出本章知识对你的帮助。解释本章的知识如何帮助你成为一名更有效率的商务人员。

关键词和术语

首席信息官(CIO)　　首席技术官(CTO)　　绿色计算

外包　　指导委员会

知识运用

1. 根据本章所述，信息系统、产品和技术不具有可塑性，它们很难改变或调整。你认为除CIO以外的高层管理人员如何看待这种可塑性的缺失？例如，你如何在企业并购中考虑信息系统的问题？

2. 假设你代表一个投资小组在全国范围内收购医院，并将它们整合成一个统一的系统。列出涉及信息系统的5个潜在问题和风险。相对于收购过程中的其他风险，你如何看待与信息系统相关的风险？

3. 当企业的方向快速变化时，信息系统会怎么样？信息系统在其他部门中担任怎样的角色？当企业战略经常变化时，信息系统会怎么样？你是否认为这种频繁的变化对于信息系统来说比其他业务职能所面临的问题更大？为什么？

4. 解释“在很多情况下，选择外包供应商是一条单行道”。你是否同意这句话？为什么？你的答案是否根据外包不同的系统组件而不同？为什么？

5. 根据本章开头的对话和图11-3、图11-5，列出外包PRIDE应用程序开发的优点与缺点，并对每一项进行简单的描述。

合作练习 11

在开始这部分练习之前，阅读扩展章 1 和扩展章 2，这两章介绍了合作的技巧以及管理合作任务的工具。特别是考虑运用 Google Drive、Google +、Windows Live SkyDrive、Microsoft SharePoint 或者其他合作工具。

绿色计算作为一种具有环保意识的计算，主要由三部分组成：能耗管理、虚拟化和电子垃圾管理。在这个练习中，我们关注能耗。

计算机（和其他相关的设备，如打印机）会消耗电能，这个负担对于任何单独一台计算机或者打印机来说都是轻松的。但是想想美国所有的计算机和打印机今晚都会在没人的办公室里运转情况就不同了，因此绿色计算的支持者鼓励公司和员工关闭不用的设备，以减少电能和水的消耗。

绿色计算重要吗？使计算机专业人士变得有道德对环境学家来说是一个安慰吗？针对绿色计算在校园里的应用，和小组成员讨论并提出自己的见解。

1. 在网上查询典型的计算机和办公设备的电能消耗，如笔记本计算机、台式机、CRT 监控器、LED 监控器和打印机，不需要考虑服务器。在调查过程中，将瓦特作为电能的单位，绿色计算活动想要减少的也正是瓦特。

2. 估算在学校使用的各种类型设备的数量。在学校的网站查询学院、部门、系、工作人员和学生的数量，计算他们使用计算机、复印机以及其他类型设备所消耗的电能。

3. 使用问题 1 和 2 中得到的数据，计算校园中使用计算机及相关设备所消耗的总电能。

4. 一台计算机在屏幕保护程序模式和正常模式下消耗的电能是一样的，但是在睡眠模式下可以节省很多电能，大概每小时 6 瓦特。观察你们学校里计算机的使用情况，评估计算机在各种不同模式下的时间，计算睡眠模式节省的电能。

5. 通过信息系统部门的软件进行自动升级和补丁修复的计算机不允许进入睡眠模式，因为如果进入睡眠模式，就无法更新。所以一些大学不允许计算机进入睡眠模式（顺便说一下，睡眠模式从不用在服务器上）。以瓦特为单位计算这种规定下的成本。

6. 计算下列情况的月成本，以瓦特为单位：

（1）所有计算机 24 小时运转。

（2）所有计算机在工作时间内运转，在非工作时间进入睡眠模式。

（3）所有计算机在非工作时间关闭。

7. 思考问题 1 ~ 6，你觉得非工作时间的计算机电源管理是否值得关注？与经营大学的其他费用相比，这个问题是否重要？小组讨论并给出你的答案。

案例学习 11

你的 iOS 应用程序

假设你有一个 iOS 应用程序的好想法。先不管它具体是什么，它也许能够使学生和家长的生活更加便捷，也许能够追踪爷爷奶奶的医疗费用使用情况。不管它是什么，我们假设这是一个绝佳的想法。

首先，这个想法有什么价值？根据 Raven Zachary 在 O'Reilly 的博客中提到的，这个想法的价值为零。

根据 Zachary 所写，Nada①，一个并非专业的 iPhone 开发人员（他曾在 2008 年谈及 iPhone 应用程序）认为未来收入的共享与现金的交换会很有前景。现在已经有太多的现金支付工作了。而且，对于每一个商业项目，不仅是 iOS 应用程序要好，而且想法和实施都要好。

那么，如何开发你的 iOS 应用程序呢？根据 OS X Daily，2010 年在美国和英国开发 iOS 应用程序每小时花费 50 ~250 美元，而且一般小的应用程序需要 4 ~6 周才能完成②。TechCrunch 调查了 124 名开发人员发现，完成一个 iPhone 应用程序的平均费用为 6453 美元③，这个数字还包括了计划使用更廉价的海外开发人员的项目。

这些费用并不完整，虽然它考虑了编程时间，但是没有详细说明需求和设计用户接口的时间，而这两项工作都十分耗费时间。另外，在上架到苹果商店（Apple Store）之前，测试所花费的时间也不确定，这还没有考虑在苹果公司审查过程中调整应用程序所耗费的时间。

那么，你的选择是什么？首先，尽可能多地做好你能做的。重读在第 10 章中所提到的系统开发生命周期的几个阶段，确定其中有多少可以自己完成。除非你已经是一名有技术、目标明确，并且熟练掌握 Objective-C 的程序员，否则你不可能自己完成代码。但是，如果你能够设计用户接口，详细说明用户可能使用到的方法，那么就能够降低开发成本。你也可以至少设计一个测试方案的框架，以及自己完成一些测试任务。

假设你有 10 000 美元的投资资金，你可以将开发外包给本地的开发人员。但是除此之外，你还有两个选择：外包给国外人员或者雇用一名计算机专业的学生。Elance 是一家交易公司，主要为 iOS 的开发专家进行结算。它列出了开发人员的名单、位置、一般费用和之前客户的评分。④ 你可以雇用印度、俄罗斯、乌克兰、罗马尼亚和其他国家的开发人员。开发一个简单应用程序的费用大概是 2000 美元，但是，这个估算费用可能并不包括所有在上架应用程序到苹果商店过程前的费用。

如果雇用一个本地的计算机专业学生怎么样？价格比较适中，当然比雇用一名专业的开发人员要便宜得多，但是这会有问题。首先，优秀的学生很抢手；其次，再优秀的学生也是学生，他们需要上课，没有太多的时间开发程序。另外，一些学生并不可靠。不过，如果你有值得信任的朋友，或许可以选择这种方式。

另一个选择是“分而治之”。将你的好想法分解成几个小的应用程序。选择一个你认为肯定会流行的应用程序便宜卖出去，比如 0.99 美元，用赚来的钱投资下一个能赚更多钱的小程序。

案例讨论

1. 好的移动应用程序具有什么样的特点？至少描述 5 个能够吸引你购买应用程序的特点。开发容易并且便宜的应用程序有什么样的特点？开发困难并且昂贵的应用程序呢？

---

① http://blogs.oreilly.com/iphone/2008/11/turning-ideas-into-application.html

② http://osxdaily.com/2010/09/07/iphone-development-costs/

③ http://techcrunch.com/2010/05/16/iphone-app-sales-exposed

④ www.elance.com/groups/iPhone_Development_Experts

2. 访问 http://techcrunch. com/2010/05/16/iphone-app-sales-exposed，总结最好的和更经典的应用程序能够获得的回报。

3. 重读关于 SDLC 过程的内容。列出要实施的工作并评估你是否可以完成每一项工作。如果不能，你将如何外包这项工作？另外，估算外包一个简单程序所要花费的费用。

4. 访问 www. elance. com，选择 5 个开发应用程序的外包供应商。你的标准是什么？

5. 你觉得 Google 收购摩托罗拉的移动业务对 iOS 应用程序有什么影响？理论上，这次收购会使你觉得开发 Android 和 Windows 7 的应用程序更明智吗？

6. 网上搜索“Android 开发”及其相关的词语，你会觉得开发 Android 程序的过程比 iOS 更容易、更便宜或者更令人满意吗？

7. 假设你决定开发 iOS 程序。你如何看待开发瘦客户端浏览器程序不是更好的选择？如何证明瘦客户端程序是更好的选择？

8. 整理你的收获，并准备 1 分钟的总结，谈谈在面试中可以展现的创新性思维。

第12章 信息安全管理

Ajit Barid 正在与 Romero Flores 医生和 Maggie Jensen 进行视频通话，他说道："为了用户的隐私和安全性我们必须对该系统进行设计。"此时，Ajit 正在印度海德拉巴市区的公司办公室里，Flores 在德州奥斯汀的办公室里，而 Maggie 正在科罗拉多州丹佛的办公室里。

"听起来很昂贵，你是什么意思，Ajit?"Flores 对于他的外包供应商仍然十分满意。

"嗯，要正确地做到这一点，我们需要对它进行设计，以便病人可以控制数据的传播。"Ajit 的声音非常清晰，尽管他在 11 000 英里以外。

"是的，我认为我们有相关的要求声明。"

"Flores 医生，"Maggie 加入到谈话当中，"因为我们希望将会拥有成千上万的用户，我们需要在数据库中存储他们对隐私的设定。"

"好的，我明白了。"

"就是这种方法，但是那也意味着我们需要在数据库方面有适当的安全性。"Ajit 继续说。

"好的，我也明白了。我们是否只需要大家用他们的姓名作为密码登录这个隐私数据库?"

"是的，没错，但是我们必须小心避免像 SQL 入侵攻击这样的问题。"Ajit 不知道如何来解释。

"入侵? 现在我们正在使用我的语言，但什么是 SQL?"

Maggie 不想谈论技术。当 Flores 试图理解时，她知道他们即将陷入困境。他是一个很聪明的人，并且他不会让任何有危险的事情发生，她不希望利用他们的时间对他进行 SQL 辅导。

"这个怎么样，Flores 医生……"Maggie 谨慎地说，"与其为了这些细节而占用您的时间，不如让我们去解决这些问题。有许多的著名攻击和问题需要我们对付，而且我们将会这样做。"

"好的，但是我开始对入侵感兴趣了。你们是否也同样会有兴趣呢?"

"不，但是我们在讨论关于漏洞的补救措施……"

"Ajit!"Maggie 打断了他们，"让我们把 Flores 医生带回到实际当中。你和我可以在线下来讨论这个问题。"Maggie 决定在这次谈话过程失控之前去切断它。

Ajit 和 Maggie 在一个小时之后进行视频会议：

"好的，Maggie，抱歉。我只是忍不住。我也想知道他对病毒和蠕虫的反应……"

"我很高兴你并没有那么做，"Maggie 知道他明白她的意图时松了一口气。"你得到了什么?"

"人们和专业医疗团队、老板、保险公司以及健康俱乐部之间都是多对多的关系。"

"没错，我懂那些，Ajit，但是它和隐私又有什么关系呢?"

"嗯，我们可以使用一个表格为每个患者存储他们的隐私设置，同时我们只让患者能够存取含有这些数据的表格。"(请看下面的图)

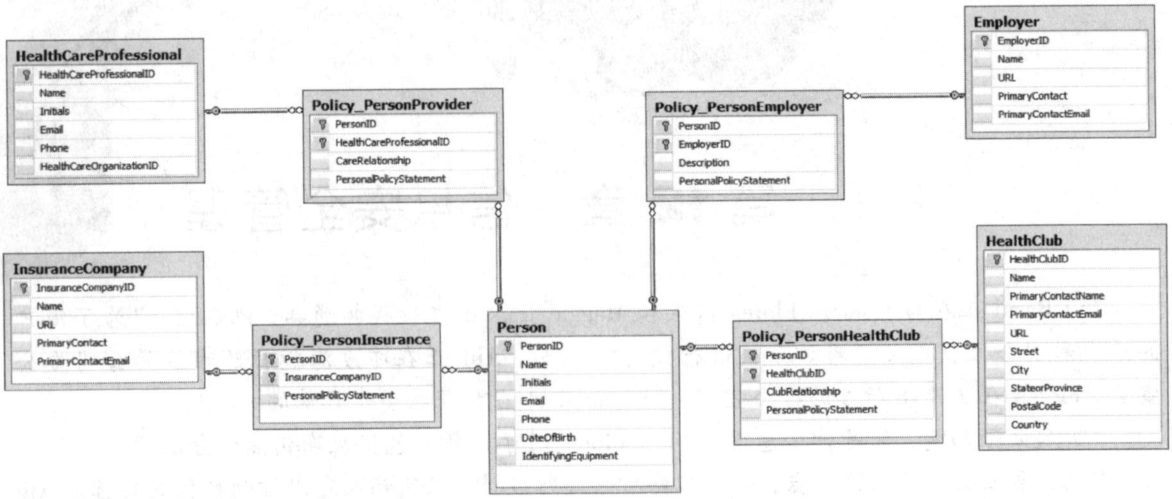

"很有意义，我喜欢它……一个简洁的设计。"

"隐私设置包含在 PersonalPolicyStatement 属性中，该属性的值可以是'无法访问'、'无法识别'、'汇总'和'完全访问'。其中最后的两项包括患者的身份。"

"好的。但是先不要进行代码设计，我们可能还有其他的方法。"

"如果我们将这个展示给 Flores，他就会通过安全设计来明白我们的意思。"

"Ajit，别去那儿。"

"好的。"

学习目标

1. 信息系统安全的目标
2. 计算机安全问题的重要性
3. 个人对安全威胁的应对
4. 组织机构对安全威胁的应对
5. 避免安全威胁的技术保障措施
6. 避免安全威胁的数据保障措施
7. 避免安全威胁的技术人为保障措施
8. 组织对安全事件的应对

12.1 信息系统安全的目标

信息系统安全涉及成本和风险之间的平衡关系。为了理解这种平衡的本质，我们首先开始对安全威胁/亏损(threat/loss)情景进行描述，然后讨论安全威胁的来源，之后将说明信息系统安全的目标。

12.1.1 安全威胁/亏损的情景

图 12-1 显示了目前个人和组织所面临安全问题的主要因素。威胁是指，在未经主人的许可和往往在主人不知道的情况下，企图非法获得和修改数据或其他信息的个人和组织。漏洞

是指为威胁提供获得存取个人和组织信息的机会。例如，当你在网上买东西的时候，你需要提供你的信用卡数据。当这个数据通过互联网来传送时，它很容易受到威胁。一个保障是个人或组织采取的一些措施，它能够阻止自动获取这些信息的威胁发生。注意，在图 12-1 中，保障措施并不总是有效的。尽管有保障措施，但一些威胁还是实现了他们的目标。最后，这个目标就是此威胁所希望获得的信息。

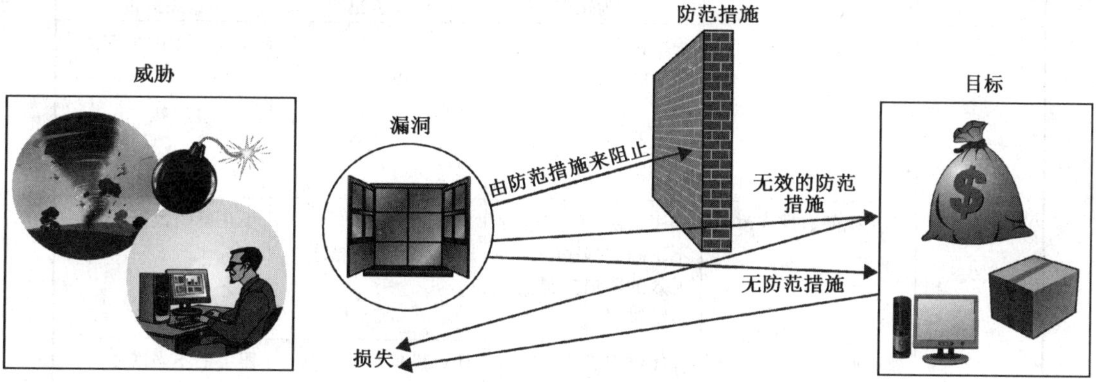

图 12-1　威胁/损失场景

表 12-1 显示了威胁/目标、漏洞、保障和结果的例子。在前两列中，一个 Xbox 玩家(威胁)想要使用你账户的信用卡数据(目标)来购买更多的游戏。如前所述，当你为网上交易而提供你的信用卡数据时，由于它在互联网上传播，所以数据很容易受到威胁。然而，如表 12-1 所示的第一列，如果你使用 HTTPS 协议而不是 HTTP 协议(12.5 节中将讨论)进行你的交易，你就使用了一个有效的保障措施，同时，你将成功地对抗威胁。

表 12-1　威胁/损失的例子

威胁/目标	漏　洞	保　障	结　果	解　释
Xbox Live 玩家想获得你的信用卡数据	使用信用卡进行网购	只使用 https 网购	无损失	有效的防范措施
	使用 Email 向你的朋友发送信用卡数据	无	损失信用卡数据	无防范措施
员工将敏感数据发送到 Google + 公开组	公众可以访问不安全组	密码，程序，员工，培训	损失敏感数据	无效的防范措施

然而，如表 12-1 的第二列所描述的，如果你使用 Email 向你的朋友发送你的信用卡数据，大多数情况下，你将根本没有保护措施。这个数据对于那些恰巧嗅出互联网上传输的威胁是公开的。这种情况下，你可能很快会为一个完全不认识的人支付数小时 Xbox 游戏的费用。

表 12-1 的最下面一行显示了另一种情况。这里，一个员工在工作中获得了重要数据并发送到他认为只用于工作的 Google + 小组上。然而，员工犯了错误并将其发送到了公共小组上。目标就是这个重要数据，并且漏洞是对这个公共小组的存取。对于这种情况，有能够阻止这种损失的几个保障措施。如员工需要密码才能获得重要数据和加入具有隐私的用于工作的小组中；管理者设置了规章制度，规定公司员工不能在任何公共网站上传送机密数据，例如 Google +，但是这些规章制度或是不被人所知或是被不予理睬；第三个保护措施是对特定的员工进行培训。因为雇员忽视了这些规章制度，所以所有这些保障措施可能是无效的，致使重要数据被暴露在公众面前。

12.1.2 威胁的来源是什么

表 12-2 概括了安全威胁的来源。威胁的类型在栏中显示，并且损失的类型显示在各行中。

表 12-2 安全问题和来源

		威胁		
		人为错误	计算机犯罪	自然灾害
损失	未经授权的数据披露	程序错误	假托 网络钓鱼 欺骗 嗅探 黑客	重建过程中的泄露
	不正确的数据修改	程序错误 不正确的程序 无效的账户控制 系统错误	黑客	不正确的数据恢复
	错误服务	程序错误 开发和安装错误	计算机犯罪 篡夺	服务的不当恢复
	拒绝服务(DOS)	突发事件	DOS 攻击	服务中断
	基础设施损失	突发事件	盗窃 恐怖主义行为	财产损失

1. 人为错误

人为的错误和失误包括由员工和非员工造成的意外问题。例如，一名员工错误地理解了操作程序，意外地删除了客户记录。又如，一名员工在备份数据库的过程中，无意安装了原先的数据库并覆盖了现在的数据库。这类威胁还包括错误地编写应用程序和设计程序。最后，人为错误和失误还包括人身意外，比如驾驶叉车穿过了计算机房的墙壁。

2. 计算机犯罪

第二个威胁来源是计算机犯罪，这类威胁包括现有员工和以前的员工蓄意破坏数据和其他系统元件，还包括闯入系统的黑客和感染计算机系统的病毒和蠕虫的编写者。计算机犯罪也包括恐怖分子和那些闯入系统窃取经济利益的外部罪犯。

3. 自然事件和灾害

自然事件和灾害是安全威胁的第三个来源，这类威胁包括火灾、水灾、飓风、地震、海啸、雪崩和其他自然灾害。这类问题不仅包括能力和服务的最初损失，还有由灾后恢复行为所带来的损失。

12.1.3 安全问题的类型

存在 5 种类型的安全损失：未经授权的数据披露、不正确的数据修改、错误服务、拒绝服务和基础设施损失。下面将逐一讨论这些类型。

1. 未经授权的数据披露

未经授权的数据披露是在威胁获得了被认为受到保护的数据时发生的，它由无意识地违反数据政策泄露数据的人为错误引发。例如，大学里一位新上任的部门工作人员在公共场所张贴邮寄学生的姓名、学号和成绩时，他就违反了当地有关披露学生姓名和成绩的法律。又如，员工无意识或不小心向竞争对手或媒体透露了公司的专有数据，并且以数据泄露著称的维基解密（Wiki Leaks）作为表 12-1 的第三个例子。

搜索引擎的普及和功能已经成为另一个无意披露的来源。员工可能会错误地通过网络公布专有或内部数据，如员工将内部数据发布到可以被搜索引擎检索到的网站上。

当然，专有和私人数据也可能被恶意披露。当某个人冒名顶替他人时，**假托（Pretexting）**便发生了。一种常见的骗局是，一个假冒来自信用卡公司的电话员，声称正在检查信用卡卡号的有效性，“我正在检查你的万事达卡的号码，它以 5491 开头，你能核对剩下的号码吗?”所有的万事达卡的号码都是以 5491 开头的，电话员试图偷取一个有效的号码。

网络钓鱼（Phishing）是使用与假托相似的技术通过电子邮件获取未经授权的数据。钓鱼者冒充成一家合法的公司，并发送电子邮件要求提供机密数据，如账号、社会保障号、账号密码等。网络钓鱼连累了合法的品牌和商标。

欺骗（Spoofing）是形容某个人冒名顶替他人的另一个术语。如果你冒充你的教授，你就欺骗了他。**IP 欺骗（IP Spoofing）**是指一个入侵者使用另一个网站的 IP 地址冒充自己的 IP 地址。**电子邮件欺骗（Email Spoofing）**是网络钓鱼的别名。

窃听（Sniffing）是一种拦截计算机通信的技术。在有线网络的情况下，窃听需要与互联网有物理上的连接。在无线网络的情况下，不需要这种连接，**窃听者（Drive-by Sniffers）**只需要把计算机带到有无线连接的地方，检索未受保护的无线网络即可。他们能随意监听和拦截无线通信。而正如你将学习到的，即时受保护的无线网络也很脆弱。本章稍后介绍的间谍软件和广告软件是另外两种窃听技术。

计算机犯罪的其他形式包括闯入网络去窃取数据，如客户名单、产品库存数据、员工数据和其他专有和机密数据。

最后，人们可能在自然灾害重建过程中会无意识地泄露数据。通常，在重建过程中，每个人都将注意力放在了系统能力的重建上，而忽视了正常的安全保障。一个如“我需要一份客户数据库”的要求在灾后重建时期受到的审查比其他时期要少得多。

2. 不正确的数据修改

表 12-2 所示的第二类安全问题是不正确的数据修改。这样的例子包括错误地增加了一个客户的折扣或错误地修改了一名员工的工资、假期的天数或年终的奖金。其他的例子还有不正确的价格信息，如公司的网站上或公司主页上不正确的价格变化。

不正确的数据修改是由于员工执行错误的流程或流程设计存在错误等人为错误造成的。为了对那些处理财务数据的系统和控制产品、设备等资产库存的系统进行合理的内部控制，公司应该确保责任与权力的分离，并有多种相互制衡的机制。

系统错误是最后一类由人为错误造成的不正确的数据修改，一个例子是在第 5 章讨论的遗失更新的问题。

计算机犯罪可以是通过黑客程序进入计算机系统，从而对未经授权的数据进行修改。例如，黑客能够进入系统并转移用户账户的余额或下订单运送货物到未经授权的地点和用户。

最后，灾后错误的恢复行为也可能导致数据的不正确修改。这种错误行为可能是无意识的，也可能是恶意的。

3. 错误服务

第三类安全问题是错误服务，它包括由于错误地对系统进行操作而产生的问题。错误服务包括刚才所讲的不正确的数据修改，还有系统运行错误，如给客户发送错误的商品或将订购的货物发给错误的客户，向客户收取错误的金额，或者向员工发送错误的信息。人们可能会因为程序制定的错误而无意识地造成错误服务。系统开发人员可能会在编写程序时出错或在硬件、软件和数据安装过程中发生错误。

篡夺(Usurpation)是指非法程序入侵计算机系统，并取代合法的程序。这类非法程序通常会关闭合法程序并取代它们，自己进行操作。错误服务也可能由自然灾害后重建过程中产生的错误造成。

4. 拒绝服务

执行程序中的人为错误或程序的缺失可能会导致系统**拒绝服务**(Denial of Service, DOS)，作为第四种损失。例如，人们可能由于启动一个计算机密级程序而无意识地关闭了一个网络服务器或公司的网关路由器。一个使用业务数据库管理系统的 OLAP 程序可能会占用大量的数据库管理系统的资源，从而导致订单输入交易无法进行。

当恶意的黑客在 Web 服务器上造成拥堵时，计算机犯罪分子可以发起拒绝服务的攻击。例如，恶意黑客可以用数百万条虚假的服务请求来拥堵网络服务器，使其不能够为合法请求提供服务。又如，计算机蠕虫能够带着大量的虚假通信渗透进入互联网，从而导致合法通信不能畅通。最后，自然灾害也可能会致使系统瘫痪，从而导致拒绝服务。

5. 基础设施损失

很多时候，人为事件会造成基础设施的损失，这是最后一种安全问题。例如，一台推土机割断了一个光纤电缆管道，并且地面的缓冲器撞到了网络服务器上。

盗窃和恐怖事件也可能会造成基础设施的损失。例如，一个不满的被解聘的员工可能会偷走公司的数据服务器、路由器和其他关键设备。恐怖事件同样会造成厂房和设备的损失。

自然灾害是造成基础设施损失的最大威胁。一场火灾、水灾、地震或类似事件可能会摧毁数据中心和它们包含的全部数据。

你可能会疑惑表 12-2 中为什么不包括病毒、蠕虫和木马程序呢？这是因为病毒、蠕虫和木马程序是造成表中所列的那些问题的技术，它们可能会导致一个拒绝服务攻击，或者可能被用来进行恶意的、非法的数据访问或数据丢失。

最后，一个新的威胁在最近已经出现。这个名为**高级持续性威胁**(Advanced Persistent Threat, APT)的威胁是一个复杂的并且可能是长期运行的计算机黑客，这个计算机黑客可能是由规模大而资金雄厚的组织，如政府所做的。APT 的例子有 Stuxnet 和 Flame。Stuxnet 病毒因造成伊朗离心机故障而挫败了伊朗核计划而著称。Flame 是一个大而复杂的计算机程序，它被认为是可以侵入计算机并像网络间谍一样操纵计算机，获得屏幕图像、电子邮件和短信，甚至使用蓝牙通信搜索附近的智能手机。

在互联网上搜索这些术语以便了解更多信息。如果你在军事或情报机构工作，那么你肯定会关注的。关于 APT 的更多讨论已经超出了本书的范围。

12.1.4 信息系统安全的目标

如图 12-1 所示，威胁能够被阻止，或者如果不能被阻止，损失的成本也能够通过合适的保障措施来减少。然而，创建和维护保障措施是昂贵的。它们使日常工作更加复杂和困难，从而降低了工作效率，并且增加了额外的劳动力。信息安全的目标就是在损失的风险和实施保障措施的成本之间找到一个合适的平衡点。

商务专业人士需要仔细考虑这个权衡点。在你的个人生活中，你当然应该使用防病毒软件，你也应该尽可能使用在接下来的内容中所学到的其他保障措施。一些保障措施将让计算机的使用变得更加困难，如删除浏览器缓存等。这些保障措施值得吗？你需要为自己评估这些风险和利益。

类似的知识也涉及组织，尽管他们需要更系统地去了解它。让不该发生的事情不会发生是信息系统安全的底线，应通过为你的生活和事业进行适当的平衡来提前将这些问题解决。

12.2 计算机安全问题的重要性

我们不知道由于计算机安全威胁所造成的数据及财物损失的严重程度。当然，由于人为失误所造成的损失是巨大的，但是很少有机构能够计算出这些损失，发布这些损失的机构则更少。由自然灾害造成的损失同样也是巨大的和几乎无法计算的。日本大地震关闭了日本制造业，并且通过供应链波及的损失范围从远东一直到欧洲和美国。人们可以想像当日本企业恢复他们的信息系统时所需要的庞大开支。

2011 年，关于计算机犯罪的损失，美国司法部在其网站 www. justice. gov/criminal/cybercrime① 上发布了一系列计算机犯罪的新闻。在 2011 年 3 个月期间的一些主要计算机犯罪和损失均见表 12-3。这绝不是美国这几个月的计算机犯罪的完整列表，可以把它作为正在发生的各种犯罪的证据。对于已经被逮捕的罪犯而言，或许还有成百上千的犯罪事件没有被报道或解决。

表 12-3 美国能源部报道的计算机犯罪事件和损失

日　期	事　件	损　失
2011 年 8 月 10 日	信用卡窃贼使用了从俄罗斯的个人手中购买的信用卡资料	770 000 美元
2011 年 7 月 19 日	由不满意的客户对支付宝进行攻击，拒绝其服务	未知
2011 年 7 月 13 日	前雇员窃取了前同事的电子邮件凭证，同时黑客入侵他们的电子邮件账户，以获得客户和销售数据	未知
2011 年 6 月 29 日	在 eBay、Craigslist 和 AutoTrader. com 上欺诈性地销售根本不存在的项目	未知
2011 年 6 月 22 日	对国税局欺瞒准备报税服务	209 000 美元
2011 年 6 月 22 日	来自拉脱维亚的两个人从超过 100 万的用户中通过网络钓鱼的方式从杀毒软件来获取信用卡数据并支付并不存在的软件	74 000 000 美元
2011 年 5 月 19 日	美国前银行的电脑程序员通过修改取款机代码进行无交易记录的分赃	419 000 美元

资料来源：美国能源部 CSI 计算机犯罪和安全调查

① 很遗憾，司法部不再发布那种列表。

每一年，Verizon 都要调查计算机犯罪案件，有些年 Verizon 和美国联邦经济调查局在一起调查。2011 年，他们报道的有关数据损失安全事件达到了前所未有的数目，但是丢失数据记录的数量为连续第二年急剧下降。原因是大的数据网站已经实施了有效的管控，但是小网站却还没有。因此，数据盗窃在小型和中型企业中最容易成功。

根据他们调查的案例，4 种最常见的计算机犯罪都会涉及对服务器的犯罪活动，其次的两种犯罪涉及代码嵌入，包括病毒和用户计算机上的数据丢失。

最早的计算机犯罪调查之一是由美国计算机安全协会(Computer Security Institute, CSI)组织的。这个调查是从 1995 年开始进行的，参与调查的机构既有盈利组织，也有非盈利组织，还有政府机构，受访者从很小到非常大的组织机构。你可以在 http://gocsi.com 网站上获得一份最新的调查(需要注册)。

在最近的 2011 年的报告中，CSI 发表声明说已提供财政损失数据的受访者太少以至于无法报道总的损失成本的估计值。然而，CSI 调查报告的确提供了有关不同攻击类型百分比的有用数据。图 12-2 展示了在过去 10 年计算机犯罪事件的趋势。如图所示，在过去的两年，有 2/3 的受访者表示恶意软件感染大幅上升。从 2007 年开始，员工和组织机构内的其他人对服务器和电子邮件的滥用情况在逐步减少。我们不清楚这是由于良好的员工培训的结果还是员工更加珍惜他们自经济萧条以来的工作的事实。笔记本电脑和移动设备的失窃现象在下降，但是仍有超过 1/3 的受访者表示仍存在这种失窃情况。

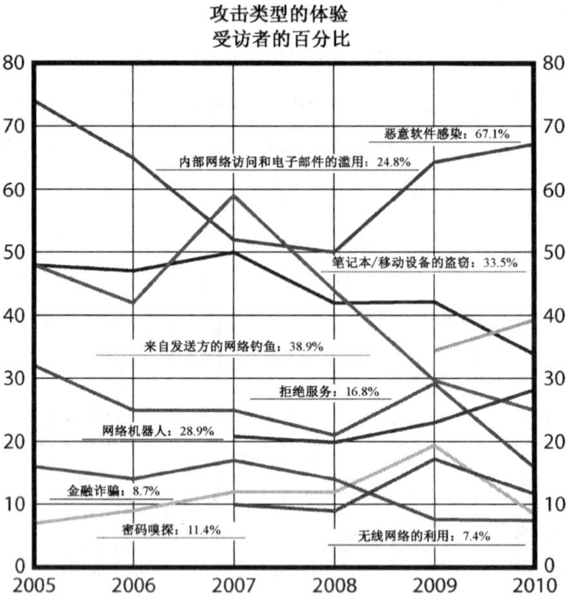

图 12-2　攻击类型的体验

资料来源：2010 年 CSI 计算机犯罪和安全调查

遭受网络钓鱼侵害的组织机构(他们的身份已经隐藏)已增加到 40%，这意味着将近一半的受访者遭受过网络钓鱼！(参考本章的课堂练习。)

2011 年 9 月，对于因计算机数据引起的犯罪所造成的损失，一位由 Symantec 授权的 Norton 防病毒软件制造商声称，在前 12 个月内，24 个国家因计算机犯罪造成的损失已经超过了 3880 亿美元。他们估计其中 1140 亿美元是直接的现金损失，剩余的 2740 亿美元是受害者投资的用于从犯罪事件中恢复的时间成本。根据这个报告，在这 24 个国家中每天有超过 100 万的计算机犯罪的受害者。这并不奇怪，经常使用互联网的用户(每周超过 49 个小时)是最普遍的受害者①。

这些研究和调查是很有帮助的。遗憾的是，诺顿或其他的一些评测机构不可能对计算机犯罪成本做出精确的评估。许多案件，甚至大多数案件并没有被报道。根据 CSI 的调查结果，完全可以理解组织机构不愿意发布由于计算机犯罪导致的经济和数据丢失的新闻。然而，能够用不足 1000 美元就可以购买到那些多如牛毛的不义之财，包括信用卡信息、虚假信用卡、银行凭证、在线支付服务凭证等等，我们就可以知道这笔损失肯定是巨大的。

然而，最发人深省的事实之一是由 Longwood 大学的 Randy Boyle 教授所观察到的。他是 *Applied Information Security*(《信息安全应用》)和 *Corporate Computer and Network Security*(《企业计算机和网络安全》)的作者。Boyle 博士编写了入侵检测系统。**入侵检测系统(Intrusion Detection System，IDS)**是一组计算机程序，它可以感知到当另一台计算机尝试去扫描磁盘或者以其他方式访问计算机时的动态。Boyle 博士说，“当我在公共互联网上的一台计算机上运行 IDS 时，几个晚上我检测到了 1000 多次入侵企图，大多数来自国外。除了合理的保障措施外，你什么也做不了。”②

12.3 个人对安全威胁的应对

就像在 12.1 节的最后所陈述的那样，你个人的 IS 安全目标应该是在损失的风险和保障成本之间找到一个有效的平衡。然而，很少人能够保持对安全问题的认真态度，同时大多数人甚至对低成本的保障措施都不能落实。

注解：本章“道德指引”案例给出了一些保障信息系统安全的措施。

图 12-3 列出了推荐的个人安全保障措施。第一个保障措施是应该认真对待安全问题。现在你无法看到那些正在实施的并且危及你计算机安全的攻击。正如你刚刚得知一样，虽然你没有意识到这些威胁，但是它们的确是存在的。当你的计算机安全受到威胁时，你看到的第一个迹象将会是在你的信用卡上伪造收费或者来自朋友的抱怨信息，他们刚刚从你的邮件账户中收到可恶的电子邮件。

- 认真对待安全问题
- 建立强大的密码
- 使用多个密码
- 不要使用电子邮件或即时通信设备发送有价值的数据
- 在值得信赖、信誉良好的网络供应商上使用 https 协议
- 从计算机中删除高价值的资产
- 清除浏览历史、暂存文件和缓存
- 升级杀毒软件
- 给你的同事演示安全问题
- 遵循组织的安全指示和指导方针
- 考虑所有业务活动的安全性

图 12-3 个人安全保障措施

① http://us.norton.com/content/en/us/home_homeoffice/html/cybercrimereport.，在 2011 年 9 月访问。

② 2011 年 8 月 20 号，与作者的私人信件。

如果你决定认真地对待计算机安全问题，那么你唯一能够做到的最重要的保护措施就是设置和使用强大的账户密码。我们在第 1 章讨论过这样做的方法。总之，不要使用任何语言中的任何单词作为你的密码的一部分，应使用大小写字母和数字的混合形式作为密码。

这种非单词的密码仍然容易受到强力攻击，其中密码破解者会尝试字符的每一种可能组合。John Pozadzides 估计强力攻击可以在大约 5 分钟内破解具有大小写混合的 6 个字符的密码。然而，强力攻击破解有大小写字母、数字和特殊字符组合的密码则需要 8.5 天的时间。对于仅有大小写字母的 10 位数字密码则需要 4.5 年来破解，但是一旦使用字母、数字和特殊符号相混合的密码，则需要将近 200 万年才能破解。破解一个只有字母的 12 位密码需要 300 万年，同时破解一个 12 位的混合密码需要数百万年①。当然，所有这些估计的假设前提是密码中不包含任何语言中的单词。最基本的做法是，使用不含单词的至少 10 个字符的长密码，并且它是由字母、数字和特殊符号混合的。

除了使用长而复杂的密码外，你应该在不同的网站使用不同的密码。这样，如果你的其中一个密码被泄露，你不会失去对你所有账户的控制权。

不要使用电子邮件或即时通信设备发送密码、信用卡数据或其他数据。大多数的电子邮件和即时通信设备没有设置加密保护（查看 12.5 节）。你应该设想到你在电子邮件和即时通信设备上写的任何内容都会通过某种方式出现在明天纽约时报的头版。

只在信誉良好的网络供应商网站上购买商品。当你网购时，只使用 HTTPS 协议。如果网络供应商在交易过程中不提供 HTTPS 协议（在你的浏览器的地址栏搜寻 https://），就不要在那个网络供应商网站上购买商品。

你可以通过删除电脑中的重要信息来减少电脑漏洞所带来的损失。现在，特别是以后作为一个商务专业人士，要养成一个好的习惯，不要在你的电脑或其他设备中携带不需要的数据去旅游。一般情况下，不要携带存储专有数据的服务器和移动设备外出旅行。（顺便说，Office 365 使用 HTTPS 协议与 SharePoint 进行数据转换。当你旅行的时候，可以使用它或者类似的应用程序处理来自像机场之类的公共场所的文件。）

你的浏览器会自动存储你已经访问的一些包含重要数据的网站的历史信息，它包括你的浏览活动和暂时的文件、你的购买信息、你的账户名和密码等等。当你浏览网页时，它也会产生缓存，它们是你的浏览器中存储在计算机上的一些小文件（见案例 9）。缓存能够让你不需要每次都登录来访问网站，同时它们加速处理一些网站。遗憾的是，一些缓存也包含了重要的安全数据。最好的保障措施是从你的计算机中删除你的浏览历史、暂存文件和缓存，同时将你浏览器中的历史信息和缓存设置为不可用。

CCleaner 是一个免费开源的产品，它可以比浏览器更加彻底地删除这些数据（http://download.cnet.com/ccleaner/）。不过，你应该在使用 CCleaner 之前对计算机做备份。

删除和禁用缓存为提升了的安全性和成本之间的平衡提供了一个很好的例子。比如你的

---

① John Pozadzides，"我如何破解你安全性低的密码。"2007 年 3 月 26 日，一个人的博客。http://onemansblog.com/2007/03/26/how-id-hack-your-weak-passwords/，于 2011 年 8 月访问。当时，Pozadzides 在 2007 年是为个人计算机写的。这篇博客采用 2012 年的技术，破解密码的时间可能只用一半或更短。为了破解密码，使用基于云模型的网络服务器可以减少 90% 以上的时间。

计算机安全性大幅提升，会导致电脑变得更难使用。你需要自己在安全性和易用性上做出一个合理的决定，而不是让对于数据漏洞无知的人替你做决定。

我们将在12.5节中讲解杀毒软件的使用方法。一旦你成为了商务专业人士，就可以使用图12-3的最后3项。在你的同事，特别是在你管理的员工面前，你需要表现出对安全问题的关心和重视。你也应该遵守所在组织机构的安全措施和规章制度。最后，像本章最开始的Maggie和Ajit一样，在所有的业务活动中要考虑安全性。

12.4 组织机构对安全威胁的应对

12.3节中讨论了个人在应对安全威胁方面应该采取的方法。对于组织，需要采取更多和更加系统的方法。首先，高级管理人员需要解决两个关键的安全功能：安全制度和风险管控。

考虑第一个功能，高级管理人员需要建立一个全公司的安全制度用以表明公司对收集到的客户、供应商、合作伙伴和员工的信息数据的姿态。这个制度至少应该规定：

- 组织将存储什么样的重要数据
- 组织会如何处理这些数据
- 这些数据是否会和其他组织共享
- 员工和其他人如何获得有关存储着他们数据的备份
- 员工和其他人如何请求变更不准确的数据
- 在工作中，员工能够利用他们的移动设备做些什么
- 非组织的员工利用自己的设备能够得到什么

具体的安全制度取决于组织是政府组织还是非政府组织，取决于组织是面向公众服务的还是面向私人服务的，取决于组织的行业，取决于对员工的关系管理以及其他因素。作为一个新员工，如果在新员工培训中没有讨论安全制度，那么你可以主动找你的老板询问。

高级管理人员的第二个安全功能是风险管控。风险是无法消除的，所以风险管控意味着积极主动地平衡风险和成本之间的关系。这种权衡关系在不同行业之间和不同组织之间是不一样的。金融机构最容易成为盗窃的目标，所以他们肯定会在安全保障措施上投入巨资。另一方面，一个保龄球馆几乎不可能是盗窃的目标，除非该馆在电脑或移动设备上存储着信用卡数据！（安全制度中的某些决策，不仅对于保龄球馆，而且对于大多数小企业似乎都是不明智的。）

为了做出权衡的决策，组织需要建立数据清单，列出要存储的数据和可能对数据造成的威胁。图12-2对于理解威胁的种类和频次是一个很好的资源。根据这个数据清单，组织需要决定它希望承担多大风险，或者换一种说法，它希望实施哪些安全保障措施。

安全保障措施是对安全威胁的防范。检查安全保障措施的一个好办法是依据图12-4所示的信息系统的5个组成要素来进行。一些保障措施涉及计算机硬件和软件，一些涉及数据，其他的涉及程序和人。我们在接下来的3个问题中会考虑技术、数据和人为保障。

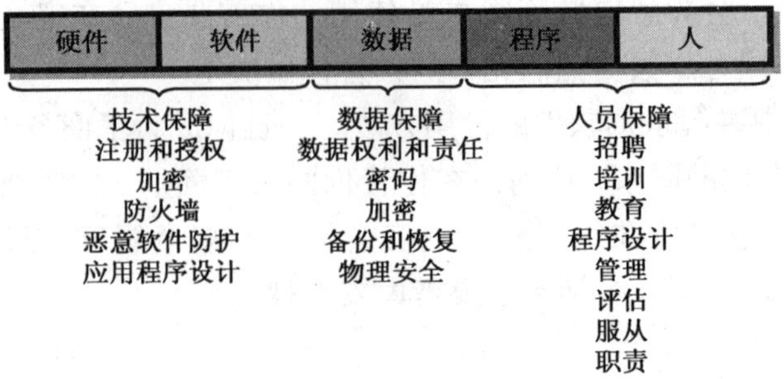

图 12-4　与信息系统五要素相关联的安全保障措施

体验 MIS　课堂练习 12

网络钓鱼获取信用卡、身份证号和银行账户信息

网络钓鱼者是个人或组织以欺骗手段来企图非法获取个人的数据，例如信用卡号、电子邮件账号和驾驶证号等。一些网络钓鱼者也在用户的计算机上安装恶意程序代码。

网络钓鱼通常是通过电子邮件来发起的。网络钓鱼者窃取合法的标志和商标，同时使用类似官方的话语企图欺骗用户，使其泄露个人数据或诱使用户点击链接。钓鱼者不必因为有关商标使用的法律而感到费心，他们将把类似 Visa、MasterCard、Discover 和 American Express 等的名字和标志放到他们的网页上，同时用它们作为诱饵。某种情况下，钓鱼者会复制一个合法公司网站的整体外观和感觉。

在这项练习中，你和你的一群同学将会被要求调查网络钓鱼攻击。如果你为了网络钓鱼而搜索网页，你应该意识到你的搜索会引起活跃钓鱼者的注意。因此，作为练习的一部分，不要在你访问的任何网站上留下任何数据！

1. 学习网络钓鱼的基本知识，访问以下网站：
   www. microsoft. com/protect/fraud/phishing/symptoms. aspx。查看最新的钓鱼攻击的案例，访问：www. fraudwatchinternational. com/phishing/。
   (1) 使用这些网站上的案例，描述网络钓鱼是如何工作的。
   (2) 解释为什么一个看起来合法的链接，例如 www. microsoft. mysite. com，也许实际上是一个钓鱼网站的链接。
   (3) 列出网络钓鱼攻击的 5 个指标。
   (4) 给不精通技术问题的朋友和亲戚写一封邮件，解释什么是网络钓鱼，如何让你的朋友和亲戚避免遭受网络钓鱼。

2. 假设你收到了如图 1 所示的邮件，并且错误地点击了查看更多细节。当你点击之后，你将会被带到如图 2 所示的网页。列出在这两幅图中你发现的每一个网络钓鱼的特征，并解释为什么这是网络钓鱼的特征。

3. 假设你所在的组织正在被网络钓鱼者利用。
   (1) 你如何知道你的组织正在遭受攻击？

(2) 你的组织应该采取什么措施来应对这个攻击?

(3) 由于网络钓鱼是由于携带你的组织的商标和标志而引发的，你的组织对于客户遭受的损害应负有什么样的责任?

4. 为什么网络钓鱼对当今的商业活动是一个严重的问题?

5. 描述应该采取哪些措施来帮助行业组织、企业、政府和个人减少遭受网络钓鱼的机会。

> 你的订购号: "17152492"
> 订购日期: "09/07/12"
> 购买的产品: "Two First Class Tickets to Cozumel"
> 卡的类型: "CREDIT"
> 总价格: " $ 349.00"
>
> 你好，当你购买机票时，你提供了一个错误的邮箱地址
> 查看更多细节
> 请按照链接并修改你的邮箱地址或者取消你的订单。如果有问题，可以随时与我们联系 account@ usefulbill. com。

图 1　虚假网络钓鱼邮件

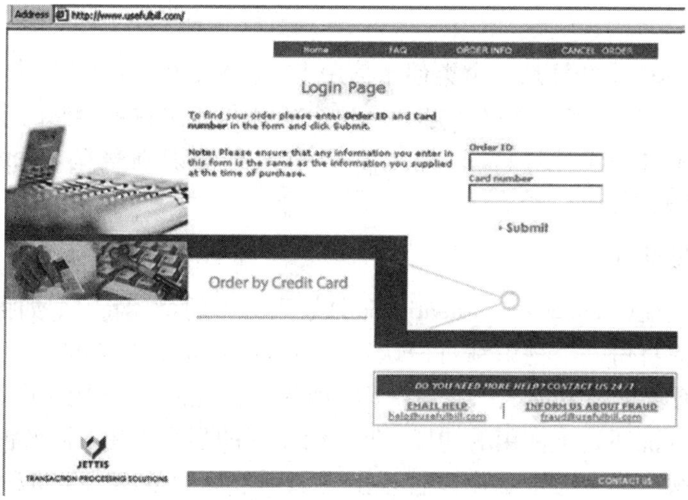

图 2　虚假网络钓鱼截屏

12.5　避免安全威胁的技术保障措施

技术保障(Technical Safeguard) 涉及一个信息系统的硬件和软件要素。表 12-5 列出了主要的技术保障措施，下面分别进行讨论。

12.5.1　识别和认证

现在每一个信息系统都要求用户使用用户名和密码登录。用户名用来**识别**(identification) 用户(识别的过程)，密码用来**认证**(authentication) 用户身份(认证的过程)。

密码存在重要的缺陷。尽管一再被提醒，但是用户经常分享他们的密码，并且许多人选择无效、简单的密码。实际上，2011 年 Verizon 报道援引了先前的声明:"不使用密码、使用简单

密码和密码被盗已经达到了失控的状态。”[1]因为有这些问题，一些组织选择使用除了密码以外的智能卡和生物识别身份认证。

表 12-5 技术保障

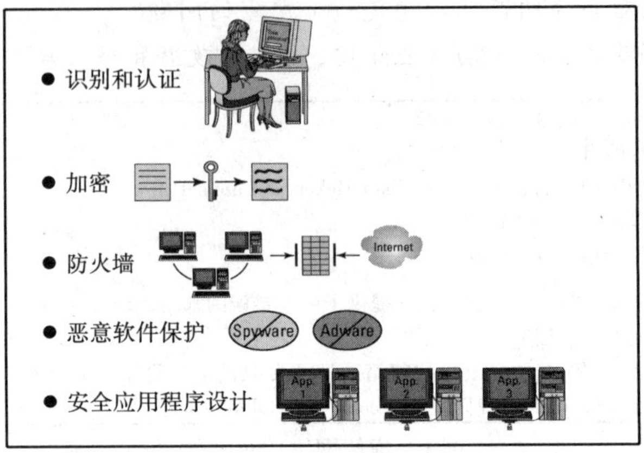

1. 智能卡

一张**智能卡**(Smart Card)是一个类似于信用卡的塑料卡。不像信用卡、借记卡和 ATM 卡等带有磁条的卡片，智能卡有一个微型芯片。这个微型芯片比磁条存储的东西要多得多，其中装满了身份数据。智能卡的用户需要输入一个**个人身份识别号码**(Personal Identification Number, PIN)以获取授权。

2. 生物识别身份认证

生物识别身份认证(Biometric Authentication)使用个人的身体特征，如指纹、面部特征和视网膜扫描来认证用户身份。生物识别身份认证提供了强大的认证功能，但是所需的设备非常昂贵。并且，用户通常抵制生物识别身份认证，因为这让他们觉得受到了侵害。

生物识别身份认证还处于使用的初期，但是由于它的强大作用，将来它可能会被更广泛地使用。立法人员也很可能会通过法律以管理生物识别数据的使用、存储和保护要求。若要了解更多生物识别技术，请在 http://searchsecurity.techtarget.com 上搜索生物识别技术。

注意，现在验证方法分为 3 类：你所知道的(密码或 PIN)、你所拥有的(智能卡)和你是谁(生物识别)。

12.5.2 单点登录多个系统

信息系统经常需要进行多种认证。例如，当你登录你的个人计算机时，你需要被认证；当你登录你们部门的局域网时，你需要被再次认证；当你穿过公司的广域网时，你需要更多的互联网认证；同样，如果你需要数据库的数据时，则管理该数据库的 DBMS 服务器将对你再次进行认证。

在每一个系统都输入一次用户名和密码是非常烦人的。为了获得你工作所需的数据，你可能不得不使用和记住 5 ~ 6 个不同的密码。在所有这些网络上传送你的密码也是同样不可取的，你的密码传送得越远，它受到危害的可能性就越大。

---

① 2011 版的数据泄露调查报告，2012 年 6 月访问 http://www.verizonbusiness.com/resources/reports/rp_data-breach-investigations-report-2011_en_xg.pdf。

相反，现在的操作系统都有能力在互联网和其他服务器上进行认证。当你登录本地计算机并提供数据认证时，你的操作系统将在其他网络或服务器上认证你，而这些网络或服务器将在其他的网络或服务器上继续认证，依次类推下去。正因为如此，你的身份和密码除了你本地计算机以外还向其他地方透露了信息，当你选择密码时请记住这些。

12.5.3 加密

加密(Encryption)是为了安全存储数据或者通信，把传输的明文转为编码的难以理解的文本的过程。大量的研究已经开发出了**加密算法(Encryption Algorithms)**，而且很难破解。常用的加密方法有DES、3DES和AES。如果想了解更多，可以上网查询这些术语。

密钥(Key)是用来加密数据的数字。它之所以被称为秘钥，因为它能解密一个信息，但它只是用于加密算法的一些数字而不是像你房间使用的钥匙。

为了加密一个信息，计算机程序借助秘钥，使用加密方法将无编码的信息转换成被编码的信息。被编码的信息看起来像是在胡言乱语。解码(解密)一个信息也是相似的；秘钥是应用于加密的信息来恢复原始的文本。

使用**对称加密(Symmetric Encryption)**时，双方使用相同的密钥(也是数字)来加密和解密。使用**非对称加密(Asymmetric Encryption)**时，双方使用两个密钥，使用其中一个密钥加密的信息可以用另一个密钥来解密。对称加密相对于非对称加密来说更简单、更快捷。

公钥/私钥(Public Key / Private Key)是非对称加密的一种特殊形式，在互联网上很常见。采用此类方法时，站点用公钥加密信息，用私钥解密信息。在解释它的工作原理之前，可以考虑以下类似的情况。

假设你向你的朋友发送了一个暗密码锁(就像你对你健身房的抽屉上锁一样)。假设你是唯一知道暗码锁密码的人。现在，你的朋友和其他人都无法打开那个箱子。他们把上锁的箱子寄送给你，你使用暗码打开了这个箱子。

公钥就像这暗码锁，而私钥就像是暗码。你的朋友使用公钥加密信息(锁住箱子)，而你使用私钥来解密信息(使用暗码来打开箱子)。

现在，假设有两台不同类型的计算机A和B，假设A想要向B发送一个加密的信息。为了这么做，A向B发送了它的公钥(在我们这个情况中，A向B发送了一个公开的暗码锁)。现在，B利用A的公钥对信息加密，然后将编码后的信息回送给A。在这一点上，除了A以外的B或者其他人都无法解密这个信息，它就像上了暗密码锁的箱子一样。当A收到了编码后的信息后，A使用它的私钥(也就是这个情况下的暗密码)来解锁或解密这个信息。

同样，公钥就像公开的暗密码锁。计算机A会向任何需要锁的计算机发送密码锁。但是A从来都不会将自己的私钥(暗密码)发送给任何人，私钥保持私有。

许多互联网上的保密通信使用**安全超文本传输(Hypertext Transfer Protocol over Secure Socket Layer，HTTPS)**协议。通过HTTPS协议，数据使用**安全套接层协议(Secure Socket Layer，SSL)**进行加密，也叫**安全传输层协议(Transport Layer Security，TLS)**。SSL/TLS把公共密钥/私人密钥和对称加密结合起来。其基本思想是：对称加密快速且是首选的。但是，双方(你和网站)并没有共享对称秘钥。所以，你们双方使用公共/私有加密来共享相同的对称秘钥。一旦你们双方都有那个秘钥，你就可以使用对称秘钥来加密。

图12-6总结出当使用网站进行安全通信时，SSL/TLS是如何工作的。

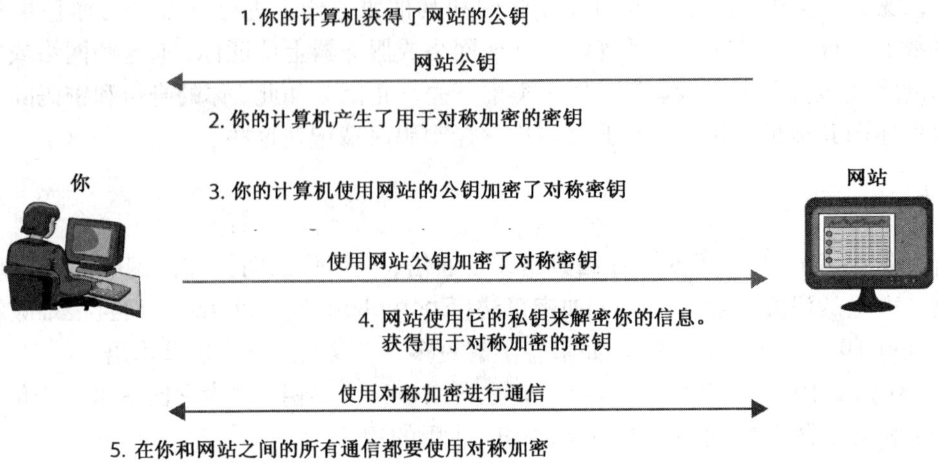

图 12-6 HTTPS 的原理（SSL 或 TLS）

1. 你的计算机获得了网站的公钥。
2. 你的计算机产生了用于对称加密的密钥。
3. 你的计算机使用网站的公钥对对秘钥进行编码。它向网站发送加密的对称密钥。
4. 网站随后使用它的私钥对对称密钥进行解码。
5. 在此之前的几步中，你的计算机和网站使用对称加密进行通信。

通信结束时，计算机和安全站点就弃用了这个对称密钥。大量的保密通信都采用快速对称加密算法。此外，由于密钥只在短时间内使用，因此它们被发现的可能性很低。

使用 SSL/TLS 使得传输敏感数据变得更加安全，例如信用卡号和银行结余等。需要确认你的浏览器里不仅有 http://，还有 https://。

12.5.4 防火墙

防火墙（Firewall）是可以防止非授权网络接入的一种计算装置。防火墙可以是一种有着特殊用途的计算机，也可以是在普通计算机或路由器上的某种程序。

组织通常使用多种防火墙。**边界防火墙（Perimeter Firewall）**安装在组织网络的外围，是互联网信息通信遇到的第一个装置。除了边界防火墙，一些组织还采用**内部防火墙（Internal Firewalls）**。图 12-5 所示，边界防火墙用于保护组织内所有计算机，而二级内部防火墙保护局域网。

数据包过滤防火墙（Packet-Filtering Firewall）检查信息并决定是否放行这些信息。它通过检查源地址、目标地址以及其他数据来做决定。

数据包过滤防火墙能禁止防火墙外的外来者与防火墙内的任何用户启动会话，也能阻止特定站点的信息通信，例如已知的某些黑客地址；它还能阻止来自合法却不想要的地址的信息，例如竞争对手的计算机地址。防火墙还能过滤向外传输的通信，它能阻止雇员接入特定的站点，例如竞争者的站点、色情站点或热点新闻站点。作为一名未来的经理人，如果你不想让雇员访问某些站点，那么你可以让 IS 部门在一个或多个路由器上强制实行访问控制。

数据包过滤防火墙是最简单的防火墙类型，其他的防火墙都有比较复杂的过滤原理。如果你上了数据通信的课程，就会了解这些内容。现在，只是理解防火墙就可以帮助保护组织内的计算机免受未授权网络的访问。

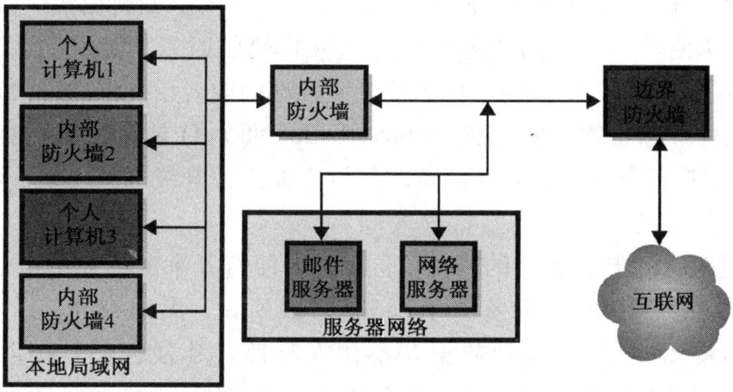

图 12-7　多重防火墙的使用

所有计算机接入互联网都需要防火墙。许多网络服务提供商为客户提供防火墙服务。很自然，这些防火墙是最普通的。大型机构或组织使用自己独有的防火墙，多数家用路由器包括防火墙和 Microsoft Windows 也带有内置的防火墙。第三方同样拥有具有资质的防火墙产品。

12.5.4　恶意软件保护

图 12-5 中接下来列出的一个技术保障是恶意软件防护。我们在第 4 章定义了这个重要术语，下面回顾一下：

- **恶意软件**(malware)是指病毒、蠕虫、木马、间谍软件和广告软件。
  - **病毒**(Virus)是进行自我复制的计算机程序。产生意想不到的有害操作的行为程序代码称为**有效载荷**(Payload)。
  - **木马病毒**(Trojan Horses)伪装成有用的程序和文件。
  - **蠕虫病毒**(Worm)是利用因特网或者其他计算机网络进行传播的病毒。
- **间谍软件**(Spyware)是在用户不知道或未许可的情况下被安装到用户计算机上的。
- **广告软件**(Adware)和间谍软件相似，它也是在用户不知道的情况下被安装到用户计算机上的，它在后台运作，并观察用户的行为。

图 12-8 列出了广告软件和间谍软件的一些症状。有时，由于越来越多的恶意软件被安装在计算机上，这些症状在一段时间内发展缓慢。一旦这些症状出现在你的计算机上，那就需要使用反恶意软件程序删除间谍软件和广告软件。

- 系统启动缓慢
- 系统运行缓慢
- 很多弹出式广告
- 可疑的浏览器主页修改
- 任务栏和其他系统界面的可疑修改
- 异常的硬盘活动

图 12-8　间谍软件和广告软件的症状

恶意软件防护

幸运的是，使用下面的恶意软件防护措施可以阻止大部分的恶意软件。

1. 在你的计算机上安装反病毒和反间谍软件的程序。你的信息系统部门有一个能实现这一功能的推荐的(或者是必需的)程序清单。一旦你为自己选择了一个程序，那就选择一个有信誉的供应商。在购买之前先在网上看看对反恶意软件的评论。

2. 安装反恶意软件程序并经常扫描你的计算机。应当至少一周扫描一次计算机或者尽可能多地扫描你的计算机。当检测到恶意软件代码的时候，使用反恶意软件删除它们。如果代码不能被删除，则应联系你的信息系统部门或者反病毒软件供应商。
3. **升级恶意软件。恶意软件的定义(malware definitions)**是存在于恶意软件代码中的模型，应当经常进行下载升级。反病毒软件供应商经常升级这些模型，你应当在可以升级时安装这些升级包。
4. **只打开知道来源的电子邮件的附件。**同时，即使打开来源已知的电子邮件的附件，也需要非常小心。根据安全专家 Ray Panko 教授所说，大约有 90% 的病毒是通过电子邮件附件传播的。[①] 这一统计数据并不让人吃惊，因为绝大多数企业都有防火墙保护。在一个配置适当的防火墙下，邮件是唯一能够接触到用户计算机的由外部发起的流量。

   大多数反恶意软件程序会检测电子邮件附件中的恶意软件代码。不过，所有的用户都应该形成绝对不打开来自未知来源的电子邮件附件的习惯。同时，如果你收到一封来自已知来源的令人意外的电子邮件，它有着令人怀疑的主题、奇怪的拼写或错误的语法的话，在没有向已知来源认证该附件的合法性的情况下，不要打开这个附件。
5. **及时安装来自合法来源的软件升级包。**遗憾的是，所有的程序都是充满漏洞的塞子；供应商一旦发现这些漏洞就会尽可能快地修复它们，但是这种做法并不严谨。要尽快安装操作系统和应用程序的补丁。
6. **只浏览声誉良好的网上邻居。**一些恶意软件有可能在你什么都没有做而只是打开了一个网页时就安装在了你的计算机上。不要访问那些网页！

12.5.5 设计安全应用程序

表 12-5 列出的最后一个技术保障测试是程序设计。就像你在开头案例中了解到的那样，Ajit 和 Maggie 正专心用安全策略来设计 PRIDE。PRIDE 会在数据库中存储用户的隐私设置，在公开练习报告任何数据之前他们会开发所有应用程序来首先读取私人设置的信息。很有可能，他们会设计他们的程序，以便服务器上的这些程序来处理那些隐私数据，这个设计意味着那些数据只有当被创建或修改时才需要上传到因特网上。

就像开头案例所提到的那样，术语 **SQL 注射攻击(SQL Injection Attack)**发生在他们在向一个表格输入 SQL 语句时，如输入姓名或其他数据。如果程序设计得不够合理，它会接受编码，同时让它成为数据库命令的一部分。可能会有不恰当的数据泄露、数据损坏和丢失的结果。一个设计良好的应用程序应当使所受到的攻击失效。

作为未来信息系统的使用者，你不需要自己设计应用程序。但是，你应当确保任何一个为你和你所在部门开发的信息系统都需要将安全性作为应用程序的一个要求。

---

① Ray Panko, Corporate Computer and Network Security (Upper Saddle River, NJ: Prentice Hall, 2004), p. 165.

12.6 避免安全威胁的数据保障措施

数据保障(data safeguard)是用来保护数据库和其他组织数据的措施。两个组织机构会为数据的保障负责。**数据管理(Data administration)**涉及全组织的功能，它负责制定数据规则和数据标准。数据管理是首席信息官(CIO)的职责，如第 11 章所讨论的那样。

数据管理涉及有关特定数据库的功能。ERP、CRM 和 MRP 数据库各自都有一个数据库管理功能。数据库管理中的程序是为了确保多用户数据库处理的高效和有序、控制数据库结构的变化和保护数据库。数据库管理在第 5 章中已经介绍过。

在图 12-9 中，建立数据的保障措施涉及数据和数据库管理。首先，数据管理应该定义相应的数据规则，诸如“我们不会和任何其他组织分享客户的身份数据”等。然后，数据管理和数据库管理共同作用来明确用户对数据的权利和责任。最后，这些权利应当通过那些至少被密码认证过的账户来加强。

组织应当通过加密保存方式来保护敏感的数据。此类加密应当使用类似数据通信加密的方法来设置一个或更多的密钥。但是，这些存储的数据的一个潜在问题是，密钥可能会丢失或者遭到那些心怀不满或被解雇的员工的破坏。出于这种可能性，在数据被加密后，一个值得信赖的第三方应当持有加密密钥的副本。这一安全程序有时被称为**密钥托管(Key Escrow)**。

- 数据权利和责任
- 被密码验证过的账户的权利
- 数据加密
- 备份和恢复程序
- 物理安全

图 12-9　数据保障

另一个数据保障措施是定期创建数据库内容的备份文件。组织应当存储这些备份的一部分，可以存放在偏远的地方。另外，信息技术人员应定期进行数据恢复，以确保备份是可用的，以及存在有效的恢复程序。不要只是猜测，因为备份可以使数据库受到保护。

物理安全是另一个数据保障措施。运行数据库管理系统的计算机和所有存储数据库数据的设备都应该是封锁的和访问受控制的。如果不是这样的话，它们不仅会遭到偷窃，也会受到破坏。为了更加安全，组织应该对进入该设施的人、时间和目的进行日志记录。

当组织在云中存储数据库时，表 12-7 中的所有保障措施应该是服务合同的一部分。

12.7 避免安全威胁的人员保障措施

人员安全保障涉及信息系统中人和计算机程序等因素。一般来说，人员安全保障是指合法的用户依照合适的程序来使用和恢复系统。对合法用户的存取限制，需要有效的认证方法和完善的用户账号管理措施。另外，应当将设计恰当的安全程序作为信息系统的一个组成部分，并就这些程序的重要性和使用方法对用户进行培训。本节将首先介绍员工的人员安全保障，接着介绍非员工的人员安全保障。

12.7.1 员工的人员安全保障

图 12-10 列出了员工的安全考虑因素。排在第一位的是明确职位。

- 职位描述
  - 权责分离
  - 指定基本权利
  - 记录职位敏感度
- 招聘和筛选
- 宣传和实施
  - 职责
  - 问责
  - 服从
- 解聘
  - 友好地
  - 不友好地

图 12-10　内部员工的安全政策

1. 明确职位

有效的人员安全保障是从明确工作任务和职责开始的。另外，职位描述应当分别列出工作权利和责任。例如，一个人不应当既有权批准支出，又有权填写支票，还有权统计支出。相反，应当是一个人批准支出，另一个人来支付，第三个人来统计交易支出。同样，在存货管理中，也不能是一个人既有权批准存货出库，又有权统计出库的数量。

有了适当的职位描述，用户的账号就应该具有完成工作所需的最基本的权利。例如，用户的工作职责不包括修改数据，那么就只给予他只读的权利。同样，用户的账号应当禁止用户访问他不需要的数据。由于语义安全问题的存在（参见第 9 章），对于看似无关大局的数据，如果员工的工作不需要这些数据，那么也应当被禁止存取。

最后，应当记录每一个职位的安全敏感性。一些职位的数据敏感性很高（如员工赔偿、销售人员提成、专利市场或技术数据），另一些职位则不涉及敏感数据。记录职位敏感性能够帮助安全人员根据可能的风险和损失安排其工作的优先顺序。

2. 招聘和筛选

安全考虑应当成为招聘过程的一部分。当然，如果职位不涉及敏感数据，也不使用信息系统，则可以将以确保信息系统安全为目的进行的筛查尽量减至最少。然而，当为高敏感性职位进行招聘时，多方面的访谈、参考和背景调查是必要的。注意，不仅要对新员工进行安全筛查，同时，对提升到敏感职位的员工也要进行筛查。

3. 宣传和实施

很明显，不要期望员工会执行他们不知道的安全政策和程序。因此，需要告诉员工安全政策、安全程序以及他们承担的责任是什么。

员工安全培训应当与对新员工的培训一起进行，包括介绍总体的安全政策和程序。普通的培训应根据职位的敏感性和职责进行相应的增加。升职的员工应根据他们的新职位进行安全培训。公司在员工完成所需的安全培训前，不应当将用户账户和密码提供给员工。

实施包括3个相互依存的因素：职责、问责和服从。首先，公司应当清楚地确定每一个职位的安全职责。安全程序的设计应当能够在员工出现违反安全行为时进行问责。应当制定安全程序，以便当重要数据丢失时，能够知道数据丢失发生在什么时候，谁应当对此负责。最后，安全计划应当鼓励员工服从安全程序。应当定期地检查员工是否遵守了安全规定，并且管理层对不服从安全规定的情况必须采取惩罚措施。

管理层的态度是非常重要的。当管理层用语言和行动表现出对安全性的严重关注时，员工的服从就更加重要。如果管理人员将密码写在员工的电子公告牌上，在走廊里叫嚷着密码，或者忽略物理安全程序的话，那么员工的安全态度和对安全规定的遵守也会受到影响。还要注意，有效的安全也是管理层的一个持续的责任，定期提醒安全问题是非常必要的。

4. 解聘

公司也必须就解聘员工制定相应的安全政策和程序。大多数员工的解聘都是友好的，而且大都发生在员工升职、退休或者辞职从事另一个工作时。规范的人力资源政策应当确保系统管理人员在员工最后一个工作日之前知道这一情况，以便他们能够删除该员工的账户和密码。恢复加密数据和其他特殊数据的密钥的要求，应当成为员工离职程序的一部分。

不友好的解聘会更为困难，因为员工可能会采取一些恶意或有害的行为。在这种情况下，系统管理人员应当在告知员工离职前就删除员工的账户和密码。为了保护公司的信息资产也需要采取其他的行动。例如，一个被解聘的销售人员可能会试图带走公司机密的客户和销售方案数据，以便将来到另一家公司使用。要解聘员工的雇主应当在解聘员工之前采取措施保护这些数据。MRV公司在解聘Jason之后没有采取特殊的步骤来保护它的数据，因此造成了数据的损失。

人力资源部门应充分认识到在解聘员工之前将此事告知信息系统管理人员的重要性。普适政策是不存在的，信息系统部门必须根据具体情况评估每一个个案。

12.7.2 账户管理

对用户账户、密码、服务台规则和程序管理是另一个重要的人员保障措施。

1. 账户管理

账户管理包括创建新账户、修改现存账户的权限和删除不使用的账户。信息系统管理人员承担所有这些工作，但是账户使用者有责任告知管理员需要管理员完成这些任务的。信息系统部门应当就这一目的创建标准程序。作为未来的使用者，你能通过提前告知需要及时修改账户来改善你和信息系统人员之间的关系。

闲置账户的存在是一个非常严重的安全威胁。信息系统管理人员不知道什么时候该将某个账户删除，这取决于用户和管理者提供的通知。

2. 密码管理

密码是最基本的认证手段，它的重要性不仅在于访问的用户计算机，还在于认证用户可能服务的其他网络和服务器。由于密码的重要性，NIST 建议应当要求员工签署一个类似图 12-6 所示的声明。

在创建了一个账户后，用户应当立即修改密码，即将系统默认的密码修改为用户自己的密码。事实上，建造良好的系统要求用户将修改密码作为对系统的第一次使用。

此外，用户应该在以后经常修改自己的密码。一些系统要求用户每 3 个月或更为频繁地修改一次密码。用户抱怨进行此类修改没有意义，但是经常修改密码不仅减少了密码丢失的风险，也减少了现有密码被侵害时损失的范围。

有些用户创建两个密码，并在这两个密码之间来回切换。这种策略导致了较低的安全性，一些密码系统不允许用户重新使用近期使用过的密码。再说一遍，用户可能会将这种政策看成是无意义的，但实际上它是非常重要的。

3. 服务台规则

在过去，服务台存在着严重的安全风险。忘记密码的用户可以打电话给服务台人员，并请求他们告诉他密码或者重置密码。“没有它我打不开这个报告!”是常见的哀叹。

当然，对服务台人员来说，问题是他们没办法确定他们是在和合法用户谈话，而不是和假冒合法用户的人谈话。但是，他们陷入了困境：如果他们不提供某些帮助，服务台就会被看成是“无用台”。

为了解决此类问题，许多系统给服务台人员提供了认证用户的方法。通常，服务台的信息系统要求用户回答只有合法用户知道答案的问题。例如，用户的生日，母亲的婚前姓名，或者一个重要账户号码的后 4 个数字。通常，以发送电子邮件的方式让用户获取新的密码。然而如你以前所学的，电子邮件是普通文本文件，所以新密码本身不应该通过邮件发送。当收到已经修改了密码的通知，但是你却并没有进行此项操作的时候，应该立即联系信息系统安全部门，有人已经侵入你的账户了。

> 我在此确认本人收到下面所列的用户账户和相关的系统密码。我了解自己保护密码的责任，将遵守所有适用的系统安全标准，不将自己的密码泄露给任何人。我也了解我必须将我在使用密码时，或者在我有理由相信自己密码的隐私属性被侵害时，向信息系统安全官报告我所遇到的问题。

图 12-11　简单的账户确认形式

所有的服务台措施都降低了安全系统的能力，并且如果员工的职位是非常敏感的，他们可能会带来非常巨大的漏洞。在这种情况下，用户只能是非常不走运了。账户将被删除，用户只能重复账户申请程序。

12.7.3 系统程序

表 12-4 显示了一个程序类型的表格，包括正常操作、备份和恢复。每一个信息系统都应当包含这些类型的程序。例如，订单输入系统就应当包括所有这类程序，网上商城、存货管理系统等也应包括。制定和使用标准化的程序降低了公司内部计算机犯罪和其他恶意行为的可能性，同样也确保了系统安全政策的实行。

表 12-4 系统程序

	系统用户	操作人员
正常操作	使用系统开展工作，采取适用于相应安全敏感性的安全措施	操作数据中心设备、管理网络、运行网络服务器和相关的操作任务
备份	为系统功能损失做准备	备份网站资源、数据库、管理数据、账户和密码数据及其他数据
恢复	在失效时完成工作任务，了解系统恢复期间的工作任务	使用备份数据恢复系统，在恢复期间充当服务台角色

这里，有适用于用户和操作人员的两种程序。对于每一类用户，公司都应当开发包括正常操作、备份和恢复的程序。作为将来的使用者，主要关注用户程序。正常使用程序应当提供适用于信息系统敏感性的安全措施。

创建备份程序是用于系统功能失效情况下的数据备份。不过操作人员有责任备份系统数据库和其他系统数据，部门人员必须备份自己计算机上的数据。需要思考的一个问题是：“如果我明天弄丢了计算机(或者 PDA)，那将会发生什么事?”，“如果有人在航空安全检查时拿走了我的计算机，那将会发生什么事?”，“如果我的计算机被偷了，那将会发生什么事?”员工需要确保自己已经备份了计算机上的关键业务数据。信息系统部门可以通过设计备份程序和生产可用的备份设备来帮助开展这一工作。

最后，系统分析人员应当开发系统恢复程序。首先，当部门一个主要的系统不能正常工作时，这一部门该如何管理它的业务？即使在关键信息系统不能正常工作时，客户也会需要订货，生产部门仍需要从存货中提取资料，该部门又该怎么办呢？一旦系统恢复正常后，中断期间业务活动的记录又该如何输入系统呢？系统该如何恢复呢？系统开发人员需要提出和回答这些问题以及其他类似的问题，并据此开发程序。

12.7.4 安全监测

安全监测是我们讨论的最后一个人员安全保障措施。重要的监测职能包括活动日志分析、安全测试、调查安全事件并从中吸取经验教训。

许多信息系统程序能够生成活动日志。防火墙生成的活动日志，包括所有丢弃的数据包的列表、渗透企图，以及来自防火墙内的非法访问意图。DBMS 产品生成成功登录和失败登录的日志，Web 服务器生成大量的网络活动日志，个人计算机上的操作系统能够生成登录和防火墙活动日志。

所有这些日志不会给企业增加任何价值，除非有人查看它们。因此，一项重要的安全职能就是分析这些日志，找出威胁类型、成功和不成功的攻击以及安全漏洞事件。

另外，公司应当测试自己的安全程序。公司内部人员和外聘的安全顾问都应当进行此类测试。

另一个重要的安全监测职能是调查安全事件。问题是怎么发生的？是否已经制定了相应的安全措施以保证这类问题不再发生？该安全事件是否暗示了其他部门的安全系统存在漏洞？从这一安全事件中能吸取什么教训？

安全系统存在于一个动态的环境中。企业结构不断变化，公司被收购或出售，发生合并，等等。新的系统要求有新的安全措施，新的技术改变了安全格局，新的威胁也由此产生。安全人员必须不断地监测环境，确定现存的安全政策和保障措施是否充分。如果必须进行调整，安全人员就应当采取适当的行动。

如同质量问题，安全问题是一个连续的过程，不存在安全系统或公司的最终状态。相反，公司必须持续不断地监测安全问题。

12.8 组织对安全事件的应对

下面讨论最后一个安全计划的组成部分：事件响应机制。图 12-12 列出了一些重要因素。首先，每个组织都应当将事件响应作为安全程序的一个组成部分。组织不应当等到公司资产丢失或受损害后再来决定应该该做什么。安全计划应当包括员工该如何对安全问题做出响应，他们应当向谁报告，应当提供什么样的报告，为了降低进一步的损失，应当采取什么行动。

以病毒为例。一个事件响应计划应当规定当员工发现病毒时应该做些什么。计划应当明确员工应该联系谁，应该怎么做。计划可以规定员工应当关闭他的计算机，并切断与互联网的物理连接。事件响应计划还应当明确使用无线网络的用户该做些什么事情。

- 有适当的计划
- 集中报告机制
- 集体的响应机制
  - 速度
  - 必要的准备
  - 不让事情变得更糟
- 演练

图 12-12　事件反应因素

计划还应当提供所有安全事件的汇总报告。这类报告能帮助组织确定它的系统是否处在受攻击的状态，或者某一安全事件是否只是一个孤立的事件。同时，汇总报告能让组织知道其面临的安全威胁，采取相应的行动进行应对，并对所有的安全问题提供专业指导。

当安全事件发生后，速度是很关键的。病毒和蠕虫能在组织网络上迅速进行传播，快速的响应能有助于减轻后果。由于对速度的需求，必须提前做好准备。事件响应计划应当明确关键人员及其业余时间的联系信息。这些人员要经过很好的训练，到达现场后应当知道去哪里以及该做什么。没有充分的准备，就会有好心办坏事的风险。同时，也会使组织存在谣言工厂，里面充满了各种关于如何去做的疯狂的想法。一个消息灵通、训练有素的人员架构将有助于抑制这类谣言。

最后，企业应当周期性地演练事件响应机制。没有此类演练，人们很难理解事件响应计划，并且只有通过演练才能让系统本身存在的一些漏洞显现出来。

注解：恭喜！你已学完了本章的知识，请思考如何将本章的知识运用到现实生活中，然后阅读本章的“学习指导”案例。

本章知识对你的启发

本章的知识帮助个人、商务专业人士和你工作的任何组织意识到计算机安全的威胁；你应该知道你和你的组织必须在损失风险和保障措施的成本之间达到权衡；你能够也应该应用所学的计算机技术来保护自己的计算机设备和数据；你知道组织应该如何应对安全威胁；本章介绍了技术、数据和人员保障以及总结了组织机构如何应对安全事件。

再提醒一次：除此之外，要创建和使用强大的密码！

道德指引

元安全

回顾第5章所讲的，元数据是数据的数据。同样，元安全是安全的安全。换句话说，它会问道，“我们如何保障安全系统的安全?”

考虑一个很明显的问题：存储一个包含账户和密码文件的安全方法是什么？这些文件必须存在，否则，运行的系统将无法验证用户。但是，个人如何存储这样的文件呢？它不能被存储为纯文本，因为阅读该文件的任何人都会获得对计算机、网络和其他资产无限制的访问权限。所以，它肯定是以加密的形式存放的。但它是怎样存放的？以及谁会知道这个加密秘钥呢?

考虑另一个问题。假设你在Vanguard Funds的服务台工作，你工作的一部分就是重新设置用户遗忘的密码。很显然，这是一项急需完成的工作，但是，是什么让你不需要重置由那些从来不看声明的老年人所创建的账户密码的？是什么让你不需要使用你重置的密码来访问这些账户，并且将资金转移到你朋友的账户中去?

会计专业已经处理了存在几十年的问题，同时开发了一套以会计管控著称的程序和标准。总体来说，这些管控包括提供审核和结余、活动日志的独立评论、关键资产的控制等程序。通过恰当的设计和实施，这些控制会捕捉到服务台代表执行的未经授权的账户转账。但是，许多计算机网络威胁是新的，适当的保障措施正在开发当中，并且一些威胁还尚未知晓。

对于一些问题的保障措施有了意想不到的结果。例如，假设你分配给你的一个员工的任务是去寻找你网络和财务应用程序中的安全漏洞(称为白帽黑客的活动)。假设你的员工找到能够破解你的系统的方法，发现了有可能在某个时间将未经授权库存中的商品运输到她想要的地方。你的员工报告了这些漏洞，并且你修复了系统。除此之外，你怎么知道她报告了所有她发现的漏洞呢?

再有，当她完成任务时，你对白帽黑客活动做了什么？你害怕解雇她，因为你不知道她将会用她的知识来做些什么。但是，她知道你的安全系统的漏洞，现在她能够做些什么安全工作呢？你想要让她再一次获得你的公司计算机网络的账号和密码吗？即使你修复了她所报告的所有漏洞，毫无疑问，你会怀疑她会经常发现更多漏洞。

或者考虑到Microsoft的漏洞。如果你是一个计算机罪犯，哪里是放置木马或陷阱的最终地方？在Windows代码中，Microsoft公司雇用了上百人来书写它的操作系统，他们在世界各地工作。当然，Microsoft 公司对于每一个人都进行了背景审查。但是，他能得到在印度、法国、爱尔兰和中国等地工作的每一个 Windows 程序员的完整而准确的背景报告吗？Microsoft 公司为了控制它的产品中所嵌入的代码，它将会采用谨慎的步骤程序。但即使如此，Microsoft 公司的某些人对于可能发生的事情也会失眠。

具有讽刺意味的是，许多元安全问题的答案都要依赖于透明度。加密专家大体上同意任何基于保密的加密算法最终都会失败，因为密码将会泄露。加密的保密措施必须只有依赖(暂时)所使用过的秘钥，而不是一个秘密的算法。因此，加密算法被公开发布了，任何一个具有数学爱好的人都会被鼓励去发现(和报道)漏洞。一个算法只有经过上千人反复测试之后，才能安全地展开实施。一个非常常见的无线安全协议、有线等效协议或者 WEP 在被测试之前去展开实施是很不明智的，结果是成千上万的无线网络非常容易受到攻击，有的现在也是这样。

很明显，硬件和软件只是其中的一部分。元安全会延伸到数据和程序，同样也包含人的组成部分。这是一个迷人的领域，其中最重要的是它还在继续发展。它会成为一个有趣的职业选择——但是对你所学的要小心谨慎。

问题讨论

1. 解释术语元安全。描述两个在指南中未提到的元安全问题。

2. 解释当员工能够重置用户密码时所存在的控制问题。使用审计日志和至少两个独立的员工来描述减少威胁的方法。

3. 描述由内部黑客所提出的困境。描述一个利用境外公司的白帽黑客的攻击问题。如果你被要求去处理一个你的计算机网络安全方面的项目，你会使用公司内部的还是外包的人员？为什么？

4. 一个典型的企业计算机会拥有来自 Microsoft、SAP、Siebel、Oracle 和可能的几十个供应商。用户如何知道来自这些企业的软件中没有一个含有木马病毒呢？

5. 解释为什么部分安全问题依赖于透明度。就像你设计的第 2 个问题的答案那样，描述透明度如何应用于账户控制。解释依赖于保密的程序控制的危险性。

学习指导

最后的忠告

祝贺你！你已经完成了本书的学习。运用书中的知识，你对成为一个合格的信息系统的使用者做好了充分准备。随着工作和思考的深入，你能了解比这里所学的多得多的知识。对于那些能够用新的方式来应用信息的人，他们将会拥有大量吸引人的机会。你的导师已经做了他所能做的一切，正如他们所说的，剩下的取决于你。

接下来呢？在第 1 章中强调过，目前管理信息系统是商业课程学习中最重要的一部分，而且这是基于几乎免费的数据交换与数据存储。到目前为止，关于企业和组织对资源及信息的利用已经学习了很多方法，也看到了像 FlexTime 和 MRV 这样的企业是如何运用信息系统来解决问题并制定其未来竞争战略的。在一些案例中，特别是 MRV 公司，他们对于运用信息系统来达到其目的是有些困难的。

应该怎样利用所学到的知识呢？第 1 章中讲到，未来的企业管理者必须能够“对企业进行评估、评价及应用新兴的信息技术”。你学会怎样做到这些了吗？至少比在学习这门课程之前做得更好吗？现在你可能比刚开始学习这门课程时知道了更多的相关术语，这些知识也是非常重要的。但是，更重要的能力是在管理信息系统中运用这些知识来提高公司的效益。

在第 1 章中也回顾了 RAND 公司和 Robert Reich 的工作，以及 21 世纪一名职业员工需要知道的知识。这些信息表明，这些员工应该知道如何创新地使用新技术，如何“协作、抽象地理解、系统思考和实施”。你学习到这些内容了吗？或者，至少比你在开始学习这门课程之前更了解这些内容了吗？

截至 2012 年 8 月，25 岁以下的人的失业率约为 20%。在这种情况下，要获得一份好的工作比较困难，你需要运用你所拥有的所有资源，其中一方面就是你在本课中所学习到的知识。完成课后的练习，并在你的工作面试中运用这些知识！

寻找你真正想要的工作，得到它并努力工作。在电影 *Phillip Glass in 12 Acts* 中，作曲家 Phillip Glass 说，他知道成功的秘诀是，“每天早起并努力工作”。除了它是真理。这个道理似乎并不值得一说。如果你能找到你真正喜欢的工作，要做到这一点也不是很难的。事实上，大多数时间工作是很愉快的。所以，运用你在这门课程中所学到的知识找到你真正想要的工作吧！

问题讨论

1. 思考你在这门课程中学到的知识，写出两段关于你所学知识将会如何帮助你“评估、评价以及在企业应用新型信息技术”的文字，你的观点要针对你毕业后想得到的工作的类型。

2. 写出两段关于你在这门课程中所学的知识和经验将会如何有助于“协作、抽象地理解、系统思考和实施”的文字，使你的观点也针对你想得到的工作。

3. 利用问题 1 的答案，提取 3 ~4 点关于你自己可以在工作面试中使用的内容。

4. 利用问题 2 的答案，提取 3 ~4 点关于你自己可以在工作面试中使用的内容。

5. 利用问题 3 和问题 4 的答案，与你的同学、室友或者朋友模拟一个工作面试。

小结

使用本小结来检查你是否理解了本章介绍的思想和概念。

1. 信息系统安全的目标

定义威胁、漏洞、保障和目标，各给出一个例子。列出 3 种威胁类型和 5 种安全损失类型。对表 12-1 中的三列内容给出不同的例子。总结出表 12-2 中的每一部分。解释为什么很难知道计算机犯罪的真实成本。解释信息系统安全的目标。

2. 计算机安全问题的重要性

解释为什么很难了解计算机安全问题的重要性。对 Verizon 解读的研究结果显示，丢失的记录数据已大幅下降，而事件的数量有所增加。解释图 12-2 的重要趋势。总结 Norton 的调查结果。定义 IDS 并解释为什么 IDS 程序的使用至少是能让人醍醐灌顶的。

3. 个人对安全威胁的应对

解释图 12-3 中的每个部分。定义强力攻击。总结强密码的特点。解释你的身份和密码除了在计算机上登录以外还能做什么。定义缓存，并解释为什么使用像 CCleaner 这样的程序是计算机安全权衡的一个很好的例子。

4. 组织机构对安全威胁的应对

命名并描述两个对于高级管理层需要解决的安全功能。总结出安全规则的内容。解释安全管控意味着什么。总结出当组织需要平衡风险和成本时应该采取的步骤。

5. 避免安全威胁的技术保障措施

列出 5 个技术保障。定义识别和认证，并描述认证的 3 种类型。解释 SSL/TLS 的工作原理。定义防火墙并解释它的目标。定义恶意软件，并指出 5 种类型的恶意软件。描述防范恶意软件的 6 种方法。总结为什么恶意软件是一个严重的问题。解释为了系统安全 PRIDE 应该如何设计。

6. 避免安全威胁的数据保障措施

定义数据管理和数据库管理，并解释它们的不同。列出数据保障措施。

7. 避免安全威胁的人员保障措施

对图 12-9 中的每个活动总结出活动人员保障措施。总结人员安全保障措施应如何应用于非员工人员。描述账户管理中安全保障的 3 个方向。解释系统程序如何为人员保障服务。描述安全监督技术。

8. 组织对安全事件的应对

总结出当组织需要处理一个安全事件时，应该采取什么行动。

本章知识对你的启发

总结这章所学到的知识，并解释它如何帮你成为一个更好的商务人士和更好的员工。

陈述你所做的选择，并努力实施。

关键词和术语

高级持续性威胁（APT）	人员保障	公钥/私钥
广告	认证	保障措施
非对称加密技术	内部防火墙	安全套接层协议
身份认证	入侵检测系统（IDS）	智能卡
生物学特征身份认证		嗅探
蛮力攻击	IP 网络欺骗	欺骗
缓存	密钥	间谍软件
数据管理	密钥托管	SQL 注射攻击
数据保障措施	恶意软件	对称加密
数据库管理	恶意软件定义	目标
拒绝服务（DOS）	过滤包防火墙	技术保障措施
路过式嗅探器	有效载荷	威胁

电子邮件欺骗	外围防火墙	传输层安全
加密	个人认证号码	木马病毒
加密算法	(PIN)	篡夺
防火墙	钓鱼者	病毒
黑客	网络钓鱼	漏洞
超文本传输协议(HTTPS)	电话窃听	蠕虫病毒

知识运用

1. 信用报告机构需要每年向你提供免费的信用报告。大多数报告不包括你的信用积分，但是他们的确会提供基于信用卡积分的一些细节。利用以下公司中的一个来获得你的免费报告：http://www.equifax.com、http://www.experion.com 和 http://www.transunion.com。

(1)你应该检查你的信用卡报告，找出明显的错误。然而，其他的核查方法很适合。通过网络检索如何最好地检查信用卡报告的方法指南，总结你所学到的知识。

(2)在你的信用卡报告中发现了错误，你将采取什么行动？

(3)定义身份盗窃。检索网络，并说明如果某人认为自己是身份盗窃的受害者，他所能采取的最好行动是什么？

2. 假设你在机场丢失了公司的笔记本电脑，你应该怎么办？存储在你的硬盘上的数据是否很重要呢？如果电脑里存储有敏感的和有版权的数据，那你一定会有麻烦吗？是否在什么情况下你都应该为你的新老板而关注简历的更新呢？

3. 假设你在表 12-2 的安全威胁方面和图 12-4 的保障措施方面提醒了你的老板。假设他说："很有趣，告诉我更多相关信息。"为了准备这个会议，你决定创建一个谈话要点的列表。

(1)对于表 12-2 的每个威胁写出简短的解释。

(2)解释这 5 个部分和保障措施有何关联。

(3)描述 2 ~3 项技术、2 ~3 个数据和 2 ~3 个人员保障措施。

(4)对图 12-9 中的保障措施写出简短的描述。

(5)列出属于你作为一个临时员工的安全程序。

(6)列出你的部门关于灾难应对方案的程序。

4. 假设你需要解雇一名在你的部门上班的一名员工，总结出你必须采取的安全保护措施。你应该做哪些事情才能让这次解雇能够友好地进行？

5. 如果你还没阅读第 9 章 9.4 节中的 MapReduce 和 Hadoop，请阅读一下。MapReduce 很适合密码破解码？解释你的答案，假设是的。如果他用一台计算机破解一个密码需要 4.5 年，那么让 10 000 台计算机使用 Hadoop 来破解一个密码需要多久？如果破解一个密码需要 200 万年，那么利用 10 000 台计算机破解一个密码需要多久？它告诉了你关于密码创建的什么知识？

合作练习 12

在你开始这部分练习之前，阅读扩展章 1 和扩展章 2，这两章介绍了合作的技巧以及管理合作任务的工具。特别是考虑运用 Google Drive、Google +、Windows Live SkyDrive、Microsoft SharePoint 或者其他合作工具。

关于云数据库比公司内控制的数据库是否更安全，大家的意见不尽相同。一些专家声称，来自信誉良好的供应商的云数据库，如 Microsoft、Amazon 和 Oracle，他们提供的云数据库要比公司内部自建的数据库更加安全。另一些人声称，云供商管理不善导致的风险是非常高的，组织应该在公司内部存储一些关键和机密的数据。

和你的团队一起工作，通过回答下列问题来表达你在该问题上的立场。

1. 在因特网上搜索 ISO 27001，解释这个标准的目的。

2. 符合 ISO 27001 的标准是不是意味着数据中心是安全的？它是不是意味着没有安全威胁的数据中心就是成功的呢？它意味着什么？

3. 在因特网上搜索 Microsoft Azure 遵守 ISO 27001 标准的证据，总结你的发现。

4. 在因特网上搜索 Amazon's EC2 遵守 ISO 27001 标准的证据，总结你的发现。

SAS 70 是一个为审计发布关于内部控制实施报告而提供准则的一个审计标准，它由云服务商实施。然而，为了评估数据中心控制的充分性，需要阅读和分析根据 SAS 70 所准备的报告。

5. 在因特网上搜索 Microsoft 公司的审计师按照 SAS 70 标准发布的报告，总结你的发现。

6. 在因特网上搜索 Amazon 公司的审计师按照 SAS 70 标准发布的报告，总结你的发现。

7. 比较和对比关于问题 3/4 和 5/6 的答案。你的比较是否让你相信关于安全和控制方面 Azure 和 EC2 之间会有很重要的区别？

8. 许多小企业将服务器放置在类似壁橱一样的位置来运行本地服务器。请解释使用符合这些标准和声明的云提供商对于这些企业意味着什么。

9. 假设一个大型的公共交易组织运行了它自己的网站，拥有表明它已经实施 ISO 27001 的证明，并且它根据 SAS 70 发布了关于控制的声明，以此来展示至少它的控制是足够的。是否有理由相信在该网站服务器上的组织数据或多或少地比存储在 Azure 或者 EC2 上的数据安全？解释你的答案。

10. 基于你对这些问题的答案，只考虑数据安全，提出安全的存储策略，比较数据存储在 Azure 和 EC2 与数据存储在内部控制的服务器上的差别。

案例学习 12

摩尔定律，再来一次……

根据美国国家安全机构的前律师 Stewart Baker 所说，在过去的 10 年左右，我们所看到的是摩尔定律更多地是为坏人工作，而不是为好人工作[①]。我们是否同意这种说法呢？

如果你是从事利用强力技术破解密码的业务，你会认为 CPU 的速度会使破解密码的时间减半。那看起来对于犯罪分子是一件真正有益的事，但是对于一个相当强劲的密码，有人说需要 200 年才能破解，即使减半也仍然需要 100 年，这对于计算机犯罪需要的时间太长。但是，如果潜入者在 1000 台计算机上使用 Hadoop，那么 100 年将会变成 36 天，这对于犯罪分子的目的可能及时也可能不够及时。当然，之后，至少更快的 CPU 将会有益于密码破解。

---

① David Talbot, "Moore's Outlaws"，麻省理工学院技术评论，2010 年 8 月，第 4 期，113 卷。

不仅如此，便宜、大型和快速磁盘的可用性以及今后廉价的存储让犯罪分子能够廉价地存储数百万的普通密码、世界所有语言的所有字母和其他有用的密码破解的数据。此外，廉价的存储让犯罪分子能够存储他们监听获得的千兆字节的数据。闲暇时间你可以为了用户身份、密码、出生日期、社会安全号码、信用卡账户等信息来挖掘数据。当然，几乎免费的数据存储也会有益于计算机犯罪。

但是也许我们正在错过最大的益处。2011 年利用 Google 对术语“数据泄露”和“数据损失”进行了 30 分钟的搜索，得到了以下 7 个事件，它们都发生在 2011 年。

1. 6 月，130 万的 Sega 游戏玩家由于安全漏洞而泄露了他们的出生日期、电子邮件和加密的密码数据①。

2. 4 月，7000 万的 Sony 游戏玩家的信用卡数据被盗②。

3. iOS 3.0 中的一个漏洞使得犯罪分子能够入侵 144 000 人的邮件账户，包括白宫前参谋长 Rahm Emanuel。出于对苹果公司的公平起见，这个问题的责任似乎更多地在于 AT&T 而不是苹果公司③。

4. 升级到 4.3 版本的 iOS 中的漏洞能够让黑客从那些下载 Acrobat PDF 文件的用户那里获得管理账户的特权。这个问题属于苹果公司而不是 Adobe④，它已被修复。

5. 好邻居 Ian Wood 通过访问他们的在线账户，并且使用在 Facebook 上获得的个人数据，从他的网上邻居那里盗窃 57 000 美元。他在“忘记你的密码”的指令之后进行了跟踪，并且使用 Facebook 的数据来回应这些问题。当他获得了访问账户的权限时，他需要新的信用卡信息，之后从他邻居的邮箱那里偷窃了信用卡⑤。

6. 钓鱼者通过声称 Twitter 就要对它的服务开始收费来欺骗 Twitter 用户，获得 Twitter 账户的数据。为此，所有的用户都需要在一个虚假 Twitter 账户上注册他或她的 Twitter 账户和密码。钓鱼者会得到目标客户的数据⑥。

7. 在“too-ironic-to-believe”节目中，一个中国电视节目正介绍中国的军事，它展示了一个黑客尝试侵入 IP 地址为 138.26.72.17 的屏幕截图。当时，那个地址属于美国的一所大学。很显然，节目的编辑不知道什么是 IP 地址⑦。

30 分钟的搜索实际上产生了比这里列出的更多的例子，读者可以自己尝试一下。

我们能从这 7 个事例中学到什么？他们共享了什么技术？——数据通信。回忆第 1 章中曾谈到，Moore 定律让数据通信变得基本上是免费的。这 7 个事件是那个事实的部分结果。

现在考虑到数百万的移动设备将会进一步增加数据通信，同时你能够看到计算机犯罪的概率实际上将会成指数增加。

---

① http://www.reuters.com/article/2011/06/19/us-sega-hackers-idUSL3E7HJ01520110619，2011 年 8 月访问。

② http://www.bostonherald.com/business/technology/general/view.bg? articleid =1333548，2011 年 8 月访问。

③ http://ismashphone.com/2010/11/5-of-the-most-notable-ios-security-holes-weve-seen.html，2011 年 8 月访问。

④ http://www.mobiledia.com/news/97150.html，2011 年 8 月访问。

⑤ http://technolog.msnbc.msn.com/_news/2011/08/16/7387638-man-steals-57k-from-neighbors-using-their-face book-info? GT1 =43001，2011 年 8 月访问

⑥ http://digitallife.today.com/_news/2011/08/19/7416549-no-you-wont-have-to-pay-to-use-twitter-in-october? GT1 = 43001，2011 年 8 月访问。

⑦ http://www.v3co.uk/v3-uk/security-watchdog-blog/2103749/chinese-government-caught-tv-film-hacking-west，2011 年 8 月访问。

案例讨论

1. 在因特网上查询术语“数据漏洞”和“数据损失”，从中找出 7 个有趣的例子。

(1) 简要介绍这些例子和损失。

(2) 从可用的描述中尽你的所能来提出一项能够阻止这种损失的保障措施，或者至少能够限制这个损失。

(3) 从这些事例中可以看出自 2011 年 8 月以来数据损失情况出现了怎样的变化。

2. 解释为什么摩尔定律使创建一个强大密码会变得越来越重要。

3. 使用在案例学习中所列的一个或多个犯罪事例来解释为什么对不同的账户使用不同的密码是很重要的。

4. 解释数据通信如何在案例学习中所列的每一个犯罪事例中都扮演着重要的角色。

5. 你是否同意摩尔定律正在帮助坏孩子而不是好孩子？为什么是或不是？在你的答案中要使用本案例、本章所学知识和你自己的经验作为证据。

6. 假设你有一个能够进入你的大学主路由器的全天数据流量的磁盘。解释你如何来挖掘这些数据。说出你可能寻找的至少 7 种不同类型的数据，并解释你是如何去发现它们的。

7. 用自己的话来解释，为什么移动设备使用的增加很可能会为计算机犯罪创造更大的机会。

8. 回顾图 12-3，解释表中推荐的措施是如何帮助每一个人的，他们曾不幸地成为了案例学习所展示的 7 个事例的受害者。

扩展章1　决策、解决问题和管理项目的合作信息系统

学习目标

1. 合作的两个关键特性
2. 合作成功的三个标准
3. 合作的四个主要目的
4. 合作信息系统的要素和功能

1.1　合作的两个关键特性

回答这个问题前，首先要区分合作和协作之间的区别。协作(Cooperation)是一组人一起工作，基本上都是做同一类型的工作来完成一项任务。一个小组有4个画家，协作完成同一个房间的不同墙壁。同样，杂货店的检验员或者邮局的支援正在合作服务客户。协作小组完成给定的任务要比个人单独完成任务的速度快，但是在质量上，协作完成的结果不如个人单独完成的好。

在本书中，我们定义合作(Collaboration)是一群人一起工作，通过反馈和迭代，以实现共同目标。使用反馈和反复，一位成员会做出一些成果，起草一个文件的草案。而第二个人会审查该草案，并提供重要的反馈意见。根据反馈，原作者或其他人随后将修改并产生第二稿。这样的工作有一系列的步骤，一位成员做出一些成果，其他成员对产生的成果进行评价，继而产生一个修订过的成果。反馈和迭代使得团队取得的成果比任何一个人独立工作所取得的成果都要大。这可能是因为不同的小组成员提供不同的观点，"哦，我从来没有想过这样的方法"是合作成功的典型信号。

大多数学生团体使用的是协作，而不会正确地使用合作。给定一个任务，团队成员将工作分成了几部分，每一个团队成员独自完成自己的那一部分，然后由教授合并每个人独立的部分，这样的过程能够使工作更快完成。如果学生单独工作，则不会比现在得到的结果更好。

相反，当学生合作工作时，他们提出一个最初的想法或成果，这些想法或成果反馈给组里的其他成员，然后按照反馈的结果进行修改。通过这样一个过程产生的结果远远优于任何一个学生独自完成的结果。

1.1.1　有效批评反馈的重要性

根据这个定义，为使团队获得成功，团队成员必须提供和接受批评性的反馈。在一个小组中，如果团队成员彼此太有礼貌，以至于相互之间不能提出批评性的意见，那么就不能有效地

合作。正如世界第一个信息官 Darwin John 所说："如果你们两个有完全相同的想法，那么我们不需要你们其中的一个。"另一方面，如果一个小组成员之间非常不信任，甚至相互仇恨，那么彼此之间也不能有效地合作。对于大多数组织来说，成功是在这些极端情况之间实现的。

为理解这一点，研究者 Ditkoff、Allen、Moore 和 Pollard 对 108 名商界精英进行了调查，主要是从特质、态度和技能方面调查如何成为一个好的合作者[①]。表 CE1-1 中列出了调查中发现的最应具有和最不应具有的特征。大多数的学生可能会比较惊奇 12 条最应具有的特征中有 5 条是包含不同意见的。大多数学生认为"团队成员应该在一起"，而且对于团队的事情大体上持相同的意见。虽然团队成员在一起工作并进行充分交流很重要，但是这份调查显示，团队成员应该拥有不同的意见和想法并且表达出来也同样重要。

如果我们将合作考虑为重复地在团队成员之间发送和接收反馈的过程，那么这些调查结果可能不会让我们太吃惊。在合作过程中，团队成员相互学习，如果没有人愿意表达不同甚至相反的意见的话，团队成员则很难学到新东西。调查对象似乎是在表达这样的内容："你的意见可以是消极的或反面的，但只要你是在关心我们目前所做的东西就可以了。"这些合作技能可能对于那些"与其他人和善相处"的人来说不是那么容易，也许这就是之所以这些技能在调查中排在最前面的原因。

表 CE1-1　一个合作者最应具有和最不应具有的特征

一个好的合作者最应具有的 12 种特征	一个好的合作者最不应具有的 9 种特征
1. 对于我们的合作主题是很有热情的。	1. 有很好的组织性。
2. 是思想开放的而且好奇的。	2. 我会很快喜欢上的某人，而且两个人间的关系很好。
3. 即使自己的意见不是主流意见也会表述出来。	3. 已经取得了我的信任。
4. 回答我或者其他人的问题很及时。	4. 有作为合作者的经验。
5. 愿意深入到复杂谈话中。	5. 是一个有技巧的而且令人信服的提出意见者。
6. 有理解力的倾听者。	6. 是合群的而且精力充沛的。
7. 在做出或者接受消极反馈时很有技巧。	7. 是我之前就认识的。
8. 愿意提出非主流意见。	8. 在我们的合作领域已经有了很高的声望。
9. 能够进行自我管理而且条件要求低。	9. 是一个富有经验的商业人士。
10. 以信守承诺而闻名。	
11. 愿意以极大的热情深入到话题中。	
12. 能与我做的或者想的产生不同的观点。	

1.1.2　如何给予和接受批评性反馈

给予和接受批评性反馈是一个最重要的合作技能，所以，在我们讨论信息系统能起到改善合作的作用之前，先研究表 CE1-2 中的给予和接受批评性反馈的指导原则。

许多学生发现，当他们第一次形成一个合作小组时，在开始时讨论表 CE1-2 中的批评性反馈指导原则是非常有用的。讨论之后使用反馈和迭代，不断开发自己的列表。当然。如果一个小组成员不遵守商定的原则，那么其他小组成员将对他提出批评性的反馈。

特别要注意，如果你是本科生，尤其是新生或二年级学生，那么你的生活阅历会使你不了

① Dave Pollard, "The Ideal Collaborative Team." Available at: http://www.ideachampions.com/downloads/collaborationresults.pdf (accessed June 2012).

解合作的必要性。到目前为止，几乎所有你认识的人都和你有相同的经历，或多或少与你的想法是相同的。我们的朋友和同事都有相同的教育背景，在标准化的考试中大致有相同的分数，并且在通往成功的路上有相同的方向。那么，为什么合作？反正，你们中的大多数想的是一样的："这个教授想要的是什么？给她的最快和最简单的方法是什么？"

表 CE1-2　提供和接受批评反馈的指导原则

指导原则	例　子
明确	"在学习第二部分之前，我一直困惑"而不是"整件事情是一团混乱"。
提供建议	"考虑把第二部分移到文档的开头。"
避免个人意见	永远不要："只有笨蛋才会漏掉这个要点……或者去写一下这个文档。"
力求平衡	"我觉得第二部分相当好，把它移到文档的开头怎么样？"
质疑你的情绪	"为什么我对他刚写的文档如此生气？发生什么事了？我的愤怒能帮助我吗？"
不占主导地位	如果一个小组有 5 个成员，除非你有特殊的专业知识，否则你只有 20% 的机会发表你的意见。
展示承诺	"我知道这是痛苦的，但是如果我们做一些变化，结果会好很多，"或者，"我真的不想读那部分，但是如果你觉得很重要，那么我也会去读。"

因此，考虑这个实验。公司正在计划建立一个对新产品线至关重要的新工厂，这将会产生 300 个新的就业机会。但是政府不给颁发建筑许可证，因为这个地方容易发生山体滑坡。工程师相信你们的设计能够克服这个风险，但是首席财务官关注这个事件中可能的诉讼问题。公司的律师正在研究用最好的方式去克服政府的反对，同时限制赔偿责任。与此同时，当地环保组织抗议这个工厂，因为他们认为工厂太接近老鹰的巢穴。公关总监每周与地方组织见面讨论这个项目。

你如何推进这个项目？

为了决定这个项目，你创建了一个首席工程师、首席财务官(CFO)、法律顾问和公关总监组成的工作团队，该团队中每个人都有不同的教育背景和专业知识，不同的生活阅历，不同的价值观。事实上，他们的共同点是由该公司支付工资。他们以各自拥有不同背景的方式积极开展合作。记住这个例子，继续阅读下去。

特别注意：合作的两个关键特性是迭代和反馈。

1.2　合作成功的三个标准

J. Richard Hackman 研究团队工作很多年了，他的 *Leading Teams* 一书为未来的管理者提供了很多有用的概念和技巧①。根据 Hackman 所说，判断团队成功有 3 个主要标准：

- 成功的结果
- 团队能力的增长
- 有意义及令人满意的经历

1.2.1　成功的结果

大部分学生主要关注第一个标准，即用成绩来衡量他们的结果，或者他们希望用较少的工

① J. Richard Hackman, *Leading Teams: Setting the Stage for Great Performances* (Boston: Harvard Business Press, 2002).

作量和可以接受的成绩来完成老师布置的任务。对于商业人士，团队需要完成他们的目标：制定决策、解决问题或者管理项目。无论目标是什么，成功的第一个标准是“我们做了吗”。

虽然在学生团队中表现得不是很明显，但是大多数商业团队需要去问“在我们允许的时间和预算范围内我们做了吗”。即使他们达到了目标，但是如果团队完成的工作成果太晚或者远远超过了预算，那么也是不成功的。

1.2.2 团队能力的增长

另外两个标准对大多数学生来说是非常惊讶的，可能是因为大多数学生团队是短暂的。但在商业方面，团队要持续几个月或者几年，所以经常问“团队变得更好了吗”是非常有意义的。如果你是一个足球迷，你会毫无疑问地听见过团队的教练说“随着赛季的进行，我们确实是提高了”（当然，对于赢了两场输了 12 场的球队，你就听不到这样的问话了）。球队只持续了一个赛季。如果团队不是临时性的，假设一个有客户支持的团队，那么团队收益的增长会更快。随着时间的推进，团队的过程质量会提高，而且团队会变得更加有效率，因为它可以以一个给定的成本提供更多的服务或者降低成本提供相同的服务。

有了一定的经验，团队的工作也将会变得更加有效。通过建立联系，团队可以做到“左手知道右手正在干什么”。随着个人改善他们的工作，团队也会变得更好。改善的部分是学习曲线；如果一个人反复地做某件事情，那么他会做得更好。但是团队成员也会教工作技巧，互相交流学习。团队成员也会向其他成员提供所需的观点和意见。在第 7 章和第 8 章我们会研究一些可能的情况。

1.2.3 有意义及令人满意的经历

Hackman 定义团队成功的第三个因素是团队成员有一个有意义并且令人满意的经历。当然，团队目标的本质是使工作有意义的主要因素。但是很少有人有机会研制拯救生命的癌症疫苗或在冬天把一架受损的飞机安全迫降在纽约哈德逊河的中间。对我们中的大部分人来说，做出一些产品、包装运输、支付结算或者制定企业发展前景等是有意义的。

在大多数商务人士的世界里，是什么使工作有意义的呢？Hackman 在他的书中引用了大量的研究成果，得出的共同结论是如果这项工作被团队认为是有意义的，那么这项工作就是有意义的。在产品数据库中保持最新价格不是令人很兴奋的工作，但是如果团队认为这项任务同样很重要，那么就会变得很有意义。

而且，如果一个人的工作是很重要的，而且做这项工作的人也受到肯定和赞扬，那么这样的经历被认为是很有意义的。出色地完成工作对于有意义的工作经历来说也是至关重要的。

团队感到满意的另一方面是团队精神。对于商业专业人士来说，当他们感觉是团队一部分的时候，精力会更加充沛。每个人做自己的工作，然后把这些有价值的工作结合起来，这样做的效果远远优于他们自己单独完成的效果。

1.3 合作的四个主要目的

合作团队的四个主要目的是：

- 掌握信息

- 制定决策
- 解决问题
- 管理项目

这些目的建立在彼此的基础上。例如，做一个决策需要团队成员掌握信息。反过来，为了能够解决问题，团队需要有能力进行决策和掌握信息。最后，为了开展一个项目，团队必须能够解决项目中的问题、制定决策和掌握信息。

在继续讲解之前，你应该清楚，综合使用以上四个目的可以提高你的专业技能。如果你不能掌握信息，就不能做出很好的决策。如果你不能做出很好的决策，就不能很好地解决问题。如果你不能很好地解决问题，就不能管理好一个项目。

在这个问题上，我们会考虑合作的四个目的的本质，并描述支持它们的信息系统的需求，我们从最基本的开始，即掌握信息。

1.3.1 掌握信息

掌握信息是合作的第一个和最基本的目的。两个人接收同样的数据，但却给出了不同的解释，或者正像第2章中的提到的那样，他们接收了不同的信息。掌握信息的目的是尽可能确保团队成员用同样的方式来接收信息。

例如，GearUP 团队已经被分配了降低运营费用的任务，团队的首要任务之一就是确保每个人知道这个任务的目标，此外，还要了解什么是运营费用。

掌握信息以及合作的其他目的，代表了合作信息系统的几个需求。正如所期望的，团队成员必须能够共享数据和相互交流来分享所获得的信息。而且因为信息存储有可能发生错误，团队成员也有可能更改它，因此记录团队成员对信息的变更也是很有必要的。为了避免重复讨论一个话题，使用如 Wiki 这样的信息知识库是很有必要的。

1.3.2 制定决策

合作只是用来支持几种决策制定方式，并不支持所有的决策方式。所以，在了解合作的角色之前我们首先介绍决策制定的过程。决策通常出现在组织中的三个层面：业务决策、管理决策和战略决策。

1. 业务决策

业务决策（Operational Decisions）是支持业务和日常活动的。典型的业务决策是：我们应该从供货商 A 那里订购多少零件？我们要不要为供货商 B 增加贷款？在大多数案例中，运营决策不需要涉及合作。

2. 管理决策

管理决策（Managerial Decisions）主要关注资源的分配和利用。典型的管理决策是：明年我们应该为部门 A 预算多少钱来购买计算机硬件和软件？我们需要派出多少工程师来完成工程 B？明年我们需要多大的仓库？

通常，如果管理决策需要考虑不同的观点，那么决策会从整个合作过程中受益。例如，考虑关于明年为员工加薪的决策。没有人能够独立地给出答案。这个决策取决于下面几个因素：通货膨胀、行业趋势、组织利润、工会力量和其他因素。高级经理、会计、人力资源经理、劳动关系经理和其他人都会对这个决策有不同的看法。他们将形成初步的想法，对初步想法进行评估，然后再反复进行修改——这个过程是合作的本质。

3. 战略决策

战略决策(Strategic Decisions)主要关注更广范围的组织级别的事物。典型的战略决策是：我们要不要开始一个新的生产线？我们要不要在 Tennessee 新开一个中央仓库？我们要不要兼并公司 A？

战略决策的制定通常都是通过相互合作制定的。考虑一下将整个生产业务搬到中国的决策。这个决策事关这个组织中所有的工人，以及组织的供货商、顾客和股东，因此来自每一个方面的许多意见和观点都要考虑到。

4. 决策的过程

根据决策过程可以将信息系统分为：结构化和非结构化。这个过程是指决策制定的方法或者程序，并不是问题的根本性质。一个结构化的决策(Structured Decisions)过程是指在制定决策时已经有一个约定俗成的方法。一个用来计算存货的订货数量的公式就是一个结构化的决策过程。一个标准的为工人分配办公用品和仪器的方法就是另外一个结构化的决策。结构化的决策很少需要合作。

非结构化的决策(Unstructured Decision)过程通常用在没有统一的决策制定方法时。预测将来经济的方向或者股市就是典型的例子。每个人的预测方法都不一样，而且这些方法都不是标准的或是被广泛接受的。另外一个非结构化的决策的例子就是评估一个工人有多适合某一特定的职位。不同的人会做出不同的评估。非结构化的决策通常需要合作。

5. 决策类型和决策过程之间的关系

决策类型和决策过程是有一定的联系的。业务决策主要是结构化的决策，战略决策主要是非结构化的决策，而管理决策则有可能有结构化又有非结构化的决策。

我们使用“有可能”这个词是因为存在一些例外，这些例外是与表述的不相符的。有一些业务决策是非结构化的(比如，在明星演唱会的那夜我们需要多少出租车司机)，而有一些战略决策是结构化的(比如，一个新产品需要实现多少销售额)。但是大体上，它们之间是有关系的。

6. 决策制定与合作系统

正如之前讲过的一样，少数的结构化的决策是需要合作的。比如说，决定从供货商 B 那里订购多少产品 A 是不需要团队成员之间相互反馈的，也就是说不需要合作。尽管生成订单的过程需要采购、会计和生产人员的相互配合，但是这里不需要对其他人的工作进行讨论和评价。事实上，在常规的结构化的决策中引入合作是得不偿失的。通常大家都会感慨：“我们真的必须讨论每一件事情吗？”

但是对于非结构化的决策来说就不一样了，因为反馈和反复对于它来说很重要。对于做出什么样的决定、如何实现决策的目标、哪一个标准重要、哪一个决策最好等问题，团队成员都会有不同的看法和观点。团队可能会暂定一个结论，对于这个结论产生的可能后果进行讨论，然后团队成员可能会经常改变他们的立场。图 CE1-1 说明了随着决策过程朝着非结构化方向发展时对于合作的需要的变化情况。

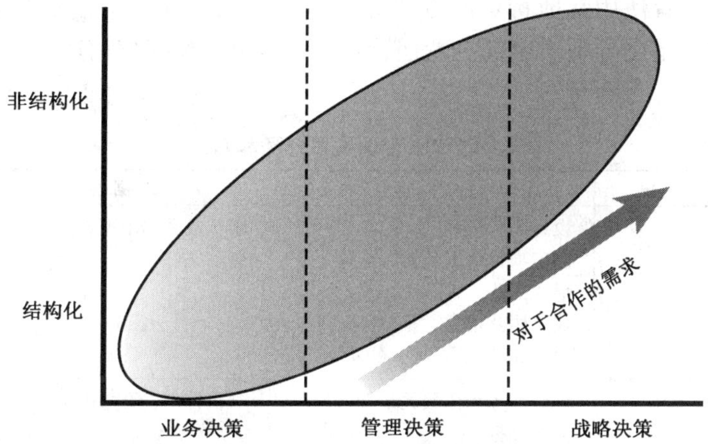

图 CE1-1　不同的决策对于合作的不同需求

1.3.3　解决问题

解决问题是合作的第三个基本目的。问题(Problem)被认为是一个事情是什么与它应该是什么之间的区别。因为它是一个感知的概念，因此不同的人对问题有不同的定义。

因此，对于解决问题的合作团队来说第一个也可以说是最重要的任务是确定问题。例如，GearUP 团队已经被分配降低运营费用的任务，正如在掌握信息目的这部分讲的那样，团队的首要任务之一就是确保每个成员理解这个任务的目标，而且对什么是运营费用要有一致的理解。

然而，因为问题被认为是一个事情是什么与它应该是什么之间的区别，所以“降低运营费用”这个陈述还远远不够。降低一美元足够了吗？降低 10 万美元够了吗？降低 100 万美元够了吗？更好的问题定义是降低运营费用的 10% 或者降低 10 万美元或者一些其他的更明确的说明。

图 CE1-2 列举了解决问题的主要任务。因为这里关注的是信息系统而不是解决问题，因此对解决问题的任务不做深入的阐述。只注重解决问题所需要的工作，并考虑对于这些任务中每一个任务的反馈和迭代的作用。

- 定义问题
- 确定替代方案
- 指定评估标准
- 评估备选方案
- 选择替代方案
- 实施解决方案

图 CE1-2　问题解决的任务

1.3.4　管理项目

管理项目是一个涉及很多理论、方法和技巧的复杂课题。

项目的最终目标可能是一个市场计划、一个新工厂的设计和一个新产品。因为项目的性质和规模各不相同，因此我们只介绍一般项目的各个阶段。表 CE1-3 列出了管理项目的 4 个阶段、每个阶段的主要任务以及合作团队需要共享的各种数据。

1. 开始阶段

开始阶段(Starting Phrase)最基本的目的就是为项目和团队设定基本准则。在工业生产中，团队需要了解他们拥有什么样的权利。这个项目分给团队了吗？或者团队任务的一部分是确定项目是什么吗？团队成员是由团队自由决定还是听从安排呢？项目团队可以设计自己的方法来完成项目或者使用其他特定的方法呢？学生团队不同于工业生产中的团队，因为学生团队的权利和成员是由导师决定的。然而，虽然学生团队没有权利选择一个项目，但是他们有权利决定怎样完成一个项目。

表 CE1-3　管理项目任务和数据

阶　段	任　务	数据分享
开始	设置团队权利 制定项目范围和初始预算 形成团队 建立团队角色、责任和权利 建立团队规则	团队成员的个人资料 启动文件
计划	确定任务和依赖关系 分配任务 确定时间表 修改预算	项目计划，预算和其他文件
执行	执行项目任务 管理任务和预算 解决问题 必要时，重新安排任务 文档和报告进展	过程中的工作 更新的任务 更新的时间表 更新的项目预算 项目状态的文档
总结	确定完成 准备归档文件 解散团队	文件归档

在开始阶段的其他任务是确定项目的范围和建立一个初步的预算，通常预算是初步的和不断被修改的。在这个阶段，初始的团队就形成了。随着项目的进展，团队成员可能会对项目的理解产生变化。每个团队成员扮演的角色是什么？他的权利和责任是什么？正如在制定决策中所讨论的，团队的规则也应该建立。

2. 计划阶段

计划阶段（Planning Phrase）的目的就是决定“谁做什么和什么时候做”。定义工作活动，像人力、预算和设备等资源的分配。各个任务总是相互依存的。比如说，你无法评价一个替代品的好坏直到你将所有的替代品列出来才可以进行正确的评价。在这种情况下，我们可以在评价替代品的任务和创建替代品列表时，使得它们之间存在任务依赖。评价替代品的任务在创建替代品列表的任务完成之前是无法开始的。

一旦任务和资源进行了分配，就可以确定项目的进度了。如果项目进度是不可接受的，那么更多的资源可以被添加到项目中，或者可以减小项目规模。不仅在计划阶段而且在整个项目中，在进度、成本和规模之间进行权衡是最重要的任务之一。在计划阶段项目预算也通常被修改。

3. 执行

任务通常在执行（Doing）阶段完成。这一阶段的管理重点在于确保任务按时完成。如果任务没有按时完成的话，那么应该尽早发现问题。在任务执行中，经常有必要增加或者删减任务、修改任务分配、增加或者减少劳动力分配等。另一个重要任务是做好文档和项目进度报告等工作。

4. 总结

我们完成了吗？这个问题很重要而且有时候很难回答。如果任务没有完成，团队需要确定更多的任务，而且继续执行阶段。如果任务完成了，团队需要整理他们的成果，为以后的团队整理一些有用的信息，结束整个项目并且解散整个团队。

回顾表 CE1-3 的第三列，所有这些项目的数据需要存储在团队可访问的位置，而且所有的数据都要用于反馈和迭代。这意味着将要对几百个甚至上几千个的数据项版本进行管理，我们将在扩展章 2 中考虑合作信息系统中可以方便管理这些数据的方式。

1.4 合作信息系统的要素和功能

合作信息系统，或者更简单地说成合作系统，是一个支持合作的信息系统，这意味着系统能够在团队成员中支持迭代和反馈。在扩展章 2 中将详细讨论系统的特点，现在讨论合作系统的要素和基本功能。

1.4.1 合作系统的要素

像信息系统一样，合作系统也有信息系统的 5 个要素：硬件、软件、数据、程序和人。关于硬件，大多数合作系统托管在组织的服务器或云计算中，关于云计算的内容在第 4 章和第 5 章中介绍，在扩展章中将忽略对这个要素的讨论。这里只需知道正在使用的工具和正在共享的数据是由某个地方的计算机硬件支持的。合作程序是像电子邮件或短信一样能够支持合作工作的应用程序，在下一个扩展中将讨论很多这样的程序。

合作包括两种类型的数据。项目数据（Project Data）是合作工作的产品的一部分。例如，对于正在设计一个新产品的团队来说，设计的文档就是项目数据的例子。描述一个推荐算法的文档是一个解决问题的项目数据。项目元数据（Project Metadata）是用于管理项目的数据，如时间进度表、任务、预算和其他管理的数据等。顺便提一下，这两种数据易被迭代和反馈。

合作信息系统程序是为完成团队的工作而指定标准、策略和技巧。例如，用于审核文档或其他产品的应用程序。为了减少混乱和加强控制，团队可能会建立一个程序，指定人员审查文档以及审查的顺序。每个人对数据处理的权限也要被编入程序中。

合作系统最后的一个要素是人。在 1.1 节中讨论了给予和接受批评反馈能力的重要性。此外，团队成员还应知道怎样以及何时使用合作系统。

1.4.2 交流和内容分享

表 CE1-4 列举了在 1.1 节和 1.2 节中讨论的 5 个重要的合作活动，并总结了合作系统的需求。这些需求分为两类：交流和内容分享。这些活动中的第二个、第四个和最后一个是关于交流的，第一个和第三个是关于数据跟踪的，需要存储和内容的分享。在接下来的两个问题中将介绍交流和内容存储。

表 CE1-4 合作系统需求

合作活动	信息系统需求
迭代	跟踪很多文件和其他工作产品的版本
反馈	提供易使用的和现成的多方交流方式
在时间和预算范围内完成任务	跟踪任务、时间进度、预算和其他项目的元数据 解释和报告项目的进展和状态
促进团队发展	提供内部团队教学
提高团队满意度	提供团队和成员的认可

表 CE1-5 列举了在 1.3 节中讨论的合作活动的 4 个主要目的，总结了合作信息系统的需求，这些需求分为交流和内容共享。当考虑自己学校的合作项目时，利用表 CE1-5 和表 CE1-6 作为指导，为自己的合作系统确定需要的工具。

表 CE1-5 不同的合作目的信息系统需求

目　　标	信息系统需求
掌握信息	分享数据 支持组内交流 存储历史
制定决策	分享决策标准，选择描述，评价工具，评价结果和实施计划 决策过程中支持组内交流 依据需要公布决定 保存过程和结果的记录
解决问题	分享问题定义，选择解决方案，成本和收益，选择评估和解决方案计划 依据需要公布问题和方案 保存问题、供选择的方案、分析和计划
开展项目	支持开始阶段、计划阶段、实行阶段和总结阶段

注意合作系统和合作工具两个术语的区别。合作工具(Collaboration Tool)是合作系统的程序要素。为使合作工具有用，它必须与信息系统的其他 4 个要素紧密结合。

小结

使用本小结来检查你是否理解了本章介绍的思想和概念。

1. 合作的两个关键特性

用自己的话解释合作与协作的区别。说出合作的两个关键特性并解释它们如何改善团队的工作。总结合作者的重要技能，列举出你认为给予和接受批评反馈最好的方式。

2. 成功合作的 3 个标准

说出和描述成功合作的 3 个标准。总结在学生团队和专业团队之间这些标准的区别。

3. 合作的 4 个主要目的

说出和描述合作的 4 个主要目的，解释它们之间的关系。描述合作系统达到各个目的的方式。

4. 合作信息系统的要素和功能

说出和描述合作信息系统 5 个要素和 2 个关键的合作信息系统功能。

关键词和术语

合作	管理决策	战略决策
合作信息系统	业务决策	结构化的决策
合作系统	问题	非结构化的决策
合作工具	项目数据	协作
项目元数据		

知识运用

1. 给出一个合作团队和协作团队的例子，使用其他的例子而不是书中的例子，解释为什么迭代和反馈对于合作比协作更重要。总结导致大多数学生团队倾向于协作而不是合作的原因。当学生团队不合作时缺点是什么？对于学生来说如何使用信息系统使其更方便地实现真正的合作？

2. 假设你是竞选活动的管理者，选择你的朋友作为学校的学生会主席。

(1)解释为什么如果合作管理比协作管理这项活动会更加成功。

(2)解释这个活动中团队成功的每一个标准。第二个和第三个标准重要吗？解释你的回答。

(3)描述这个活动中合作的 4 个目的，解释这 4 个目的之间的关系。

(4)假设竞选团队的任务之一就是决定如何分配有限的人力资源，这个决定在表 CE1-3 列举出来了吗？解释你的回答。

3. 考虑使用信息技术来管理这次活动。用表 CE1-5 来回答下列问题。

(1)假设在这个活动中，你尝试仅仅使用面对面的会议、电子邮件和短信来进行交流。对于每一个目的，如果只使用其中的两个方式，你预期的问题会有什么？

(2)你使用 PowerPoint 会实现哪个目的？你使用 Excel 会实现哪个目的？

(3)假设你只是使用面对面会议、电子邮件、短信、PowerPoint 和 Excel，你将如何共享文档？你预期可能的问题有哪些？

(4)描述一下你认为可以添加到你团队的一个最重要的附加合作工具。

(在扩展章 2 中将会讨论其他的合作工具。)

扩展章 2　学生项目合作信息系统

学习目标

1. 学生项目合作的信息系统需求
2. 使用合作工具改善团队的交流
3. 使用合作工具分享工作内容
4. 使用合作工具进行项目计划和管理
5. 适合团队的信息系统

2.1　学生项目合作信息系统需求

MIS 课程会帮助你获得知识和技能，而这些知识和技能在整个职业生涯中都将会用到。但是，为什么要等待呢？即刻使用，就会从这些知识中受益。大部分的商务管理课程都包含一个团队项目，为什么不使用现在所学的知识去构建一个能使团队工作更容易，并且可以帮助团队获得一个更好的产品的合作信息系统呢？你不仅可以在本课程的项目中使用这些知识和技能，在其他的项目中同样也可使用。

首先阅读扩展章 1，确保理解了合作和协作的区别，确保使用所构建的系统的团队想要合作。如果只是想协作，那么就不需要这样的系统。确保理解掌握信息、制定决策、解决问题和管理项目的需求和它们之间的关系。

表 CE2-1 总结了支持学生合作项目的信息系统的 3 类需求。

表 CE2-1　学生项目合作信息系统需求

● **需求特点** – 交流 – 内容分享 – 项目计划和管理
● **其他特点** – 论坛 – 调查 – Wikis – 博客 – 照片/视频分享
● **合作工具的特点** – 免费/便宜 – 容易学习/使用 – 集成功能 – 提供文字信息的根据 – 用于商业

2.1.1　需求特点

一个合作信息系统必须支持以下 3 类需求：

- 交流
- 内容分享
- 项目计划和管理

关于团队交流，如果面对面交流，最有可能需要一些媒介来分享想法。可以使用白板或类似的设备，但这就意味着为了获得团队工作的其他记录，有人需要将结果复制到纸上或文件中。另一种方式是在会议期间使用 ppt 或电子记事本和投影仪，最后这些文件会被团队成员即刻分享。在本扩展章的后面会介绍在会议期间使用合作工具的其他方式。

默认情况下，大多数的学生团队尝试召开面对面会议。但是为什么采用这种会议方式呢？这样的会议会很难安排，因为总是会出现有人不在学校、堵车、错过了公共汽车或者其他情况。在接下来的问题讨论中，你会发现在线会议工具将使面对面的会议变得不重要。

如果你的团队将要进行反馈和迭代，那么就需要一些方式来共享内容，并跟踪不同项目内容的版本。当团队成员同时处理文档时，系统应该提供一种方式来确保一个用户对内容的变化不会覆盖其他用户对内容的变化。一些工具可自动实现这个功能，但是如果团队不使用这样的工具，则必须开发相应的程序来避免无效功。

正像在扩展章 1 中所讨论的那样，项目计划和管理需要创建任务，并将这些任务分配给个人。其基本目标是"决定谁在什么时间之前完成什么任务"。当做出这些决定时，需要记录任务、人员和日期，以便团队成员可以按照进度进行，并且控制团队成员对自己的任务负责。当然，很多事情不能够按照计划顺利进行，因此，在必要的时侯，可以对这些任务进行修改。团队也需要有能力去跟踪任务进行中的会议和最后的结果。

2.1.2 其他特点

在表 CE2-1 中第二行的其他特点并不重要，但它们可以使团队工作更容易和更有效。某些项目的类型可能需要这些特点中的一个或几个。

当团队就某些话题需要见面讨论时，论坛是非常有用的，但并不是每个人都能同时见面。在小组会议外，通过调查也能获得团队成员的观点。Wikis 对于记录团队的信息是非常有用的。博客能使团队成员发布自己的观点。分享照片和视频是构建团队凝聚力的一个很重要的方式。

2.1.3 合作工具的特点

最后的一类需求是关于合作工具的特点的(信息系统的计算机程序部分)。合作工具需要免费或者至少便宜，而且应该很容易学习和使用，可是图 CE2-13 中的讨论内容可能会在这方面使你意想不到。功能集成是非常有用的，但是并不多见。集成的一个例子是：当某人改变任务时，合作工具会自动发送电子邮件通知拥有该任务的人。

如果教授想要评估你的合作，那么你需要提交很多的证据和团队成员的贡献作为可交付项目成果的一部分。很多合作工具会自动生成如你所看到的那样的数据。最后，如果你使用的工具是一个可能会在你以后职业生涯中使用的，那么你将会收益。黑板和 Moodle(课程管理软件)支持合作，但这些工具在商业中几乎无人知晓。另一方面，Google Drive 和 SharePoint 则众所周知。尤其是 SharePoint 的技能，在工业中有巨大的需求，知道如何使用它将给你带来竞争优势。

2.2 使用合作工具来改善团队交流

团队交流是对于学生团队合作的三个强制性要求之一。正如在表 CE2-2 总结的那样，特殊工具的使用取决于团队交流的方式。**同步通信(Synchronous Communication)**通常发生在团队成员在同一时间可以开会的情况下，比如说电话会议或者面对面的会议。**异步通信(Asynchronous Communication)**则发生在团队成员无法在同一时间开会的情况下。如果在同一地点员工们在不同的时间上班，或者团队成员在世界的不同时区上班的话，会议通常为异步的。大多数学生团队在同一时间可以交流。

表 CE2-2　用于交流的合作工具

同　步		异　步
共享的日程安排 邀请和参与		
单一地点	多地点	单一或多地点
Office 软件，如 Word 和 PowerPoint 共享白板	电话会议 多方文本聊天 屏幕共享 网络研讨会 视频会议	电子邮件 论坛 团队调查
	虚拟会议	

在 1.1 节中，对于大多数的面对面会议，需要很少的软件来支持。人们可能会想要使用 PowerPoint、OneNote 或者其他应用程序和供团队讨论的投影仪。鉴于现在的交流技术，大多数学生应该放弃面对面的会议。这些会议很难安排而且不值得费那么大的功夫。反之，我们可以学习使用**虚拟会议(Virtual Meetings)**，会议的参加者可以不在同一地点开会，而且有可能参加者不在同一时间开会。

如果虚拟会议是同步的(在同一时间举行)，则可以使用电话会议(Conference Calls)、多方文本聊天(Multiparty Text Chat)、屏幕共享(Screen Sharing)、在线会议(Webinars)或者视频会议(Videoconferencing)。一些学生可能觉得对学校的项目使用文本聊天有些奇怪，但是为什么不使用呢？使用这样的文本聊天，你可以在任何地方参加会议。像 Microsoft Lync 一样，Google Text 支持多方文本聊天。通过 Google or Bing“多方文本聊天”可以找到其他类似的产品。

屏幕共享应用程序(Screen-sharing Applications)使用户能够查看相同的白板、应用程序或其他显示程序。图 CE2-1 显示了 GearUp 公司会议白板的例子。这个白板是 Office 365 Lync 的一部分(在 2.5 节中将会讨论 Lync)，允许多人同时发言。如图所示，为了组织这样的同步会话，一般需要划分成若干个区域。

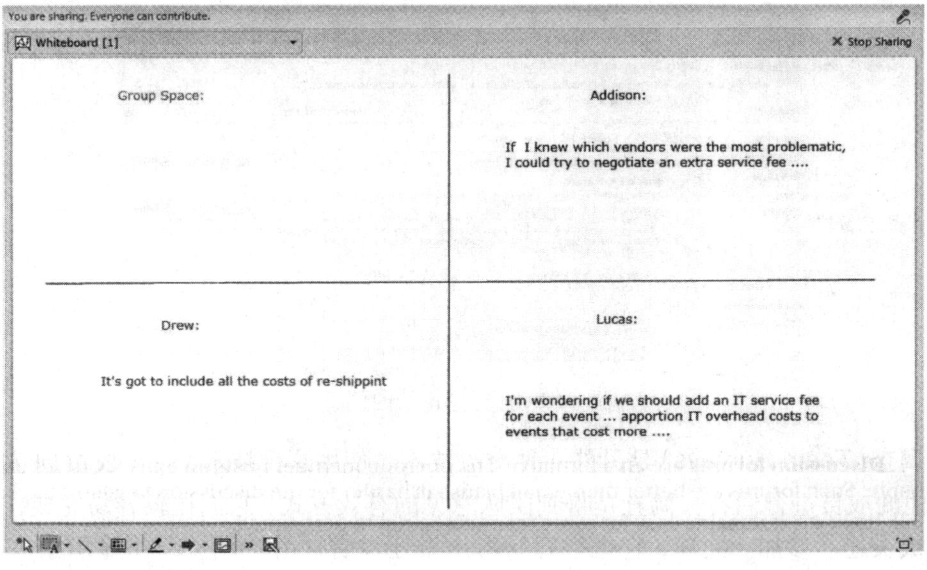

图 CE2-1　Office 365 Lync 白板展示同时贡献信息的样例(翻译)

网络研讨会（Webinar）是一个虚拟的会议，与会者观看其中比较正式的和有组织的演示。WebEx 是一个流行的商业网络研讨会应用程序，在使用虚拟销售演示中使用。

如果团队每个成员的计算机都有摄像头的话，可以使用**视频会议（Videoconferencing）**，如图 CE2-2 所示。对于学生视频会议 Skype 是一种常见的选择，也可以使用 Micsoft 的 Lync 和其他工具。可在网上搜一下视频会议工具。视频会议比文本聊天更加具有侵入性（你需要梳理好头发），因为它的确会有更多的个人接触。

图 CE2-2　视频会议的例子

在一些情况下，同步会议，即使是虚拟的也很难安排，很难让每个人在同一时间聚集起来。在这样的情况下，当团队需要进行异步会议时，大多数学生都会选择使用 Email 进行交流。但 Email 的缺点是它有太多的自由。不是每一个人都会参与进来，因为用 Email 时找借口太容易了。（在本章的案例中，Felix 真的没有收到附件吗？）讨论有可能会变得没有组织性而且不连贯。在这样的事实下，很难发现特定的 Email、评论或者附件。

讨论论坛（Discussion Forums）是另外一个选择。在这里，一个成员发布一个项目、一个想法、一个评论或者是一个问题，团队的其他成员进行回复，例如图 CE2-3。这样的论坛要比 Email 好，因为它很难使讨论离题。然而，它也便于一些成员不参与讨论。

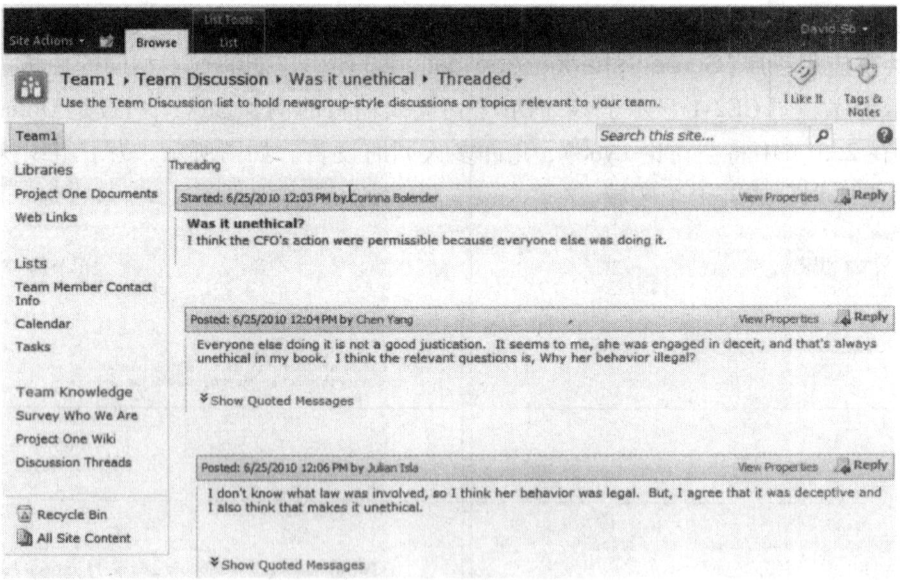

图 CE2-3　讨论论坛的例子

团队调查（Team Surveys）是另外一种交流技术。使用这种技术，一个成员创建一个问题列表，其他的成员进行回答。调查是得到团队意见的有效方式，它们比较容易完成，所以大多数的团队成员愿意参加。同样，它也很容易看出谁还没有回答。图 CE2-4 显示了一个团队调查的结果。SurveyMonkey 是一个比较常见的调查应用程序，也可以在网上找到其他的应用程序。Microsoft SharePoint 有一个内置的调查应用，我们将在后面介绍。

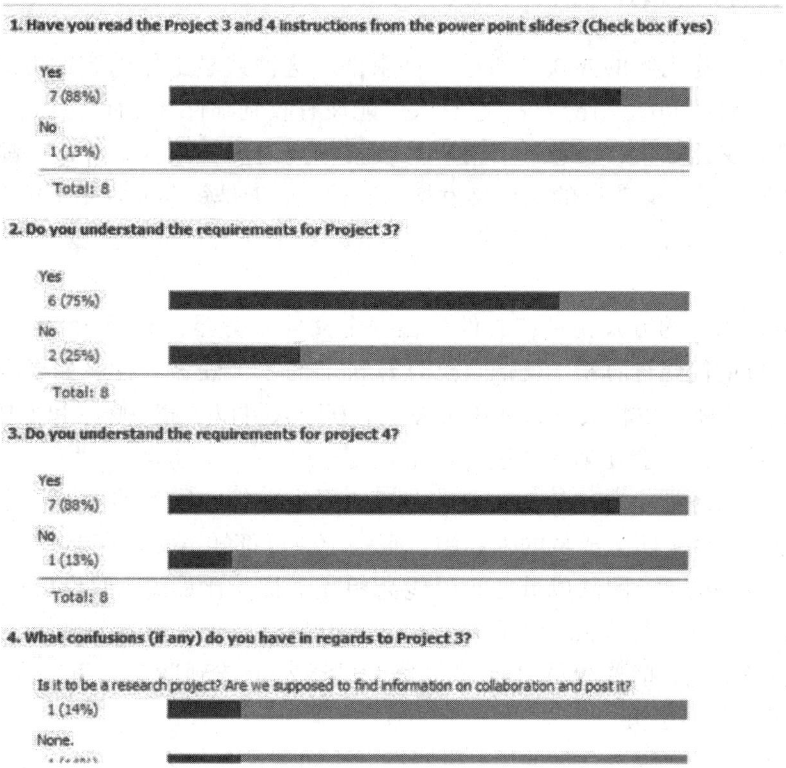

图 CE2-4　调查报告的样例

2.3　使用合作工具分享工作内容

内容共享是学生合作系统的第二个需求功能。为了能够迭代和反馈，团队成员需要共享项目数据，如文档、插图、表格和其他数据以及项目的元数据，如任务、进度和预算等。用来共享内容的合作工具取决于使用者想要控制的程度。表 CE2-3 列出了 3 类内容共享的合作工具：没有控制、版本管理和版本控制。

表 CE2-3　共享文件的合作工具

共享工作内容的可以选择的工具		
没有控制	版本管理	版本控制
有附件的 Email 在服务器上共享文件	Wikis Google Docs&Spreadsheets Microsoft Groove	Microsoft SharePoint

工作内容管理程度逐渐增加

2.3.1 没有控制的工作内容共享

最原始的共享工作内容的方式是通过邮件附件。这种共享工作内容的方式很方便，但是邮件附件存在着大量的问题。比如说，总有人可能没有收到邮件，没有注意到他的收件箱或者懒得去下载附件。又比如说，如果 3 个用户都收到相同的邮件附件，每个人都对其进行了修改，然后通过邮件将已经修改过的文件又发送给其他人，于是每个人收到了很多不同版本的附件。虽然邮件比较简单好用，但是如果有很多的文件版本或者要进行内容控制的话，邮件就无法满足需要了。

另外一种共享内容的方式就是将文件放在一个**文件服务器(File Server)**上，文件服务器就是一个存储文件的简易计算机，就像自己计算机上的一个硬盘一样。如果团队可以使用文件服务器的话，用户就可以将文件放在服务器上，其他人可以下载、修改和上传文件。通常情况下使用 FTP 传输文件(会在第 6 章进行讨论)。

将文件存储在服务器上要比使用邮件附件好，因为文件在服务器上有一个独立的存储位置，它们不是分散在每个团队成员的邮箱中。每一个成员都知道文件存储的位置。

如果不进行控制的话，团队成员之间可能会相互干扰。比如说，假设成员 A 和成员 B 下载了一份文件并且对其进行修改，但是两个人不知道另外一个人也在修改。成员 A 将他修改的版本上传到服务器上，接着成员 B 又将他修改的版本上传到服务器上。在这样的情况下，成员 A 修改的版本就会丢失。

另外，如果没有任何版本管理的话，我们将无法知道谁在什么时候对文件进行了修改。成员 A 和成员 B 都无法了解到底是谁修改的版本在服务器上。为了防止出现这样的问题，应该引进版本管理的技术。

2.3.2 使用版本管理的工作内容共享

提供**版本管理(Version Management)**的系统能够记录文件的变化情况，而且提供了一些特点和功能来适应并发的工作。如何实现这样的功能取决于所使用的特定系统。在这一节中，我们将为团队工作推荐两种免费和容易获得的工具：Google Drive 和 Windows Live SkyDrive。

1. Google Drive

Google Drive 是一个免费的服务，它在云计算中提供了一个虚拟驱动器，可以在其中创建文件夹和文件，包括文档、电子表格、演示文稿、图纸和其他类型的数据，如图 CE2-5 所示。(这个应用程序在快速发展中，当读到这本书的时候，Google 可能已经增加了几种文件形式或者书中描述的系统有所改变。用 Google 查找"Google Drive"可以获得最新的数据。)

使用 Google Drive 编辑文本的用户必须拥有一个 Google 账号，Google 的账户和 Gmail 的账户是不一样的。可以使用 Hotmail、大学邮件账号或者其他邮件账号来注册一个 Google 账号。

去网址 http://drive.google.com(注意这个网址中没有 www)，创建一个 Google 文件。输入(或者注册)一个 Google 账号。从现在开始，可以创建、上传、处理、保存和下载文件。也可以使用 PDF 格式和 Microsoft Office 格式保存这些文件，如 Word、Excel 和 PowerPoint。

使用 Google Drive，用户可以通过输入其他人的邮箱地址或 Google 账号使这些人能够使用他自己的文件。这些用户收到通知后可以根据通知中的链接查看有关文件。如果他们有 Google 账号的话，则可以编辑这些文件，否则只能阅读这些文件。

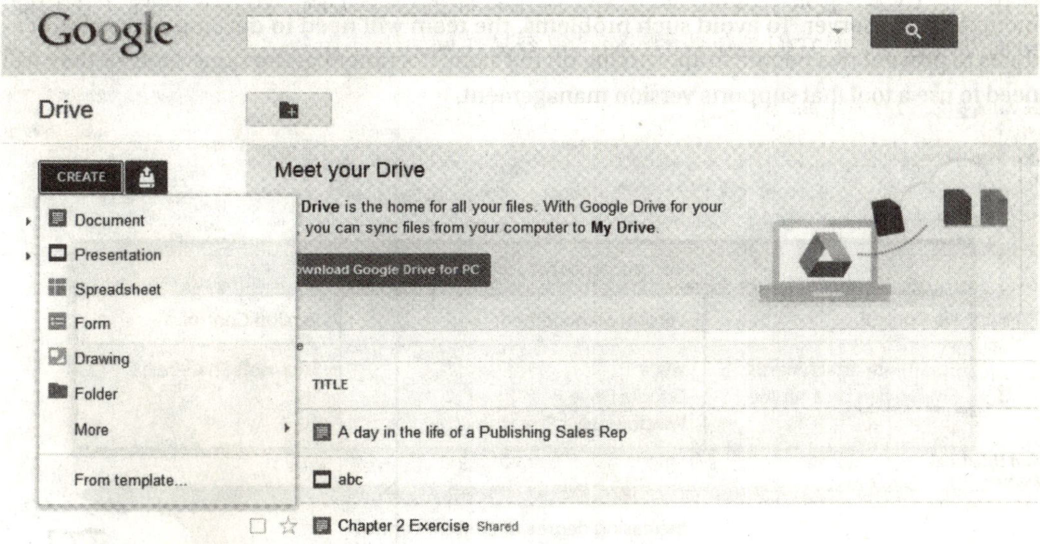

图 CE2-5 Google Drive 创建选项

文件被存储在 Google 的服务器上。用户可以利用 Google 存取这些文件，并且可以同时对这些文件进行查看和编辑。在后台，Google 将用户的行为记录到一个文件中。用户会收到通知，了解到其他用户也在同一时间编辑文件，你可以刷新文件来查看最新的更改情况。Google 记录文件的修改情况，并且对于所做的修改进行简单的总结。图 CE2-6 显示了 3 个人共享文件时对文件的修改情况。你可以通过结合 Google Drive 和 Google + 来改善团队活动。

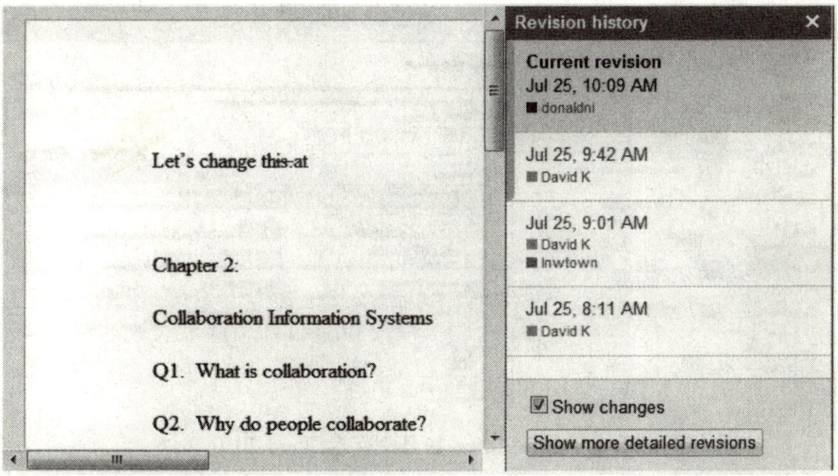

图 CE2-6 在 Google Drive 上分享修改过的文档的样例

2. Windows Live SkyDrive

Windows Live SkyDrive 是 Microsoft 公司对 Google Drive 的反应。它能够存储和共享办公

文档、其他文件以及提供免费存储。此外，SkyDrive 还包括免费的 Word、Excel、PowerPoint 和办公室的网络应用程序(Office Web Apps)的 OneNote。这些应用程序在浏览器中运行，非常容易使用。图 CE2-7 展示了 Word Web App 应用程序的一个实例。虽然这些程序在功能方面不如桌面办公程序，但它们是免费的，而且很容易在网络上使用。

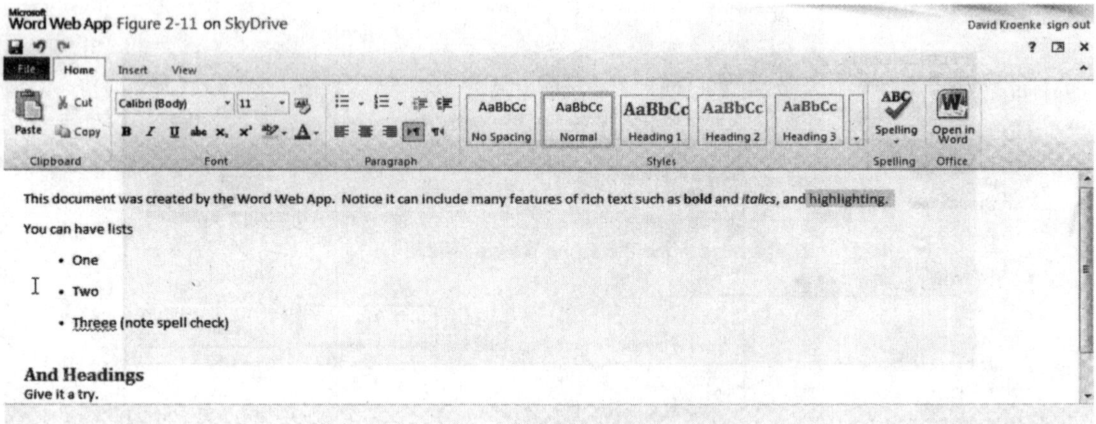

图 CE2-7 Word Web App 使用的样例

除了 Office Web Apps，桌面 Office 2010 应用程序与 SkyDrive 紧密结合，两个应用程序的文件格式可以相互转换，如图 CE2-8 所示。

说明：“25GB”是一个表示数据存储容量的符号。相关知识请参考本书第 4 章的内容。

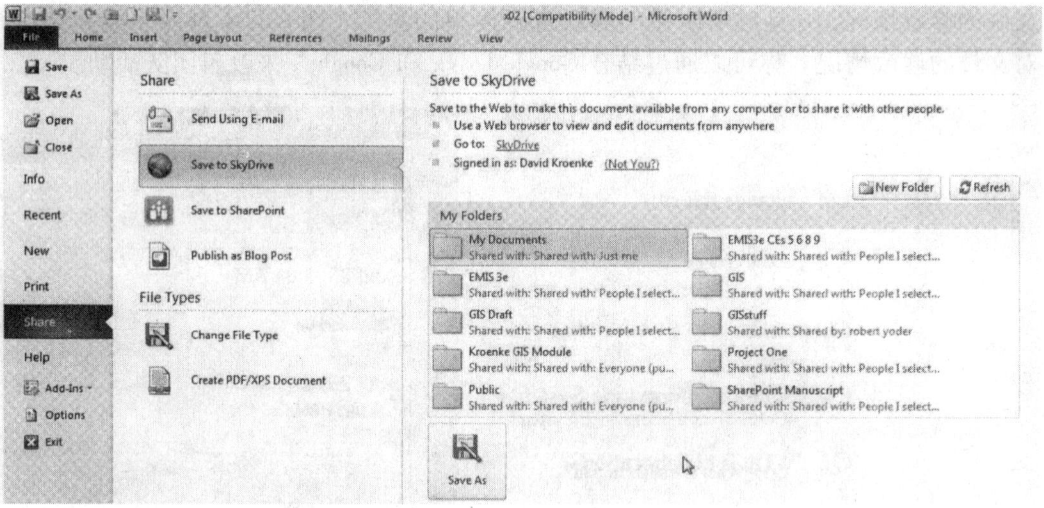

图 CE2-8 在 SkyDrive 账号中保存 Word 2010 文件

需要使用 Windows Live ID 来建立 SkyDrive 的账号。如果你有 Hotmail 账号或者 MSN 邮件账号，那么这些账号就是 Windows Live 的账号。如果没有 Hotmail 账号或者 MSN 邮件账号，可以用其他邮件的账号创建 Windows Live 的账号，或者可以创建一个新的 Hotmail 账号，它是免费的。

一旦有了 Windows Live 的账号，可登录 www. skydrive.com，将会获得 25GB 的存储容量，并且可以创建文件夹和文件，以及使用 Office 或其他的 Office Web Apps。（25GB 指的是可以存储数据的容量，详情请查看第 4 章。）

有了 Google 账号，可以通过进入 Windows Live 的账号或者电子邮件账号与其他用户共享文件夹。有 Windows Live 的账号的用户可以查看和编辑文档，没有 Windows Live 的账号的用户只能查看文档。

每一次只有一个用户可以打开 SkyDrive 文档进行编辑。如果尝试打开别人正在编辑的文档，将会收到图 CE2-9 所展示的信息。如图所示，可以在只读模式下打开文档；当文件可用时，可以把你修改的内容合并到文档中，否则在文件可用时系统会通知你。

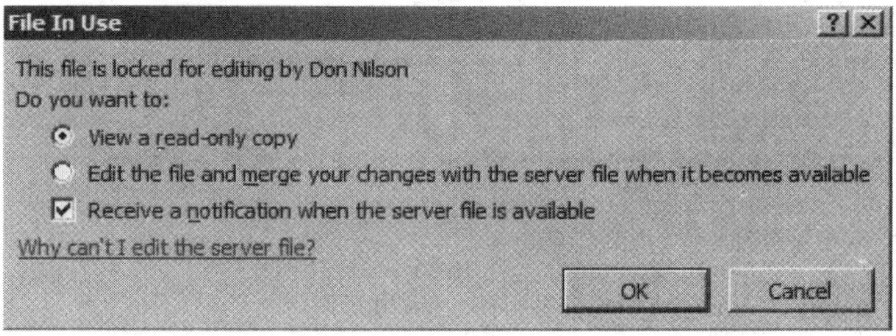

图 CE2-9　在 Word Web App 中打开被其他用户使用的文档

Google Drive 和 Windows Live ID 是免费的并且很容易使用，它们都远远优于通过电子邮件或文件服务器交换文件。如果你还没有使用这两个产品其中的一个，则应该考虑使用。

2.3.3　使用版本控制的工作内容共享

版本管理系统改善了共享文件的跟踪记录，避免了并发存取文件可能出现的问题。但是它们没有提供**版本控制**（Version Control）。版本控制是指当合作工具限制，有时甚至指导用户的活动时发生的过程。版本控制包括一个或者多个以下的功能：

- 受权限限制的用户活动
- 文档借出
- 工作流控制

1. 受权限限制的用户活动

使用版本控制工具，每一个团队成员的账号都是具有特定权限的。共享的文件放在共享的文件夹中，有时候这些文件夹称为**图书馆**（Library）。比如说，在一个共享站点上有四个图书馆，一个特定的用户在图书馆 1 只有阅读的权限，在图书馆 2 则可以阅读和编辑文件，在图书馆 3 可以阅读、编辑和删除文件，用户却没有进入图书馆 4 的权限。

2. 文档借出

使用版本控制应用程序，在用户修改文件之前，首先要在文件目录中查看文件是否被借出。如果文件被借出的话，则其他用户无法进行编辑。一旦文件被返回，则其他用户可以对文件进行编辑。

图 CE2-10 为用户展示了 Microsoft SharePoint 2010 的应用。用户 Allison Brown（显示在屏幕的

右上角)正在借出文档 Project One Assignment。一旦她借出文档，她就可以对文档进行编辑和归还到库中。当她借出文档时，其他用户将不能编辑这个文档，修改的内容对其他用户不可见。

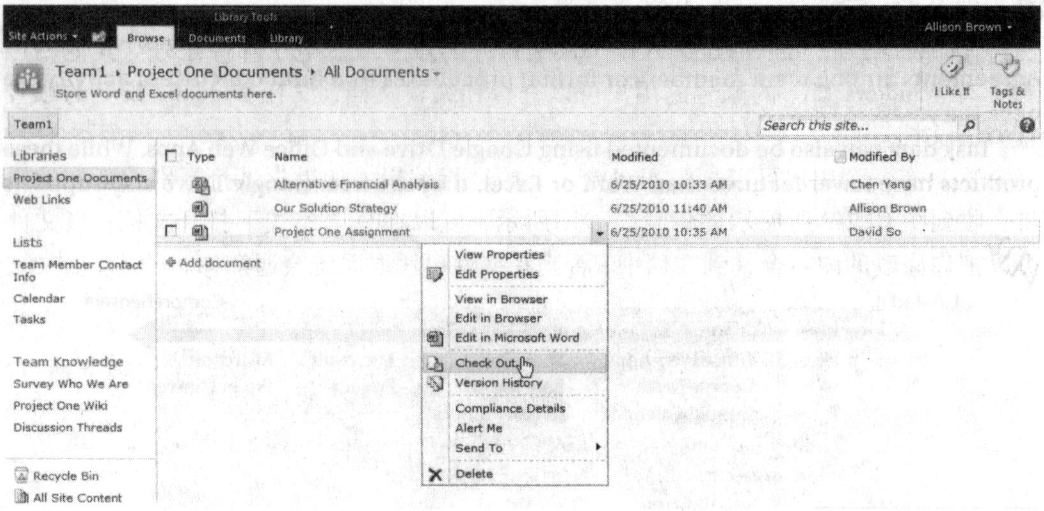

图 CE2-10　借出文档

3. 工作流控制

提供工作流控制(Workflow Control)的合作工具管理事先预定义的流程中的活动。例如，如果一个小组要按照一个特定的顺序审核和批准一个文档，那么这个小组就要向合作工具定义工作流。然后启动工作流，同时管理这个过程的邮件按照规定进行发送。图 CE2-12 显示了 SharePoint 的工作流控制，小组定义了涉及三个人的一系列审阅文档的审查过程。根据这个定义，当文档提交到库中时，SharePoint 分配任务给第一个人 Joseph Schumpeter，希望 Joseph Schumpeter 批准这个文档，同时发送一封邮件给他。一旦 Joseph Schumpeter 完成他的审阅(绿色的对号标志说明他已经做了)，SharePoint 会安排任务和发邮件给 Adam Smith。当三个评阅者完成他们的评阅时，SharePoint 标记这个文档通过。如果有任何不同意情况，文档会被相应地标记，工作流即被中止。

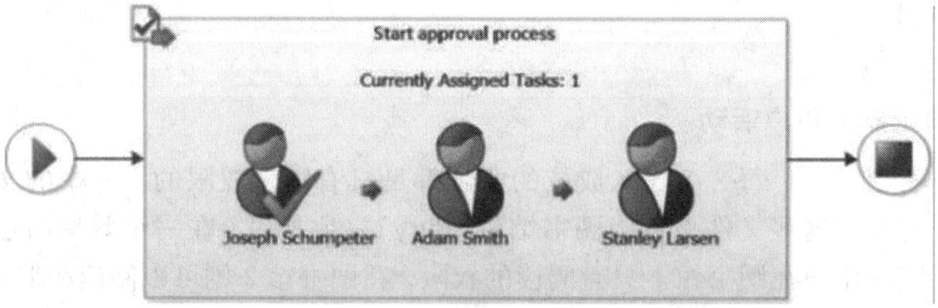

图 CE2-11　工作流样例

对于复杂的和多阶段的商务过程也可定义工作流。更多的关于怎样创建工作流的内容可以查看“SharePoint for Students”①这篇文章。

① Carey Cole, Steve Fox, and David Kroenke, *SharePoint for Students*(Upper Saddle River, NJ; Pearson Education, 2012), pp. 116-129.

现在存在着很多版本控制的应用程序。SharePoint 是在商业活动中最流行的一个应用程序。其他的应用程序包括 MasterControl(www.mastercontrol.com)和 Document Locater(www.documentlocator.com)。软件开发团队通常运用程序比如说 CVS(www.nongnu.org/cvs/)或者 Subversion(subversion.tigris.org)来对程序代码、测试计划和产品说明进行版本控制。

2.4 使用合作工具进行项目计划和管理

项目管理是一个复杂的课题，已有很多相关书籍出版，并且有很多产品用于项目管理。这里主要介绍项目管理的基本知识。

一般来说，当计划一个项目时，需要决定谁将做什么样的工作和截止日期。为了使团队成员对自己的任务负责，团队需要一些方式来记录和分享任务、作业和到期时间。

图 CE2-12 显示了任务和项目管理产品的连续性。开始的选择是在 Word 或者 Excel 中制作任务列表。Excel 是首选，因为它可以减少输入像日期这样的重复数据，但是这两种桌面产品不支持提供并发访问。文件必须通过 Email 或者文件服务器进行分享，在这个过程中并发变化的损失是可能的，因此团队成员之间达成协议或开发限制并发活动的正式程序是有必要的。

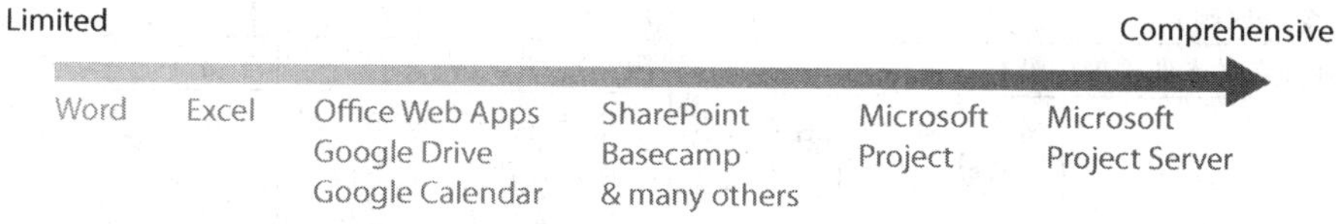

图 CE2-12　任务跟踪和项目管理产品的连续性

通过使用 Google Drive 和 Office Web Apps 也可以记录任务数据。虽然这些产品功能比 Word 或 Excel 少，但是它们是免费的。Google Drive 可支持并发访问和更新。另一种可能是设置任务描述，包括被分配任务人的名字、可共享的 Google 日历到期日期等。

在图 CE2-12 中，另一个产品是包括更灵活的任务管理功能的 Microsoft SharePoint。使用它可以创建一个特殊类型的任务列表，这个列表是预配置来存储数据的，如任务标题、描述、任务分配、到期日、状态、前置任务和其他有用的任务数据等。用户还可以把自己的数据添加到默认的任务列表中。

SharePoint 可以过滤任务列表，只显示没有完成的任务，或仅显示是过期的任务，或者是在未来数日内到期的任务。团队成员可以设置警报任务列表，当任务变化时，Office 365 将关于这些变化的内容自动发送电子邮件给团队成员。

许多其他的任务管理产品都可以从较小的供应商中获得。Basecamp 是一个很流行的产品(http://basecamp.com)。通过 Web 网页可以找到其他的产品。

在图 CE2-12 中，Microsoft Project 和 Microsoft Project Server 是两个最稳健的项目管理工具。项目经理可以指定任务的相关性，对任务进行约束，在任务 B 开始之前任务 A 不能开始，或者任务 A 和任务 B 同时开始或结束。两种产品将执行这些依赖关系和生产时间表，在专用图形显示中，确定关键的和阻塞的任务。项目是桌面程序，生成的文件在同一时间只有一个用户可以访问；项目服务器允许许多人通过 Web 浏览器访问共享的项目数据。

2.5 适合团队的信息系统

到目前为止，已经提出了学生团队合作信息系统的基本需求，学习了一系列支持交流、内容共享和任务管理的合作工具。利用这些知识能做什么呢？什么样的系统适合你和你的团队呢？在这个问题中，将定义和设置三套合作工具的评估方法。表 CE2-4 总结了三种不同的可能会用到的合作工具。

表 CE2-4 三套合作工具

	最小(Minimal)	良好(Good)	全面(Comprehensive)
交流	Email；多方文本聊天	Skype	Microsoft
内容共享	Email 或文件服务器	Google Drive	SharePoint
任务管理	Word 或 Excel 文件	Google Calendar	SharePoint 列表与电子邮件结合
优异特性		论坛、调查、Wikis、博客和从第三方的工具中分享图片/视频	论坛、调查、Wikis、博客和图片/视频共享
成本	免费	免费	每人每月 $10 或免费
易用性(学习时间)	没有	1 个小时	3 个小时
未来商业业务的专业价值	没有	限制	丰富
限制	所有文本、没有音频或者视频、没有工具集成	工具没有继承，必须学习使用几种产品，不能共享 live 文档	成本，经验曲线要求

2.5.1 最小的合作工具包

首先，最小工具包显示在表 CE2-4 的第二列中。利用这一套工具，尽管从软件中得到的支持很小，但是利用这些工具你也能够跟团队合作。尤其是你需要通过设置程序和协议来管理并发访问，以确保一个用户的工作不会与他人的工作发生冲突。你的合作将只会和文本相关；你将不能访问音频或视频，所以你不能听到或看到你的合作者。在会议中你也不能阅读文档或者白板。这一套工具大概接近目前你已经正在做的那些工作。

2.5.2 良好的合作工具包

表 CE2-4 第三列显示的是一套比较复杂的合作工具。有了它你将会有能力进行多方音频和视频虚拟会议，你还会支持并发访问文档、电子表格和演示文件。然而，如果你没有工作，你将不会有在 2.1 节中讨论的其他特点的任何需求。如果你想要它们中的任何一个，那么就需要在网络上搜索并找到支持调查、Wikis、博客、分享图片和视频的产品。

2.5.3 全面的合作工具包

第三套合作工具显示在表 CE2-4 的最后一列。这套工具是由 Microsoft 公司的产品 Office 365 提供的。Office 365 作为一个基于云计算的服务是通过互联网实现的。(查看第 6 章中基于云计算术语的含义)。表 CE2-5 总结了 Office 365 的特点。

表 CE2-5 Office 365 组成部分和特点

组成部分	特　　点
Lync	多方文本聊天 视频会议 网上内容共享 使用 PowerPoint 的网络研讨会
SharePoint Oline	内容共享和控制使用库和列表论坛 调查 Wikis 博客
Exchange	Email 和 Lync 以及 SharePoint 在线整合
Office 2010	Word、Excel、PowerPoint 和 OneNote 并发编辑
主办整合	Microsoft 基础设施的建设、管理和经营

该合作工具是这三套中最好的一套，因为它包括内容管理和控制、流程控制和在线会议。在在线会议中参加者可以查看共享的白板、应用程序和通报的情况。此外，这套工具可以被整合。当任务或其他列表和库发生变化时，SharePoint 警报可以通过 Microsoft 的邮件交换服务器发送邮件。如果某用户目前是空闲的，那么你可以在电子邮件或 SharePoint 中点击该用户的姓名，Office 365 会自动启动 Lync 的文本、音频或视频与该用户通话。通过 Lync 发送的所有短信都会自动记录并存储在你的电子邮件文件夹中。

2.5.4 为团队选择一套工具

团队应该选择哪一套工具呢？除非你的大学已经实现了 Office 365 的普及性，要不然你不得不对其支付费用。可以免费使用 Office 365 30 天，如果团队能在这个时间内完成工作，那么团队也许会选择这么做。要不然，团队必须为每个用户每月支付 $10。因此如果成本是唯一要考虑的因素，那么 Office 365① 就可以排除了。

但是即使你能承担得起全部的费用，你可能也不想用它。如表 CE2-16 所示，团队成员需要愿意花费三个小时的时间开始学习使用 Office 365 的基本功能。他们甚至被要求用更少的大约 1 小时的时间学会使用良好的工具，而此时你可能已经掌握了最基本的工具。

可以参考图 CE2-13 来评估学习的时间。此图是一个产品能力曲线图（Power Curve），显示的是使用该产品的时间作为函数的能力关系（从软件产品中得到的收益的效用）。平线意味着随着时间的增加能力没有任何增长。理想的能力曲线是在时间为 0 时能力是正值并且没有平点。

Minimal 工具在时间为 0 时有一定的能力，这是因为你已经知道怎样去使用它。然而在一段时间的使用后，由于项目具有复杂性并且有控制并发访问的问题，从而会导致能力下降。因为你了解 Good Set，因此好的工具在开始的时候会有一个短平点。然而随着时间的增长你的能力也会不断增长，直到达到你的团队用它能做的最大的能力。因为一套全面的工具需要很长的时间去学习，因此在开始时的有一个比较长的平点。然而因为它有一个丰富的合作功能工

① 注册 Office 365，访问 http://www.microsoft.com/en-us/office 365/free-office365-trial.aspx.

具，因此你会获得相当可观的合作能力，远远超过了这个 Good 工具，并且这最大的能力也比该 Good 工具要大。

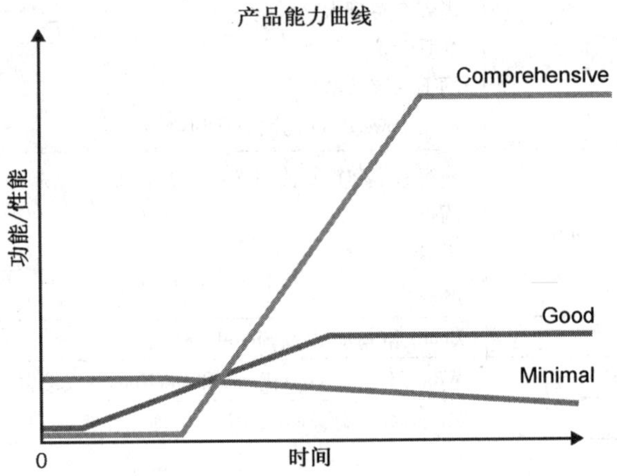

图 CE2-13　产品能力曲线图

最后，考虑一下表 CE2-4 的倒数第二行。作为未来的专业人士，Minimal 的合作工具对你来说没有任何价值，对你的职业竞争优势起不到任何帮助。Good 的合作工具有一定的限制价值，有组织使用 Google Drive 和 Skype。尤其因为 SharePoint 的技术在工业中受到高度重视，因此 Comprehensive 的合作工具有可能带给你相当大的竞争优势。在工作面试中可以使用 Office 365 的知识来证明你知识的通用性。

因此，哪一个工具适合团队？由你们决定。请参考 346 页的练习 3。

2.5.5　不要忘记过程和问题

最后很重要的一点是：扩展章主要集中讲解合作工具和信息系统的软件要素。对于其他 4 部分，不必担心硬件，至少对 Good 和 Comprehensive 的合作工具来说是不需要的，因为这些工具托管在云计算的硬件中。数据的组成部分由你决定；对于项目管理的元数据以及证明你的团队实行迭代和反馈也将是你的工作。

当评估备选方案时，需要认真思考程序和人这两个要素。团队成员如何使用这些工具？即使没有正式的文件程序说明书，团队也需要对工具的使用协议达成一致。正如所述，这样的程序在 Minimal 系统中控制并发访问是特别必要的。不仅需要对如何使用这些工具达成一致协议，还需要对当团队成员不使用这些工具时会发生的情况达成一致协议。例如，如果团队成员坚持用电子邮件记录而不使用 Google Drive 或者 SharePoint，那么你将会怎样做？

此外，团队将如何培训成员使用这些工具呢？你会承担学习合作工具的责任并把学到的技巧交给其他人吗？你会发现在网络上有大量的培训材料①，但是，谁会发现这些资料，学习，然后教给其他人呢？

最后，团队需要创建特殊的工作或者角色吗？例如，你想确定有人监视你共享的文档以确保交付存储适当吗？你想要有人去确认保存会议记录了吗？或从任务列表中移除复杂的任务

① David Kroenke and Donald Nilson. *Office* 365 *in business*. John Wiley, 2011.

了吗？或者想要保持当前协议计划中的任务列表吗？考虑这些和一些小的需求，如果需要，开展这些工作之前首先任命一个人负责这些需求。

作为一个未来商业专业人士，请记住这样一个例子：在商业中，从来不会只是选择软件，而是要把软件作为一个系统使用，我们需要创建信息系统的5个组成部分。

小结

使用本小结来检查你是否理解了本章介绍的思想和概念。

1. 学生项目合作的信息系统的需求

总结一下为什么现在及以后应该学习合作信息系统。列举出在本扩展章中讨论的3类需求。描述这3类需求的特点。

2. 使用合作工具来改善团队交流

解释为什么交流对于学生团队合作很重要。定义同步交流和异步交流，并且解释它们运用的场合。说出两种能够用来建立同步会议的合作工具。描述能够用来进行面对面会议的合作工具。描述可以用来进行虚拟的同步会议的合作工具。描述可以用来进行虚拟的异步会议的合作工具。

3. 使用合作工具分享工作内容

描述两种内容共享且不受控制的方式，并解释可能会出现的问题。解释一下合作工具如何提供控制：Google Drive 和 Windows Live SkyDrive。解释版本管理和版本控制的区别。描述用户账号、密码和知识库如何用来控制用户活动。解释借入、借出工作的流程。描述工作流并给出一个例子。

4. 使用合作工具进行项目计划和管理

当计划一个项目时，需要做最基本的决定，解释为什么对于团队来说需要对这些决定做记录。总结一下在图 CE2-12 中每一个产品被用来创建这样文档的方式。

5. 适合团队的信息系统

解释能力曲线的含义，讨论描述的三个备选方案中的每一个方案的能力曲线。解释它们之间的区别。总结为团队选择合适的合作工具(set)的标准。

关键词和术语

异步通信	能力	视频会议
论坛	能力曲线	虚拟会议
电子邮件	屏幕分享应用程序	网络研讨会
文件服务器	同步通信	Windows Live SkyDrive
文件传输协议	任务列表	工作流控制
Google Drive 团队调查	库	版本控制
Office Web Apps 版本管理		

知识运用

1. 评估2.1节。根据经验，对于一个团队来说，团队成员是否同意这三个需求是强制性的？证明你的答案。以任何方式修改你认为适合更好地描述自己团队合作经验的这些需求。你会发现其他的任何非必要的需求吗？你会添加其他的需求吗？你觉得任何合作工具的特点需求是不必要的吗？会添加其他的需求吗？

2. 根据问题1的回答，修改表CE2-1以适合团队经验。讨论修改的列表，描述它们所做的任何变化。

3. 选择在2.5节中描述的为合作团队使用的3个备选方案中的一个。回答下列问题(如果可能，跟团队一起回答这些问题)。

(1)根据你和你的团队对问题2的回答，创建团队的需求列表。

(2)为选择的合作工具和创建的合作信息系统创建一个标准的列表。从表CE2-4第一列的项目开始，但要根据问题(1)的回答来添加、修改或删除项目。

(3)针对你的需求和标准给2.5节中讨论的3个备选方案打分。如果你希望更改这3个备选方案中的任何元素去创建第4个备选方案，那么同样给这个方案打分。

(4)根据问题(3)的回答，选择合作工具(set)并解释你的选择。

(5)根据问题(4)的回答，你将会怎样构建合作信息系统？特别是需要提高什么样的程序和团队成员如何获得训练？对团队成员来说是否需要特殊的工作或者角色？如果需要的话，对它们进行描述。

专业术语

10/100/1000 Ethernet　10/100/1000 以太网　一种以太网类型，遵从 IEEE 802.3 协议，通信速度是每秒 10、100 或 1000 兆比特(每秒兆位)。

32-bit Processor　32 位处理器　自 2009 年起，用在个人计算机上的寻址类型，允许 4 千兆字节以内主存的寻址处理。

64-bit Processor　64 位处理器　自 2009 年起，在大功率个人计算机和新服务器上使用的一种寻址类型。在主存储器上，寻址是不受限制的。

Abstract Reasoning　抽象推理　构建和巧妙处理模型的能力。

Access　一种由 Microsoft 公司发布的、流行的个人或小型工作组数据库管理系统。

Access point(AP)　无线访问节点　无线网络中，用于连接无线网络中无线设备以及连接有限网络和无线网络的访问接入点。无线接入点在处理通信数据时必须符合 802.11 和 802.3 无线通信标准，因为无线设备之间的通信必须符合 802.11 通信标准，而在无线网络和有限网络之间传递信息需要符合 802.3 通信标准。

Activity　活动　业务流程的一部分，将一种类型的资源和信息转换成另外一种类型的资源和信息，手动或自动两者均可。

Actor　参与者　可以是个人、团队、部门或者组织。

Advanced Persistent Threat(APT)　高级持续性威胁　有预谋的、有资金支持的组织(比如政府)所发起的复杂的、持续时间长的网络攻击。高级持续性威胁意味着网络战的发生。

Adware　广告软件　没有得到用户的认可或许可，在用户后台安装的计算机程序。这对用户来说是不知道的，可以用来观察用户的行动和按键，修改计算机运行，并把用户的行为报告给赞助的组织。大部分程序是良性的，因为它不运行恶意程序或偷窃数据。然而，它可以观测用户行动，并弹出广告。

Analysis Paralysis　分析瘫痪　分析瘫痪是指花费过多时间来处理项目需求的情况。

Android　安卓　一种手机操作系统，是 Linux 系统的一个版本。安卓系统目前已经应用在了 Google Nexus 7、Kindle Fire 等移动设备上。

Application Software　应用软件　完成某些事务的程序。一些应用程序是通用的，例如 Excel 或 Word。另一些应用程序仅针对某一个具体事务功能，例如应付账款软件。

ARM　ARM 架构　一种处理器架构和计算机指令集。符合 ARM 架构的处理器用于便携式设备上，比如手机和平板电脑上。

Asymmetric Encryption　非对称加密　依靠不同的密钥对信息进行加密和解密的一种加密方法。一个密钥对信息加密，另外一个密钥对信息解密。对称加密技术相对于非对称加密技术来说更加简单且速度更快。

Asynchronous Communication　异步通信　当一个工作团队所有成员不在同一时间参加会议时所发生的信息交换，例如在不同的换班制或不同地理位置工作的人在信息交换时的交流过程。

Attribute　属性　(1)为一个 HTML 标记提供属性的一个变量，每一个属性有一个标准的名称。例如，对于超链接的属性是 href，它的值暗示了当用户点击链接时所显示的网页。(2)一个实体的特征。如订单的属性是订单号、订单日期、合计、税、总计等，销售人员的属性是销售人员姓名、电子邮件、电话号码等。

Authentication　认证　在信息系统中，通过验证用户密码来确认一个用户的过程。

Beta Testing　β 测试　是指允许未来用户用他们自己的方式来试验新系统的过程，目的是在最终程序封装之前发现程序的错误。

BI analysis 商务智能分析 发现信息与知识的过程。商务智能分析的 4 种基本方法是：报告、数据挖掘、大数据分析和知识管理。

BI application 商务智能应用程序 商务智能系统中的软件部分。

BI server 商务智能服务器 商务智能服务器上的程序会将商务智能应用程序分析出的结果以不同的形式发送至不同的商务智能系统的用户。

BigData 大数据 一个用于描述数据集的术语。大数据的 3 个特点分别是：数据量大（Volume）、数据种类多样（Variety）和数据生成快速（Velocity）。

Bigtable Bigtable 数据库 Google 公司开发的一种非关系型数据库。

Binary Digit 二进制数字 计算机表述数据的方式，也称字节。一个二进制数字要么是 0，要么是 1。

Biometric Authentication 生物识别身份认证 使用个人物理特征进行用户认证，例如指纹、面部特征和视网膜扫描。

Bits 位 计算机表示数据的方式，也就二进制数字。一位要么是 0 要么是 1。

BlackBerry OS 黑莓手机系统 一种非常成功的手机操作系统，主要用在黑莓手机等设备上。

Bluetooth 蓝牙 为传输短距离数据，用来代替电缆而设计的一种通用的无线协议。

Broadband 宽带 超过每秒 256 千字节传输速度的因特网线路。DSL 和电缆调制解调器提供宽带传输。

Brooks' Law 布鲁克斯定律 著名的定律，表述为：把更多的人加入到已推迟的项目，会使得项目更加推迟。布鲁克斯定律是正确的，不仅仅因为更多的职员需要增加更多的协调，而且因为新人也需要培训。唯一能培训新雇员的人是存在于团队中的成员，这样会使得那些人离开生产性任务。培训新人的成本可能淹没他们贡献的利润。

Brute force attack 蛮力攻击 通过尝试字母等字符的所有组合来破解密码的方法。

Bus 总线 CPU 从主存中读取指令和数据并向主存写入数据的装置。

Business Analyst 业务分析员 业务分析员必须对公司的业务需求、战略和目标非常熟悉，并负责引入信息技术和实施信息系统辅助企业战略的实现。

Business Intelligence（BI） 商务智能 包含模式、关系和趋势的信息。

Business Intelligence（BI） System 商务智能系统 一个信息系统，具有信息系统的 5 个组成部分，可以在正确的时间把正确的信息提供给正确的用户。

Business Process 业务流程 一种活动、资源、设施和信息组成的网络，相互作用完成一些业务功能；有时也称为业务系统。

Business Process Modeling Notation（BPMN） 业务流程建模符号 说明业务流程的一组标准的术语和图形符号。

Business process reengineering 业务流程再造 根据新上线的的信息系统调整和设计业务流程的活动。

Bytes 字节 （1）一个字符数据；（2）一个 8 位的字节数据块。

Cable lines 电缆 有限电视的电缆可实现数据的高速传输。

Cache 高速缓存 高速缓存用于存储常用的计算机指令，是内存与 CUP 之间的一级存储器。

Capital 资本 公司在各种资源上的投资，目的是在未来的市场上获得更丰厚的回报。

Cassandra Cassandra 数据库 一种长期运转的、非关系型的数据库，可以同时支持成百上千个服务器的运行。Cassandra 最初由 Facebook 公司开发，不过后来被转移到开源社区，目前已经成为 Apache 公司的顶级工程。

Central Processing Unit（CPU） 中央处理器 CPU 选择指令、处理它们、执行算术运算和逻辑比较、存储内存中的运行结果。

Chief Information Officer（CIO） 首席信息官 IT 部门主要管理人员的职位。其他相同职位的名称有信息服务部门副总，信息服务部门主管，而计算机服务主管却用得较少。

Chief Technology Officer（CTO） 首席技术官 技术组织的领导。CTO 整理新的创意和产品，并确定那些与组织密切相关的创意和产品。CTO 的工作需要深层的信息技术知识和预测新的 IT 在未来一段时间内将如何影响组织的能力。

Client 客户机 提供字处理、电子数据表格、数据库存取和通常的网络连接的计算机。

Client-server Application　客户机-服务器应用程序　在客户机和服务器上运行的软件应用程序。电子邮件就是一个这样的例子。

Closed Source　封闭源代码　高度受保护、只有受信任的职员和经过严格考察的契约人可以使用的源代码。

Cloud　云　在因特网上的计算网络。

Cloud Computing　云计算　一种外包硬件/软件的形式，在这样的形式中，以出租硬件和软件设施的方式提供给客户柔性计划。

Cluster Analysis　聚类分析　依靠统计技术的一种无监督的数据挖掘技术，用来确定具有相类似的特征实体的分组。聚类分析的一个常用的用途是根据客户的订单数据和统计数据来发现相似客户的群体。

Collaboration　合作　合作是一个团体通过讨论与反馈共同完成一个目标的过程。

Collaboration information system　合作信息系统　辅助团体合作活动的信息系统。

Collaboration tool　合作工具　合作信息系统中的程序部分。为了使合作工具的使用更加高效，为使合作工具有用，它必须与信息系统的其他 4 个要素紧密结合。

Columns　列　通常也称作域。一个数据库表有多个列，用来表示实体的属性。例如，部门代码、职员代码和销售数据都是例子。

Commerce Server　商用服务器　运行基于 Web 的程序的计算机，这些程序可显示产品、支持在线订单、记录和处理支付以及与库存管理应用程序的接口。

Communities　社区　社会媒体中，人们通过共同的兴趣爱好联系在一起。用户社区类似于蜂窝和部落。

Competitive Strategy　竞争战略　一个组织选择在它自身行业获得成功的策略。根据波特竞争战略原理，主要有 4 个基本的竞争战略：跨行业的成本领先、某一特定市场的成本领先、跨行业的产品差异化和某一特定分市场的产品差异化。

Component design phrase　软件设计阶段　是系统生命周期的第三个阶段。在软件设计阶段，开发人员需要确定软硬件设计、数据库(如果用到的话)、软件的设计步骤及软件的用户编写使用说明。

Computer-based Information System　基于计算机的信息系统　包含计算机的信息系统。

Connection data　关系数据　社会媒体中，关系数据是表示用户之间联系的数据。

Content data　内容数据　社会媒体中，用户和 SM 赞助商创建的数据和数据响应。

Cookie　信息记录　通过浏览器存储在用户计算机中的数据文件。Cookie 可以被用于鉴定用户身份、存储用户的购物信息、用户的偏好以及其他合法的目的。另外，有人利用 Cookie 的工作原理开发出了间谍软件。

Cooperation　协作　一组人一起工作，基本上都是做同一类型的工作，完成一项任务。

Cost Feasibility　成本可行性　开发的信息系统是否在预算之内。

Crowdsourcing　众包　组织使他们的客户参与产品设计和营销的过程。

Custom-developed Software　定制化开发软件　量体裁衣的软件。

Customer Life Cycle　客户生命周期　通过 CRM 系统管理的市场营销、客户获取、关系管理和客户流失/孵化的整个过程。

Customer Relationship Management(CRM)　客户关系管理　为吸引、销售、管理和支持客户的一系列业务流程。

Data acquisition 数据采集　对源数据进行获取、整理、组织、关联和编目的过程。

Data Administration　数据管理　包含了组织所有数据资产的功能，典型数据管理任务是设定数据标准、制定数据管理政策和提供数据安全保障。

Data Channel　数据通道　CPU 从主存读取指令和数据并把数据写入主存的装置。

Data flows　数据流　代表数据在活动间的流动。

Data Integrity　数据完整性　在一个数据库或者多个数据库的集合中，同一数据的取值保持一致的数据库状态。

Data Marts　数据集市　为了特定的业务功能，为报表生成和数据挖掘而准备、存储和管理的数据仓库的子集。

Data Mining　数据挖掘　为了分类和预测，找出数据间模式和关系的统计技术的应用程序。

Data safeguards　数据保障　通过对数据和数据库的管理，保护数据库和其他组织数据。

Data Warehouses　数据仓库　专门为报表生成和数据挖掘而准备、存储和管理数据的工具。

Database　数据库　一种集成记录的自描述集合。

Database Administration　数据库管理　包括数据库的开发、运行和维护等工作。典型的数据管理工作包括设定数据的记录格式、制定数据读写的规则以及维护数据安全的措施。在小型组织里，这个功能通常是由一个人完成，在大型组织中，往往需要指派几个人组成数据库管理办公室来完成数据管理工作。

Database Application　数据库应用程序　处理数据库的表单、报表、查询和应用程序。一个数据库可以被很多不同的数据库应用程序处理。

Database Application Systems　数据库应用系统　具有标准5元素的应用程序，使得数据库更加容易理解和好用。用户使用的数据库应用程序由表单、格式化的报表、查询和应用程序构成。这些中的每一个依次请求数据库管理系统去处理数据库表格。

Database Management Systems(DBMS)　数据库管理系统　创建、处理和管理数据库的程序。一个数据库管理系统是像操作系统一样需要得到许可才能使用的大型和复杂的程序。Microsoft Access 和 Oracle 是数据库管理系统产品。

Database tier　数据库层　在电子商务应用的三层架构中，数据库层由可以运行数据库管理系统的计算机组成，其中，数据库管理系统可以执行检索和保存数据的请求。

DB2　一个流行的、企业等级的 IBM 数据库产品。

Decision support system　决策支持系统　支持决策的 BI 系统。一些作者将 BI 系统定义为只提供决策支持，在这种情况下，他们将原来的长期决策支持系统等同于决策 BI 系统。

Defenders of belief　信念的捍卫者　分享共有的信念并且以此信念为中心建立自己的群体。他们追求一致性且试图用他们的信念使他人信服。

Denial of Service　拒绝服务　用户不能够存取信息系统的安全问题，由人的错误、物质灾难和恶意行动引起。

Department information system　部门信息系统　支持一个特定部门的工作组信息系统。

Desktop programs　桌面程序　在计算机上运行，而不必连接任何服务器的程序，例如 Word、Excel 和 Acrobat。

Desktop virtualization　桌面虚拟机(也称为客户端虚拟机)　将用户的桌面存储在远程服务器上的过程。通过桌面虚拟化，用户可以在不同客户端计算机上运行他们的桌面程序。

Discussion Forum　讨论论坛　一种异步通信的形式，在这样的形式中，一个小组成员张贴一个条目，其他小组成员跟着响应。群组通信相比电子邮件是一种较好的形式，因为它对于讨论来说更不容易出现偏差。

Distributed system　分布式系统　分布式系统中，应用程序的数据处理可以分散在多台计算机设备上。

Domain Name　域名　在域名系统(DNS)中注册的、人性化的有效名字。把一个名字变成 IP 地址的处理过程称作域名解析。

Drive-by Sniffers　窃听者　窃听者通常使用计算机连接未被保护的无线网络，进而尝试获得免费的网络权限或非法的数据。

Durability　数据的永久性　数据一旦存储在数据库上后就永远不会丢失，即使是在服务器出错的情况下。

Dynamic report　动态报告　在要求时间内进行更新的 BI 文档。

Dynamo Dynamo　数据库　由 Amazon 公司开发的非关系型数据库。

Effective business process　有效的业务流程　一个可以使组织完成其战略的流程。

Efficiency　效率　效益与成本的比率。

Elastic　弹性　这个词最早被 Amazon 公司使用，它是指在短时间内，租用的资源数量能够以程序化的、动态的方式变化，而且公司只为他们使用的资源付费。

Email　电子邮件　一种异步通信的形式，参与者以电子方式发送评论或附件。作为组群通信的一种形式，它可以不是有组织的，接收方的计算机不一定是连接的，而且容易被屏蔽。

Email Spoofing　电子邮件欺骗　网络诈骗的同义词，指通过电子邮件获取未授权数据的一种技术。网络诈骗者假装以合法公司的名义发送电子邮件以获取可信数据，例如账号、社会保障号码和账号密码等。网络诈骗者在合法公司的伪装下通过他们的网站进行交易。

Encryption　加密　为了安全存储或通信，将明文转换成已编码的、不清晰信息的一种处理过程。

Encryption Algorithms　加密算法　为了安全存储或通信，用于将明文转换成已编码的、不清晰信息的算法。通常用的方法有 DES、3DES 和 AES。

Enterprise 2.0　企业 2.0　企业 2.0 软件是促进组织内部员工合作的社会媒体应用。

Enterprise Application Integration(EAI)　企业应用程序集成　由连接应用程序和数据的多层软件对现有系统的集成。

Enterprise DBMS　企业数据库管理系统　处理大型组织或工作组数据库的产品。这些产品支持多用户操作，甚至各种各样不同的数据库应用程序。这样的数据库产品支持全天候操作，能管理跨跃多种不同的磁盘，这些磁盘内有上百种甚至更多的千兆字节。IBM 公司的 DB2、Microsoft 公司的 Server 和 Oracle 公司的 Oracle 都是企业数据库产品的例子。

Enterprise information system　企业信息系统　应用于整个企业并辅助多个部门工作的信息系统。

Enterprise Resource Planning(ERP) Applications　企业资源计划应用程序　一种应用程序，将基本价值链活动与人力资源和会计集成在一起，并且比 CRM 有更多的集成性。

Ethernet　以太网　IEEE 802.3 协议的另一个名称。以太网是一种运行在 TCP/IP-OSI 结构中第 1 层和第 2 层的网络协议。以太网，当今最流行的局域网(LAN)协议，同样用在广域网(WAN)中使用。

Exabyte　艾百特　10^{18}字节。

Experimentation　实践　对每一个机会做出认真合理的分析，展望预期的产品、解决方案或技术的应用，然后去实现那些看似最有前景、与拥有资源一致的想法。

Fields　字段　通常也称为栏，在数据库表中由字节组成的组。一个数据库表有多个栏，这些用来表示实体的属性。部门代码、职工姓名和销售日期都是字段的例子。

File　文件　相似行或记录的一个组。在数据库中，有时也称为一个表。

File Server　文件服务器　存储文件的计算机。

Firewall　防火墙　设在一个公司内部网络和外部网络间去阻止与内部网络之间未授权存取的计算机设置。防火墙可以是专门的计算机，或安装在通用计算机或路由器上的计算机程序。

Firmware　固件　安装在打印机、打印服务器和多种通信类型设备上的计算机软件。虽然这些软件的编码如同其他的软件，但是它安装在打印机或者其他设备上的专门的、可编程的存储器中。

Five-component Framework　五要素模型　信息系统的 5 个基础组成部分——计算机硬件、计算机软件、数据、程序和人。从最简单的到最复杂的信息系统，在每一个信息系统中都包括这 5 个部分。

Five Force Model　五力竞争模型　迈克尔·波特提出的一种具有工业特征的模型。通过五种竞争力量可以获利——供应商讨价还价的能力、替代品的威胁、顾客讨价还价的能力、行业内的竞争和新加入者的威胁。

Folksonomy　大众分类法　在处理大量用户标签的过程中呈现的内容结构

Foreign Keys　外键　表中一列或多个列的组合，用于表示关系。外键的值与一个不同的(外部的)表中的主键值相匹配。

Form　表单　用于读出、插入、修改和删除数据库中数据的数据表。

FTP(File Transfer Protocol)　文件传输协议　从一台计算机到另一台计算机复制文件所用的一个 5 层协议。在国际化组织事务处理过程中，FTP 能够易于让用户交换大型文件。

Functional information system　功能信息系统　辅助一个特定业务功能的工作组信息系统。

Gigabyte(GB)　十亿字节　1024 兆字节。

GNU　GNU 计划　为创建和管理开放源代码软件的一组工具。最初是用来建立与 UNIX 相类似的开源操作系统。

GNU General Public License(GPL) Agreement　GNU 通用公共许可证(GPL)协议　公开源代码软件的一种标准许可协议。

Google Drive　Google Drive 是一个用来共享文件和电子数据的版本管理系统。用户的文件存储在 Google 公司的服务器上，用户可以在 Google Drive 上修改文件。Google Drive 因内置 Google Docs 而被熟知。

Granularity　粒度　数据的细节程度。客户姓名与账户结余是大粒度的数据。客户订单中的姓名、财户信息和付款信息是小粒度的数据。

Green Computing 绿色计算 考虑环境方面的有目的的计算，由3个主要部分组成：电源管理、虚拟化和电子垃圾管理。

Hacking 黑客活动 获得未授权的权限去操作一个计算机系统发生的行为。尽管有些人入侵是为了纯粹的乐趣而做的，但是其他的黑客入侵系统是为了恶意的目的，要么是偷窃数据，要么是修改数据。

Hadoop 分布式计算 由Apache基金会提供支持的开源程序，其管理着数千台计算机，也是执行映射阶段的程序。

Hardware 硬件 根据在计算机程序和软件中的指令进行输入、处理、输出、存储和通信数据的电子元件。

Hives 社区 社区是社交网络中，有相同兴趣爱好的人聚集的地方。

Horizontal-market Application 横向市场应用软件 提供给所有组织和结构使用的软件。比如，文字处理器、图形程序、电子表格和演示程序。

Host operating system 主机操作系统 在虚拟机中，支撑虚拟操作系统运行的操作系统。

Herf 超文本引用 HTML标签的一个属性，用于标识超链接的URL。

HTML(Hypertext Markup Language) 超文本标记语言 定义结构和网页布局内容的语言，一个HTML标记是为显示或其他用途来定义的符号。

HTTP (Hypertext Transfer Protocol) 超文本传输协议 用来处理网页的5层协议。

HTTPS 安全超文本传输协议 浏览器通过SSL/TSL协议保证通信安全。

Human capital 人力资本 为获取未来收益对知识和技能的投资。

Human safeguards 人员保障 人员保障是指合法的用户依照合适的程序来使用和恢复系统。

Hyperlinks 超链接 链接到其他网页的指针。超链接中包含在用户点击时所要寻找的网页的URL，而且URL可以与产生超链接的网页在同一个服务器内，也可以在其他的服务器内。

Hyper-social organization 超社会组织 超社会组织在使用社会媒体的过程中将与客户、员工和合作伙伴之间的互动转化为令人满意的双向联系。

ICANN(Internet Corporation for Assigned Names and Numbers) 互联网名称与数字地址分配机构 一个公共机构，负责为组织的域名分配IP地址。

Identification 识别 信息系统通过要求用户注册一个用户名和密码来识别用户的过程。

IEEE 802.3 Protocol IEEE 802.3 协议 又叫以太网，是一个在TCP/IP-OSI架构内的第1层和第2层运行的网络协议。以太网，当今最流行的局域网(LAN)协议，同样用在广域网(WAN)中使用。

IEEE802.11 Protocol IEEE 802.11 协议 一个当今广泛应用的无线通信标准，几百英尺范围内的用户都能接入。这个标准最受欢迎的版本是IEEE 802.11g，它能使无线传输最高达到每秒54兆字节的速度。

Implementation phrase 实施阶段 系统生命周期的第四个阶段，开发人员在这个阶段完成软件的开发和整合，对系统进行测试并交付企业使用。

Information 信息 (1)来源于数据的知识，而数据是记录的事实或数字；(2)在有意义的环境中的数据；(3)经汇总、排序、平均、分组、比较或其他类似处理后的数据；(4)制造差异的差别。

Information Silos 信息孤岛 工作上彼此隔离，各自能够自动运行的现象。

Information System(IS) 信息系统 相互作用并产生信息的一组元件。

Information Technology(IT) 信息技术 用于产生信息的产品、方法、发明和标准。

Infrastructure as a service (IaaS) 设备即服务 云托管裸机或磁盘驱动器。

Inherent Processes 内在流程 为有效使用许可软件而必须遵守的程序。比如，固化在MRP系统中的流程要求用户按特定的顺序完成指定的任务。在大多数情况下，组织必须遵守软件中的固有流程。

Input Hardware 输入硬件 附加到计算机的硬件设备，包括键盘、鼠标、文件扫描仪和条形码(通用产品代码)扫描仪等。

Inter-enterprise information system 跨企业信息系统 应用于两个或两个以上独立企业的信息系统。

Internal Firewalls 内部防火墙 位于组织内部网络的防火墙。

Internet 因特网 用小写i时，如internet，表示一个网络中的专用网络。用大写I时，如Internet，则表示因特网上的公共互联网。

Internet protocols and standards 互联网协议与标准 互联网协议与标准被增加到TCP/IP，使云托管供应商能够提供灵活的、而非标准化的处理方式。

Internet Service Provider(ISP) **网络服务提供商** 网络服务提供商向用户提供互联网接入业务和合法的网络地址。它是用户连接互联网世界的门户，并使得用户和互联网之间传递信息。网络服务提供商向用户收取费用，然后代替他们支付接入费用和其他业务费用。

Inter-enterprise process **跨企业流程** 不仅跨越部门边界，而且跨越企业边界的业务流程。这些企业的老板可能不是同一个人。

Intranet **企业内联网** 仅用于公司内部的私有网络。

Intrusion detection system(IDS) **入侵检测系统** 一组计算机程序，它可以感知到当另一台计算机尝试去扫描磁盘或者以其他方式访问计算机时的动态。

iOS **苹果移动设备操作系统** 应用在 iPhone、iPod Touch 和 iPad 上的操作系统。

IP(Internet Protocol) **互联网协议** TCP/IP 协议中的网络层协议。IP 的主要功能是在任何互联网中为数据包分配路径。

IP Address **IP 地址** 由一系列点号和数字组成，如 192.168.2.28，用于确定内部网络或互联网上唯一的设备。对于 IPv4 标准，IP 地址有 32 位；对于 IPv6 标准，IP 地址有 128 位。现在，IPv4 标准的使用更加广泛，但将来很有可能被 IPv6 标准代替。在 IPv4 标准里，点之间的各个数不会超过 255。

IP Spoofing **IP 欺骗** 入侵者使用另一个网站的 IP 地址冒充自己的 IP 地址进行欺骗的行为。

IPv4 使用最广泛的互联网际协议。

IPv6 能提供更多 IP 地址和其他好处的互联网层协议。

Key **关键字/密钥** (1)用来区分数据表格中唯一行的一个列或几个列的组合。(2)用作加密数据的一个数字。加密算法把密钥应用于原始消息以产生密文。消息的解码(解密)过程是类似的，把密钥应用到密文来恢复原始文本。

Keyescrow **密钥托管** 一种控制程序，受信任方可获得用于加密数据密钥的副本。

Kilobyte(K) **千字节** 1024 字节。

LAN device **局域网设备** 包括交换机、路由器和 DHCP 服务器等重要的网络连接设备。

Library **图书馆** 在版本控制协作系统中，通过一定的权限可以获得多种文档的一个共享目录。

License **许可证** 约定如何使用一个程序的协议。许多许可证指定能够安装该程序的计算机数目，有些则指定能够远程连接该程序的用户数目。这种许可证也对软件供应商对以后软件出现的错误进行了责任规定。

Linkages **联系** 横跨价值链的流程交互作用的过程。联系是效率的重要来源，并以信息系统作为支持。

Linux 一种由开源社区开发的 UNIX 的一个版本。开源社区拥有 Linux 的所有权，Linux 的使用是免费的。对网络服务器来说，Linux 是一个流行的操作系统。

Local Area Network(LAN) **局域网** 单一地理空间内，供一个企业使用的所有计算机连接成的计算机网络，连网的计算机数量从两台到几百台不等。

Lost-update Problem **丢失更新问题** 在多用户数据库处理中的问题。当两个或两个以上用户都对数据修改时，数据库并没有完成所有的修改，因为并没有设计用来处理来自多个用户的修改。

Mac OS **苹果操作系统** 一个由苹果公司为 Macintosh 计算机开发的操作系统，目前的版本是 Mac OS X。Macintosh 计算机主要是由绘图艺术家和艺术类社团的工作者使用。Mac OS 是为 Power PC 开发的，但从 2006 年以来，也在英特尔处理器上运行。

Machine Code **机器码** 将源代码编译后产生的代码，由计算机进行处理。

Main Memory **主存** 一组元件集，其中每个单元占有一个字节的数据或指令，每个单元有一个地址，CPU 使用地址来识别特定的数据项。

Maintenance phrase **维护阶段** 系统生命周期中的一个阶段，开发人员在这一阶段的工作是：(1)对信息系统运行过程中出现的错误进行修正，保证信息系统能够实现最初预想的功能；(2)根据软件需求的改变修正信息系统。

Malware **恶意软件** 病毒、蠕虫、特洛伊木马程序、间谍软件和广告软件。

Malware Definitions **恶意软件的定义** 存在于恶意软件代码中的模式。杀毒软件提供商不断更新这些定义，并将其纳入自己的产品，以便更好地来对付恶意软件。

Management Information System(MIS)　**管理信息系统**　一个可以帮助企业实现其目标和计划的信息系统。

Managerial Decision　**管理决策**　关注资源配置和使用的一项决策。

MapReduce　借用多台计算机并行处理数据的技术。分为两个阶段，第一阶段是映射阶段，基本原理是将大数据的收集分成若干段，在多台计算机上处理数据；第二阶段是归纳阶段，将多台计算机上分散的结果合并，形成最终的计算结果。

Margin　**利润**　业务流程中的产值和成本两者的差。

Megabyte(MB)　**兆字节**　1024 千字节。

Memory Swapping　**内存交换**　程序和数据进入和退出主存的过程。如果计算机工作时内存不足，这种交换会降低系统的运行。

Metadata　**元数据**　描述数据的数据。

Metro-style applications　**Metro 风格应用程序**　专为触摸屏幕设计的应用程序，并提供相关的弹出式菜单，同时也可以用鼠标和键盘来操作。

Microsoft Windows　**Windows 操作系统**　最流行的非移动客户端操作系统。Windows Server 是一种流行的服务器操作系统，它的竞争对手是 Linux。

Moore's　Law **摩尔定律**　由戈登摩尔创立的一个定律，表示集成芯片上每平方英寸的晶体管数目每隔 18 个月便会增加一倍。摩尔定律的准确性在他开始预测之后的 40 年里得到了证明。有时这个定律表明，每 18 个月计算机的性能会提高一倍。虽然不是绝对正确，但是这个观点给出了该思想的宗旨。

Multi-user Processing　**多用户处理**　多个用户同时处理一个数据库。

MySQL　一个流行的开源数据库管理系统产品，对大多应用程序是免费的。

Narrowband　**窄带**　传输速度为小于等于每秒 56 千字节的网络通信线路。拨号调制解调器提供窄频带访问。

Network　**网络**　在传输线上互相通信的计算机的集合。

Network Interface Card (NIC)　**网络接口卡**　网络上每一个设备(计算机、打印机等)的一个硬件部件，将设备线路连接到通信线上。NIC 与每个设备的程序共同作用来实施 TCP/IP-OSI 的混合协议的层次 1 和层次 2。

Nonvolatile (Memory)　**永久性(存储器)**　即使断电后仍保存数据内容的存储器(如磁盘和光盘)。有了这样的设备，关闭计算机后再打开时，其内容不会变。

NoSQL DBMS　**非关系型数据库管理系统**　数据库管理软件，具有以下特点：支持高事务率数据处理、处理相对简单的数据结构、可以将服务器上的数据复制到云端数据库等。使用 NotRealational DBMS 表示非关系型数据库管理系统更准确。

Off-the-shelf Software　**现成的软件**　不用做任何改变就可以使用的软件。

Off-the-shelf with Alternations Software　**带备选方案的现成软件**　购买现有的但是要修改来适应组织的具体需求的软件。

Office web app　**办公室网络应用程序**　SkyDrive 服务中免费的网络版 Word、Excel、Power Point 和 OneNote 应用程序。

Onboard NIC　**主板网络接口卡**　内置的网络接口卡。

One-of-kind Application　**单一应用程序**　针对特定的、唯一的需求开发的软件，通常用于专门公司的运营。

Operating System(OS)　**操作系统**　控制计算机资源的计算机程序，它管理主存的内容、处理击键和鼠标移动、向显示器发送信号、读写磁盘文件和控制其他程序的处理过程。

Operational Decision　**业务决策**　关于组织内日常活动的决策。

Optical fiber Cable　**光纤电缆**　用来连接局域网中的计算机、打印机、开关和其他设备的一种电缆线。在这样的线内信号是光导传输，在光纤电缆中的玻璃芯内反射。玻璃芯是用镀层围绕着，用来承载光信号，而镀层又被外层包起，从而受到保护。

Oracle Database　**Oracle 数据库**　Oracle 公司的一个流行的企业级数据库管理系统。

Organizational Feasibility　**组织可行性**　一个信息系统是否适合组织的客户、文化或者法律的需求。

Output Hardware　**输出硬件**　显示计算机处理结果的硬件。由录像显示器、打印机、音响喇叭、投影仪和其他有特殊用途的设备，如大型平板绘图仪等组成。

Outsourcing　外包　雇用其他组织来提供服务的过程。外包是为了节省成本、获得经验和节省管理时间。

Packet　数据包　一小块的电子信息，是由大块的信息分解得来的，它们被分开发送并在目的地重新集成。

Packet analyzer　数据分析器　通过分析器程序阅读、记录和显示在附近电波范围内的所有无线传输数据包。

Packet sniffer　数据监听器　通过监听器程序阅读、记录和显示在附近电波范围内的所有无线传输数据包。

Packet-filtering Firewall　数据包过滤防火墙　检查每个数据包并决定是否让数据包通过的防火墙。为做出这个决定，它检查来源的地址、目的地地址和其他的数据。

Parallel Installation　并行安装　新系统和旧系统暂时并行运行的一种系统转换方式。并行安装费用是昂贵的，因为组织需要支付运行两个系统的费用。

Patch　补丁　一组修复高度优先缺陷的程序，应用于现有的某一特定产品。软件供应商用补丁来解决软件的安全和其他关键问题。

Payload　有效负荷　病毒的程序代码，会造成不必要的或有害的行为，如删除程序或者数据，或者更糟糕的是，在用户没察觉时修改数据。

PC virtualization　单机虚拟机　桌面虚拟机的同义词。

Perimeter firewall　边界防火墙　位于组织网络外部的防火墙。它是网络通信遇到的第一个装置。

Personal DBMS　个人数据库管理系统　为小型简单的数据库应用设计的数据库管理系统产品。这样的产品是用于个人的，或者包含小于100个用户的工作群体，正常是小于15个用户。Microsoft Access是当前唯一突出的个人数据库管理系统。

Personal Indemnification Number(PIN)　个人身份识别号码　身份识别的一种形式，用户提供只有其本人知道的一个数字。

Personal information system　个人信息系统　适用于个体用户的信息系统。

Petabyte　拍字节　10^{15}个字节。

Phased Installation　分期安装　新系统在组织内分段安装的一种系统转换方式。一旦一段安装完成，组织就开始安装和测试系统的另一阶段，直到整个系统安装完成。

Phisher　网络钓鱼者　欺骗合法公司来非法获取他人的个人信息、信用卡账户、邮箱账户和驾驶执照编号等信息的个人和组织。

Phishing　网络钓鱼　通过邮件用托词获得未授权数据的技术。非法者伪装成合法的公司，并发送邮件要求获得机密数据，例如账号、社会保险号码、账户密码等。

Pig　基于Hadoop平台的查询语言。

Pilot Installation　试点安装　系统转换的一种方式，即组织只在一部分业务内启动新的系统。试点安装的优点是：如果系统失败，失败只涉及有限的范围内。这样可以减少企业的风险，也可以防止新系统在整个组织内产生负面影响。

PixelSense　Microsoft公司开发出的一种基于视觉交互的技术，曾用名为Surface。使人们能够在显示器表面进行数据的交互。主要用在酒店和娱乐场所。

Platform as a service (PaaS)　平台即服务　云托管的一种，由供应商提供主机、操作系统和数据库管理系统。

Plunge Installation　立即安装　系统转换的一种方式，即组织关闭旧的系统，启动新的系统。如果新系统失败，组织就会陷入困境：在新系统修复或者旧系统重新安装之前，什么都不能做。因为这个风险，组织尽可能避免使用这种转换类型。这种安装有时又称为直接安装(direct installation)。

Pooled　汇聚　不同的组织使用相同的物理硬件。

Power　能力　用户从软件产品中得到的收益的效用。

Power curve　产品能力曲线图　产品能力曲线图显示的是使用该产品的时间作为函数的能力关系(从软件产品中得到的收益的效用)。

Pretexting　假托　某人伪装是其他人获得未授权信息的技术。一个常见的骗局是，打电话的人假装是来自信用卡公司，并声称检查信用卡号码的有效期。网络钓鱼也是一个假托的形式。

Primary Activities　主要活动　波特价值模型中，创造价值的基本活动——内部物流、生产制造、外部物流、销售/市场营销和服务。

Primary key　主关键字　用于唯一标识表中一行数据的一个或多个字段。

Private cloud　私有云　能够通过网络服务标准进行传输和动态配置的内部托管。

Private IP Address　私有 IP 地址　私人网络和内联网所用的一类 IP 地址。私人 IP 地址由运营私人网络和内联网的企业分配和管理。

Product Quality Assurance（PQA）　产品质量保证　一个系统的测试。PQA 人员通常在用户的建议和帮助下制订一个测试计划。PQA 工程师执行测试，他同样监督用户的测试活动。很多 PQA 专业人员是那些编写自动测试程序的程序员。

Project data　项目数据　合作工作的产品的一部分。

Project metadata　项目元数据　于管理项目的数据，如时间进度表、任务、预算和其他管理的数据等。

Protected data　受保护的数据　在招聘过程中不允许以候选人的下列信息作为决策的标准：性别、种族、区域、性取向和是否残疾。

Protocol　协议　协调两个或更多实体活动间活动的一种标准化的方式。

Public IP Address　公共 IP 地址　在互联网中使用的一种 IP 地址。这样的 IP 地址通过互联网名称与数字地址分配机构（ICANN）整批指派给大型机构。在因特网上的所有计算机的每个 IP 地址是唯一的。

Public Key/Privacy Key　公钥/私钥　在因特网上很流行的非对称加密技术。用这种方法，每个网站为编码信息提供一个公共钥匙和为解码信息提供一个私人钥匙。

Publish results　发布结果　将商务智能交付给需要的知识工作者的过程。

Pull publishing　推动出版　是在用户没有任何需求的情况下将商务智能交付给用户。

Push publishing　拉动出版　要求用户对 BI 结果有一定的需求。发布媒介包括打印、通过 Web 服务器进行在线内容传送，如报表服务器等专业的服务器，以及通过自动化传送到其他程序。

Quad Processor　四核处理器　带有四个 CPU 处理器的计算机。

Query　查询　来自数据库的数据查询。

RAM　随机存储器　代表 Random Access Memory，它是由保存数据或指令单元构成的主存储器。每个单元都有自己的地址，CPU 用它来读取和写入数据。存储器可以按任意地址读或写，因此它是随机存取的。大部分 RAM 在计算机关闭后其中的信息会消失。

Record　记录　在数据表中也称一行，所有栏组成的一组。

Regression Analysis　回归分析　一种有监督的数据挖掘，用线性方程式去估计参数值。用于判定结果变量的相互影响关系，也用于预测那些结果的未来值。

Relation　关系　数据库表更正式的名称。

Relational Database　关系型据库　用表格的形式存储数据的数据库，用外键来代表关系。

Report　报表　以具有结构化的或有意义内容的方式来表示数据。

Reporting analysis　报表分析　排序、分组、求和、筛选和对结构化数据进行格式化。

Repository　资源库　存储在业务流程中的数据的集合。

Requirement analysis phase　需求分析阶段　系统生命周期的第二个阶段，开发人员在这一阶段需要完成对用户的访谈、现有信息系统的评估、数据模型的构建、新系统特点和功能的确定并考虑系统的安全性问题。

Role　角色　一个业务流程中一些活动的子集。

Router　路由器　负责网络传输的专门的计算机。

Rows　行　在数据库表中也称作记录，列的一组集合。

Safeguard　保障措施　减少系统漏洞威胁的任何行动、设备、过程、技术或者是其他手段。

Schedule Feasibility　时间可行性　一个信息系统可否按照需要的时间表去开发。

Screen-sharing applications　屏幕共享应用程序　使用户能够查看相同的白板、应用程序或其他显示程序。

Secure Socket Layer（SSL）　安全套接层协议　使用对称和非对称加密的一种协议。SSL 一个协议层，它运行在 TCP-OSI 协议结构的第 4 层（传送层）和第 5 层（应用层）。当 SSL 在使用时，浏览器地址将以 http://作为开始，SSI 的最新版本是 TLS。

Seekers of the truth　真理的追寻者　在社会媒体中，有共同的求知、解决问题或者创造新事物欲望的人。

Self-efficacy　自我效能　指人对自己是否能够成功地进行某一成就行为的主观判断。

Semantic Security　语义安全　指由于披露与保密信息有关的、独立的非保密信息而导致的保密信息的泄露。

Sequence flows 顺序流 BPMN 图中的实线箭头，表示业务流程中各活动发生的顺序。

Serverfarm 服务器群 大量的服务器计算机的集合，用以协调各服务器的活动，通常用作商业用途。

Server tier 服务器层 在电子商务应用的三层架构中，服务器层由网络服务器组成。网络服务器可以根据浏览器的请求生成动态网页和数据。网络服务器上还可以运行程序。

Server virtualization 服务器虚拟化 一台服务器计算机可控制一台或多台其他服务器计算机。

Servers 服务器 能提供某种服务的计算机，比如数据库服务、运行博客、发布网站和购物。服务器比客户机运行速度更快、容量更大、计算能力更强。

Service Pack 打包服务 解决低优先级软件问题的一个修复包。用户使用打包服务的方式与他们应用补丁程序的方式大致相同，只是打包服务包含成千上万个问题的修复程序。

Site License 站点许可证 组织购买的用某一软件安装在一个网站所有计算机上的一种许可证。

SLATES 以下几个词语的缩写：Search、links、Authoring、Tags、Extensions 和 Singles。

Small home/home office(SOHO) 少于 10 名员工的小办公室，一般是在职业经理人的家中。

Smart Card 智能卡 一个具有微型芯片的类似信用卡的塑料卡片。这个微型芯片比磁条包含更多的数据，且装载着确认身份的数据，通常使用时需要密码。

SMTP(Simple Mail Transfer Protocol) 简单邮件传输协议 用于发送邮件的 5 层协议。一般用在与其他协议(比如 POP3，IMAP)连接来接受邮件的情况下。

Sniffing 窃听 一种拦截计算机通信的技术。在有线网络中，窃听需要一个网络的物理连接。在无线网络中，不需要这样的连接。

Social capital 社会资本 市场中基于预期回报的社会关系投资。

Social CRM 社会化客户关系管理 动态的、基于社会媒体的客户关系管理过程。

Social media(SM) 社会媒体 利用信息技术实现网络中用户内容共享的媒体。

Social media application providers 社会媒体应用供应商 运营社会媒体网站的公司。例如 Facebook、Twitter、LinkedIn 和 Google 等公司。

Social media information system(SMIS) 社会媒体信息系统 实现网络中用户内容共享的信息系统。

Social media policy 社会媒体政策 用来描述员工权利和义务的规定。

Social media sponsors 社会媒体赞助商 赞助一个或多个社会媒体网站的公司或组织。

Software as a service(SaaS) 软件即服务 (1)公司(例如 Google，Amazon，eBay)提供基于它们软件的免费许可服务的商业模式，而不是以产品形式提供软件(通过软件的使用许可证方式)。Web 2.0 就是这样的一个例子。(2)公司(例如 Microsoft、Oracle)提供基于他们软件的已付费服务的商业模式。用户不必在他们的计算机上安装软件，而是付一定的费用去使用安装在供应商服务器的软件，就是在云中的某个位置。

Source Code 源代码 是程序编写者写出的计算机代码，可被人理解。源代码在它能被 CPU 处理前必须转换成机器码。

Spoofing 欺骗 某个人假装是另外一个人，企图获取未被授权的数据。要是你假装成为你的老师，你就是在欺骗你的老师。

Spyware 间谍软件 在用户不知道或没有授权的情况下安装在用户计算机后台上的一些程序，这些程序对于用户来说是不知道的。它监视用户的活动和输入，修改计算机的活动，并把用户的活动报告给发起的组织。恶意的间谍软件捕获用户的击键以获得用户的名字、密码、金融账号和其他敏感信息。其他的间谍软件用于市场分析、监视用户的所做作为、所访问的网站和已考察或已购买的产品等。

SQL injection attack SQL 注射攻击 SQL 注射攻击一般在以下场景发生：用户在本应输入用户名或其他数据的表单中输入了 SQL 语句。

SQL Server SQL 服务器 Microsoft 公司开发的流行的企业级数据库管理系统产品。

Static reports 静态报告 创建后不再发生变化的 BI 文档。

Steering Committee 指导委员会 由来自企业主要职能部门的高级主管组成的委员会，它与 CIO 一起确定信息系统的优先权，并就信息系统中的主要项目做出决定。

Storage Hardware 存储硬件 存储数据和程序的硬件，磁盘是目前最常用的存储装置，然而光盘，如 CD 和 DVD 等，同样也很流行。

Strategic Decision **战略决策** 涉及较大范围的、组织层面问题的决策。

Strength of a relationship **关系强度** 在一个关系网中，一个实体(人或组织)为其他实体做出贡献的可能性。

Strong Password **强密码** 具有以下特征的密码：7 个或 7 个以上的字符；不含用户的用户名、真实的名字、公司的名字；不含任何语言中一个完整的字典中的字；与用户以前用的密码不相同；含有大写和小写字母、数字和特殊的字符。

Structured Data **结构化数据** 指的是关系数据库中的表，也指电子表格数据。

Structured Decision 结构化的决策 一种决策类型，已经存在标准的和可以接受的决策的方式。

Structured Query Language (SQL) **结构化查询语言** 处理数据库数据的一种国际标准化语言。

Subscriptions **用户订阅** 用户对特定时间表中的 BI 结果或特定事件响应结果的需求。

Supervised data mining **无监督的数据挖掘** 数据挖掘人员在分析之前提出一个假设，并运用统计技术分析数据来估计出模型中的参数值。

Support Activities **辅助活动** 在波特价值链模型中，对创造价值有直接贡献的活动——采购、技术、人力资源和公司的基础设施。

Surface(1)2012 年之前，Microsoft 公司研发出一种基于视觉的交互技术，叫作 Surface，后改名为 PixelSense。2)2012 年之后，成为 Microsoft 公司平板计算机设备的名称。

Swimlane format **泳道格式** 一种描述业务的流程图。每个角色都被划分在水平的矩形中。泳道格式可以简化业务流程图，突出角色之间的联系。

Switch **交换机** 通过网络接受和传送数据的一种专门的计算机。

Switching Costs **转换成本** 通过制造差异化或转换到其他产品或供应商的昂贵费用来锁定客户的商业战略。

Symbian **塞班操作系统** 一种主要的移动设备操作系统。塞班操作系统在欧洲和远东非常流行，但在北美比较少见。

Symmetric Encryption **对称加密** 加密和解密使用同样的密钥的加密方法。

Synchronous Communication **同步通信** 一个工作团队的成员在同一时间面对面时发生的信息交换，例如面对面会议或者电话会议。

System **系统** 一组相互作用以达到某种目的的元件。

Systems conversion **系统转换** 将业务活动从旧系统转换到新系统的过程。

System definition phrase **系统定义阶段** 系统生命周期的第一个阶段，系统最终用户将帮助开发人员在这个阶段完成系统目标和范围的定义、可行性评估、团队的构建和整个工程实施的计划。

System sanalysis and design **系统分析和设计** 创建和维护信息系统的过程，有时称为系统开发。

Systems analysts **系统分析员** 是既懂得技术又懂得管理的 IT 专家，他们贯穿于整个系统的开发过程，并在推动系统开发过程中扮演着重要角色。系统分析员整合了程序员、测试员以及用户的工作。

Systems Development **系统开发** 创建和维护信息系统的过程，有时称为系统分析和设计。

Systems Development Life Cycle (SDLC) **系统开发生命周期** 用于开发信息系统的标准过程。这些系统开发的基本任务组合为下列几个阶段：系统定义、需求分析、组件设计、实施和系统维护(修复或者提高)。

Systems Thinking **系统思维** 设计一个系统元件的一个或多个模型，然后将这些元素中的投入和产出联系起来组成一个合理的整体模型，这个模型可以解释观察到的现象。

Table **表** 也称为文件，数据库里的一组相类似的行或者记录。

Tag **标记** 在标记语言如 HTML 和 XML 里，为了显示或其他用途定义一个数据元素的注释。

Target **威胁目标** 安全威胁的对象资产。

Task list **任务列表** 在 SharePoint 软件中，任务列表的内容包括：任务名称、任务表述、任务分配、应完成时间、状态、前置任务和其他任务信息。

TCP **传输控制协议** TCP/IP 协议架构中最流行的 4 层架构。作为传输协议，TCP 程序有很多功能。其中一个功能是将信息分成很多份，称为片段，然后保证这些片段到达目的地。

TCP/IP protocol architecture 传输控制层/网络协议体系架构 TCP/IP 架构由物理层、数据链路层、网络层、传输层和应用层上的各类协议构成，广泛应用于互联网中。

Team Survey　团队调查　一个异步交流的形式，一个团队成员创建一个问题列表，其他的团队成员进行响应。Microsoft 公司的 SharedPoint 软件具有内置调查的能力。

Technical Feasibility　**技术可行性**　已有的信息技术是否可以满足新信息系统的需求。

Technical Safeguard　**技术保障**　包括对一个信息系统的硬件和软件的防护。

Terabyte　**太字节**　1024GB。

Test Plan　**测试计划**　使用新系统时，用户将执行的一组序列活动。

The Internet　**因特网**　在全世界范围内公开使用的互联网。

Thick Client application　**胖客户端应用程序**　需要程序而不只是用户计算机上的浏览器的软件应用程序，这就需要客户端计算机和服务器都装有程序代码。

Thin Clientapplication　**瘦客户端应用程序**　只需要一个浏览器的软件应用程序，只在用户计算机上运行。

Threat　**威胁**　个人或组织非法获取数据或其他财产，一般未得到所有者的允许。

Three-tier Architecture　**三层架构**　应用于大多数电子商务服务应用程序的体系结构。用户层(user tier)由具有浏览器的计算机组成，这些浏览器可以请求访问和运行网页。服务器层(server tier)由运行 Web 服务器程序的计算机组成，根据来自浏览器的请求生成网页和其他数据。第三层是数据库层(Database Tier)，运行处理数据库的数据库管理系统

Transport Layer Security (TLS)　**安全传输层协议**　既使用不对称也使用对称加密的一个协议，作用于 TCP/IP-OSI 体系结构的第四层(传输层)和第五层(应用层)之间。TLS 是 SSL 最新版的新名词。

Tribes　**部落**　社会媒体中，一群人因为共同的兴趣聚在一起，类似于社区和蜂窝。

Trojan Horse **木马病毒**　伪装成有用程序或者文件的病毒。典型的木马病毒出现在计算机游戏、MP3 音乐文件或者其他有用的、无害的程序中。

Tunnel　**通道**　一个在公用共享网上通过 VPN 的客户端到服务器之间的虚拟专用通道。

Universal Serial Bus (USB)　**通用串行总线**　用于连接计算机和外部设备，比如打印机、扫描仪、键盘和鼠标等。

UNIX 20 世纪 70 年代，贝尔实验室开发的操作系统。它成为了以后科学和工程团队的强大的计算工具。

Unshielded Twisted Pair (UTP) Cable　**非屏蔽双绞线电缆**　用于在一个局域网连接计算机、打印机、交换机和其他装置的一种电缆线。UTP 线有 4 对双绞线，一种称作 RJ-45 的连接器用在 TUP 电缆和局域网的装置上的 NIC 之间。

Unstructured Decision　**非结构化的决策**　指没有统一的制定方法的决策。

Unsupervised Data Mining　**无监督的数据挖掘**　在运行分析前，分析人员不建立模型或者假设时的一种数据挖掘技术。他们直接对数据应用数据挖掘技术并观察结果。使用这种方法，分析人员在分析和解释所发现的模式后再建立假设。

URL(Uniform Resource Locator)　**统一资源定位器**　文件的网络地址。URL 以顶层域名开始，跟着是文件在该域名中的位置。

User-generated content(UGG)　**用户原创内容**　在 Web 2.0 时代，有用户创造的数据和信息叫作用户原创内容。例如产品等级、产品解决方案、产品设计和市场数据。

User Tier　**用户层**　在三层体系结构中，由请求和处理网页的浏览器的计算机所构成的那一层。

Usurpation　**篡夺**　指非法程序入侵计算机系统，并取代合法的程序。这类非法程序通常会关闭合法程序，取而代之的是它们自己的处理过程。

Value　**价值**　根据波特的价值链理论，一个客户愿意为一个资源、产品或者服务所支付的金钱的数量。

Value Chain　**价值链**　价值创造的活动组成的网络。

Value of social capital　**社会资本价值**　由社交网络的关系量、关系的密切程度以及相关联系掌握的资源所决定。

Version Control　**版本控制**　对控制文挡、设计和其他产品电子版存取的软件的使用。

Version Management　**版本管理**　跟踪为了适应当前的工作而在特征和功能方面发生的变化，版本管理的手段依据使用的专门版本管理系统。Wikis, Google Docs&spreadsheets 和 Microsoft Groove 是这样的 3 个系统。

Vertical-market Application **垂直市场应用程序** 可以满足特定行业需求的软件。例如，牙医办公室用来安排日程和给病人发送账单的软件，汽车修理厂用于保存客户数据和客户汽车维修情况的软件，还有部分仓库用来跟踪库存、购买和销售情况的软件。

Videoconferencing **视频会议** 用视频照相机进行通话会议的技术。

Viral Hook **诱饵** 引起一些人通过互联网和朋友分享广告、链接、文件、图片、电影或者其他资源的诱饵。

Viral Marketing (vm) **病毒式营销** 应用于 Web 2.0 领域，用户对其他人传播产品和服务消息的营销方法。

Virtual Meeting **虚拟会议** 参与者不在同一个地方参加的会议，或者可能不在同一时间参加的会议。

Virtual Private Network (VPN) **虚拟专用网** 广域网(WAN)连接的替代方案，利用互联网创建的专用的点对点的连接。在 IT 领域，虚拟(virtual)表示那些看似存在而实际上不存在的事物。这里，VPN 利用公共互联网来创建似乎存在的专用连接。

Virtualization **虚拟化** 多种操作系统共同分享相同的计算机硬件，通常是一台服务器。

Virus **病毒** 自我复制的计算机程序。

Volatile **非永久性存储器** 计算机或者装置断电后会丢失数据的一种存储器。

Vulnerability **漏洞** 指安全系统的一个窗口或一个缺陷。之所以一些漏洞存在，是因为没有安全保障措施或者现有的保障措施没有起到有效的作用。

WAN Wireless **无线广域网** 提供给广域网无线连接的通信系统。

Waterfallmethod **瀑布建模方法** 在瀑布模型中，系统生命周期的每一个阶段都必须彻底完成才能进入下一个阶段，已经完成的阶段无法回溯。但工程的实施往往不能这么进行下去，一般都需要对已完成阶段的回溯。

Web Farm **网站群** 运行多个网络服务器的一个设备。工作在网站群内被分派，以获得最良好的性能。

Web Page **网页** 使用 HTML 编写的文件，由万维网来进行创建、传输。

Web Server **网络服务器** 处理 HTTP 协议并根据需求传送网页的程序。网络服务器也处理应用程序。

Web service standards **网络服务标准** 位于 HTTP 之上，用来规定计算机如何进行交互。

Webinar **网络研讨会** 在虚拟的会议上，与会者观看其中其他与会者比较正式和有组织的演示。

Wide Area Network (WAN) **广域网** 连接不同地理位置的计算机的网络。

Windows Live SkyDrive 一种基于云技术的服务，可以保存和共享 Office 文件或其他文件。SkyDrive 提供 25G 的免费存储空间和 Office 网络应用程序，包括 Word、Excel、PowerPoint 和 OneNote 软件。

Windows RT Windows 8 系统的一个版本，用于符合 ARM 架构的触屏交互设备，包括手机、平板电脑和部分电脑。

Windows Server Windows 系统的一个版本，专为服务器设计和配置。相比其他版本的 Windows 操作系统，Windows Server 系统在安全程序方面更为严格，有更多的限制。Windows Server 系统在服务器系统中非常流行，为 Microsoft 公司做出了很多贡献。

Wirless NIC(WNIC) **无线网络接口卡** 通过无线接入点使用无线网络通信的设备。这样的设备可以放入 PCMA 槽的网卡，或者内置在主机板内。WNICs 根据 802.11 协议工作。

Workflow Control **工作流程控制** 利用软件和信息系统，监控一个作业团队作业过程的过程，确保活动适时完成，防止工作步骤或任务的跳跃。

Workspace **工作空间** 在 Microsoft Groove 中的电子空间，由能使用户合作的工具和文件组成。

World Wide Web Consortium (W3C) **万维网联合会** 开发和管理网络标准的发起者的团体。

Workgroup information system **工作组信息系统** 辅助多人合作的信息系统。

Worm **蠕虫病毒** 通过因特网或者一些其他计算机网络传播的病毒。蠕虫病毒代码是专门编写的，以尽可能快的速度去感染其他的计算机。